Birgit Baumgartl

Altersbilder und Altenhilfe

Birgit Baumgartl

Altersbilder und Altenhilfe

Zum Wandel der Leitbilder von Altenhilfe seit 1950

Westdeutscher Verlag

Die Deutsche Bibliothek – CIP-Einheitsaufnahme

Baumgartl, Birgit:
Altersbilder und Altenhilfe: zum Wandel der Leitbilder
von Altenhilfe seit 1950 / Birgit Baumgartl. – Opladen:
Westdt. Verl., 1997

Der Westdeutsche Verlag ist ein Unternehmen der Bertelsmann Fachinformation.

http://www.westdeutschervlg.de

Umschlaggestaltung: Horst Dieter Bürkle, Darmstadt
ISBN 978-3-531-12992-1   ISBN 978-3-322-90198-9 (eBook)
DOI 10.1007/978-3-322-90198-9

Inhaltsverzeichnis

Abkürzungsverzeichnis

AuS	Arbeit und Sozialpolitik
AWP	Archiv für Wissenschaft und Praxis der sozialen Arbeit
BldW	Blätter der Wohlfahrtspflege
BMFT	Bundesministerium für Forschung und Technologie
BSHG	Bundessozialhilfegesetz
DG	Demokratische Gemeinde
Gem	Die Gemeinde
KpBl	Kommunalpolitische Blättter
KZfSS	Kölner Zeitschrift für Soziologie und Sozialpsychologie
LK	Der Landkreis
NB	Neues Beginnen
NDV	Nachrichtendienst des Deutschen Vereins für öffentliche und private Fürsorge
SA	Soziale Arbeit
SF	Sozialer Fortschritt
SS	Soziale Sicherheit
Stg	Der Städtetag
StGr	Städte- und Gemeinderat
ThuP	Theorie und Praxis der sozialen Arbeit

1. Grundlegung der Untersuchung

Gegenstand der vorliegenden Untersuchung sind die sich wandelnden und wechselseitig beeinflussenden *Altersbilder*, Problemwahrnehmungen und *Leitbilder der Altenhilfe*. Die Entwicklung der kommunalen Altenhilfe seit 1950 kann, so die Grundannahme dieser Arbeit, nicht nur durch einen irgendwie gearteten 'Problemdruck' erklärt werden, sondern ebenso auch durch diese *kulturellen Faktoren*. Dabei werden das soziale Problem Alter und die notwendigen Maßnahmen zu seiner Bearbeitung im wissenschaftlichen Diskurs, in der sozialpädagogischen Fachöffentlichkeit und in der Verwaltung unterschiedlich definiert. Haben die sozialpädagogischen Professionellen als 'Advokaten des Alters' ein Interesse an dessen beruflicher Bearbeitung, so tendiert die Verwaltung teilweise zu einer *Umdefinition des sozialen Problems* in Richtung von Problemverschiebung auf 'primär' verpflichtete Instanzen wie die Familie und zu Maßnahmen, die als symbolische Politik betrachtet werden können. Diese forschungsleitende Perspektive und ihre Rahmenbedingungen sollen einführend kurz dargelegt werden.

Der Problemgehalt der Lebensphase Alter wird zur Zeit so ausführlich und vielschichtig diskutiert, daß man mit Recht von einem "Modethema" sprechen kann. Unstrittig ist im Mainstream der Stellungnahmen, daß durch den "demographischen Schub" mit seiner Veränderung des Altersaufbaus der Bevölkerung weitreichende gesellschaftliche Auswirkungen zu erwarten sind, eine "Revolution auf leisen Sohlen", zu deren Bewältigung eine "große konzertierte Aktion" vonnöten ist[1]. Weitgehender Einigkeit in der Beurteilung der Auswirkungen der Überalterung der Gesellschaft auf die Sozialversicherungssysteme, auf die Finanzierung von Rente und Pflege, steht aber eine vielschichtige Diskussion des Problembereichs "Alter und Gesellschaft" gegenüber. Dieser Bereich ist, wo er überhaupt als problematisch wahrgenommen wird, "nicht selten Gegenstand windiger Spekulationen und reißerischer Katastrophenszenarien"[2]. So sehen pessimistische Argumentatoren in einer "ergrauten Gesellschaft", in der immer weniger junge Menschen für immer mehr Alte Aufkommen müssen, einen *Krieg der Jungen gegen die Alten* um knappe Ressourcen entbrennen[3]. Ein weiterer Diskussionsstrang betont eine erwartete zunehmende *Altenmacht* in den Bereichen des Konsums und der Wahlbeteiligung, die besonders von einer herausgestellten Gruppe von aktiven, finanziell bessergestellten "jungen Alten" getragen wird[4]. Zuletzt finden sich Ansätze, die besondere Hoffnungen auf die *Chancen* setzen, die in einem verhältnismäßig hohen Altenanteil in der Gesellschaft liegen und die eine vorausschauende Politik nutzen kann, um mit Alten als 'soziale Ressource' notwendige gesellschaftliche Modernisierungsmaßnahmen hin zu einer humaneren Gesellschaft zu betreiben[5]. Dabei wird der Aspekt der Gestaltbarkeit gesellschaftlicher Rahmenbedingungen auch gegen ökonomische Zwänge betont und versucht, dem vermeintlichen Rollenverlust der Alten neue gesellschaftliche Nützlichkeiten und neue, nicht diskriminierende Altersbilder entgegenzusetzen. Einigkeit herrscht also darin, daß Alter heute eine 'gesellschaftliche Herausforde-

---

[1] Klose 1993:7.
[2] Braun 1992: 7.
[3] Z.B. Gronemeyer 1989.
[4] Zusammenfassend Behrend u.a. 1987:11ff.
[5] Klose 1993:13.

rung' darstellt. Diese Feststellung wird im allgemeinen verbunden mit dem Ruf nach sozialpolitischen und sozialpädagogischen Maßnahmen für alte Menschen.

Nun lassen sich zwei grundlegende Varianten von Alterssozialpolitik unterscheiden: die eine betont die präventive, vorsorgende Funktion von Altenpolitik und richtet sich typischerweise an der - durch eine bestimmtes Lebenalter abgegrenzten - sozialen Gruppe der alten Menschen aus. Dieser Problemsicht entspricht vorangig die Problemlösung durch die staatliche 'Arbeiterpolitik' der *Sozialversicherung*, die für die materielle Absicherung eines großen Teils der Alten 'vorsorgt'. Mit Rentenzahlungen allein ist es jedoch in der Alterssozialpolitik nicht getan: die bei körperlicher Hinfälligkeit anfallenden Pflegeheimkosten lassen sich durch das Einkommen aus der Rente in fast allen Fällen nicht decken, so daß über die Sozialhilfe als *Fürsorge* im Einzelfall die kommunale Sozialverwaltung in der Pflicht stand und - im Fall nicht ausreichender Leistungen aus der Pflegeversicherung - auch noch steht. Die neu eingeführte, an die Krankenversicherung angegliederte Pflegeversicherung stellt einen Versuch dar, dieses Altersrisiko auf die staatliche Lösungsebene der 'Arbeiterpolitik' statt der kommunalen Ebene der 'Armenpolitik'[6] zu heben.

Präventive Maßnahmen, die Altersschwierigkeiten verhüten sollen und sich auf alte Menschen als Gruppe beziehen, sollen dem Anspruch nach aber auch Gegenstand der auf kommunaler Ebene angesiedelten sogenannten *offenen Altenhilfe* sein, die auf den Bestimmungen des §75 BSHG[7] beruht. Unter der Bezeichnung offene Altenhilfe firmieren - neben den oftmals diesem Begriff zugerechneten *ambulanten* hauswirtschaftlichen und pflegerischen *Hilfsdiensten* (Sozialstationen, Essen auf Rädern) - eine Vielzahl von gesetzlich nur sehr unklar definierten geselligen Angeboten und Bildungsangeboten unterschiedlichen Zuschnitts wie Altennachmittage, Altentagesstätten, Erholungsreisen, Altengymnastik und Fußpflege, aber auch Seniorenkulturzentren, spezifische Bildungsangebote für Ältere oder Kurse über 'Altershygiene'. Im Gegensatz zur geschlossenen Altenhilfe, die von ihrem finanziellen Umfang her wesentlich bedeutender ist[8], nimmt die offene Altenhilfe mit dem Anspruch, Notlagen alter Menschen durch Anleitung zu individueller Prävention und durch Einflußnahme auf die gesellschaftlich-kulturellen Rahmenbedingungen des Alters zu verhüten, in den Programmen der Verwaltung, den Altenplänen, seit 1959 einen breiten Raum ein[9]. Das Problem dabei ist aber, daß es, wenn man von medizinischen Präventionsmaßnahmen im engeren Sinn, absieht, durchaus unklar ist, ob und welche Altenhilfemaßnahmen, die sich auf die gesellschaftliche Gruppe der Alten beziehen, zur Verhütung spezifischer individueller Altersschwierigkeiten beitragen. Die 'Treffsicherheit' innerhalb der Gruppe der potentiellen Klienten ist ebenfalls gering: mit den präventiven Angeboten werden im allgemeinen nicht diejenigen erreicht, die die Prävention am nötigsten hätten[10].

Die aus dieser Unklarheit entstehenden 'weichen' Aufgaben in der Altenhilfe, so wird zu zeigen sein, sind auch aufgrund der Problemdefinition und des 'Dienstleistungsangebots' der im Zuge ihrer Professionalisierung sich für immer schwierigere Aufgaben anbietenden Sozialarbeit und anderer, mit alten Menschen befaßter sozialer Berufe ergeben. Als Effekt wird eine humanere Altenhilfe erhofft, durch die Individuen nicht mehr zu 'Fällen' gemacht werden sollen. Diese 'weichen'

---

[6] Vgl. Leibfried/ Tennstedt 1985.

[7] Zum § 75 BSHG Altenhilfe vgl. ausführlicher Kap. 3.4.2 dieser Arbeit.

[8] Vgl. die im Rahmen dieses Projekts durchgeführte Untersuchung von Reiser (1995) zur Implementation von Altenplänen in zwei Großstädten.

[9] Aus dem Jahr 1959 datiert die 'Denkschrift über das Altenproblem im Stadtgebiet Köln', die als erster Altenplan betrachtet werden kann (vgl. DZA 1991).

[10] Windhoff-Héritier 1983: 358-375.

Aufgaben sind für die Verwaltung, anders als die durch die wohlfahrtsstaatlichen Wirkungsmittel 'Recht' und 'Geld'[11] zu lösenden 'harten' Aufgaben aber nur schwer zu bearbeiten: die Gefahr der *Selbstüberforderung der Verwaltung*, die sowohl ihr Potential bestimmt als auch den Erfolg ihrer Maßnahmen selbst beurteilt[12], ist hier mit angelegt. Diesem Dilemma kann sich die Verwaltung tendenziell entziehen, indem sie in ihrer Problemsicht dem Altersproblem über die zugrundeliegenden Altersbilder eine spezifische, 'bearbeitbare' Gestalt gibt und ihre Altenhilfemaßnahmen daran ausrichtet. Als Erfolg wird dann das bloße Anbieten der einschlägigen Maßnahmen und nicht deren manifester Nutzen zur Problemlösung gesehen[13], was im Ergebnis den Verdacht nahelegt, hier werde auch "symbolische Politik"[14] betrieben.

Diese die nachfolgende Untersuchung strukturierende Argumentation läßt sich unter Verweis darauf erhärten, daß sowohl soziale Probleme als auch die Muster zu ihrer Lösung über ihren materiellen Gehalt hinaus im Zusammenwirken einzeln nicht auszumachender gesellschaftlicher Akteure 'produziert' werden und sich auf geteilte 'Weltbilder' beziehen[15]. In diesem Prozeß, der sich im Zeitverlauf verändert und zu ganzen 'Definitionsgeschichten'[16] aneinandergereiht werden kann, spielen Normen und gesellschaftliche Stereotype eine wesentliche Rolle, da das jeweilige 'Problematische' sich immer an einer relativen 'Normalität' und daraus abgeleiteten 'Defiziten' mißt. Die *Altersbilder* beeinflussen, und das wird in dieser Arbeit zu zeigen sein, als soziale Stereotype die Problemwahrnehmungen und die ins Auge gefaßten Problemlösungen in spezifischer Weise und haben einen entscheidenden Einfluß darauf, welche Problembereiche betont und welche ausgeblendet werden. Ein negatives, die Defizite des Alter betonendes Altersbild bedingt eine andere Form von Altenhilfe als eine positive Vorstellung von aktiven, kompetenten Senioren. Unter dieser Perspektive läßt sich eine Lösung des sozialen Problems Alter auch durch *Umdefinition seiner normativen Grundlagen*[17] erreichen: das Problem wird für die Verwaltung, die zudem unter einem gewissen politisch begründeten Zwang zum Positiven steht, 'bearbeitbar' gemacht.

In diesem Zusammenhang muß die Diskussion um durch einen "Strukturwandel des Alters"[18] hervorgebrachte 'neue Alte' gesehen werden, auf die die herkömmlichen negativen Alterszuschreibungen nicht mehr passen, sondern die über Kompetenzen verfügen und sich ihre Umwelt aktiv aneignen. In der Reaktion auf diese Diskussionen fordern die einen, daß für die Zielgruppe der 'neuen Alten' auch eine neue, qualitativ andere Altenhilfe wie Altenbildung und Vorbereitung auf das Alter angeboten werden muß, die, da ja Hilfsbedürftigkeit nicht vorliegt, als *Prävention* künftiger Schwierigkeiten zu denken ist. Zielgruppe von Altenhilfe sind in dieser Logik *alle alten Menschen*, unabhängig von Bedürftigkeit. Konsequent zu Ende denken andere diesen Ansatz: wenn das, was in einem 'positiven Altersbild' propagiert wird, Realität ist, kann sich Altenhilfe und Sozialpolitik nur auf *individuelle Bedürftigkeit* gründen, da es sich bei den meisten Alten um kompetente Gesellschaftsmitglieder handelt[19]. Dieser letzte Argumentationsstrang öffnet den Blick dafür, daß ein "Kampf um dominierende Altersbilder"[20] durchaus Wirkungen

---

[11] Zu dieser Argumentation siehe Luhmann 1981:94f.
[12] Ellwein 1994:13.
[13] Luhmann 1981:100.
[14] Edelmann 1990.
[15] Berger/Luckmann 1992; zusammenfassend Albrecht 1977.
[16] Fuller/Myers 1941; Becker 1966; Spector/Kituse 1973.
[17] Nedelmann 1982.
[18] Tews 1971.
[19] Z.B. Neugarten 1981.
[20] Göckenjan/Kondratowitz 1988:9.

auf die ins Auge gefaßten Lösungen für das 'soziale Problem Alter' entfaltet: als selbstständig und befähigt positiv 'definierte' Alte brauchen weder Altenhilfe noch Alterssozialpolitik[21].

Unter diesem Blickwinkel sollen nachfolgend die sich wandelnden Altersbilder, Problemwahrnehmungen und Leitbilder der Altenhilfe zwischen 1950 und 1993 beleuchtet und zu analysieren versucht werden, wie sich typische *Argumentationsfiguren* in der wissenschaftlichen Literatur, in einschlägigen Fachzeitschriften und in den Programmen der Verwaltung, den Altenplänen, abbilden. Dabei konkurrieren die Problemwahrnehmungen der Angehörigen sozialer Berufe[22], die sich im Zuge ihrer Professionalisierung zur beruflichen Bearbeitung immer schwierigerer Aufgaben im Zusammenhang mit sozialen Problemen anbieten[23], und die der Verwaltung, die mit ihrem Instrumentarium besser bestimmte, klar definierte Aufgaben mit den ihr hauptsächlich zur Verfügung stehenden wohlfahrtsstaatlichen Wirkungsmitteln Recht und Geld[24] zufriedenstellend lösen kann.

Die in wissenschaftlicher Literatur und Fachzeitschriften diskutierten Themen und charakteristischen Argumentationen, so die untersuchungsleitende Annahme, schlagen sich in der Problemsicht der Verwaltung nieder, die auf dieser Grundlage ihre Aufgaben in der Altenhilfe definiert. Altersbilder und Problemsichten verdichten sich mit typischen Lösungen und Standards der Verwaltung zu aufeinanderfolgenden, sich verändernden *Altenhilfeparadigmen*. Diese Paradigmen anhand von Diskussionen in der wissenschaftlichen Literatur, in Fachzeitschriften und von Altenplänen herauszuarbeiten, wird Aufgabe des empirischen Teils sein (*Kap. 5 bis 9*).

Nachfolgend werden als Rahmenbedingungen für die Diskussion von Alter und Altenhilfe neben einigen statistische Daten über Alter und Altenhilfe die Ergebnisse einer Zeitschriftenanalyse über die quantitative Aufmerksamkeit zu Altersthemen dargestellt (*Kap. 2*). Danach sollen die geschichtliche Entwicklung des Untersuchungsfelds umrissen und dabei die historischen Wurzeln dafür aufgezeigt werden, daß 'Alter' bis zur Einführung der Sozialversicherung nicht als eigenständiges soziales Problem gesehen, sondern nur im Zusammenhang mit Armut und Krankheit gesellschaftlich wahrgenommen und institutionell bearbeitet wurde (*Kap. 3*). Die theoretischen Vorannahmen, die untersuchten Materialien und die methodische Durchführung der Untersuchung sind dann im *4. Kapitel* ausführlich zu klären.

Diese Arbeit entstand innerhalb des DFG-Projekts 'Alterssozialpolitik', Projektteil Politikfeldanalyse, unter der Leitung von Thomas Ellwein[25], weitere Berührungspunkte ergaben sich mit dem ebenfalls von Thomas Ellwein geleiteten Projekt 'Verwaltungsentwicklung'[26].

---

[21] Die hier angerissene forschungsleitende Argumentation wird im Kap. 4 dieser Arbeit ausgeführt.
[22] Unter *sozialen Berufen* soll im folgenden vorrangig die Sozialarbeit verstanden werden, die sich in den einschlägigen Fachzeitschriften äußert. Ausgespart bleiben aufgrund der Fragestellung die Berufe aus dem Gesundheitssektor (Ärzte, Psychologen, Pflegekräfte).
[23] Vgl. die Beschreibung der Professionalisierung von Sozialarbeit und Altenfürsorge bei André 1993.
[24] Luhmann 1981.
[25] Sozialverwaltung und Altenpolitik - Ergebnisbericht eines von Thomas Ellwein geleiteten Forschungsprojekts, Universität Konstanz, Fakultät für Verwaltungswissenschaft, April 1995.
[26] Im Projekt Verwaltungsentwicklung wurde besonderes Augenmerk auf die Wechselwirkung zwischen Aufgabenentwicklung, Professionalisierung und Organisationsentwicklung gelegt, vgl. Ellwein 1994; Roth 1994: 111-155. und Roth/ André 1994: 37-44.

2. Rahmenbedingungen für die Diskussion von Alter und Altenhilfe

Alter wird heute vielfach als großes Zukunftsproblem diskutiert. Ohne einen wie immer gearteten 'objektiven Problemdruck' im Rahmen dieser Arbeit bewerten zu wollen, stellen strukturelle Faktoren Rahmenbedingungen für die Diskussion dar. Einigen statistischen Daten zu Alter und Altenhilfe sollen Zahlen zur Entwicklung der stationären Alteneinrichtungen und der Veröffentlichungen zur Altenplanung gegenübergestellt werden, die kommunale Altenhilfeaktivitären und deren Konjunkturen spiegeln. Um die Entwicklung der Aufmerksamkeit in Fachzeitschriften für Altersthemen quantifizieren zu können, wurde eine *Zeitschriftenanalyse* durchgeführt, die einige überraschende Ergebnisse, so dieses, daß, obwohl Alter heute oft als 'das' Zukunftsthema' postuliert wird, seine große Konjunktur in der Diskussion schon lange vorbei ist: sie lag zu Ende der 60er und Anfang der 70er Jahre.

2.1 Einige statistische Daten zu Alter

Als Hintergrund, wenn nicht als Auslöser des Altersproblems viel diskutiert wird der *Anteil alter Menschen*, die nicht mehr im Erwerbsleben stehen, an der Gesamtbevölkerung. Die Auseinandersetzung über eine alternde 'ergraute Gesellschaft'[1], in der immer weniger im Arbeitsprozeß stehende Jüngere immer mehr 'unproduktive' Alte versorgen müssen, zieht sich wie ein roter Faden durch die Auseinandersetzungen über das Altersproblem, so schon zu Anfang der 60er Jahre F. X. Kaufmann[2] bis in die 90er Jahre[3]. Betrachtet man die statistischen Zahlen zur Bevölkerungsentwicklung für die Nachkriegszeit, so läßt sich tatsächlich für die alte Bundesrepublik eine deutliche Zunahme des Anteils über 65jähriger Menschen an der Gesamtbevölkerung feststellen, der von 9,43% im Jahr 1950 auf 15,29% im Jahr 1990 anstieg. Ernsthafte Probleme befürchten Experten bei gleichbleibender Geburtenrate für den Zeitraum, in dem die Jahrgänge derjenigen aus dem Arbeitsprozeß ausscheiden, die heute Anfang zwanzig bis Anfang dreißig Jahre alt sind[4]. Der Altersaufbau der Bevölkerung Deutschlands[5] verdeutlicht, daß nach dieser Gruppe ausgesprochen geburtenschwache Jahrgänge folgen, während der Frauenüberschuß unter den Hochbetagten, die Folge zweier Weltkriege, sich in Zukunft relativieren wird.

Die Anzahl der *Privathaushalte* hat seit 1950 wesentlich stärker zugenommen, als es der Zuwachs der Bevölkerung vermuten läßt, die durchschnittliche Anzahl der Personen je Haushalt ist dabei von 2,99 Personen im Jahr 1950 auf 2,25 Personen im Jahr 1990 zurückgegangen. In der Haushaltsgröße zeigt sich ein deutliches Stadt-Land-Gefälle: in Gemeinden mit unter 5000 Einwohnern beträgt die durchschnittliche Haushaltsgröße im Jahr 1990 noch 2,65 Personen, in Großstädten mit über 100 000 Einwohnern dagegen nur 1,97 Personen. Diese Entwicklung ist

---

[1] AG Fachbericht 1983.
[2] Kaufmann 1960.
[3] Z.B. Miegel 1993.
[4] Z.B. Miegel 1981, 1993.
[5] Vgl. Statistisches Bundesamt 1993:65.

auf die *Zunahme der Ein- und Zwei-Personenhaushalte* und die Abnahme der Haushalte mit 5 und mehr Personen zurückzuführen[6]. Die Altersgruppe der über 65jährigen stellt mit einem Drittel den größten Anteil der Einpersonenhaushalte aller Altersgruppen, wobei die meisten der Haushaltsvorstände dieser Einpersonenhaushalte verwitwet sind[7]. Diese Zahlen belegen einmal mehr den Trend weg von der 'Großfamilie', wie noch zu beschreiben sein wird[8].

Ebenfalls deutlich zu erkennen ist die fortschreitende *Ausgliederung älterer Arbeitnehmer* aus dem Erwerbsleben. Betrachtet man die Daten im Jahr 1990[9], so zeigt sich, daß die Erwerbsquote[10] für männliche Arbeitnehmer von noch 96,5% bei den 45-50jährigen über 81,1% bei den 55-60jährigen auf nur noch 35% bei den 60-65jährigen sinkt: nur noch ein Drittel der Männer stehen über das 60. Lebensjahr hinaus im Arbeitsprozeß. Bei den weiblichen Erwerbspersonen, deren Erwerbsbeteiligung teilweise anderen Gesetzen gehorcht als die der Männer, beginnt dieser Ausgliederungsprozeß aufgrund des Alters auf quantitativ niedrigerem Niveau sogar noch früher. Arbeiten von den 45-50jährigen Frauen noch 66,7%, so beträgt die Erwerbsquote nach dem 60. Lebensjahr nur noch 12,5%. Das durchschnittliche Rentenzugangsalter beträgt 1990 59,5 Jahre bei Männern und 61,6 Jahre bei Frauen[11].

Die dargestellten Rahmenbedingungen für die Diskussion zu Alter und für kommunale Altenhilfe- und Altenplanungsaktivitäten zeigen neben der Entwicklung zur Hochaltrigkeit und zur Feminisierung des Alters[12] eine, wenn auch weniger dramatische Zunahme des Altenanteils an der Gesellschaft, einen deutlichen Trend zur Ausgliederung älterer Arbeitnehmer aus dem Erwerbsleben und zur Beibehaltung eines eigenen Haushalts auch bei Alleinleben im Alter.

2.2 Kommunale Altenhilfeaktivitäten: Alteneinrichtungen und Veröffentlichungen zur Altenplanung

Die Altenhilfeaktivitäten von Großstädten[13] sollen durch zwei Indikatoren beleuchtet werden: anhand der Entwicklung der Alteneinrichtungen und mittels der Veröffentlichungen zur Altenplanung. Die Entwicklung der Plätze bzw. der Zahl der untergebrachten Personen in der stationären Altenhilfe kann anhand des Statistischen Jahrbuchs deutscher Gemeinden seit 1960 verfolgt werden, während für Maßnahmen der offene oder ambulanten Altenhilfe keine durchgängigen, alle Großstädte umfassenden Zahlen vorliegen.

---

[6] Statistisches Bundesamt 1993:69.
[7] Statistisches Bundesamt 1993:69.
[8] Vgl. Kap. 3.2.1 dieser Arbeit.
[9] Statistisches Bundesamt 1993:109.
[10] Die Erwerbsquote beschreibt die Anteile der Erwerbspersonen entsprechenden Alters, Geschlechts und Familienstandes an der gesamten Bevölkerung in Prozent.
[11] Alber 1992: 39.
[12] Bei den 80-89jährigen steht ein Mann 2,9 Frauen gegenüber, bei den über 90jährigen 3,7 Frauen, Statistisches Bundesamt 1993:64.
[13] Aus analytischen Gründen wurde die Auswahl der im empirischen Teil zu untersuchenden Altenpläne auf solche von Großstädten (über 100 000 Einwohner) beschränkt, vgl. Kap. 4.4 dieser Arbeit.

Abb. 1   *Entwicklung der Plätze in Alteneinrichtungen in Großstädten*

Gemeindegröße	Jahr	Plätze in Einrichtungen der Altenhilfe[14]	Plätze in % /Einwohner[15]
100 000 und mehr	**1990**[16]	**227 003**	**1,1%**
davon: 1 Mio und mehr		67 236	1,4%
500 000 - 1 Mio.		59 382	1,1%
200 000 - 500 000		56 016	1,1%
100 000 - 200 000		44 369	0,9%
100 000 und mehr	**1980**	**191 251**	**0,9%**
davon: 1 Mio und mehr		60 453	1,3%
500 000 - 1 Mio		45 843	0,8%
200 000 - 500 000		47 797	0,9%
100 000 - 200 000		37 158	0,8%
100 000 und mehr	**1969**[17]	**130 349**	**0,7%**
davon: 1 Mio und mehr		53 893	1,3%
500 000 - 1 Mio		24 472	0,5%
200 000 - 500 000		29049	0,6%
100 000 - 200 000		24919	0,6%
100 000 und mehr	**1960**	**96 336**	**0,5%**
davon: 1 Mio und mehr		40 906	0,8%
500 000 - 1 Mio		21 927	0,4%
200 000 - 500 000		17 544	0,4%
100 000 - 200 000		15 959	0,4%

Quelle:
Statistisches Jahrbuch deutscher Gemeinden (1990:28ff.; 1980:24ff; 1972:8ff.; 1970:158ff.; 1960:494ff.

---

[14] Unter Plätzen in Einrichtungen der Altenhilfe sind Altenwohnheime, Altenheime und Pflegeheime zu verstehen, die bis 1972 noch getrennt in der Statistik aufgeführt werden.
[15] Anteil der in Alteneinrichtungen untergebrachten Personen bzw. der Plätze in Alteneinrichtungen an der gesamten Einwohnerzahl in jeder Gemeindegrößenklasse in % (eigene Berechnungen).
[16] Statistische Benennung für 1990, 1980 und 1972: Plätze in Alteneinrichtungen.
[17] Statistische Benennung für 1969 und 1960: Untergebrachte Personen in Alteneinrichtungen.

Angesichts der Entwicklung der Plätze in Altenreinrichtungen fällt zweierlei ins Auge. Zum einen hat sich sowohl die Zahl der Plätze wie auch der Prozentsatz der Plätze in Alteneinrichtungen im Verhältnis zur Gesamtbevölkerung, wie aus Abb. 1 hervorgeht, seit 1960 fast kontinuierlich erhöht. Zum anderen läßt sich für den gesamten Zeitraum feststellen, daß die quantitative Versorgung mit Plätzen in Alteneinrichtungen mit der Zunahme der Gemeindegröße immer besser wird. Von 1960 bis 1990 sind die Plätze in Alteneinrichtungen bezogen auf die Gesamtbevölkerung um 135,6% gestiegen.

Altenhilfe und Altenplanung beziehen sich besonders in ihrer Anfangsphase stark auf den geschlossenen Bereich, so daß eine Verbindung zwischen der Zunahme der *Veröffentlichungen zur Altenplanung*[18] und der Entwicklung der Alteneinrichtungen angenommen werden kann. Die Alteneinrichtungen in Großstädten haben ja, wie gezeigt, in der Nachkriegszeit sowohl quantitativ als auch im Verhältnis zur Gesamtbevölkerung kontinuierlich zugenommen. Die Veröffentlichungen von Schriften zur Altenplanung zeigen eine partiell davon abweichende Tendenz.

Abb. 2   *Altenplanungskonjunkturen 1959 bis 1990*

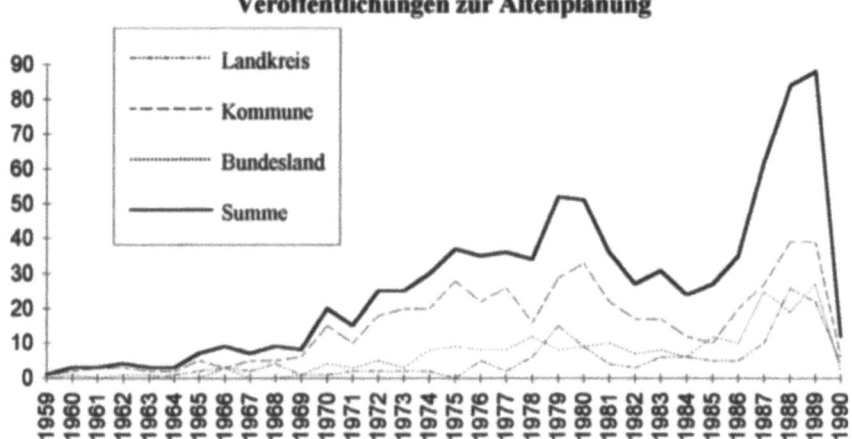

Quelle: Deutsches Zentrum für Altersfragen 1991:II

---

[18] Es handelt sich hier überwiegend um Altenpläne, aber auch um andere Veröffentlichungen zu diesem Themenbereich, vgl. die Zusammenstellung in Deutsches Zentrum für Altersfragen 1991:II.

16

Der erste bundesdeutsche Altenplan wird allgemein auf das Jahr 1959 datiert[21], und auch in den 60er Jahren finden sich erst nur wenige kommunale Altenpläne, deren Zahl erst in der zweiten Hälfte des Jahrzehnts ansteigt und insgesamt 31 Veröffentlichungen[22] erreicht. In den 70er Jahren gibt es dann aber einen starken Aufwärtstrend: 204 kommunale Pläne und Veröffentlichungen erscheinen, und auch die Altenplanung der Landkreise und der Bundesländer erlebt einen Aufschwung bis zu einem ersten Höhepunkt Ende der 70er Jahre, der bis zur Mitte der 80er Jahre wieder abfällt, um in der zweiten Hälfte des Jahrzehnts zu einem absoluten Maximum anzusteigen, wobei die Fortschreibung der Altenpläne aus der ersten Konjunktur zu Ende der 70er und zu Anfang der 80er Jahre die entscheidende Rolle spielt: 242 kommunale Altenpläne erscheinen in den 80er Jahren. Die Gesamtzahl der Veröffentlichungen steigt ab der Mitte der 80er Jahre deshalb so stark an, weil sich jetzt auch Landkreise und Bundesländer vermehrt an der Altenplanung beteiligen.

Bezüglich der quantitativen Entwicklung von Altenhilfe kann festgehalten werden, daß die bundesrepublikanischen Großstädte die Quoten von Heimplätzen für alte Menschen im Verhältnis zur Wohnbevölkerung stetig erhöht haben und die Zahl der Altenpläne nicht kontinuierlich, sondern besonders in den siebziger Jahren und zu Ende der achtziger Jahre stark angestiegen ist.

Die nachfolgend zu beschreibende Aufmerksamkeit für Altersthemen in Fachzeitschriften hat im Gegensatz zur den Altenhilfeeinrichtungen, aber vergleichbar mit den Veröffentlichungen von Altenplänen nicht kontinuierlich zugenommen, wobei gegenüber den Altenplänen jedoch andere 'Konjunkturverläufe' festzustellen sind.

2.3   Aufmerksamkeit für Altersthemen in Fachzeitschriften 1950 bis 1993

Eine erste Frage bei der empirischen Untersuchung von Altersbildern und Problemsichten in der Nachkriegszeit ist die nach der allgemeinen quantitativen Entwicklung der Aufmerksamkeit für Altersthemen. Ausgehend von der Annahme, daß die diskutierten Themen in Fachzeitschriften sowohl von der wissenschaftlichen Diskussion als auch von kommunal-praktischen Problemen beeinflußt sind, stellt die Analyse der Aufmerksamkeit in Fachzeitschriften, so ist anzunehmen, ein Bindeglied zwischen Wissenschaft und Praxis dar.

Die quantitative Zeitschriftenanalyse wurde als eine *Vorstudie* zur qualitativen Untersuchung von wissenschaftlicher Literatur, Zeitschriftenbeiträgen und Altenplänen durchgeführt[23]. Geht man, wie in dieser Arbeit vorgeschlagen[24], von der Annahme aus, daß die Professionalisierung der sozialen Berufe einen entscheidenden Einfluß auf die Entwicklung der Altenhilfe hat, bietet sich ein Vergleich der Berichterstattung zu Alter zwischen einer Gruppe von sechs *sozialpädagogischen und sozialpolitischen Fachzeitschriften*[25] und einer ebensolchen Gruppe von *Ver-*

---

[21] Stadt Köln 1959.
[22] Hierbei sind alle Kommunen erfaßt, nicht nur Großstädte.
[23] Die methodische Durchführung der quantitativen Zeitschriftenanalyse ist in Kap. 4.4.2 dieser Arbeit beschrieben.
[24] Zum Einfluß der sozialen Berufe auf die Problemsicht der Verwaltung bezüglich Altenhilfe vgl. Kap. 4.3 dieser Arbeit.
[25] *Sozialpädagogische und sozialpolitische Zeitschriften*: Arbeit und Sozialpolitik / Blätter der Wohlfahrtspflege / Nachrichtendienst des Deutschen Vereins für öffentliche und private Fürsorge / Soziale Sicherheit / Sozialer Fortschritt / Theorie und Praxis der sozialen Arbeit (bis 1972 Neues Beginnen).

waltungszeitschriften[26] an. Dabei sollen unter sozialen Berufen eingegrenzt die Berufsgruppen verstanden werden, die einerseits zur programmatischen Fortentwicklung der Altenhilfe beitragen, andererseits im Verwaltungskontext angesiedelt sind, also Sozialarbeiter oder Heimleiter, nicht aber z.B. Pflegekräfte. Die analysierten Zeitschriften wurden danach ausgewählt, ob sie ein Verwaltungspublikum erreichen. Ansich einflußreiche einschlägige Zeitschriften wie die 'Zeitschrift für Gerontologie' oder andere Blätter, die auf Pflegekräfte oder den Gesundheitsbereich zielen, werden, so die Annahme, in der Verwaltung nicht gelesen. Dieselben ausgewählten Zeitschriften waren auch Grundlage der qualitativen Analyse.

Einige markante Ergebnisse zur allgemeinen Entwicklung der quantitativen Aufmerksamkeit für Altersthemen in den einzelnen Jahrzehnten und zu partiell unterschiedlichen Themenpräferenzen zwischen der Gruppe der Sozialarbeiter und der Verwaltung sollen hier vorgestellt werden: Welche Themen werden von welcher an der Diskussion beteiligten Gruppe am stärksten in die Diskussion gebracht?

Die *allgemeine Aufmerksamkeit für alle Altersthemen* zusammengenommen, die sich hier an der Anzahl der Beiträge in den einschlägigen Fachzeitschriften mißt, macht im Laufe der Nachkriegszeit deutliche Wandlungen durch (vgl. die Darstellung in Abb. 3).

Zu Anfang der *50er Jahre* ist Alter praktisch noch kein Thema, doch im Vorfeld der Rentenreform von 1957 beginnen die sozialpädagogischen und sozialpolitischen Zeitschriften Altersthemen zu diskutieren, während die Verwaltungszeitschriften in den 50er Jahren fast kein Interesse zeigen und erst gegen Ende des Jahrzehnts anfangen, sich des Themas anzunehmen.

Abb. 3
Aufmerksamkeit für Altersthemen in Fachzeitschriften

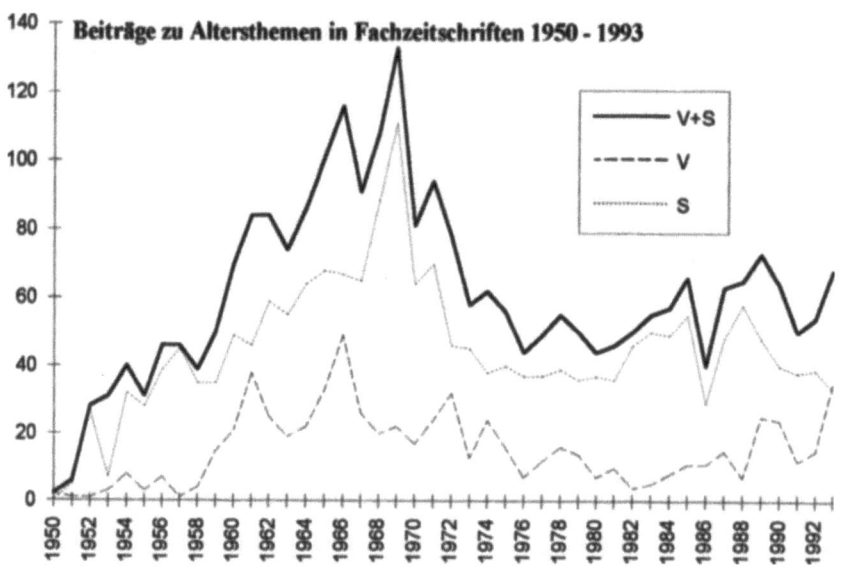

---

[26]*Verwaltungszeitschriften*: Demokratische Gemeinde / Der Landkreis / Der Städtetag / Die Gemeinde / Kommunalpolitische Blätter / Städte- und Gemeinderat.

Generell läßt sich feststellen, daß die sozialpolitischen und sozialpädagogischen Zeitschriften in der Nachkriegszeit seit 1950 immer deutlich mehr Beiträge zu Alter veröffentlicht haben als die Verwaltungszeitschriften, was jedoch aufgrund des Themenspektrums dieser Zeitschriftengruppe nicht überraschen kann. Den absoluten Höhepunkt des Interesses für Altersthemen in beiden Zeitschriftengruppen bilden die *60er Jahre*: das Inkrafttreten des neuen Bundessozialhilfegesetzes 1961 mit dem §75 Altenhilfe hat dazu sicherlich entscheidend beigetragen. Aus diesem Blickwinkel ist es auch erklärlich, warum das Ansteigen des Interesses in der Verwaltungsdiskussion hier einmal vor derselben Bewegung in der sozialpädagogischen und sozialpolitischen Diskussion liegt: die Verwaltungen setzten sich mit dem neuen Gesetzeswerk und dessen Umsetzung in Maßnahmen der Altenhilfe auseinander[27]. Im gesamten Untersuchungszeitraum werden die Werte der 60er Jahre nicht mehr erreicht.

In den Jahren danach geht das Interesse für Alter bei beiden Gruppen deutlich zurück, bei den Verwaltungszeitschriften ist jedoch zu Beginn der *90er Jahre* nochmals ein sichtbares Ansteigen der Kurve zu verzeichnen, während die Sozialzeitschriften eher in den 80er Jahren mehr Aufmerksamkeit für Altersthemen zeigen. Die oftmals beschworene Feststellung, Alter sei heute ein Thema mit ständig wachsender Brisanz, bildet sich in den Aufmerksamkeitskonjunkturen der untersuchten Zeitschriften nicht ab. Es ist eher ein mäßiges Interesse feststellbar, das im quantitativen Niveau ab Mitte der 70er Jahre nur wenig über dem Gesamtinteresse in den 50er Jahren liegt.

Interessant ist es, die Aufmerksamkeitsentwicklung in den Fachzeitschriften den *Altenplanungskonjunkturen*[28] gegenüberzustellen. Hier kann man nach dem Höhepunkt der Zeitschriftendiskussion erst ein Ansteigen der Veröffentlichungen zur Altenplanung feststellen, deren Zahl bis Ende der 70er Jahre stark zunimmt, um dann zur Mitte der 80er Jahre wieder zurückzugehen und zu Ende des Jahrzehnts ein absolutes Maximum zu erreichen[29]. Das Interesse in Fachzeitschriften, so könnte vermutet werden, spiegelt wieder, daß das Problem Alter durch Altenplanung ab einem bestimmten Zeitpunkt als bearbeitet und partiell 'gelöst' wahrgenommen wird. Im Jahr 1993 veröffentlichten die Verwaltungszeitschriften zum ersten Mal im gesamten Untersuchungszeitraum mehr Beiträge als die sozialpolitischen und sozialpädagogischen Zeitschriften zu Thema Alter, wie auch die Zahl der Gesamtveröffentlichungen wieder nach oben geht: die Umsetzung der Pflegeversicherung zieht - die in den sechziger Jahren das neue BSHG - das Interesse auf sich. Ein Blick auf die Themen, die sich am auffälligsten darstellen, indem sie entweder am häufigsten diskutiert oder auch nicht beachtet werden, kann einige Vorinformationen für die beabsichtigte qualitative Analyse der Diskussion im empirischen Teil dieser Arbeit liefern[30].

---

[27] Zu den gleichen Ergebnissen kommt Günter André in seiner Arbeit zur Professionalisierung in der öffentlichen Sozial- und Altenfürsorge, indem er feststellt: "Nach ihrem allmählichen Aufmerksamkeitsgewinn in den fünfziger Jahren etablierte sich die Altenfürsorge vollends im Zentrum der Fürsorgediskussion. Dies dokumentieren nicht nur eine wahre Flut von Altenfürsorge-Artikeln in den wichtigsten Fürsorgezeitschriften und eine steigende Zahl sonstiger einschlägiger Veröffentlichungen, sondern auch das nunmehr auf allen Ebenen einsetzende Bemühen, die Bedeutung des 'Altenproblems' endlich durch längerfristige Planung zu würdigen." (André 1993:189).
[28] Vgl. Kap. 2.2, Abb. 3 dieser Arbeit.
[29] Es lagen nur Daten bis 1990 vor. Die Aufstellung bezieht sich auf das 'Verzeichnis der Altenpläne', Hg. v. DZA, Berlin 1991.
[30] Die Zuordnung der einzelnen Zeitschriftenbeiträge zu Themen erfolgte nach der Überschrift. Zur Durchführung der Zeitschriftenanalyse vgl. Kap. 4.4.2 dieser Arbeit.

Abb. 4
Aufmerksamkeit für Altersthemen 1950 bis 1959

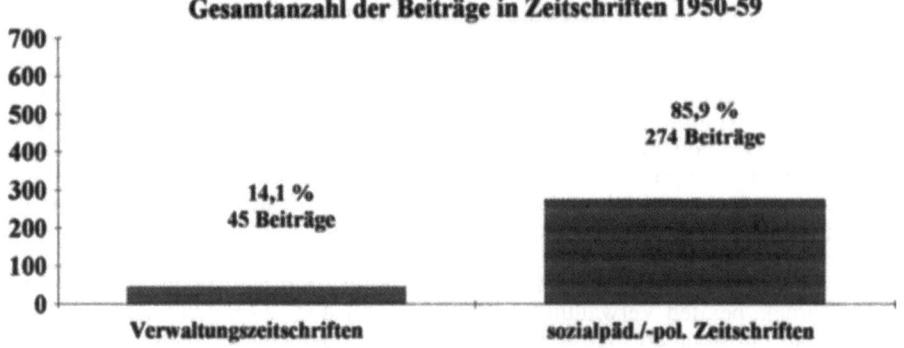

Gesamtanzahl der Beiträge in Zeitschriften 1950-59

davon: Beiträge in Verwaltungszeitschriften (in%)

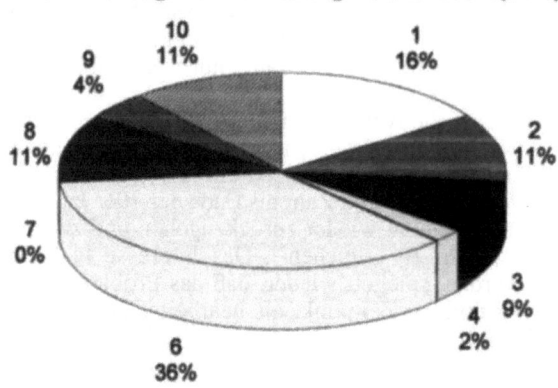

Thema Nr:

☐ 1 Gerontologie

■ 2 Sozialpolitik

■ 3 Altenhilfe

☐ 4 Komm. Altenhilfe

▨ 5 Sozialarbeit

☐ 6 Wohnen

■ 7 Teiln. gesell. Leben

■ 8 Beruf / Ruhestand

■ 9 Pflege

▨ 10 Gesetze

**davon: Beiträge in sozialpädagogischen
und sozialpolitischen Zeitschriften (in %)**

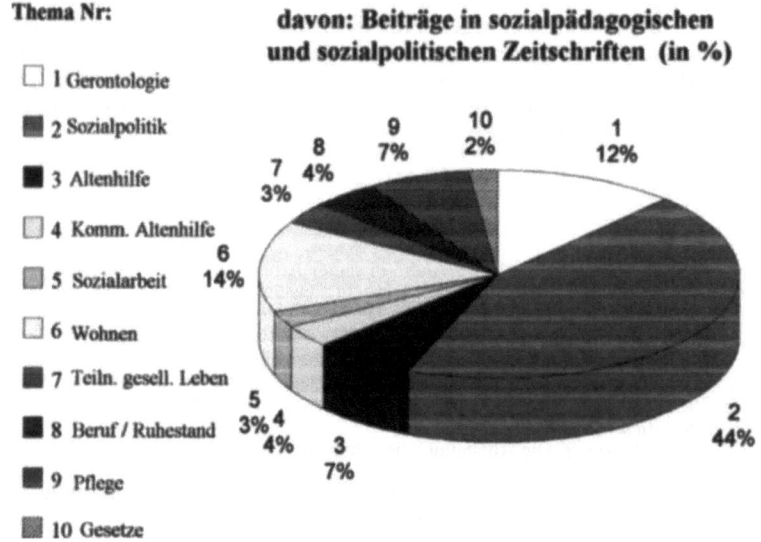

20

In den *fünfziger Jahren* dominiert bei der Häufigkeit der Nennungen aus beiden Zeitschriftengruppen bei weitem das Thema *Sozialpolitik*, was zum Großteil auf den Veröffentlichungen in den sozialpädagogischen und sozialpolitischen Zeitschriften beruht. Die große Rentenreform von 1957 wirft hier ihre Schatten voraus. In den untersuchten Zeitschriften beherrscht das Thema Sozialpolitik in der Gesamtzahl der Beiträge auch in den siebziger und achtziger Jahren die Diskussion, was fast ausschließlich auf die Beiträge in Sozialzeitschriften zurückzuführen ist[31], während die Verwaltung sich nicht an der sozialpolitischen Diskussion beteiligt. Das zweitwichtigste Thema *Wohnen im Alter*, unter dem Beiträge zu Wohnverhältnissen und Wohnformen alter Menschen wie auch zu Heimunterbringung subsumiert werden, erreicht allgemein nicht einmal die Hälfte des Wertes für Sozialpolitik, findet aber in den Verwaltungszeitschriften mit 35,6% die größte Aufmerksamkeit: das 'Verwaltungs-Programm' der Problemlösung durch Wohnungsbau, das die sechziger Jahre beherrscht, kündigt sich hier an. Altenhilfethemen erreichen über beide Gruppen zusammen nur 10,7% der Beiträge und sind so (noch) nicht stark in der Diskussion, ebenso wie das Thema *Pflege* (6,6%) fast keine Resonanz findet (Abb. 4).

In den *sechziger Jahren*, in denen Altersthemen ihre absolute Konjunktur erleben, verschiebt sich das Bild: die Gesamtzahl der Beiträge verdreifacht sich, wobei die Verwaltungszeitschriften (29% der Beiträge gegenüber 14,1% in den 50er Jahren) anteilmäßig gegenüber den sozialpädagogischen und sozialpolitischen Zeitschriften aufholen. Das Thema Sozialpolitik, im vorhergehenden Jahrzehnt in beiden Zeitschriftengruppen zusammengenommen mit großem Abstand am stärksten beachtet, halbiert infolge der Rentenreform 1957, durch die das Problem wohl als vorerst 'gelöst' betrachtet wird, in den 60er Jahren seinen Aufmerksamkeitswert. Es wird überholt durch die Beachtung von mit *Wohnen im Alter* zusammenhängenden Themen, die schon in den 50er Jahren in der Diskussion waren und die jetzt mit 24,1% der Zeitschriftenbeiträge in den 60er Jahren einen in der Folgezeit nie mehr auch nur annähernd erreichten Höhepunkt im Interesse erleben (Abb. 5). *Altenhilfethemen*[32] nehmen in den 60er Jahren ebenfalls auf 23% der Aufmerksamkeit zu, diese Diskussion wird von den Verwaltungszeitschriften (40% der Beiträge für Altenhilfethemen) getragen und steht bei den Sozialzeitschriften weniger hoch im Kurs (15,9%). Altenhilfe und Altenplanung kommen in den 60er Jahren, so ist - auch mit Blick auf das BSHG 1961 - festzuhalten, besonders im Bereich Verwaltung ganz stark in die Diskussion: die Anzahl der Beiträge hat sich in diesem Bereich vervierfacht (Abb. 6)

---

[31] Vgl. Anhang 2-4 dieser Arbeit.
[32] Altenhilfe, Altenarbeit, Altenpolitik / Kommunale Altenhilfe.

Abb. 5
Aufmerksamkeit für Altersthemen 1960 bis 1969

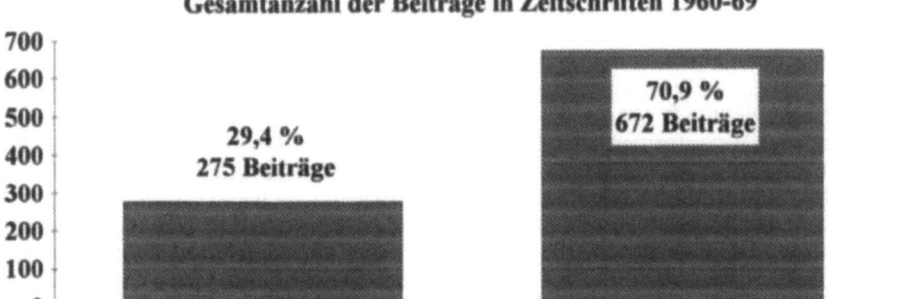

Gesamtanzahl der Beiträge in Zeitschriften 1960-69

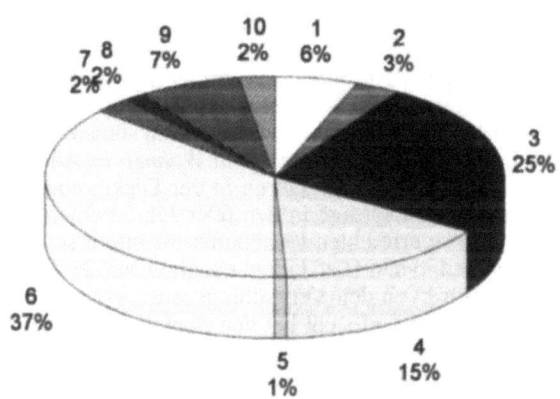

davon: Beiträge in Verwaltungszeitschriften (in%)

Thema Nr:

☐ 1 Gerontologie

◼ 2 Sozialpolitik

◼ 3 Altenhilfe

☐ 4 Komm. Altenhilfe

▨ 5 Sozialarbeit

☐ 6 Wohnen

◼ 7 Teiln. gesell. Leben

◼ 8 Beruf Ruhestand

◼ 9 Pflege

▨ 10 Gesetze

davon: Beiträge in sozialpädagogischen und sozialpolitischen Zeitschriften (in%)

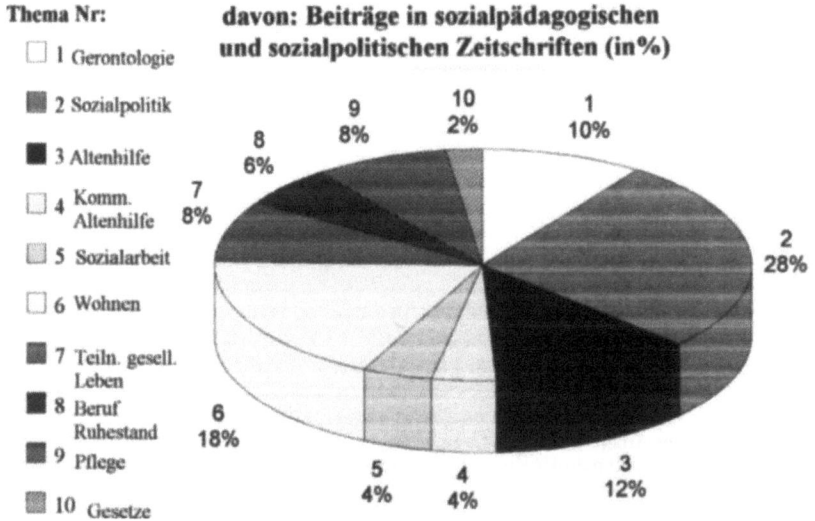

Abb. 6
*Beiträge zum Thema Wohnen im Alter 1950 bis 1993**

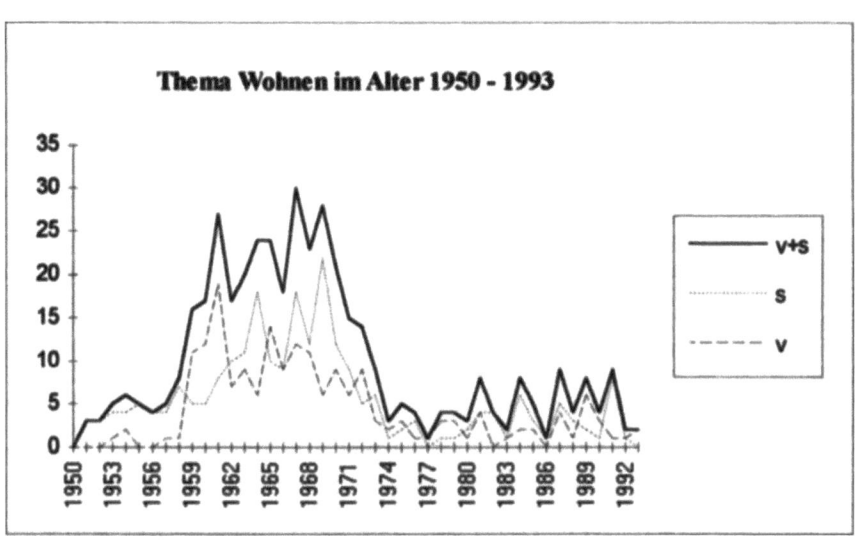

* Anzahl der Beiträge / Jahr

In den *70er Jahren* verändert sich zuerst einmal die Gesamtaufmerksamkeit für Altersthemen, da die Anzahl der Veröffentlichungen in den Zeitschriften um ein Drittel gegenüber dem Vorjahrzehnt zurückgeht. Dabei haben die Verwaltungszeitschriften ihren Anteil an der Gesamtzahl der Beiträge eher ausgebaut, während die sozialpädagogischen und sozialpolitischen Zeitschriften einen verhältnismäßig stärkeren Rückgang zu verzeichnen haben: die Diskussion beginnt sich zu verlagern.

Von 1970 bis 1979 erobert sich thematisch die *Sozialpolitik* ihren Spitzenplatz zurück, eine Entwicklung, die ihren Ursprung wieder in der sozialpädagogischen und sozialpolitischen Diskussion hat. Aber auch *Altenhilfethemen* erreichen über beide Gruppen insgesamt 27% der Aufmerksamkeit, was seinen Ursprung in den Verwaltungszeitschriften hat (Abb. 7). Es drängt sich die Formulierung auf, die siebziger Jahre seien das *Jahrzehnt der Altenhilfe für die Verwaltung.* Insgesamt entfallen mit 62,9% nahezu zwei Drittel der Artikel und Beiträge auf Altenhilfethemen. Die Diskussion um Alter hat sich in der Verwaltung in den 70er Jahren ganz stark auf Altenhilfe zugespitzt, wogegen nur 2,3% der Beiträge sich mit dem Pflegethema beschäftigen (Abb. 8).

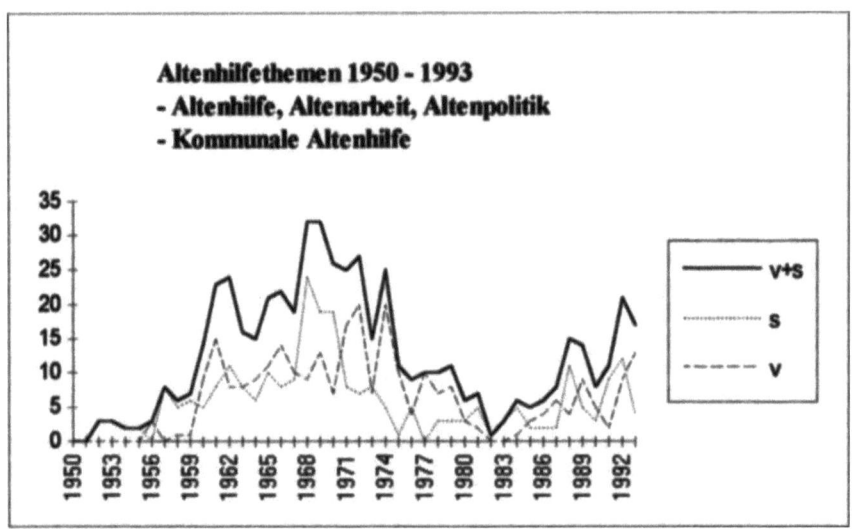

* Anzahl der Beiträge / Jahr

Zusammenfassend ist festzustellen, daß sich die *beiden Diskussionsstränge*, der sozialpädagogische/sozialpolitische und der aus der Verwaltung, in den 70er Jahren *stark voneinander entfernen*: während von den Sozialzeitschriften weiterhin Fragen der *Sozialpolitik* am meisten diskutiert werden und die anderen Themen sich nicht entscheidender als in den Jahrzehnten davor in ihren Werten verändern, scheint die Verwaltungsdiskussion die *Altenhilfe* für sich zu entdecken und sich auf sie zu fixieren, während andere Altersthemen - bis auf Wohnen im Alter - völlig an den Rand gedrängt werden.

Die *80er Jahre* zeigen ein quantitativ weiter vermindertes Interesse an Altersthemen, da die Gesamtzahl der Artikel gegenüber dem vergangenen Jahrzehnt um 10,3% zurückgeht. Der Anteil der Beiträge in Verwaltungszeitschriften daran ist dabei seit den 70er Jahren deutlich stärker zurückgegangen als der in sozialpädagogischen und sozialpolitischen Zeitschriften. An Themen dominiert bei der Gesamtheit der Fachzeitschriften in den 80er Jahren wie auch im Jahrzehnt davor wieder die *Sozialpolitik*, wobei sich der Anteil der Beiträge hierzu, getragen von den Sozialzeitschriften, noch erhöht hat. Sehr bemerkenswert aber ist der Stellenwert, den das Thema *Pflege* in diesem Jahrzehnt einzunehmen beginnt (Abb. 9).

Abb. 8
Aufmerksamkeit für Altersthemen 1970 bis 1979

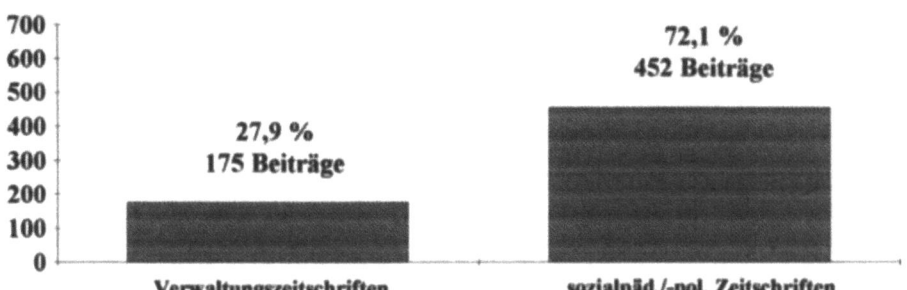

Gesamtzahl der Beiträge in Zeitschriften 1970-79

27,9 %
175 Beiträge — **Verwaltungszeitschriften**

72,1 %
452 Beiträge — **sozialpäd./-pol. Zeitschriften**

davon: Beiträge in Verwaltungszeitschriften (in%)

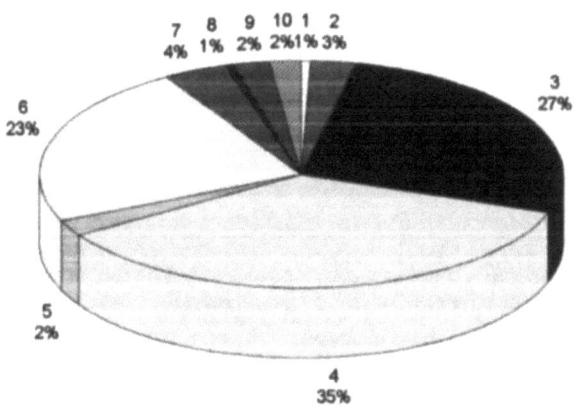

7 4%
8 1%
9 2%
10 2%
1 1%
2 3%
3 27%
6 23%
5 2%
4 35%

Thema Nr:

davon: Beiträge in sozialpädagogischen und sozialpolitischen Zeitschriften (in%)

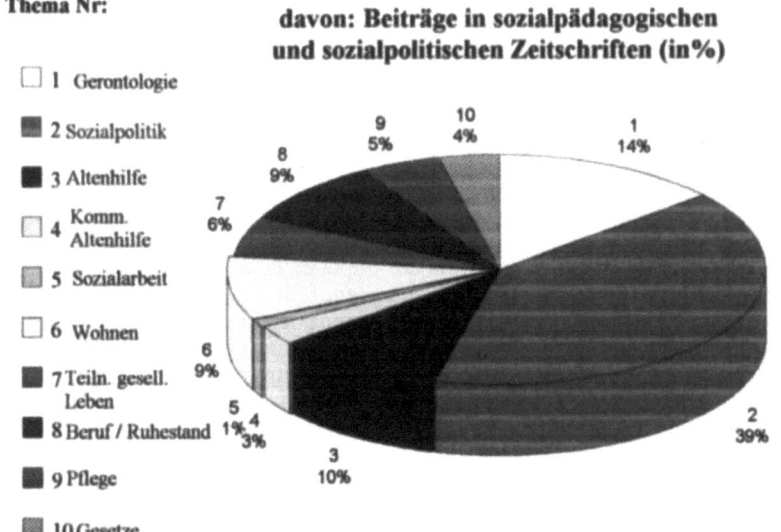

☐ 1 Gerontologie

◼ 2 Sozialpolitik

◼ 3 Altenhilfe

☐ 4 Komm. Altenhilfe

▨ 5 Sozialarbeit

☐ 6 Wohnen

◼ 7 Teiln. gesell. Leben

◼ 8 Beruf / Ruhestand

◼ 9 Pflege

▨ 10 Gesetze

10 4%
9 5%
8 9%
7 6%
6 9%
5 1%
4 3%
3 10%
2 39%
1 14%

25

In den 80er Jahren leiten die sozialpädagogischen und sozialpolitischen Zeitschriften - nach einer kleinen Konjunktur des Themas in den 60er Jahren - eine erneute Beschäftigung mit der Pflege ein, das zu Beginn der 90er Jahre zum beherrschenden Thema wird. Die auf die beiden *Altenhilfethemen* entfallenden Beiträge halbieren sich dagegen gegenüber den 70er Jahren, wenngleich sie in den Verwaltungszeitschriften mit 31,1% der Beiträge immernoch stark in der Diskussion sind: ein *Bruch in der Diskussion* um Alter und Altenhilfe kündigt sich in den 80er Jahren an (Abb. 10).

Abbildung 9
Aufmerksamkeit für das Thema Pflege 1950 bis 1993*

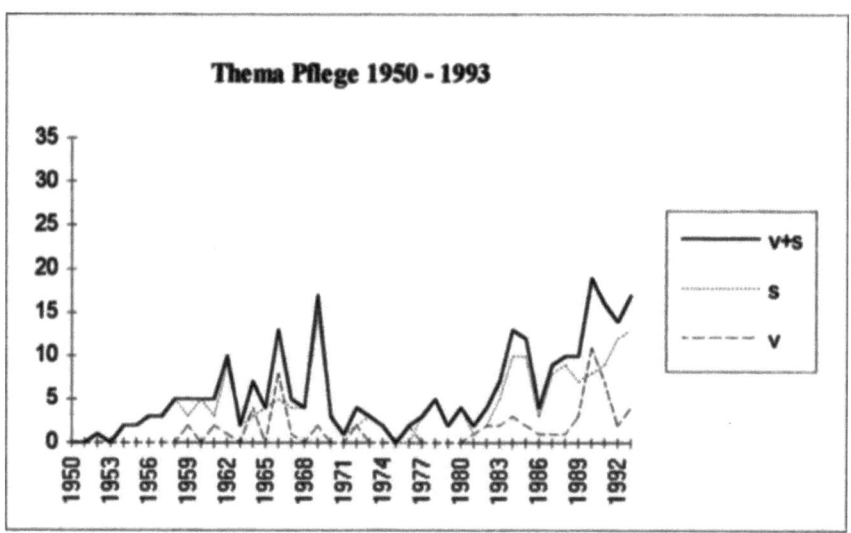

* *Anzahl der Beiträge / Jahr*

In den *90er Jahren* verlagert sich die Diskussion um Alter zwischen den untersuchten Zeitschriftengruppen: die Verwaltungsblätter veröffentlichen erstmals über ein Drittel aller Beiträge. Zudem ist ein Bruch in der Themenentwicklung festzustellen: Das Thema *Sozialpolitik*, bisher bis auf die 60er Jahre in jedem Jahrzehnt von der Zahl der Beiträge her am stärksten vertreten, fällt auf 14,4% der Beiträge zurück, das neue beherrschende Thema zu Anfang der 90er Jahre ist - auch als spezifisches sozialpolitisches Thema - die *Pflege* mit 28,0% der Beiträge. Die Diskussion von Altersthemen zwischen beiden Zeitschriftengruppen läuft wieder mehr parallel, wobei das Pflegethema das integrierende Element zu sein scheint, das als auf kommunaler Ebene nicht mehr zu lösen wahrgenommen wird (Abb. 11).

Abb. 10
Aufmerksamkeit für Altersthemen 1980 bis 1989

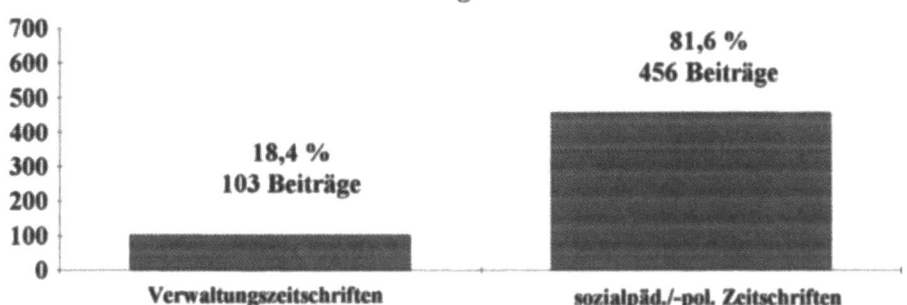

Gesamtzahl der Beiträge in Zeitschriften 1980-89

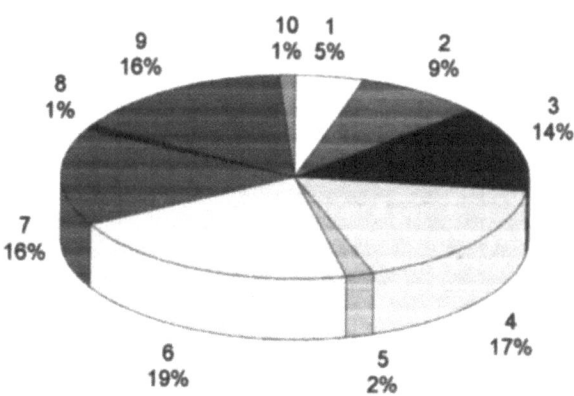

davon: Beiträge in Verwaltungszeitschriften (in%)

Thema Nr:

☐ 1 Gerontologie

■ 2 Sozialpolitik

■ 3 Altenhilfe

☐ 4 Komm. Altenhilfe

▨ 5 Sozialarbeit

☐ 6 Wohnen

■ 7 Teiln. gesell. Leben

■ 8 Beruf / Ruhestand

■ 9 Pflege

▨ 10 Gesetze

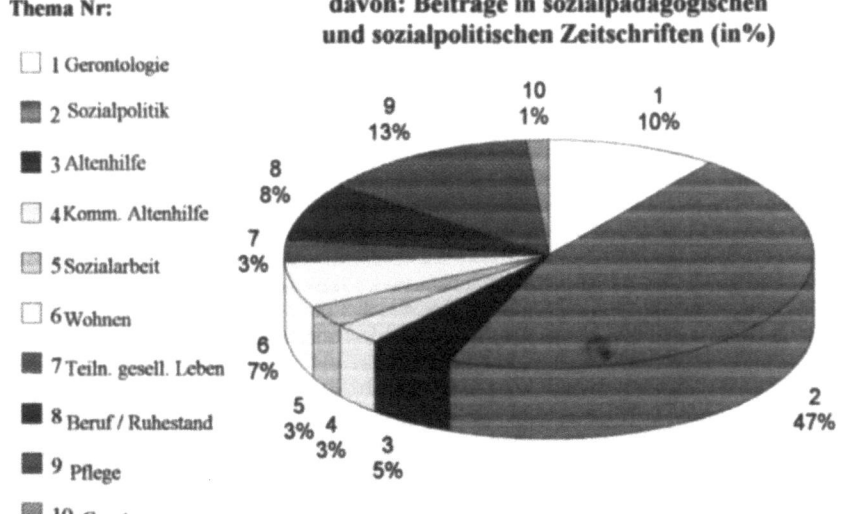

davon: Beiträge in sozialpädagogischen und sozialpolitischen Zeitschriften (in%)

27

Zusammenfassend kann zwar aus der reinen Häufigkeit der Veröffentlichungen zu einzelnen Themen nicht ohne weiteres auf deren inhaltliches Gewicht geschlossen werden. Jedoch konnten Themenbereiche identifiziert werden, die für die Diskussion um Alter offensichtlich - in den einzelnen Jahrzehnten mehr oder weniger - bestimmend sind: Sozialpolitik, Altenhilfe, Wohnen im Alter und Pflege.

Zunächst soll das Untersuchungsfeld Alter und Altenhilfe in seiner geschichtlichen Entwicklung und seinen rechtlichen Begrenzungen umrissen werden. Danach werden der Untersuchungsgegenstand, die Problemsicht zum Thema Alter, und die die Analyse leitenden Fragestellungen näher zu beschreiben sein, bevor sich der empirische Teil mit der qualitativen Analyse von wissenschaftlicher Literatur, Zeitschriftenartikeln und Altenplänen anschließt. Es werden die typischen Argumentationen und deren Verdichtung zu Paradigmen sowie die Paradigmenwechsel bezüglich Alter und Altenhilfe in der Nachkriegszeit zu zeigen sein, die sich, soviel kann vorweggenommen werden, in groben Zügen in den beschriebenen quantitativen Themenentwicklungen in Fachzeitschriften abbilden: die sechziger Jahre als das Jahrzehnt der Problemlösung durch Wohnungsbau, die siebziger Jahre als das Jahrzehnt der Altenhilfe und zu Anfang der neunziger Jahre eine Wendung 'rückwärts' hin zum alten und neuen Altersthema 'Pflege'.

Abb. 11
Aufmerksamkeit für Altersthemen 1990 bis 1993

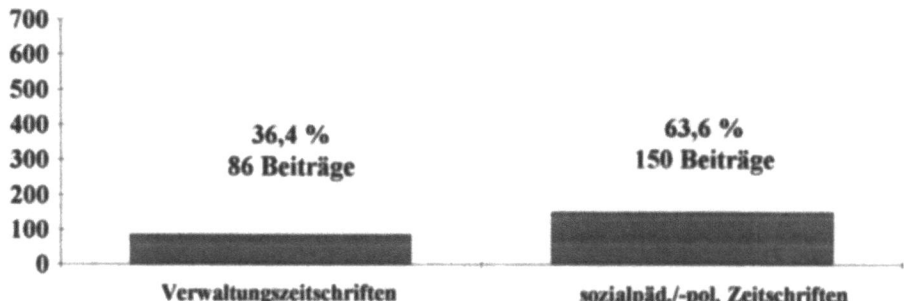

Gesamtzahl der Beiträge in Zeitschriften 1990-93

36,4 %
86 Beiträge

63,6 %
150 Beiträge

Verwaltungszeitschriften   sozialpäd./-pol. Zeitschriften

davon: Beiträge in Verwaltungszeitschriften (in%)

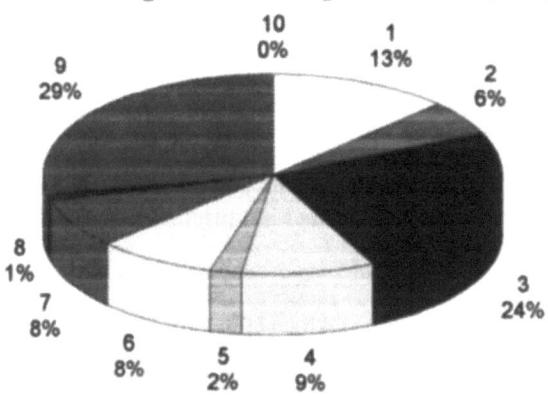

Thema Nr:

□ 1   Gerontologie

■ 2   Sozialpolitik

■ 3   Altenhilfe

□ 4   Komm. Altenhilfe

▦ 5   Sozialarbeit

□ 6   Wohnen

■ 7   Teiln. gesell. Leben

■ 8   Beruf / Ruhestand

■ 9   Pflege

▦ 10   Gesetze

davon: Beiträge in sozialpädgogischen und sozialpolitischen Zeitschriften (in%)

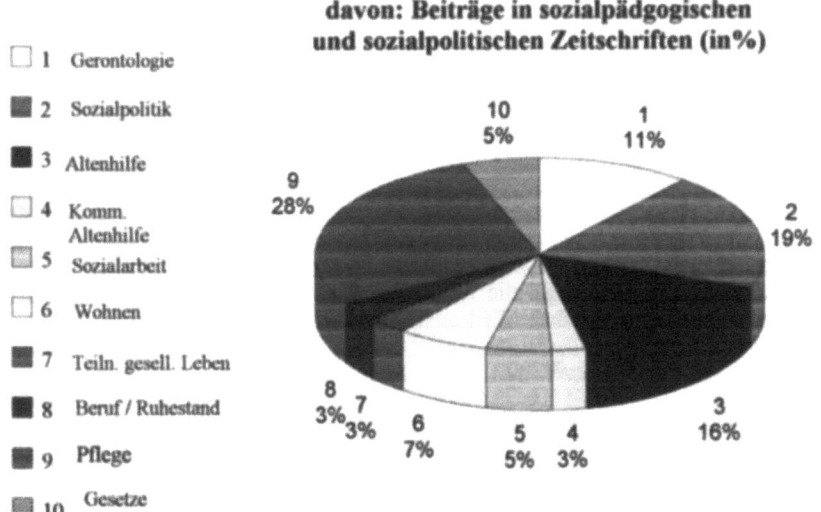

29

3. Das Untersuchungsfeld:
Alter, Altenhilfe und Altenplanung

Um die Entwicklung von Altersbildern und Problemsichten in der Nachkriegszeit in wissenschaftlichen Veröffentlichungen, einschlägigen Fachzeitschriften und kommunalen Altenplänen deutscher Großstädte[1] in einen größeren Zeitrahmen zu stellen und dadurch besser bewerten zu können, sollen nachfolgend die für die Fragestellung entscheidenden geschichtlichen Problemfelder angeschnitten werden. Das sind zuerst die Veränderungen des Altersbilds und der gesellschaftlichen Bewertung, weiterhin die Integration alter Menschen in Familienbeziehungen und Arbeit. Wie zu zeigen sein wird, war nicht nur das gesellschaftliche Ansehen der Alten über weite Zeiträume nicht hoch, sondern auch die soziale Lage Älterer führte schon früh zu Hilfsmaßnahmen im Rahmen der Armenfürsorge. Alter als eigenständiges soziales Problem begann sich erst um die Mitte des 19. Jahrhunderts herauszubilden. Im Rahmen der Bismarckschen Sozialgesetzgebung entstand erstmals eine Invaliden- und Alterssozialversicherung (1889). Zu Ende des 19. Jahrhunderts setzte im Rahmen der generellen Ausdifferenzierung der Fürsorge die organisatorische Verselbstständigung der Altersfürsorge ein, Alte und Sieche wurden in immer größerem Maße aus den Armen- und Krankenhäusern ausgegliedert und in speziellen Altersheimen untergebracht, die es vordem nur in sehr geringer Zahl gegeben hatte[2]. Der Weg zu einer ausdifferenzierten Altenhilfe war beschritten.

3.1 Historische Entwicklung: Altersbilder und Problemsichten

Natürlich kann nicht für eine Epoche ein allgemeingültiges, typisches Altersbild ausgemacht werden, sondern es bestanden immer je nach sozialer Schicht differenzierte gesellschaftliche Bewertungen des Alters. Während positive Altersbilder, die häufig Idealvorstellungen aus künstlerischen und literarischen Werken darstellen, sich zumeist auf alte Menschen mit hohem gesellschaftlichen Status beziehen, hat eine negative gesellschaftliche Bewertung des Alters oft unterprivilegierte alte Menschen im Blick. Das verweist darauf, daß Schichtzugehörigkeit und Verfügungsgewalt über materielle Ressourcen auch in der Vergangenheit wahrscheinlich bedeutender für die konkrete gesellschaftliche Bewertung war als die Altersposition. Diesen Zusammenhang und die tatsächliche Lebenswirklichkeit alter Menschen in historischen Gesellschaften beleuchtet zu haben, ist das Verdienst der Sozialgeschichte. Daher sollen nachfolgend zuerst 'idealistische' Altersbilder früherer Epochen dargestellt und danach Elemente der Sozialgeschichte alter Menschen aufgezeigt werden, um zu zeigen, daß die Argumentationen zum Thema Alter in der Nachkriegszeit, die der empirische Teil ausführlich vorstellen wird, hier durchaus einige Wurzeln haben.

---

[1] Die Auswahl der Pläne erfolgte ausschließlich aus Großstädten im Gebiet der alten Bundesrepublik vor der Wiedervereinigung, da nur für diese Pläne aus der wissenschaftlichen Diskussion und den Fachzeitschriften Schlüsse gezogen werden können.
[2] Vgl. den Überblick über die Entwicklung der Altersfürsorge und der Altenheime bei André 1993:184ff.

Bei der Lektüre auch aktueller einschlägiger Literatur gewinnt man oft den Eindruck, als wäre das Altersproblem ein Problem unserer Tage. Heute, so der Tenor sozialpolitischer und sozialpädagogischer Diskussionen, seien im Gegensatz zu früheren Zeiten die sozialen Beziehungen errodiert, alte Menschen würden sozial isoliert, aus der Gesellschaft 'abgeschoben'. Diese Probleme werden oft als Folge der 'industriellen Revolution' gesehen, die durch fortschreitende Arbeitsteilung den Lebens- und Arbeitsverbund der Generationenfamilie im 'ganzen Haus' ihrer Funktionen beraubte. Burgess beschreibt diese Problemsicht vom Alter in einer bekannten Zitatstelle: "In all historical societies before the Industrial Revolution, almost without exception, the aging enjoyed a favorable position. Their economic security and their social status were assured by their role and and place in the extended family. The extended family was often an economic unit of production, frequently a household unit, and always a cohesive unit of social relations and reciprocal services between the generations. But the balance of prerogatives of property, power and decision making belonged to the aging. This golden age of living for older persons was disturbed and undermined by the Industrial Revolution"[3].

Argumentationen wie die von Burgess leiten oft linear aus der Integration in die Familie eine nützliche Funktion der Alten und daraus ein positives Altersbild und einen hohen gesellschaftlichen Status alter Menschen ab. Sozial funktionslos geworden und aus ihrer Arbeit ausgegliedert, so wird dann argumentiert, verschlechterte sich die gesellschaftliche Bewertung alter Menschen zusehends[4]. Die heutige prekäre Stellung des Alters, oft als 'Randgruppe' oder 'Minderheit' diskutiert, gehe geradlinig aus dieser funktionalen Ausgliederung hervor.

Eine solche einseitige Beweisführung muß im Licht der neueren sozialgeschichtlichen Forschungsergebnisse zu Alter und Familie nachfolgend teilweise relativiert werden. Die Historiker, so Conrad[5], sind sich darüber einig, daß es trotz sich wandelnder Wertigkeit alter Menschen niemals ein 'golden age of living for older persons' gegeben hat, sondern deren Lebensbedingungen im Gegenteil oft von Not und Krankheit bestimmt waren. Vor den ausgewählten Ergebnissen der sozialgeschichtlichen Forschung soll zuerst auf die gesellschaftliche Bewertung alter Menschen, das Altersbild[6] eingegangen werden.

3.1.1 Gesellschaftliche Bewertung und Status alter Menschen

Das Ansehen der alten Menschen unterlag im Laufe der Jahrhunderte teilweise dramatischen Wandlungen. Ohne auf das Alter in primitiven Gesellschaften oder in anderen Kulturen einzugehen, über die es eine Fülle von Belegmaterial gibt[7], soll sich an dieser Stelle auf die mitteleuropäischen und besonders die deutschen Verhältnisse seit dem 16. Jahrhundert beschränkt werden. Es kann, wie eingangs schon erwähnt, auch für historische Gesellschaften nicht von einem einheitlichen Altersbild ausgegangen werden, sondern die Bewertung alter Menschen war je nach gesellschaftlicher Stellung sogar noch differenzierter als heute. In der jüngeren Vergangenheit hat eher eine Vereinheitlichung der Altersbilder stattgefunden, wie Mitterauer[8] anführt. Weiter beschäftigen sich Überlieferungen, die den Status des

---

[3] Burgess 1962:350, zitiert nach AG Fachbericht 1982:75
[4] So z.B. bei Lehr/Schneider 1984.
[5] Conrad 1982:85.
[6] Der Begriff des Altersbildes, einer stereotypen Vorstellung von den Eigenschaften der gesellschaftlichen Gruppe der alten Menschen, wird im 4. Kapitel dieser Arbeit noch genau bestimmt werden.
[7] Vgl. z. B. de Beauvoir 1977.
[8] Mitterauer 1982:44.

Alters beschreiben, meistens mit der Bewertung alter Männer, was sicherlich einseitig ist. Zudem kann selbstverständlich nicht von der gesellschaftlichen Bewertung alter Menschen auf deren Lebenswirklichkeit geschlossen werden. Trotz dieser Einschränkungen sind Argumentationen früherer Epochen für die hier beabsichtige Untersuchung von beträchtlicher Aussagekraft, da sie einen Überblick über die Spannweite gesellschaftlicher Altersbewertung bieten.

Rosenmayr[9] faßt einschlägige Argumentationen zum vermeintlich in früheren Epochen höheren gesellschaftlichen Ansehen der alten Menschen zusammen: "In den Zeitaltern vor der Industrialisierung, so wird häufig vorgebracht, sei es eine selbstverständliche Pflicht gewesen, die Alten zu ehren, und diese auferlegte moralische Pflicht sei bei dem Massencharakter unseres heutigen Lebens verlorengegangen. Zwar besteht ein vages moralisches Verpflichtungsgefühl im Sinne einer zwischenmenschlichen Verantwortung, aber es sei wirkungsschwach. Früher wäre das Alter an sich schon als Wert angesehen worden, und diese Auffassung fehle in unserer gegenwärtigen Haltung den Alten gegenüber. Mit dem Rückblick auf ein 'Früher' ist zumeist 'die vorindustrielle Gesellschaft' gemeint, gegenüber der 'Industriegesellschaft' oder der 'nachindustriellen Gesellschaft' von heute, zwischen diesen beiden Gesellschaftsformen stünde als Begründung des Wandels 'die Industrialisierung". Eine solche Sicht der Dinge, die Rosenmayr hier bewußt überzeichnet, trifft nur auf einige Phasen der neueren Geschichte zu. Eine mögliche Erklärung dafür, wie die häufig anzutreffende unterschiedslose Verklärung des Alters in der Vergangenheit entstehen konnte, bietet Borscheid mit dem Aufkommen des Jugendkultes Anfang des 20. Jahrhunderts an, als mit dem Aufbruch der Jungen gegen Altes und das Alter die Jugend zum dominierenden gesellschaftlichen Leitbild wurde. Davon schockiert, so der Autor, hätten viele Zeitgenossen begonnen, die Vergangenheit zu idealisieren und der mit Problemen beladenen Gegenwart eine heile Welt von gestern mit idyllischen Bildern von Großfamilie, in der Alt und Jung in vollkommener Harmonie Schutz, Anerkennung und sinnvolle Aufgaben fanden, gegenüber, während Diskriminierung und Elend von alten Menschen in der Gegenwart als eine Geburt des Industriezeitalters angesehen wurden[10].

Das tatsächliche Bild, das sich vergangene Epochen von den Alten machten, sieht teilweise anders aus. Vor allem in der beginnenden Neuzeit, dem 16. und frühen 17. Jahrhundert wurde die Jugend verherrlicht, das Alter verachtet und verspottet. Die Alten waren mit dem Makel des Verfalls behaftet, Alter gleichbedeutend mit Krankheit und Invalidität, "in ihm vereinten sich alle Gebrechen, die ein Leben voll von kräftezehrender Arbeit und frierend-feuchter Armut als tiefe Spuren hinterlassen hatte"[11]. In der Zeit des Dreißigjährigen Krieges mit seinem allgemeinen Verlust an Humanität stand das Ansehen der Alten an einen Tiefpunkt.

Die Menschen beschäftigten sich damals intensiv mit dem Problem der Zeit und der Erlösung, auch in der volkstümlichen Kultur. Im Fasnachtspiel "Die X Alter Dyser Welt" (1516) von Pamphilius Gengenbach wurden die zehn Lebensalter durch zehn Spieler dargestellt, die ihre Sünden bekennen, welche bis zum Alter von 50 Jahren ('Wohlgetan') in ihrer Bedeutung zunehmen und dann abfallen - die altersbedingten Tugenden und Laster werden auf anschauliche Weise geordnet. Diese Stufenvorstellung vom Alter blieb so über nahezu fünf Jahrhunderte konstant[12]. So heißt es in den Epigrammen zu der "Trap des Ouderdoms" (Lebenstreppe) des Jan Houwen im 17. Jahrhundert: "Aber auf der fünften Stufe ist es gerade der Tag, an dem die Sonne nicht höher steigen wird. Der sechste macht das

---

[9] Rosenmayer 1978a:123f.
[10] Borscheid 1992:38.
[11] Borscheid 1992:39.
[12] Cole/Winkler 1988:45f.

Haar grau ... aus Sorgen sieht die siebte voll Freude die Kindeskinder. Doch wer die achte Stufe betritt, der schleppt sich hin mit nichts als Sorgen. Und auf der neunten Stufe sieht man, was man schon war und sein wird; wenn hundert Jahre die Augen schließen, dann ist des Reisenden Leben vorbei"[13].

Nach den Wirren des Dreißigjährigen Krieges 1618-48 setzte Ende des 17. und Anfang des 18. Jahrhunderts ein Prozeß der Versittlichung ein, an dessen Ende als Gegenbewegung in der zweiten Hälfte des 18. Jahrhunderts eine "Inthronisation des Alters" stand. Die "derbe Heftigkeit des 16. Jahrhunderts" wurde durch Höflichkeit abgelöst, was den Alten das Zusammenleben mit den Jungen erleichterte[14]. Man begann die verstorbenen Eltern in Leichenpredigten zu ehren. In der 'Tuba rustica' des Barockpredigers Christoph Selhammer aus Bayern heißt es sogar: "Insgemein halt man eben das, was alt ist, für das Best"[15].

Das Ideal der Aufklärung, die sittliche Vervollkommnung und geistige Höherbewertung der Persönlichkeit führte dazu, daß die Älteren auf vielen Gebieten mit den Jungen mithalten und ihre Erfahrung voll zur Geltung bringen konnte - mit dem Motiv der 'Weisheit des Alter' wird diese Entwicklung umschrieben, während Defizite und Krankheiten des Alters in den Hintergrund rückten. Ende des 18. Jahrhunderts begann die Medizin erstmals sich Gedanken darüber zu machen, wie Leben zu verlängern sei, so der Arzt Christoph Wilhelm Hufeland 1796 mit seiner Schrift 'Makriobiotik oder die Kunst das menschliche Leben zu verlängern'[16] - der Mensch begann, sich gegen seinen Tod zur Wehr zu setzen. Das ehrwürdige Alter war - gegenüber dem qualvollen Alter des 16. Jahrhunderts - erstrebenswert, die alten Menschen waren zu Helden geworden, "keine senil-hinfälligen Zittergestalten mehr, sie waren ehrfurchtgebietende Persönlichkeiten"[17].

Gegen Ende des 18. Jahrhunderts mehrten sich durch höhere Lebenserwartung der Alten die Generationenkonflikte, da das Absterben der einen nicht mehr mit dem Erwachsenenalter der nächsten Generation zusammenfiel. In einer sich schneller ändernden Welt begann die Erfahrung der Alten zudem an Wert zu verlieren, wenn auch die der Zeit eigene Höflichkeit es verbot, das deutlich zu machen. Das Bild des 'ehrwürdigen Alten' wurde so aufrechterhalten: zur Zeit der französichen Revolution machten "revolutionäre Moralisten" die alten Menschen zu Vorbildern und stellten den Respekt vor den Alten als eine wesentliche republikanische Tugend für eine ideale Gesellschaft dar[18]. Dieser Widerspruch zwischen verschärften Generationenkonflikten und der "gerontokratischen Idealvorstellung"[19] lief auf eine Schonung und Entlastung der alten Menschen hinaus, und in der Folge entwickelte sich ein romantischer 'Elternkult', der auch in tieferen Bevölkerungsschichten zu einer allgemeingültigen Norm wurde. Die Biedermeierzeit setzte der Massenverarmung der Frühindustrialisierung die Flucht in die Häuslichkeit entgegen und schob die Alten in einen gesellschaftlichen Schonraum ab. Die Familie wurde als Symbol dieser Entwicklung verklärt[20], die Alten standen im Kreise ihrer Familie als die Garanten alter Tugenden für ein 'gemütvolles Klima'[21]. Das Altersbild dieser Zeit war, anders als das des 16. Jahrhunderts, gänzlich unrealistisch, hatte keinen Platz für Einsamkeit und Krankheit und erhielt in Jakob Grimms 1860 vor der Königlichen Akademie der Wissenschaften zu Berlin ge-

---

13 Zitiert nach Cole/Winkler 1988:50.
14 Borscheid 1992:40.
15 Zitiert nach Böck, 1953:49 in Borscheid 1992:40.
16 Hufeland 1975
17 Borscheid 1992:41.
18 Cole/Winkler 1988:52.
19 Conrad 1982:85.
20 Dazu noch ausführlich Kap. 3.2.1 dieser Arbeit.
21 Borscheid 1992:42.

haltenen "Rede über das Alter" (1863) seine akademische Weihe: "Altern hieß zwar Verlust an körperlichen Vorzügen, aber einen Zugewinn an geistigen"[22]. Das Altersbild des Biedermeier zeigt ein Idyll, das aber letztlich aufgrund seiner andauernden Wiederholung ernst genommen und zum gesellschaftlichen Leitbild wurde.

Im ausgehenden 19. und beginnenden 20. Jahrhundert verlor das Motiv der Lebensalter zumindest in den städtischen Gebieten seine Beliebtheit, das traditionelle Bild einer wohlgeordneten Lebenszeit seinen kulturellen Anspruch. Es wurde nunmehr davon ausgegangen, daß der alte Mensch nichts Wesentliches mehr zur 'wirklichen Welt' beizutragen habe[23]. Arbeiterfrage und beginnende Hochindustrialisierung ebneten den Weg zu einem realistischeren Altersbild, und in Literatur und Malerei trat neben den bürgerlichen Patriarchen der arme, einsame Alte, der nicht mehr von einer schützenden Familie umgeben war. Zudem forderte die Jugend gesellschaftliche Rechte ein, und die Verehrung des Alters machte einer Haltung Platz, die der Jugend nacheiferte: "Bart, Spitzbauch und Kneifer, mit denen sich bis dahin Jüngere ausstaffiert hatten, um älter zu wirken und in Beruf und Gesellschaft ernst genommen zu werden, wichen jetzt den Symbolen der Jugend: einem sportlich geübten Körper und einer körperbetonten Mode"[24]. Zu Anfang des 20. Jahrhunderts stieg der Legitimationsdruck auf das höhere Alter, das nun als 'gesellschaftlich nutzlos' thematisiert wurde. Gleichzeitig begannen sich die Anzeichen einer Beunruhigung über einen immer unübersehbarer werdenden Wertverlust des Alter zu mehren - ein Berichterstatter einer Tagung des Vereins für Socialpolitik umschrieb dies mit dem 'Fluch des Alters'[25].

Nach dem Ersten Weltkrieg sahen die zurückkehrenden jungen Kriegsteilnehmer für sich keine Zukunft, fühlten sich als "verlorene Generation", der die Inflation zudem ihre Erbaussichten genommen hatte: ein voll ausbrechender Generationenkonflikt war die Folge[26]. In der Weimarer Zeit wurde Jugend zu einem Programm, dem sich auch die Älteren unterzuordnen hatten. Statt dem erfahrenen Geist zählte nun der schöne Körper und die Angriffe auf die Älteren steigerten sich bis zu Verhöhnung. Das neue Leitbild 'Jugend' symbolisierte Fortschritt und Aufbruch, war aber sonst weitgehend inhaltsleer. Der Jugendkult gipfelte in Forderungen wie 'Macht Platz, ihr Alten', so der Titel einer Rede von Gregor Strasser im Jahre 1927[27].

Die Nationalsozialisten reklamierten in der Folge den Jugendmythos für sich, der sich jedoch nicht auf Dauer mit der "völkischen Introvertiertheit" der Bewegung und dem "Spießertum, das sich unter Nationalsozialisten immer mehr breitmachte" vertrug und in Vergessenheit geriet[28]. Das Alter wurde als gesellschaftlich unnütz und nicht leistungsfähig abgeschoben - bis zur Vernichtung als 'lebensunwertes Leben' im Euthanasieprogramm[29].

Nach dem Zweiten Weltkrieg begann der Versuch, dem Alter in der sozialen Neuordnung seinen Platz zuzuweisen. Dieser Prozeß, die damit verbundenen Altersbilder und gesellschaftlichen Bewertungen des Alters werden noch detailliert nachzuvollziehen sein. Zusammenfassend kann bis hierher festgestellt werden, daß die Frage nach 'dem' einheitlichen Altersbild in früheren Epochen falsch gestellt ist, 'der' eine Faktor Industrialisierung nicht ausschließlich für einen Wandel des Altersbildes zum Schlechten verantwortlich gemacht werden kann und sich alte Men-

---

[22] Borscheid 1992:44.
[23] Cole/Winkler 1988:57.
[24] Borscheid 1992:45.
[25] Engel 1913, nach Kondratowitz 1990:110.
[26] Borscheid 1992:47.
[27] Strasser 1932, zitiert nach Reulecke 1983:415.
[28] Radkau 1985:114-121, zitiert nach Borscheid 1992:47.
[29] Zusammenfassend Kondratowitz 1988a:123ff.

schen vor der Industrialisierung auch nicht nur gesellschaftlicher Verehrung erfreuen konnten.

3.2 Problembereiche:
Die Lebenslage alter Menschen in der Sozialgeschichte

Nach dem Überblick über zentrale Entwicklungslinien in der gesellschaftlichen Bewertung soll nun auf zwei Hauptbereiche der historischen Diskussion über das Alter eingegangen werden, die ebenso wie das Altersbild oft Objekte idealisierender Darstellungen sind: die Beziehungen von Alter und einer Familie, die aus mehreren in direkter Linie voneinander abstammenden Generationen besteht, sowie die materielle Lage und die Arbeitssituation alter Menschen.

Bei Argumentationen zu Alter und Sozialgeschichte muß man vorab eine Tatsache im Auge behalten: die allgemeine Lebenserwartung war in früheren Epochen wesentlich geringer als heute, was sich auf die Anzahl nebeneinanderlebender Generationen auswirkte. Während früher die Lebenserwartung insgesamt geringer war und die Sterblichkeit sich über alle Altersgruppen verteilte, aber besonders viele Säuglinge und Kleinkinder starben, konzentriert sie sich heute auf Menschen über 60 Jahre, so das man sagen kann, daß bei der Sterblichkeit eine Altersrandgruppe die andere abgelöst hat[30]. Diese heute verlängerte, erwartbare Lebenszeit hat Auswirkungen auf unsere Zusammenleben, wenn künftig bis zu vier Generationen nebeneinander aktiv sein werden[31].

3.2.1 Die 'Generationenfamilie'

Ein zentraler Argumentationszusammenhang ist für die Problemsicht zum Thema Alter die Einbettung alter Menschen in eine Familie, in der mindestens drei Generationen zusammenleben. Ohne einen Überblick über Familienformen im geschichtlichen Wandel zu versuchen, soll der Frage nachgegangen werden, inwieweit alte Menschen in der Stadt und auf dem Land in eine 'Generationenfamilie' integriert waren, die an die Häuslichkeit des Biedermeier erinnert:

"Bei diesem Thema kommt einem immer sofort der Balladenanfang ins Gedächtnis, der die ganze Vergangenheit wie in der Nußschale zusammenpreßt: 'Urahne, Großmutter, Mutter und Kind / In dumpfer Stube beisammen sind.' Der Vater war auch da. Er werkelte und klopfte. Die Kinder sahen zu. Die Frau saß am Spinnrad oder stand in der Küche. Alles wurde selbst gemacht - Wurst und Butter, Kleider und Sauerkraut, Brot und Kerzen. Die Familie, das waren mindestens drei Generationen, die unter einem Dach lebten, eine abgeschlossene Festung bildeten, in der die Kinder geborgen aufwuchsen. 'Großfamilie' heißt das Schlagwort und 'die Familie als wirtschaftlicher Kleinbetrieb'"[32]. Wie verbreitet waren nun de facto Familienformen mit mehr als zwei Generationen in der Vergangenheit und wie sind die wirtschaftlichen 'Familienfunktionen', wie die materielle und die Arbeitssituation alter Menschen einzuschätzen?

Gegen den "Mythos der harmonisch-solidarischen Großfamilie"[33] und gegen die Vorstellung, es hätte in der Geschichte eine 'goldene Zeit des Alters' (Burgess 1962) durch Einbettung in eine Generationenfamilie gegeben, wendet sich

---

[30] Imhof 1985:33.
[31] z.B. Neugarten 1981.
[32] Beuys 1984:11.
[33] Leitner 1986:35.

die sozialgeschichtliche Forschung schon seit geraumer Zeit. Eine größere Verbreitung der oft beschworenen Drei-Generationen-Familie ist geschichtlich nicht nachweisbar[34]. Schon Mackenroth zeigte Anfang der 50er Jahre, daß die 'Zwei-Generationen-Kleinfamilie' die dem Pflugbauerntum am besten angepaßte Familienverfassung ist und kam für das zünftige Handwerk zu denselben Schlüssen[35]. Mit umfangreichem Material hat Laslett mit seinem Forscherteam für England die Dominanz der vorkapitalistischen Großfamilie widerlegt [36].

Rosenbaum (1982) weist in ihrer Untersuchung zu "Formen der Familie" nach, daß eine Drei-Generationen-Familie nur im bäuerlichen Bereich und nur für eine kurze Zeitspanne unter bestimmten Voraussetzungen auftreten konnte, aber keinesfalls die Regel war. Gründe dafür lagen im hohen Heiratsalter und darin, daß ein Hof normalerweise nur eine Familie ernähren konnte. "Nur dort, wo in Gebieten mit geschlossener Vererbung der Hof groß genug war, mehr als eine Familie ernähren zu können, konnte sich unter bestimmten Bedingungen die Drei-Generationen-Familie ausbilden. Allerdings handelte es sich dabei wegen der Kombination von hohem Heiratsalter und niedriger Lebenserwartung stets nur um eine recht kurze Phase im Familienzyklus."[37]. Die Tatsache, daß sich diese geschichtlich richtigen Erkenntnisse über die Familie, erst in letzter Zeit durchsetzen, führt Rosenbaum darauf zurück, daß ein so tiefsitzendes Bedürfnis nach stabilen Orientierungen existiert, "daß sie selbst bei Wissenschaftlern von wissenschaftlichen Gegenargumenten nur sehr schwer zu erschüttern sind"[38].

Zudem hatten familiale Lebensformen früher einen anderen Charakter als heute. Rosenmayr/Rosenmayr (1978) betonen, daß man im Bestreben, die Einbettung der Alten in die Familie zu untersuchen, von Begriffen wie 'Haushalt' oder 'Familie' ausgehend Strukturen zu vergleichen sucht, die nicht vergleichbar sind[39]. Die Familienbeziehungen waren kurzlebig, die Kindersterblichkeit und die der Ehegatten hoch, und die überlebenden Kinder kamen fast immer früh aus dem Haus. Die Beziehungen zwischen den Familienmitgliedern waren grundsätzlich dem Produktionssystem untergeordnet - "Das schließt nicht aus, daß nicht herzliche, liebevolle Bindungen mit bedeutenden psychologischen Motivationen zwischen den Familienmitgliedern bestehen konnten, ihr Spielraum war jedoch beschränkt"[40]. Eine 'Intimisierung der Familienbeziehungen' begann langsam erst ab dem 18. Jahrhundert, sie hat naturgemäß in städtischen bürgerlichen Schichten größeren Einfluß gehabt als auf dem Land, wo wirtschaftliche Familienfunktionen im Vordergrund standen. Der These, in der bürgerlichen Oberschicht der Stadt sei die Großfamilie, in der Unterschicht die Kleinfamilie verbreitet gewesen, begegnet Rosenbaum mit dem Hinweis, daß auch im Bürgertum die Generationen getrennt voneinander lebten, wenn in einem Haus, so doch strikt voneinander abgegrenzt, aber mit viel Platz für jede Familie[41].

Auch Untersuchungen zum Bereich des Wohnens zeigen, daß von einer Einbettung alter Menschen in eine Generationenfamilie als ehemals vorherrschende Lebensform nicht gesprochen werden kann. Die heute vielbeschworene Tendenz zur Isolierung der Älteren, die zumeist aus der steigenden Zahl der Einpersonenhaushalte abgeleitet wird, kann durch eine übergreifende historische Betrachtung

---

[34] Mitterauer/Sieder 1977, Laslett 1977.
[35] Mackenroth 1953.
[36] Laslett 1971, nach Rosenbaum 1982:489.
[37] Rosenbaum 1982:489.
[38] Rosenbaum 1982:488.
[39] Rosenmayer/Rosenmayer 1978:198.
[40] Rosenmayer/Rosenmayer 1978:200.
[41] Rosenbaum 1982:490.

ebenfalls relativiert werden. Seit dem Mittelalter hat es, wie Ehmer[42] nachweist, einen hohen Anteil nicht nur aus Not, sondern ihrem Wunsch nach und sozial akzeptiert allein lebender alter Menschen gegeben. Es ist, so der Autor, zwar richtig, daß sich erst im 20. Jahrhundert das Alleinleben alter Menschen als dominierende Wohnform durchsetzte, während vordem die Variationsbreite der Haushalts- und Familienformen groß war: "Von der frühen Neuzeit bis in das 19. Jahrhundert war eine enorme Vielfalt der sozialen Beziehungen der älteren Menschen zu beobachten gewesen: Alleinleben eines Ehepaares oder einer einzelnen verwitweten Person, Zusammenleben mit Kindern, Verwandten oder Fremden im eigenen Haushalt; Mitleben in den Haushalten von Verwandten, Kindern oder Fremden"[43]. Erst im Laufe des 20. Jahrhunderts setzte sich das Alleinleben als alles dominierende Wohnform durch, Zusammenleben mit Kindern, Fremden oder Verwandten sind nicht ganz ausgeschlossen, aber selten und von abnehmender Bedeutung. Das läßt darauf schließen, daß frühere Haushaltsformen Älterer nicht das Ergebnis einer angestrebten Lebensform, sondern des Zwangs der Verhältnisse waren.

Der Überblick über sozialgeschichtliche Erkenntnisse zeigt, daß das Zusammenleben alter Menschen mit ihrer drei Generationen umfassenden 'Familie' nicht die vorherrschende, 'normale' Lebensform in früheren Zeiten war. Alte Menschen waren jedoch in vielfältigere Sozialverbände, die nicht nur auf geradliniger Abstammung beruhten, integriert, besonders in die Produktions- und Familiengemeinschaft des 'ganzen Hauses'. Dieses 'ganze Haus', das jedoch mit unserem Begriff von Familie heute fast nichts gemein hat, gewährte unter den agrarischen Verhältnissen des Mittelalters Schutz und Sicherung gegen natürliche Risiken wie Krankheit, Unfall, Arbeitsunfähigkeit und Alter. Die völlige Integration von Arbeits- und Lebensbereich bedeutete für den Vorstand des Hauswesens auch die ungeteilte Übernahme der Risiken in diesen Bereichen; er hatte das Züchtigungsrecht, aber auch die Verantwortung für ebendieselben Menschen. Eine Gefährdung, so betont Amann[44], entstand nur für aus diesen Sozialgemeinschaften ausgegliederte Personen.

3.2.2 Materielle Situation und Arbeitssituation alter Menschen

Mußte die Vorstellung vom Zusammenleben in einer Generationenfamilie in vergangenen Epochen zurückgewiesen werden, so ist eine andere Argumentation zu bestätigen: die 'Familie' als 'ganzes Haus' hat im Laufe der neueren Geschichte deutlich an Funktionen eingebüßt. Dieses 'ganze Haus' war noch multifunktional: "In ihm wurde produziert, konsumiert, Herrschaft ausgeübt, es war Religions- und Freizeitgemeinschaft"[45]. Den alten Menschen war trotzdem kein sorgen- und arbeitsfreier Lebensabend beschert: von wohlhabenden Schichten abgesehen, mußten alle Hände, die noch irgendwie arbeiten konnten, dazu beitragen, das Überleben zu sichern. Das 'ganze Haus' verlor mit der fortschreitenden Industrialisierung seine Bedeutung als Arbeits-, Lebens- und Vorsorgeverband, so daß sich im Übergang zur modernen 'Familie' die emotionalen Familienbeziehungen zwar intensivierten, die manifesten wirtschaftlichen Funktionen aber verlorengingen. Zum einen wurden immer mehr alte Menschen aus diesem Sozialverband ausgegliedert, zum anderen verloren auch immer mehr Ältere ihre Stellung als Vorstand einer solchen Gemeinschaft und somit an gesellschaftlichen Einflußmöglichkeiten und Status[46].

---

[42] Ehmer 1990: 155ff.
[43] Ehmer 1990:187.
[44] Amann 1978:308.
[45] Rosenbaum 1982:491.
[46] Mitterauer 1982:50.

Alte und Invalide genossen vor Einführung der Sozialversicherung, abgesehen von Beamten mit Pensionsansprüchen, einer kleinen Gruppe von ihren Betrieben versorgten Arbeitnehmern und den durch Knappschaften abgesicherten Bergarbeitern, praktisch keine Versorgung[47]. Der Mehrzahl der Alten gegenüber privilegiert waren - neben vermögenden Bürgern - die Bauern mit eigenem Hof, für die es in zahlreichen europäischen Agrarregionen die Möglichkeit gab, sich durch Hofübergabe auf dem Altenteil einen Ruhestand zu sichern[48]. Handwerker dagegen waren auf lebenslange Arbeit im eigenen Betrieb angewiesen. Sie konnten sich jedoch bereits im hohen Mittelalter durch Leibrenten oder Stiftungen für das Alter absichern. Als weitere, in der Altersversorgung relativ privilegierte Gruppen werden Berufsoffiziere und Kleriker genannt. Diese Selbsthilfe- und institutionellen Versorgungsmöglichkeiten, so Conrad (1982), waren jedoch die Ausnahme und können nicht über das Schicksal der meisten Älteren hinwegtäuschen: "Arbeit bei Gesundheit, Armut bei Krankheit und Invalidität"[49]. Die große Mehrheit der Älteren mußte ihre Arbeitskraft einsetzen, deren Marktwert sich mit zunehmendem Alter verschlechterte, so daß Alter und Armut fast Synonyme waren. Die Industrialisierung verschärfte die Situation noch. Schon vor 1800 konnten große Bevölkerungskreise, die aus subsistenzwirtschaftlichen Zusammenhängen herausfielen, ihr Leben nur mit Mühe oder gar nicht auf 'ehrliche Weise' sichern. Die Armut, schreibt Fischer (1982), war vom Mittelalter über die Neuzeit wie im 19. Jahrhundert in den Städten sichtbarer, weil konzentrierter, auf dem Lande weiter verbreitet, in ihrem Ausmaß aber fast ganz unbekannt[50].

Alte Menschen, die ihre Arbeit nicht mehr ausführen konnten, mußten auf Gelegenheits- und Tagelohnarbeiten ausweichen. Diese spezifischen Tätigkeiten Älterer lassen sich während der gesamten Neuzeit vor allem in den Städten nachweisen[51]. Denjenigen Alten, denen diese Möglichkeiten auch verschlossen waren, blieben nur noch die Arbeitshäuser, ein Symbol für die Armenpolitik der frühen Neuzeit, als letzte Möglichkeit, "sich auch mit schwindender Leistungsfähigkeit ehrlich durchs Leben zu bringen"[52]. Die Arbeitshäuser markieren einen "Wechsel der Bezugssysteme" von Armut und Barmherzigkeit zu Armut und Arbeit[53], wobei in der Neuzeit Armut erstmals als ein moralisches, lösungsbedürftiges Problem gesehen wird[54]. Die Arbeitshäuser sollten Zufluchtsorte sein: "In diesem Betrachte gehören nur solche Armen hierher, welche wegen Alters, Gebrechen, Unglück, Schwäche, Ungesundheit und anderen ähnlichen körperlichen Schäden, sich in der Welt nicht mehr allein fortzubringen vermögend sind"[55]. Alter, so wird hier deutlich, wurde nicht als eigenständiges Problem gesehen, sondern von der Qualifizierung 'arm' überlagert.

Konnte der alte Mensch gar nicht mehr arbeiten, kam er unter die Obhut der im folgenden noch näher zu beschreibenden Armenpflege[56], wo er zusammen mit Waisen, Witwen mit kleinen Kindern und Gebrechlichen die Kategorie der bevorzugten, 'würdigen' Armen bildete, die aus Armenkassen erhalten wurden. Ein Zeitgenosse schreibt Ende des 18. Jahrhunderts: "Bejahrte Menschen, welche am Rande ihres Grabes, bey grauen Haaren, der höchste Mangel drückt, die in ihrem täti-

---

[47] Ritter 1983:23.
[48] Mitterauer/Sieder 1977, 186-192.
[49] Conrad 1982:82.
[50] Fischer 1982:45.
[51] Ehmer 1990:68.
[52] Göckenjan 1988:78.
[53] Vobruba 1985, 41ff., nach Ellwein 1993:421.
[54] Ellwein 1993:421.
[55] Wilcke 1792:111, zitiert nach Göckenjan 1988:78.
[56] Vgl. Kap. 3.3 dieser Arbeit.

gen Leben nicht so viel vor sich zu bringen vermochten, um ein vielleicht unerwartetes hohes Alter von Sorgen der Nahrung frey abzuleben; von denen noch oft bekannt ist, daß sie das Ihrige zu ihrer Zeit gewiß wahrgenommen haben; sind allezeit unserer Milde und Wohltätigkeit würdig"[57].

Die materielle Situation alter Menschen verschärfte sich, als mit fortschreitender Industrialisierung ein höheres Alter immer mehr für die Arbeit disqualifizierte. Die Altersarmut war das ganze 19. Jahrhundert hindurch ein allgemeines Phänomen[58]. Schon mit dem 40. oder 50. Lebensjahr wurde es immer schwieriger, die alte Arbeit zu behalten. Eine gleichwertige neue zu finden, war kaum noch möglich, der berufliche wie materielle Abstieg für die meisten unvermeidbar. Diejenigen, die ihren Arbeitsplatz verloren, mußten sich mit Gelegenheitsarbeiten durchschlagen oder wieder auf landwirtschaftliche Tätigkeiten ausweichen. Ehmer zeigt, daß Familien der englischen Arbeiterklasse um die Wende vom 19. zum 20. Jahrhundert einen 'Lebenszyklus der Armut' durchliefen, bei dem etwa um das 60. Lebensjahr das Einkommen wieder unter das Subsistenzniveau sank: Armut im Alter war für die 'Pauperes' unvermeidlich[59]. Ritter (1983) stellt für deutsche Verhältnisse fest, daß sich um die Jahrhundertwende das Problem erheblich verschärfte, weil die Berufskrankheiten zunahmen und die Lebensarbeitszeit sich in der "an alten und halbinvaliden Arbeitern wenig interessierten Industrie" verminderte. Aus der Berufsstatistik von 1907 geht hervor, daß von den über 50jährigen männlichen Arbeitern in Industrie und Handwerk nur 9,6%, in Handel und Verkehr nur 10,2% noch im Arbeitsprozeß standen. In der Landwirtschaft dagegen waren noch 17,3% beschäftigt[60].

Von der privilegierten bürgerlichen Oberschicht und einigen Berufsgruppen abgesehen, waren alte Menschen in der Vergangenheit, so hat der kurze Überblick gezeigt, auf Arbeit angewiesen und konnten sich einen 'Ruhestand' nicht leisten. Die materielle Situation war zumeist so schlecht, daß Alter und Armut fast synonym waren; und Armut war auch in den Jahrhunderten vor der Industrialisierung nicht nur unter der Arbeiterbevölkerung, sondern auch auf dem Land weit verbreitet[61]. Im Rahmen der infolge der verstärkten Industrialisierung aufkommenden 'Sozialen Frage' wurde Alter dann als eigenständiges Problem, unabhängig von Armut oder Krankheit, zu thematisieren begonnen.

Die institutionellen Antworten auf das Problem Alter spiegeln, so wird nachfolgend zu beschreiben sein, dessen jeweilige gesellschaftliche und staatliche Wahrnehmung wider: die Entwicklung der Problemwahrnehmung des Alters von einem individuellen Problem der alten Menschen, das nur in Zusammenhang mit anderen Faktoren wahrgenommen und im Rahmen der Armenfürsorge behandelt wurde, hin zu einem kollektiven Lebensrisiko mit der Lösung, eine Sozialversicherung als 'Arbeiterpolitik' (Leibfried/Tennstedt 1985) einzuführen.

---

[57] Wilcke 1792:7, zitiert nach Göckenjan 1988:77.
[58] Zum folgenden Fischer 1982:75f.
[59] Ehmer 1990:70.
[60] Ritter 1983:32.
[61] Fischer 1982:56.

3.3 Institutionelle Antworten: Arme und Alte

3.3.1 Die Armenfürsorge ab dem Mittelalter

Armut war im *Mittelalter* sowohl auf dem Land als auch in den Städten allgegenwärtig. Alter und Invalidität kommen als hervorstechendes Merkmal der Armut häufig vor, besonders alte Frauen sind in Not[62]. Die Anfänge einer städtischen Armenfürsorge reichen ebenfalls weit zurück und haben ihre Wurzeln in kirchlicher Mildtätigkeit. Schon seit dem frühen Mittelalter gab es die *Hospitäler* der Klöster und Gemeinden, die sich der Armen und damit auch der Alten annahmen. Die ersten Hospitäler wurden in Deutschland zuerst als kirchliche Einrichtungen seit dem 7. Jahrhundert gegründet. Schon die 'Synode von Aachen' (817) schrieb jedem Bischof vor, ein Hospital für Arme und Fremde zu errichten; zahlreiche Spitalgründungen gingen auch von den ritterlichen und bürgerlichen Spitalorden aus[63]. Die Spitäler waren an die jeweiligen Kirchenhäuser baulich angeschlossen, gewährten aber nur einer beschränkten Zahl von Individuen in bestimmten Notlagen Unterstützung. Weitaus mehr Arme wurden durch die bedeutendste Form der sozialen Hilfeleistung, das *Almosen* unterstützt, was in kirchlichen Almosenlehren zu einer regelrechten Dogmatik entwickelt wurde. Diese Almosen dienten allerdings "vornehmlich der Beförderung des Seelenheils des Spenders, denen für ihre Mildtätigkeit himmlischer Lohn winkt," und nicht so sehr der optimalen Versorgung der Armen, so Sachße/Tennstedt[64], die resümieren, "daß die mittelalterliche Gesellschaft zwar sehr wohl Strategien zur Bearbeitung sozialer Notlagen organisiert hatte, diese aber keineswegs der uns heute geläufigen Logik rationaler Mittelverwendung, sondern der religiös motivierter Mildtätigkeit folgen. Bei einem weitgehenden Fehlen feststehender Verteilungsformen bleibt es den Betroffenen im wesentlichen selbst überlassen, sich ihren Bedarf zu erbetteln" [65].

Im 14. und 15. Jahrhundert gingen mit der Erstarkung des Bürgertums und den politischen Selbstständigkeitsbestrebungen der Städte Fürsorgeaufgaben für Arme von der Kirche auf die Gemeinden über. Viele Hospitäler gelangten entweder als Neugründungen oder durch Übernahme bestehender Einrichtungen in den Einflußbereich der Städte[66]. Einige Hospitäler entwickelten sich ganz oder teilweise zu *Pfründnerhäusern*, in die man sich einkaufen konnte und dann für den Rest seines Lebens versorgt war. Diese Pfründnerhäuser waren wohl die ersten Versorgungsanstalten speziell für das Alter, sie waren jedoch wenigen Wohlhabenden vorbehalten. Die mittelalterlichen Maßnahmen der Armenpflege wurden, so kann zusammengefaßt werden, planlos durchgeführt und umfaßten nur einen willkürlich ausgewählten Teil der Hilfsbedürftigen. Polligkeit (1928) stellt fest, daß "der mittelalterlichen Armenpflege der charakteristische Zug einer systematischen Erfassung und Versorgung der Bedürftigen, in Sonderheit der alten Leute" fehlte[67].

Die *Reformation* stieß eine Abkehr von den mittelalterlichen Auffassungen zur Armenpflege an - Bettel und Almosen, so die Forderungen Martin Luthers, sollten abgeschafft werden, jede Gemeinde sollte ihre bedürftigen und würdigen Armen aber ausreichend versorgen, während fremde Bettler abgewiesen werden sollten. Die Blickrichtung wurde dahin gelenkt, daß diejenigen, welche noch arbeiten konnten, ihren Lebensunterhalt selbst zu verdienen hätten und nur die würdigen Armen, also Alte, Witwen und Waisen, Klienten der Fürsorge sein sollten. In

---

[62] Fischer 1982:25.
[63] Beske 1960:15.
[64] Sachße/Tennstedt 1980:29.
[65] Sachße/Tennstedt 1980:29.
[66] Beske 1960:15.
[67] Polligkeit 1928:20.

den Jahren 1520 bis 1530 entstand eine Reihe von städtischen Armenordnungen, die die Verantwortung der Gemeinden für ihre eigenen Armen betonten: es wurden Laien als Gemeindearmenpfleger eingesetzt und Bettelverbote ausgesprochen[68]. Die Mittel zur Versorgung der Armen kamen aus Almosenämtern oder Armenkassen[69]. Mittelalterliche 'Spitäler' wurden in gemeindliche 'Armenhäuser' umgewandelt, in denen Hilfebedürftige aller Art, also auch alte Menschen, zusammengefaßt wurden; daneben bildete sich das Pfründnerwesen für wohlhabende betagte Klienten weiter heraus. Während die Armenpflege im Mittelalter vorwiegend eine kirchliche Angelegenheit war, wurde sie nach der Reformation eine Sache der Gemeinden. Als neue Einrichtungen der Armenfürsorge traten die *Zucht- und Arbeitshäuser* ab dem Anfang des 17. Jahrhunderts hervor, durch die arbeitsfähige Arme von nicht mehr arbeitsfähigen unterschieden und sozial diszipliniert werden sollten[70].

Neue Entwicklungen in der Armenpflege gingen von der *Aufklärung* aus, die die sittliche Verantwortung jedes einzelnen für seine Mitmenschen betonte und nach einer ethischen, durch Pädagogik zu befördernden Vervollkommnung der Menschen strebte. Die pädagogischen Reformen kamen besonders durch die private, bürgerliche Wohltätigkeit, die in Vereinen und philantropischen Gesellschaften organisiert war, in vielen Maßnahmen des Armenwesens zum Ausdruck[71]. Zur Zeit der französischen Revolution herrschte, wie schon angesprochen, auch ein positives Altersbild vor, in dem die alten Menschen wegen ihrer Weisheit und Erfahrung verehrt wurden. Die Blütezeit der armenpflegerischen Tätigkeit der Aufklärung war zu Ende des 18. Jahrhunderts überschritten, nach dem napoleonischen Krieg vollzog sich der Übergang vom Agrar- zum Industriestaat in Deutschland. Die unter den Stichworten Pauperismus und Soziale Frage diskutierte Massenverelendung in der fortschreitenden Industrialisierung hatte wichtige Auswirkungen auf die Behandlung von Alter innerhalb der Armenfürsorge. Im Rahmen der Bismarckschen Sozialgesetzgebung führte das dann zu einer Versicherungslösung für Alte und Invalide, durch die die Alten aus dem undifferenzierten Kreis der Armen herausgehoben wurden.

3.3.2 Die soziale Frage: Beginn der Wahrnehmung von Alter als kollektives soziales Problem

Die Diskussion um den 'Pauperismus' des frühen 19. Jahrhunderts und die 'Soziale Frage' der zweiten Jahrhunderthälfte war eine Reaktion auf die durch rasches Bevölkerungswachstum bei einem noch langsamen Produktivitätszuwachs in Landwirtschaft und Industrie verschärfte Armut, zeigte aber auch eine neue Sensibilität gegenüber sozialen Problemen. Ohne an dieser Stelle auf die Entstehungsbedingungen von Pauperismus und Sozialer Frage näher eingehen zu können, führten - stark verkürzt dargestellt - Massenarbeitslosigkeit und elende Existenzbedingungen der 'Pauperes' auch zu einer neuen Problemsicht der Armut und des Alters bei den bürgerlichen Klassen.

Verstärkt wurde dieser Prozeß durch eine internationale Diskussion in den Human- und Sozialwissenschaften[72]. Im deutschen Kaiserreich war die liberale, städtisch-akademische Mittelschicht der Hauptträger der Sozialreform. Entgegen antimodernistischen Tendenzen der 'Lebensreform'-Bewegung teilte die bürgerliche

---

[68] Beske 1960:17f.
[69] Sachße/Tennstedt 1980:107.
[70] Zusammenfassend Sachße/Tennstedt 1980:113-130.
[71] Beske 1960:19.
[72] Ehmer 1990:73.

Sozialreform zwar deren Kritik an den sozialen Folgen der Industrialisierung. Wissenschaft und rationale Organisation bildeten die Leitformeln, an denen die bürgerliche Sozialreform ihre Ansätze kommunaler Sozialpolitik auszurichten versuchte[73]. Erst mit den Fortschritten der sozialen und medizinischen Wissenschaften sah man die Möglichkeiten zur bewußten Gestaltung der Lebensverhältnisse überhaupt gegeben.

Die bürgerliche Sozialreformbewegung begann, sich auch des Problems des Alters anzunehmen. "In jenen zahllosen Traktaten, Elendsberichten und Polemiken, verfaßt von wohlmeinenden Pfarrern, Ökonomen, Fabrikanten und Gutsbesitzern, Advokaten und Journalisten, wird Alter als Problem durchaus angesprochen, aber immer als ein essentieller Bestandteil der generellen Armutsfrage", so die AG Fachbericht[74]. Die Massenarmut im Pauperismus, in der die "kultivierte bürgerliche Minderheit" vom "umhergeisternden Barbarenvolk" der Armen bedroht wurde, bedeutete eine Provokation des Bürgertums[75]. In ihr wurden mit den Armen dann auch jene Alten gesellschaftlich sichtbar, die nirgendwo mehr arbeiten konnten oder versorgt wurden, aber noch arbeitswillig waren und nicht in die Klientel der Armenhäuser und Spitäler fielen. In der Armenpflege hatte sich vom Absolutismus bis ins 19. Jahrhundert die Unterscheidung von arbeitsfähigen und nicht mehr arbeitsfähigen Armen gehalten, und es gab das starke Bemühen, durch Kontrollen zu verhindern, daß arbeitsfähige Arme in den Genuß von unverdienter Unterstützung kamen. Angesichts der Tatsache, daß weite Bevölkerungskreise auch durch noch so angestrengte Arbeit kaum das Nötigste zum Lebensunterhalt verdienen konnten, verschob sich die herkömmliche Betrachtungsweise von Armut. Wenn schon 'ordentliche Arbeiter' ihren Lebensunterhalt nicht mehr sichern konnten, so traf die Verschärfung der Situation am härtesten diejenigen, die in der Leistungsfähigkeit nicht mehr mithalten konnten: die Alten. Sie waren - aufgrund ihrer stark zurückgehenden Einkommen oder der Arbeitslosigkeit - zu großen Teilen von Armenunterstützung abhängig, was für diese eine immense Belastung bedeutete[76]. Die Sicht des Alters begann sich zu ändern, als die Lage der alten Arbeiter problematisiert wurde. Schon Friedrich Harkort hatte in seinem 'Bienenkorbbrief' festgestellt: "Gott hat dem braven Arbeiter durch die Kraft seiner Hände und den gesunden Menschenverstand ein Kapital verliehen, welches ihm niemand rauben kann, es sei denn Krankheit oder Alter"[77].

Alter wurde nun als allgemeines Lebensrisiko anerkannt, es war in der Vorstellung der Sozialreformer des 19. Jahrhunderts "mit dem Verlust der körperlichen Arbeitskraft verbunden und deshalb für den Arbeiter als ein 'Unterfall der Invalidisierung' zu betrachten"[78]. Die Forderungen, Arbeiter, die ihr Leben lang im Produktionsprozeß gestanden sind, im Alter abzusichern, mehrten sich. Damit verbunden wurde die Vorstellung, daß der Gedanke an die Unsicherheit des Alters in den Arbeitern aufrührerische Potentiale wecken und dagegen die Aussicht auf eine "mäßige, (aber) sichere Einnahme für die Dauer des schwachen Alters" bereits den jüngeren Arbeiter zu einem "conservativen Bürger" machen werde[79].

---

[73] Sachße/Tennstedt 1988:18.
[74] AG Fachbericht 1982:114.
[75] Donzelot 1980:66f.
[76] Ehmer 1990:71.
[77] Harkort in Jantke/Hilger 1965:393, zitiert nach Reulecke 1983:417.
[78] Reulecke 1983:417f.
[79] Mittheilungen 1980:92, zitiert nach Reulecke 1983:418.

3.3.3 Von der Armenfrage zur Arbeiterfrage: Die Einführung der Sozialversicherung

In der Zeit des Kaiserreichs entstand als Antwort auf die umrissenen Problemlagen das erste moderne soziale Sicherungssystem, wie es in den Grundzügen bis heute fortbesteht. In den 80er Jahren des 19. Jahrhunderts wurde eine 'Arbeiterversicherung' institutionalisiert und damit einzelne Bereiche aus denen, die bisher unterschiedslos in der Armenfürsorge bearbeitet worden waren, auf eine andere Eben gehoben. Damit war die charakteristische Doppelstruktur des Wohlfahrtsstaates in Deutschland geboren, die bis heute fortwirkt: die Unterscheidung von Arbeiterpolitik, die sich in einer materiellen Versicherungslösung manifestiert, und Armenpolitik in der Tradition der kommunalen Fürsorge, die noch heute in den Dienstleistungen der kommunalen Sozialpolitik fortwirkt[80].

Die Krise der kapitalistischen Industriegesellschaft und die Entfaltung eines möglicherweise revolutionären Proletariats stellten im Vorfeld der Sozialversicherung eine doppelte Herausforderung dar. Als Lösung erschien, vorangetrieben von den Kirchen und von bürgerlichen Sozialreformern, eine Entschärfung der Situation durch konkrete soziale Reformen[81]. Zudem bestand auf der institutionellen Ebene im 19. Jahrhundert die Notwendigkeit, die Armenfürsorge zu entlasten, die ihre Aufgabe, Hilfe in individuellen Notfällen zu leisten, nur dann weiter wahrnehmen könnte, wenn die 'strukturellen Klienten' aus ihr herausgenommen würden. Diese Entlastung der unter Druck geratenen Armenfürsorge war eines der Motive beim Aufbau einer staatlichen Sozialversicherung[82]. Auch Ritter bestätigt, daß die Armenfürsorge vordem besonders stark durch solche Arbeiter und ihre Angehörigen belastet wurde, die wegen Unfalls, Invalidität, Krankheit, Alters oder Arbeitslosigkeit aus dem Arbeitsprozeß ausscheiden mußten. "Deshalb lagen in der wachsenden Kritik an der bisherigen Praxis, die sozialen Kosten der Arbeit den Gemeinden aufzuladen, und in dem Druck der Kommunen auf Entlastung von den Leistungen der Armenfürsorge weitere wesentliche Gründe für die Einführung der Sozialversicherung"[83].

Schon 1848 gab es erste Pläne im 'Centralverein für das Wohl der arbeitenden Klassen' für eine 'Allgemeine Preußische Altersversorgungsanstalt'. Die Versorgung sollte jedoch nicht zu hoch sein, da sonst andere erzieherische Aspekte verlorengingen. Die Familie sollte nicht aus der Versorgung ihrer Alten entlassen werden, andererseits sollte auch der Anreiz zur Selbsthilfe, zum Ansparen eines Alterskapitals, nicht verlorengehen.

Es dauerte bis zum Ende der 1880er Jahre, bis schließlich das staatliche Invaliditäts- und Alterssicherungsgesetz im Rahmen der Bismarckschen Sozialgesetzgebung als staatliche Zwangsversicherung erlassen wurde. Priorität bei der Verbesserung der sozialen Sicherheit für Arbeiter hatten politische Erwägungen: Bismarck wollte sich die Loyalität und staatstreue Gesinnung der alten Arbeiter durch die Zahlung einer kleinen Rente sichern. So wurden die am stärksten von der Sozialdemokratie und den Gewerkschaften erfaßten gewerblichen Arbeiter die ersten und eigentlichen Adressaten der Sozialversicherungsgesetze, nicht die Landarbeiter, das Gesinde, die Dienstboten oder Heimarbeiter[84]. Die Einführung der Sozialversicherungen führte dazu, daß die "Armut am Vorabend des ersten Weltkriegs zwar nicht ausgerottet, wohl aber nachhaltig reduziert worden war"[85].

---

[80] Sachße/Tennstedt 1988:15.
[81] Ritter 1983:9.
[82] Ehmer 1990:73.
[83] Ritter 1983:32.
[84] Ritter 1983:29.
[85] Fischer 1982:83.

In die Bismarcksche Sozialgesetzgebung waren ein Fülle von Kompromissen eingeflossen, bevor das Krankenversicherungsgesetz von 1883, das Unfallversicherungsgesetz von 1884 und das Alters- und Invalidenversicherungsgesetz von 1889 im Reichstag eine Mehrheit fanden - vermutlich einer der Gründe dafür, daß die Prinzipien der deutschen Sozialversicherung bis zum heutigen Tage überdauert haben, so Alber[86]. Durch die Invaliditäts- und Altersversicherung bekamen versicherte Personen, deren Erwerbsfähigkeit auf mindestens ein Sechstel gesunken war oder die das 70. Lebensjahr erreicht hatten, Invaliditätsrenten. Nach den Arbeitern wurden 1911 auch die Angestellten durch ein Angestelltenversicherungsgesetz in die Sozialversicherung einbezogen, im selben Jahr wurden die drei Arbeiterversicherungsgesetze in der sogenannten Reichsversicherungsordnung zusammengefaßt.

Für die Sicht von Alter als soziales Problem bedeutete diese Entwicklung, daß es als kollektives Lebensrisiko anerkannt und nicht mehr vorwiegend als individuelles Problem gesehen wurde, das nur durch andere Zuschreibungen wie 'arm', 'krank' oder 'dement' Zutritt zum Klientenkreis der Armenfürsorge erhielt. Um den Kreis der Alten dennoch abgrenzen zu können, wurde Alter nunmehr nicht weiter nur an Bedürftigkeitsmerkmale, sondern auch an bestimmte Altersgrenzen gebunden. Für die Angestellten waren das nach 1911 das 65. Lebensjahr, während die Arbeiter erst mit 70 Jahren ihren Rentenanspruch geltend machen konnten. Alter begann, zu einer institutionell abgegrenzten Lebensphase zu werden, eine Entwicklung von weitreichender Bedeutung.

3.3.4 Die Entwicklung der Armenfürsorge im 19. Jahrhundert

Die traditionelle kommunale Armenfürsorge wurde durch die Einführung der Sozialversicherung jedoch keineswegs hinfällig, sondern die Arbeiterversicherung war zunächst nur von geringer Reichweite und erbrachte so geringe Leistungen, so daß beide Systeme oft die gleichen Klienten betreuten. Parallel mit dem Ausbau der Sozialversicherung wurde die Armenfürsorge dann selbst zum Gegenstand von Reformen. Jedoch löste im weiteren Verlauf die Sozialversicherung als eine neue Form der Daseinsvorsorge das "traditionelle, auf eine relativ stabile agrarische Welt zugeschnittene System der Armenfürsorge" zunehmend ab[87].

Die beschriebenen Entwicklungen, die zur Einführung einer Sozialversicherung für alte Arbeiter führten, hatten auch Auswirkungen auf die Entwicklung der Armenfürsorge im 19. Jahrhundert. Ab der Jahrhundertmitte geriet die klassische Armenfürsorge zunehmend unter Problemdruck: "Das rasche Wachstum der Städte seit der Reichsgründung und der massenhafte Zuzug einer proletarisierten Armutsbevölkerung konfrontierte die städtische Armenfürsorge mit quantitativ wie qualitativ neuen Zuständen, von denen die traditionelle kommunale Armenfürsorge haltlos überfordert war."[88]. Die Mobilität der Armutsbevölkerung nahm stark zu, das traditionelle Heimatprinzip in der gemeindlichen Armenfürsorge wurde aufgegeben und durch das Prinzip des Unterstützungswohnsitzes abgelöst, das zuerst in der preußischen Gesetzgebung von 1842 auftauchte und im "Reichs-Gesetz über den Unterstützungswohnsitz" von 1871 reichsweit verallgemeinert wurde. Zuständig für die Armenfürsorge waren zuerst die Gemeinden als Ortsarmenverbände, danach die Landesarmenverbände. Die Organisation der Armenpflege, in Armenordnungen festgelegt, orientierte sich nach der Jahrhundertmitte durchweg an den

---

[86] Alber 1989:46.
[87] Ritter 1983:9.
[88] Sachße/Tennstedt 1988:23.

Prinzipien des *Elberfelder Systems* von 1853, die da waren: "die Individualisierung der Unterstützungsleistung, die Dezentralisierung der Entscheidungskompetenzen auf der Ebene der Armenbezirke, die konsequent ehrenamtliche Durchführung der öffentlichen Armenfürsorge und die Bestimmung der Zuständigkeit der Armenpfleger nach dem rein räumlichen Kriterium des Bezirks" [89]. Jedoch ging auch das Elberfelder System, das Vorbild für eine 'rationell-organisierte offene Armenpflege'[90] war, von übersichtlichen sozialen Verhältnissen aus, in denen der ehrenamtliche Armenpfleger seinen Schützlingen persönliche Hilfe 'von Mensch zu Mensch' leisten sollte. Die fortschreitende Industrialisierung mit der hohen Mobilität der Bevölkerung beseitigten jedoch diese Voraussetzungen, so daß um die Jahrhundertwende der Übergang zum *Straßburger System* (1905) erfolgte. Im Straßburger System wurden die Organisation städtischer Armenfürsorge und das Verhältnis von ehrenamtlicher und professioneller Tätigkeit neu formuliert, indem der "Spezialisierung und Professionalisierung sozialer Hilfen zunehmend ein höherer Stellenwert eingeräumt" wurde[91]. Die jeweilige Stadt wurde in Bezirke eingeteilt, denen eine Bezirkskommission vorstand und für die je ein beruflicher Armenpfleger zuständig war. Ein zentrales Armenamt war den Bezirkskommissionen übergeordnet, bei ihm waren auch die Armenpfleger beschäftigt, die in ihren Bezirken die ehrenamtlichen Kräfte anleiteten. Anträge auf Unterstützung mußten zentral beim Armenamt gestellt werden. Das Straßburger System wich von der Dezentralisierung des Elberfelder Systems ab, führte ein Armenamt ein und stellte so die Armenpflege auf professionelle Eckpfeiler[92].

Auch die *private Wohltätigkeit*, die in einer bunten Vielfalt lokaler Vereine organisiert war, arbeitete unter dem steigenden Problemdruck zunehmend ineffektiv und schlecht koordiniert. Befürchtungen, arbeitsscheue Arme könnten sich in der Unübersichtlichkeit der Situation mehrfach unterstützen lassen, machten sich breit. In der Folge organisierte sich 1880 die private Fürsorge im 'Deutschen Verein für Armenpflege und Wohltätigkeit', dem heutigen Deutschen Verein für öffentliche und private Fürsorge [93].

Auf dem Gebiet der Unterbringung in Anstalten wurden *Einrichtungen für alte Menschen* von Einrichtungen für andere Gruppen abgekoppelt und so aus dem öffentlichen Armenwesen herausgelöst[94]. Es wurde mehr und mehr als Skandal empfunden, daß 'würdige Alte' mit Irren, Faulenzern und Trinkern im Armenhaus zusammenleben mußten. Die Herauslösung der Alten aus der öffentlichen Armenpflege war wie die Einführung der Alterssozialversicherung 1889 ebenfalls ein Ausdruck dafür, daß Alter nunmehr als eigenständiges Problem wahrgenommen wurde. Die ersten reinen Alters- und Pflegeheime entstanden ab 1889 vor dem Hintergrund der Sozialgesetzgebung, "nach deren Bestimmung ... alleinstehende, gebrechliche oder 'sieche' Altersrentner unter Verzicht auf ihre Rente Aufnahme in eine Altersheim oder 'Siechenhaus'" finden konnten[95].

In der Tradition der öffentlichen Armen- und Siechenanstalt fand eine strenge Disziplinierung der Anstaltszöglinge statt: auch die alten Menschen wurden in 'Würdige' und 'Lasterhafte' unterteilt. Eine weitere Begründung für eine geschlossene Anstaltspflege ist aber auch, daß das erschreckende Erscheinungsbild der Siechen und Entstellten den Blicken der Außenwelt entzogen werden sollte[96].

---

[89] Sachße/Tennstedt 1988:23.
[90] Sachße/Tennstedt 1980:214.
[91] Becher/Nokielski/Pankoke 1981:20; vgl. auch Ellwein 1993:228.
[92] Sachße/Tennstedt 1988:25f.
[93] Sachße/Tennstedt 1988:24.
[94] Kondratowitz 1988a:105.
[95] AG Fachbericht1982:684.
[96] Thoma 1894:577, nach Kondratowitz 1988b:431.

Abb. 12   *Entwicklung der Heimversorgung alter Menschen*

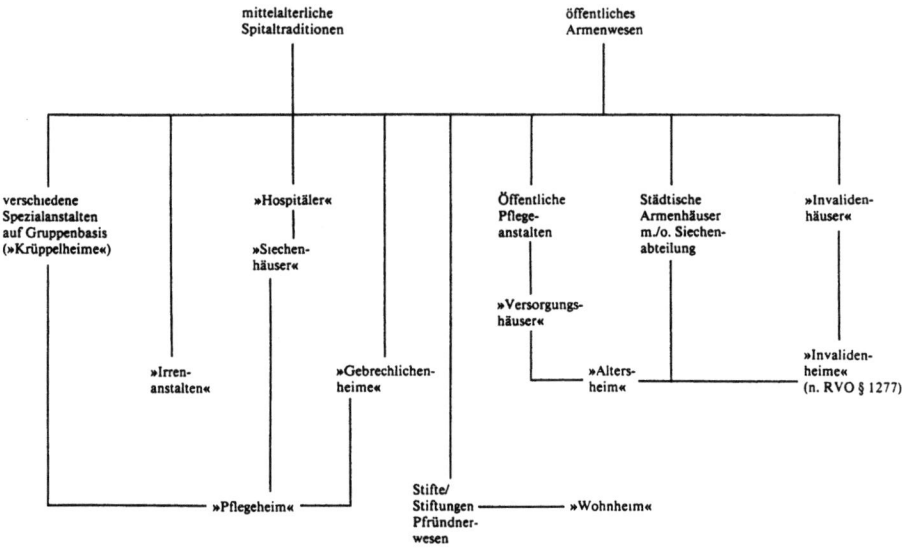

Quelle: Kondratowitz 1990:116 (Abb. 2)

Die Pfründnerhäuser und privaten Altenstifte, seit dem Mittelalter wenigen Wohlhabenden vorbehalten, wurden dagegen nach dem Leitbild der Familie mit einem
'Hausvater' und seinen 'Kindern' geformt und hatten daher einen weniger strengen
Charakter: "Während die öffentlichen Armen- und Siechenanstalten die Verarmten
und Hilflosen der unteren Klassen und Stände verwahrten, propagierten die Pründ-
nerhäuser und privaten Altersversorgungsanstalten umso eher die bürgerlich-
patriarchalische Familie als prägende Leitvorstellung des Heimbetriebs, indem sie
selbst ganz offen die 'würdigen', d.h. bürgerlichen, ökonomisch bessergestellten
Alten zur erwünschten Klientel erklärten"[97]. Zudem nahmen die Pfründnerhäuser
nur noch rüstige Klienten auf[98]. Die Differenzierung der institutionellen Versorgung für Alte fand zuerst in den Städten statt, während auf dem Land die Unterbringung in herkömmlichen Armenhäusern zusammen mit anderen Gruppen hilfsbedürftiger Menschen sich noch länger hielt[99].

---

[97] Kondratowitz 1988b:435.
[98] Die Entwicklungslinien institutioneller Versorgung im Alter in der Tradition kirchlicher Spitäler
und öffentlicher Armenpflege bis hin zu Pflegeheim, Stift und Altersheim sind in *Abb. 12* dargestellt.
[99] AG Fachbericht 1982:687.

46

3.3.5 Armenfürsorge vom Ersten bis zum Zweiten Weltkrieg

Sachße/Tennstedt (1988) berichten, daß mit dem Beginn des *Ersten Weltkrieges* ein neuer Entwicklungsabschnitt in der Armenfürsorge begann: "Die kommunalen Fürsorgeaufgaben nahmen nicht nur quantitativ stark zu, sie veränderten auch ihren Charakter. Völlig neue gesellschaftliche Gruppen wurden Empfänger von Fürsorgeleistungen, die explizit von der traditionellen Fürsorge abgegrenzt wurden"[100]. Erst im Laufe des Ersten Weltkrieges entwickelte sich aus der punktuellen Armenfürsorge eine umfassende kommunale Sozialpolitik.

Die in der Vorkriegszeit nur keimhaft vorhandenen Ansätze zur planmäßigen staatlichen Sozialpolitik wurden im und nach dem ersten Weltkrieg ebenfalls ausgedehnt, die Reichsregierung erweiterte ihren sozialpolitischen Aktionsradius erheblich[101]. Zu der klassischen Eingriffsverwaltung trat die sozialstaatliche Leistungsverwaltung hinzu.

Die *Sozialarbeit* hatte sich seit den 90er Jahren des 19. Jahrhunderts als eine von der bürgerlichen Frauenbewegung ins Leben gerufene, spezielle Arbeit für Frauen entwickelt[102], die mit den Vorstellungen bürgerlicher Sozialreform verbunden war[103]. Zur Zeit des Ersten Weltkriegs erfuhr fachlich geschulte soziale Arbeit eine erste Aufwertung[104]. Der Ausbau der kommunalen Sozialverwaltung in der Weimarer Zeit hatte dann eine Etablierung und Ausdehnung beruflicher Sozialarbeit zur Folge, denn ohne eine entsprechende Anzahl geschulter und beruflich tätiger Fachkräfte "wäre die Durchführung der gewandelten und erweiterten Aufgaben kommunaler Wohlfahrtspflege nicht möglich gewesen. Und umgekehrt schuf die Expansion der kommunalen Sozialbürokratie erst die Grundlage für die Expansion beruflicher Sozialarbeit"[105].

Durch den ersten Weltkrieg veränderte sich auch die Betrachtungsweise von Armut: bei den durch den Krieg erzeugten Armutszuständen war die gesellschaftliche Verursachung unübersehbar, sie waren nicht auf individuelles Fehlverhalten zurückzuführen. Teile des gesellschaftlichen Mittelstandes verelendeten durch den Krieg und riefen mit der 'Mittelstandfürsorge' einen neuen, nicht diskriminierenden Fürsorgestil auf den Plan[106]. Ein alte Menschen betreffender Bereich, in dem dies zu beobachten war, war die Sozial- und Kleinrentnerfürsorge, die beim Ausbau der Fürsorge und der Ausdifferenzierung ihrer Einzelbereiche in der Weimarer Republik große Bedeutung erlangte. Infolge der Inflation reichten bei den Sozialrentnern ihre Renten aus der Invaliden- und Altersversicherung sowie der Angestelltenversicherung immer weniger zum Leben aus[107]. Die Kleinrentner, also Bürger, die Ersparnisse angelegt hatten oder Versorgungsbezüge aus Arbeitsverhältnissen erhielten, konnten ebenfalls ihren bisher ausreichenden Lebensunterhalt wegen der Geldentwertung nicht mehr sichern[108]. Die Fürsorge für die Sozial- und Kleinrentner sollte nun nicht diskriminierend ausgeübt werden; es sollte "im schärfsten Gegensatz zur bisherigen Armenpraxis die Berücksichtigung persönlichen Verschuldens oder unverschuldeter sozialer Minderwertigkeit nicht den bestimmenden

---

[100] Sachße/Tennstedt 1988:186.
[101] Alber 1989:50.
[102] Zur Entstehung des 'sozialen Frauenberufs' vgl. André 1993:34ff.
[103] Sachße Tennstedt 1988:65f.
[104] André 1993:37ff.
[105] Sachße/Tennstedt 1988:202.
[106] Sachße/Tennstedt 1988:65.
[107] Z.B. Kiesselbach 1929.
[108] Sachße/Tennstedt 1988:92.

Einfluß auf die Einstellung der gesamten Fürsorgearbeit ausüben"[109]. Eine veränderte Problemwahrnehmung bezüglich Alter und Armut wird hier deutlich.

In den 20er Jahren gewann das Altersheim gerade für die durch Krieg und Inflation verarmten Mittelschichten deshalb an Bedeutung, weil diese ihren Lebensstandard ohnehin nicht halten konnten und so wenigstens versorgt waren[110]. Das 'Rentnerheim', ein Wohnheim für rüstige alte Menschen, wurde vom Deutschen Rentnerbund als geeignete Wohnform propagiert[111]. Die Klein- und Sozialrentner des verarmten Mittelstandes konnten sich jedoch steigende Kosten für die neuerbauten besseren Heime der freien Träger bald nicht mehr leisten und waren gezwungen, in die von ihnen wegen ihres 'Armeleutegeruchs' so heftig abgelehnten öffentlichen Heime einzutreten[112]. Als alternativer Weg aus der Krise wurde der Leistungstransfer innerhalb der offenen Altenhilfe wieder als 'kostengünstigere Lösung' betont.

Die alte Armengesetzgebung von 1870 wurde 1924 durch ein neues Fürsorgegesetz abgelöst, das die rechtlichen Regelungen vereinheitlichte und die Position der Leistungsempfänger stärkte[113]. Der Kreis der Versicherten in der Sozialversicherung wurde mehr und mehr ausgedehnt, 1927 wurde als vierter Bereich der Sozialversicherung die Arbeitslosenversicherung eingeführt.

Über die Entwicklung der Fürsorge für alte Menschen in der Zeit des *Nationalsozialismus* gibt es wenig Informationen[114]. Das gegebene vielfältige Institutionenwesen in der Altenfürsorge blieb in der NS-Zeit zwar bestehen, der Grundton der Altenbetreuung änderte sich jedoch völlig. Handlungsleitend wurde jetzt die Unterteilung in lebenswertes und lebensunwertes Dasein[115] und es gibt etliche Hinweise darauf, daß alte Menschen als sogenannte 'Alterskranke' in Heil- und Pflegeanstalten auch von planmäßigen Euthanasie-Aktionen betroffen waren[116]. Daneben wurde für das 'gesunde Alter' eine Intensivierung des Altenheimbaus gefordert. In der Alters- und Invalidenversicherung wurde im Dritten Reich der Kreis der Versicherten 1938 nochmals auf die Handwerker als erste größere Selbstständigengruppe ausgedehnt, 1941 wurden die Rentner in die Krankenversicherung aufgenommen[117]. Den Klein- und Sozialrentnern, deren Einkünfte nicht ausreichten und die daher von der Klein- und Sozialrentnerfürsorge abhängig waren, gelang es dagegen nicht, eine gänzlich von der öffentlichen Armenfürsorge losgelöste staatliche Versorgung zu erlangen[118]. Sowohl in der Sozialversicherung als auch in der Heimversorgung, wo sich die Herausbildung von gesonderten Anstalten für alte Menschen durchgesetzt hatte[119], wurden die Strukturen im Nationalsozialismus jedoch nicht zerstört, so daß nach dem Krieg an sie angeknüpft werden konnte.

---

[109] Wölz/Ruppert/Richter 1925:136, zitiert nach Sachße/Tennstedt 1988:92.
[110] Ballusek 1980:83, nach Leitner 1986:26.
[111] Kondratowitz 1990:130ff.
[112] Kondratowitz 1990:135.
[113] Alber 1989:53.
[114] Z.B. Leitner 1986, Beske 1960.
[115] So schreibt Wenzel (1934): "Von vornherein muß das klar sein, daß es im Dritten Reich auch in der Fürsorge für die Alten keine Sentimentalität geben wird. Nicht jeder alte Mensch ist ein wertvoller Mensch. (...) Ein weichlicher aus der Vergreisungsatmosphäre kommender Kult der Alten ist widernatürlich" (Wenzel:"Altershilfe ein Ehrendienst der Nation", in: Freie Wohlfahrtspflege Nr. 8/1934:431-435, zitiert nach Andre 1993:186).
[116] Kondratowitz 1988a:123f.
[117] Alber 1989:56.
[118] Sachße/Tennstedt 1992:182, 184.
[119] Beske 1960:24.

3.4 Soziale Sicherung und Alter seit der Nachkriegszeit

In einer Untersuchung, die sich mit Altersbildern und Problemsichten im Übergang vom wissenschaftlichen Diskurs über Fachzeitschriften bis zu kommunalen Altenhilfeplänen befaßt, sind die Entwicklungen in der Sozialversicherung notwendigerweise nur ein Randthema. Als wichtigster Rahmen für die materielle Lage Älterer sollen hier die markantesten Stationen in der sozialen Sicherung alter Menschen seit der Nachkriegszeit kurz umrissen werden, bevor eine Beschreibung der grundlegenden Strukturen in den Bereichen Altenhilfe und Altenplanung folgt, die die deutlichsten Veränderungen kurz darlegen und so Vorinformationen für die eigentliche Analyse liefern sollen. Um der Untersuchung, die sich ja gerade mit den Wandlungen in diesem Bereich beschäftigt, nicht vorzugreifen, kann und soll an dieser Stelle kein eingegrenzter Begriff davon präsentiert werden, was unter Altenhilfe, Altenpolitik oder Alterssozialpolitik zu verstehen ist. Gegenstand dieser Arbeit sind gerade die Veränderungen darin, wie Alter als soziales Problem seit 1950 gesehen wurde und welche 'Leitbilder der Altenhilfe' aus diesen Problemdefinitionen resultierten.

3.4.1 Die Entwicklung in der Rentenversicherung

Im ersten Jahrzehnt nach dem Ende des Zweiten Weltkriegs beschränkte sich die Sozialpolitik der jungen Bundesrepublik auf die Minderung der Kriegsfolgen und die Förderung des Wohnungsbaus, es gab aber noch keine spezifische Alterssozialpolitik. 1949 trat ein Sozialversicherungs-Anpassungsgesetz in Kraft, daß die herkömmliche Struktur der Sozialversicherung bestätigte und neben Beitragserhöhungen und Leistungserweiterungen auch eine Angleichung der Rechtsstellung von Arbeitern und Angestellten im Rentenfall brachte[120]. 1951 wurde die von den Nationalsozialisten beseitigte Selbstverwaltung in der Sozialversicherung wieder eingeführt, mit nun paritätischem Stimmrecht für Arbeitnehmer und Arbeitgeber im Sinne der Sozialpartnerschaft. Insgesamt kann die erste Legislaturperiode der Bundesrepublik (1949/53) als eine Phase institutioneller Restauration bezeichnet werden. In der zweiten Legislaturperiode kündigte die Bundesregierung dann eine umfassende Sozialreform an, in der alle sozialen Leistungen neu geordnet werden sollten, von der aber in der Praxis nur eine Reihe von Leistungsverbesserungen und Einzelreformen übrig blieb[121].

In dieser zweiten Legislaturperiode griffen die maßgeblichen Parteien auch das Rentnerproblem auf. Die Lage der Sozialrentner in der Mitte der 50er Jahre war relativ schlecht, sie hatten bisher im Schatten des wirtschaftlichen Aufschwungs gestanden und durch ihren Konsumverzicht die volkswirtschaftliche Kapitalbildung nach 1948/49 ermöglicht[122]. Die große Rentenreform von 1957 bildete das Kernstück der Reformen im Sozialbereich, mit ihr wurde eine bis heute in ihren Grundlagen verbindliche sozialpolitische Regelung für alte Menschen getroffen. War die ursprüngliche Zielsetzung der Rente nach der Bismarckschen Sozialgesetzgebung nur die Bewahrung vor materieller Not im Alter gewesen - die Höhe der Rente betrug nur etwa 30% des Lohns eines vergleichbaren Aktiven[123] - brachte die Reform von 1957 eine völlige Neuorientierung, in der Rente Lohnersatzfunktion zugesprochen wurde. Die Rente konnte erstmals eine Funktion als Haupteinkommens-

---

[120] Alber 1989:58f.
[121] Alber 1989:60f.
[122] Hockerts 1983:314.
[123] Niemeyer 1987:19.

quelle im Alter erfüllen, der traditionelle Zirkel von Armut und Alter für eine große Zahl lohnabhängiger alter Menschen durchbrochen werden[124]. Die wachsende Zahl und zunehmende Lebenserwartung alter Menschen, die weiter abnehmende Versorgungsfähigkeit der Familie, unzulängliche Möglichkeiten privater Altersvorsorge durch zwei Kriege und deren Nachwirkungen sowie die steigende Anzahl abhängig Beschäftigter hatten die Überlegungen zur Rentenreform 1957 beeinflußt[125]. Geistiges Fundament war der sogenannte 'Generationenvertrag', als Lastenausgleich zwischen der erwerbstätigen und der nicht mehr erwerbstätigen Generation gedacht. Über die Lohnersatzfunktion hinaus konnten die Rentner nun statt der bisher beitragsbezogenen, statischen Rente in Form der 'dynamischen Rente' an der Entwicklung der allgemeinen Wohlfahrt teilnehmen. Die Regelaltersgrenze für den Ruhestandbezug wurde für Frauen bei 60 Jahren und für Männer bei 65 Jahren festgesetzt. Witwen erhielten bei dem Tode des Mannes eine Hinterbliebenenversorgung, die 60% der Rente des Mannes ausmachte. Erst im Jahr 1985 wurden übrigens die in diesem Punkt benachteiligten Witwer den Frauen gleichgestellt. Das Rentenversicherungssystem wurde mit der Refom von 1957 grundlegend gestaltet, seither sind keine wesentlichen Änderungen zu verzeichnen gewesen. Ebenfalls 1957 wurde die Altershilfe für Landwirte geschaffen.

In der Mitte der 60er Jahre flaute das Wirtschaftswachstum ab, und in der Folge mehrten sich die Warnungen vor einer sozialpolitischen Überlastung der Wirtschaft und der Staatsfinanzen. Mit der Regierungsübernahme der sozialliberalen Koalition und dem erneuten wirtschaftlichen Aufschwung erhielten dann die Ansätze zu einer aktiven Sozialpolitik Auftrieb, die "die Sozialpolitik aus ihrer rein kompensierenden Funktion zu befreien und zu einem vorbeugenden Instrument aktiver Gesellschaftsgestaltung zu machen" versuchten[126]. Die sozialen Dienstleistungen sollten verbessert werden, die präventiven Maßnahmen im Gesundheitswesen wurden ausgebaut.

1972 öffnete sich die Gesetzliche Rentenversicherung in einer zweiten Rentenreform für Selbstständige, Freiberufler, mithelfende Familienangehörige und Hausfrauen ohne Erwerbstätigkeit. Die Rente nach Mindesteinkommen[127], nicht zu verwechseln mit einer Mindestrente, wurde eingeführt, wodurch dem System der Leistungsrente ein Ausgleichfaktor für verminderte Leistungschancen hinzugefügt wurde[128]. Die bisher starre Altersgrenze von 65 Jahren wurde zu einer flexiblen Altersgrenze ab 63 Jahren, mit der eine gesundheitspolitische Zielsetzung für ältere Arbeitnehmer verbunden wurde, was arbeitsmarktpolitisch jedoch nach der nächsten Wirtschaftsflaute ('Ölkrise') in der sich verschlechternden Arbeitsmarktsituation Mitte der 70er Jahre einen "Erdrutsch" bei der Beschäftigung älterer Arbeitnehmer einleitete. Während vorher versucht worden war, arbeitslose ältere Arbeitnehmer durch Qualifizierung und Umschulung wieder in den Arbeitsmarkt zu integrieren, setzte sich nun ein immer früherer Rentenzugang durch[129]. Die sozialdemokratische Regierung schwenkte unter Bundeskanzler Schmidt auf einen sozialpolitischen Konsolidierungskurs ein, die Weiterentwicklung einer aktiven Sozialpolitik erhielt einen Rückschlag.

---

[124] Nullmeier/Rüb 1989:35.
[125] Miegel 1981:53f.
[126] Alber 1989:63.
[127] Durch das Gesetz wurde jeder, der mindestens 25 anrechnungsfähige Versicherungsjahre nachweisen kann, bei der Rentenberechnung so gestellt, als ob er stets mindestens 75% des durchschnittlichen Arbeitsentgelt aller Versicherten verdient hätte. 82% der 1,2 Millionen Personen, bei denen nach dem neuen Gesetz eine nachträgliche Lohnkorrektur durchgeführt wurde, waren Frauen.
[128] Hockerts 1983:316.
[129] Nullmeier /Rüb 1989:36.

Die Rente, so der Gedanke der Rentenreform von 1957, sollte die im Erwerbsleben erreichte soziale Position auf den Ruhestand übertragen können. Die Probleme, die gerade daraus resultieren könnten, waren in den 50er Jahren noch nicht ausreichend bedacht worden: das 'Wirtschaftwunder' sorgte für eine ausreichende Zahl von Arbeitsplätzen, die Ausgliederung Älterer aus dem Arbeitsmarkt war daher eher die Ausnahme als die Regel. Eine generelle Mindestsicherung im Alter, besonders für nicht erwerbstätige oder nicht durch Ehe 'abgesicherte' Personen, war nicht vorgesehen, sondern diese fiel in den sich aus der traditionellen Armenfürsorge entwickelnden Bereich der Sozialhilfe.

Ende der 60er Jahre begann sich eine Schere zwischen den Renten und der Entwicklung der Nettolöhne zu öffnen: da die Renten bei ihrer Festsetzung auf einen gleitenden Dreijahresschnitt der Durchschnittsbruttolöhne bezogen und so von einer Erhöhung der Steuer- und Abgabenlast nicht tangiert wurden, stiegen von 1969 bis 1978 die Nettolöhne um 98,1%, die Renten dagegen um 123,7%. Durch verschiedene Maßnahmen wurde nach 1976 eine Stabilisierung des Nettorentenniveaus und damit im Ergebnis eine Nettoanpassung der Renten an die Löhne erreicht[130], die gesetzlich dann erst in der Rentenreform von 1992 eingeführt wurde[131]. 1984 wurde ein neues Vorruhestandgesetz aufgelegt, mit dem die Strategie der Ausgliederung älterer Arbeitnehmer aus dem Erwerbsleben weiter verfolgt und die mögliche Altersgrenze bis auf 58 Jahre gesenkt wurde. Die Hoffnung auf darauf folgende Beschäftigungseffekte für jüngere Arbeitslose wurde nicht erfüllt[132]. Über das Niveau der materiellen Sicherung hinaus strukturiert der Wohlfahrtsstaat so individuelle Lebensläufe, "indem er neue Phasen des Lebenszyklus institutionell verankert", wie Alber[133] feststellt. Durch die sich ausweitenden Formen der Frühpensionierung entsteht eine Gruppe "rüstiger Rentner, die den Dienstleistungssektor mit neuen Ansprüchen konfrontieren"[134]. Dieser Dienstleistungssektor wird ganz überwiegend jedoch nicht auf staatlicher, sondern auf kommunaler Ebene im Bereich der Altenhilfe und Altenplanung gestaltet.

---

[130] Da die Rentenanpassung zu Ende der 60er und Anfang der 70er Jahre den Lohnerhöhungen hinterherhinkte, wurde im Rahmen der Rentenreform 1972 die Rentenanpassung um ein halbes Jahr auf den 1. Juli vorgezogen. Diese Maßnahme, die bei zurückgehenden Lohnsteigerungsraten und immer noch hohen Rentenanpassungen zu wachsenden Defiziten führte, wurde 1979 wieder rückgängig gemacht. In den Rentenanpassungsgesetzen 1979, 1980 und 1981 wurde die Rentenanpassung unabhängig von der Lohnentwicklung mit festen Sätzen festgeschrieben. 1984 wurde die Rentenanpassung aktualisiert und entspricht seither der Lohnentwicklung des Vorjahres: Renten und Arbeitnehmereinkommen sollen sich seither gleichgewichtig entwickeln; vgl. Bundesministerium für Arbeit und Sozialordnung (1991): "Übersicht über die soziale Sicherheit", Bonn, 185ff.
[131] Johannes Frerich/Martin Frey (1993): "Handbuch der Geschichte der Sozialpolitik", Bd. 3 "Sozialpolitik in der BRD bis zur Herstellung der deutschen Einheit", München/Wien, 225.
[132] Kühlewind 1986.
[133] Alber 1989:157.
[134] Alber 1989:157.

Abb. 13
Die wichtigsten gesetzlichen Rahmenbedingungen
der sozialen Sicherung im Alter in der Nachkriegszeit

Einkommen	*Gesundheit*	*Wohnen*	*Arbeit*	*Versorgung*

...................1949 Sozialversicherungs-Anpassungsgesetz...

Einkommen	Gesundheit	Wohnen	Arbeit	Versorgung
1957 Rentenreform		1956 II. Wohnungs-baugesetz (Förderung von Alten-wohnungen u. -heimen)		
		1960 Wohngeldgesetz		

...................1961 Bundessozialhilfegesetz...

				1963 Unfallversicherungs-Neuregelungsgesetz

...................1969 II. Änderungsgesetz zum BSHG...

				seit 1970 Sozial-stationen
1972 II. Rentenreform (flexible Altersgrenzen)				

...................1974 III. Änderungsgesetz zum BSHG...
(Häusliche Pflege, Hilfe zur Überwindung besonderer sozialer Schwierigkeiten)

		1974 Gesetz über Altenheime, -wohnheime und Pflegeheime		
	1977 Krankenversicherungs-kostendämpfungsgesetz			
		1978 Verordnung über bauliche Mindestanforderungen für Alten-heime, -wohnheime u. Pflegeheime		

...................1984 Haushalts begleitgesetz...

Einkommen	Gesundheit	Wohnen	Arbeit	Versorgung
			seit 1984 Vorruhestands-regelung	1984 Modell-programm Soziale Dienste
1992 Rentenreformgesetz (Verlängerung d. Lebensarbeitszeit)				
	1993 Gesundheits-strukturgesetz 1995 Pflegeversicherungsgesetz			

Quelle: Gitschmann 1989:140 / eigene Recherchen

3.4.2 Altenhilfe als Bereich der Sozialhilfe

Auch die Fürsorge beschäftigte sich nach dem Krieg zuerst einmal mit den unmittelbaren Kriegsfolgen, mit Flüchtlingen und heimkehrenden Kriegsgefangenen. Die Zerstörung der Finanzgrundlagen der Sozialversicherung durch die nationalsozialistische Kriegspolitik und der erst in den 50er Jahren einsetzende systematische Aufbau einer staatlichen Sozialpolitik wiesen den Kommunen nach 1945 zuerst einmal wieder die Funktion des "Sozialstaats in der Reserve" zu[135]. Eine grundlegende Reform des Fürsorgewesens erfolgte 1961 mit dem neuen Bundessozialhilfegesetz (BSHG), in dem die Position der Leistungsempfänger gestärkt wurde[136]. Im Besonderen Teil des BSHG wurde erstmals im Rahmen der Fürsorge mit dem §75 BSHG Altenhilfe dem alten Menschen eine Sonderstellung zugewiesen. Er soll seither ohne Rücksicht auf vorhandenes Vermögen 'Altenhilfe' erhalten, wobei sich die Bestimmungen des §75 BSHG hauptsächlich auf die 'immaterielle' soziale und kulturelle Bedürfnisse alter Menschen beziehen und noch näher zu spezifizierende Maßnahmen der sogenannten offenen Altenhilfe nahelegen, während das BSHG sich in anderen Bestimmungen der materiellen Sicherung alter Menschen annimmt[137]. Das BSHG legt für die Altenhilfe nicht explizit eine Altersgrenze fest. Die Durchführung des §75 steht im Rang einer Soll-Bestimmung, was bedeutet, daß auf Altenhilfe zwar kein absoluter Rechtsanspuch besteht, der Ermessensspielraum zur Verweigerung der Hilfe jedoch sehr eng gefaßt ist[138].

Der allgemeine Begriff 'Altenhilfe' bezieht sich aber nicht nur auf den gleichnamigen Bereich im BSHG und ist definitorisch nicht genau abzugrenzen[139]. Er deckt "im sozialpolitischen, aber auch im sozialarbeiterischen Bereich nur recht unzulänglich den Bereich des Alterns und der Lebenslageprobleme älterer Menschen ab"[140]. Ein Charakteristikum des Begriffs 'Altenhilfe' ist seine Doppeldeutigkeit: einerseits umschließt er sämtliche Institutionen, Hilfsmaßnahmen und Dienstleistungen von Kommunen, Freien und privatwirtschaftlichen Trägern, in seiner zweiten Bedeutung beinhaltet er ausschließlich die leistungen nach dem §75 BSHG[141]. Von den rechtlichen Bestimmungen her gesehen, ist der Politikbereich 'Altenhilfe' ebenfalls heterogen gefaßt. Es existiert kein ausgrenzbarer rechtlicher Bereich, der dem Sozialpolitikfeld Altenhilfe entspricht. Die wichtigsten Gesetze, diesen Bereich betreffend, sind das schon angesprochene Bundessozialhilfegesetz, das Heimgesetz und das Pflegeversicherungsgesetz von 1995[142].

Der ursprüngliche Text des § 75 Altenhilfe in der ersten Ausgabe des BSHG[143] lautete:

---

[135] Leibfried u.a. 1984a, nach Huster 1985:192.

[136] Alber 1989:61.

[137] Die einzelnen Bestimmungen sind nachfolgend aufgeführt, vgl. auch André 1993:191ff., Gitschmann 1989:139-155.

[138] Gitschmann 1989:141.

[139] Eine besonders weite - und damit auch ungenaue - Definition gibt Gitschmann, der unter kommunaler Altenhilfe die "Zusammenfassung aller monetären, persönlichen und sachlichen Leistungen, Einrichtungen, Dienste und Veranstaltungen für ältere Menschen auf der kommunalen Ebene" verstanden wissen will, "die im Rahmen von Auftragsverwaltung, lokaler Selbstverwaltung und freiwilligen Leistungen von den Gemeinden erbracht, initiiert und unterstützt werden" (Gitschmann 1989:85).

[140] Igl 1991, nach Klie 1992:54.

[141] Arbeitsgruppe Sozialpolitik 1988:152.

[142] Eine Zusammenfassung der Inhalte des Pflegeversicherungsgesetzes gibt Jens Alber (1994a): "The debate over longterm care insurance in Germany" Contribution to s High-level Seminar for National and Invited Experts on Caring for trail Elderly People, Paris: OECD, 14-17.

[143] hier: BSHG 1963.

(1) Alten Menschen soll außer der Hilfe nach den übrigen Bestimmungen dieses Gesetzes Altenhilfe gewährt werden. Sie soll dazu beitragen, Schwierigkeiten, die durch das Alter entstehen, zu überwinden und *Vereinsamung*[144] zu verhüten.
(2) Als Maßnahmen der Hilfe kommen *in vertretbarem Umfang* vor allem in Betracht:
1. Hilfe zu einer Tätigkeit des alten Menschen, wenn sie von ihm erstrebt wird *und in seinem Interesse* liegt,
2. Hilfe bei der Beschaffung von Wohnungen, die den Bedürfnissen alter Menschen entsprechen,
3. Hilfe zum Besuch von Veranstaltungen oder Einrichtungen, die der Geselligkeit, der Unterhaltung oder den kulturellen Bedürfnissen alter Menschen dienen,
4. Hilfe die alten Menschen die Verbindung mit nahestehenden Personen ermöglicht.
(3) Altenhilfe kann ohne Rücksicht auf vorhandenes Einkommen oder Vermögen gewährt werden, soweit im Einzelfalle persönliche Hilfe erforderlich ist".
Einige Ausdrucksweisen haben sich seither geändert, einige normative Elemente sind neutraleren Formulierungen gewichen. So heißt es im BSHG 1992 anstelle der Forderung nach Verhütung von Vereinsamung : "(1) ...Sie (die Altenhilfe) soll dazu beitragen, Schwierigkeiten, die durch das Alter entstehen, zu verhüten, zu überwinden oder zu mindern und alten Menschen die *Möglichkeit zu erhalten, am Leben der Gemeinschaft teilzunehmen*" (BSHG 1992). Als mögliche Maßnahmen im Bereich der Altenhilfe nennt der §75 BSHG (1992):
"1. Hilfe bei der Beschaffung und zur Erhaltung einer Wohnung, die den Bedürfnissen des alten Menschen entspricht,
2. Hilfe bei der Aufnahme in eine Einrichtung, die der Betreuung alter Menschen dient, insbesondere bei der Beschaffung eines geeigneten Heimplatzes,
3. Hilfe in allen Fragen der Inanspruchnahme altersgerechter Dienste,
4. Hilfe zum Besuch von Veranstaltungen oder Einrichtungen, die der Geselligkeit, der Unterhaltung, der Bildung oder den kulturellen Bedürfnissen alter Menschen dienen,
5. Hilfe, die alten Menschen die Verbindung mit nahestehenden Personen ermöglicht,
6. Hilfe zu einer Betätigung, wenn sie vom alten Menschen gewünscht wird.
(3) Hilfe nach Absatz 1 soll auch gewährt werden, wenn sie zur *Vorbereitung auf das Alter* dient" (BSHG 1992).
Erkennbar sind hier seit 1961 einige Bereich hinzugetreten, einige Formulierungen geändert worden. Diese Veränderungen in der Auffassung von Altenhilfe, die sich auch im Gesetzestext niedergeschlagen haben, werden im empirischen Teil dieser Arbeit detailliert zu beschreiben sein.

Der §75 BSHG Altenhilfe ist bei weitem nicht der einzige Bereich im Bundessozialhilfegesetz, der Wirkungen für alte Menschen entfaltet. Abgesehen von der im Allgemeinen Teil geregelten Hilfe zum Lebensunterhalt sind im Besonderen Teil des BSHG noch der §36 Vorbeugende Gesundheitshilfe, §37 Krankenhilfe, §§39-47 Eingliederungshilfe für Behinderte, §67 Blindenhilfe, §§ 68,69 Hilfe zur Pflege, §§ 70, 71 Hilfe zur Weiterführung des Haushalts und § 72 Hilfe zur Überwindung besonderer sozialer Schwierigkeiten relevant. Die konkrete Beschreibung der vielfältigen rechlichen Grundlagen für Hilfen und Maßnahmen für alte Menschen würden den Rahmen dieser Ausführungen sprengen[145]. Der Bereich der Sozialhilfe ist aber hier von besonderem Belang, da er sich bei den uns interessierenden Stadtkreisen und kreisfreien Städten zuallermeist in kommunaler Zuständigkeit

---

[144] Hervorhebungen von der Verfasserin.
[145] Zum differenzierten Überblick: Klie 1992.

befindet und die in seinen Rahmen angestrebten Maßnahmen sich in kommunalen Altenplänen manifestieren, auf die als Gegenstand der empirischen Untersuchung noch ausführlich einzugehen sein wird.

Zur Entwicklung der Sozialhilfe als Teil des sozialen Sicherungssystems stellt Huster[146] fest, daß die Sozialhilfe in den 70er Jahren aus der Rolle des Lük-kenbüßers, des 'letzten Netzes' im System sozialer Sicherung herauswuchs. Sie war zu einem sozialen Sicherungssystem geworden, das unterhalb und neben der Sozialversicherung deren Standard angepaßt wurde, und zwar besonders in Bezug auf die Monetarisierung und Verrechtlichung sozialer Tatbestände, das aber trotzdem Fürsorge im Einzelfall blieb. Das dezentrale soziale Sicherungssystem, die Sozialhilfe, ist deutlich bedürfnisorientierter ausgerichtet als das zentrale, die Sozialversicherung. Im Spannungsverhältnis zwischen zentralem und dezentralem Sozialstaat ist strukturell somit zum einen die Möglichkeit einer allgemeinen und die jeweiligen Besonderheiten berücksichtigenden Bewältigung sozialer Problemlagen wie auch die Gefahr angelegt, soziale Folgelasten zu verschieben und damit einzelne Tatbestände, Personen oder Gruppen selektiv zu privilegieren[147]. Gerade beim Thema Alter und Pflege kann eine solcher Prozeß beobachtet werden und wird im empirischen Teil zu beschreiben sein.

3.4.3   Die Trägerstruktur in der kommunalen Altenhilfe

Die Träger der Altenhilfe lassen sich in drei Gruppen unterteilen. Zum einen sind das in Bezug auf die einschlägige Formulierung des Bundessozialhilfegesetzes die *örtlichen und überörtlichen Träger* der Sozialhilfe. Örtliche Träger der Sozialhilfe sind die Stadtkreise (in Bayern als kreisfreie Städte bezeichnet) und die Landkreise (§§95f. BSHG), die Kreise die ihnen angeschlossene Gemeinden mit der Erledigung von Aufgaben betrauen und ihnen dazu Weisungen erteilen können. Die überörtlichen Träger sind in größeren Flächenstaaten eigens dafür geschaffenen Kommunalverbände, in kleineren Flächenstaaten sowie Stadtstaaten das Land selbst[148]. Die Kommunen haben als Stadtkreise oder im Auftrag des örtlichen Trägers der Sozialhilfe als öffentliche Träger Versorgungs-, Ausgleichs- und Planungsfunktion, um die erforderlichen Einrichtungen zur Verfügung zu stellen[149].

Die *freien Träger* werden allgemein als Wohlfahrtsverbände bezeichnet. Mit der Caritas, der Diakonie, der Arbeiterwohlfahrt, dem Deutschen Paritätischen Wohlfahrtsverband, dem Roten Kreuz und der Zentralen Wohlfahrtsstelle für die Juden in Deutschland bestehen sechs Wohlfahrtsverbände, die mehr oder weniger weltanschaulich gebunden sind. Der Deutsche Paritätische Wohlfahrtsverband (DPWV) ist ein Dachverband, in dem sich auch viele Selbsthilfeverbände organisiert haben, um so die Voraussetzung für die Akquisition öffentlicher Zuschüsse zu erfüllen. Die öffentlichen Träger sind den freien Trägern beim Angebot von Diensten und Einrichtungen nach dem Subsidiaritätsprinzip nachrangig gestellt (§10 BSHG), d.h. wenn ein freier Träger ein Angebot machen oder eine Einrichtung übernehmen will, muß der öffentliche Träger darauf Rücksicht nehmen. Andererseits fällt dem öffentlichen Träger die Ausfallbürgschaft zu, sollten sich keine anderen Träger für eine notwendige Einrichtung oder Maßnahme finden.

---

[146] Huster 1985:192.
[147] Huster 1985:194.
[148] Klaus Hofmann (1990): "Planung und Finanzierung in der stationären Altenhilfe - Eine Bestandsaufnahme in den Bundesländern Bayern und Baden-Württemberg", in: Medizin, Mensch, Gesellschaft Jg. 15 (1990), 21-25.
[149] Holz 1987:23.

Zusätzlich treten - im Bereich der Altenhilfe in zunehmendem Maße - *privatgewerbliche Träger* auf, die private Heime oder Pflegedienste betreiben und auf die Ausgestaltung der Altenhilfe einer Kommune wachsenden Einfluß haben, der sich mit der Einführung der Pflegeversicherung noch verstärken wird. Grundlage für die Arbeit der privaten Träger ist das BGB (Vertragsrecht) oder bei fehlenden finanziellen Mitteln der Klienten das BSHG (Kostenübernahme). Privatgewerbliche Träger kommen nicht wie die Wohlfahrtsverbände in den Genuß von Zuschüssen oder Subventionen, sind aber nach dem Heimgesetz (1974) der staatlichen Kontrolle durch die Heimaufsicht unterworfen. In diesem Bereich stehen seit der Einführung der ersten Stufe der Pflegeversicherung zum 1.1.1995, durch die auch private Träger finanziert werden können, deutliche Veränderungen an.

Die kommunale Planung und Praxis in der Altenhilfe beeinflussen nur die öffentlichen und die freien Träger, in deren Zusammenarbeit es aber in unterschiedlichem Maße zu Spannungen kommen kann. Gerade in der Altenhilfe gibt es gewachsene Strukturen der Träger und Dienstleister, etwa Kirchengemeinden und Verbände der Wohlfahrtspflege. Diese Träger, zumeist weltanschaulich gebunden, erbringen ihre Altenhilfe aus Eigenmitteln und zunehmend mit Subventionen bzw. Defizitabdeckungen aus dem kommunalen Haushalt und kalkulieren zumeist ihre Dienste nicht betriebswirtschaftlich[150]. Die Trägerstruktur in der Altenhilfe auf kommunaler Ebene ist oftmals außerordentlich differenziert, was im Verbund mit den schon angesprochenen Problemen in Bezug auf Planungs- und Steuerungskompetenz des öffentlichen Trägers oft zu unübersichtlichen und ineffektiven Verhältnissen in der Organisation der kommunalen Dienste für alte Menschen führt[151]. Auch hier wird die Situation nach der Einführung der Pflegeversicherung nicht übersichtlicher werden, zudem besteht die Gefahr einer Marginalisierung kommunaler Planungsverantwortung[152].

Schon bevor Altenplanung als probates Mittel, Altenhilfe auf kommunaler Eben zu koordinieren, sich durchsetzte, wurde Altenhilfe betrieben. Akteure waren ganz überwiegend die freien Träger der Sozialhilfe, die Wohlfahrtsverbände. Sie planten intern ihre Ziele und Maßnahmen in der Altenhilfe, so daß sich statt einer 'öffentlichen' Planung unter der Planungshoheit der kommunalen Verwaltung oft eine 'geheime' Planung als Konglomerat aus den Planungen der Wohlfahrtsverbände unkontrolliert durchsetzen konnte[153].

In der Sozialplanung ergeben sich so häufig Kooperationsprobleme[154], da eine integrierende Altenplanung durch die kommunale Verwaltung die freien Träger zwingt, ihre eigenen Planungsziele partiell zurückzustellen. Die sicher berechtigte Forderung, die Wohlfahrtsverbände als Partner an der Planung zu beteiligen, scheitert ebenfalls oftmals an Interessenkonflikten und der Auseinandersetzung um Ressourcen. Auch fürchten die freien Träger eine Kontrolle und Bewertung ihrer Arbeit durch die Kommune, was sie hindert, offen mit Informationen umzugehen. Andererseits sind sie für die Durchführung ihrer Maßnahmen auf kommunale Zuschüsse angewiesen. Die Rolle der Wohlfahrtsverbände bewegt sich so im Spannungsfeld zwischen "Zuarbeiter" und "Letzentscheider" der kommunalen Altenpla-

---

[150] Klie 1992:66.
[151] Vgl. Grunow 1977.
[152] Corinna Barkhold/Matthias Geiser (1994): "Der Sicherstellungsauftrag der Pflegekassen - Marginalisierung kommunaler Planungsverantwortung in der Alterssozialpolitik?", unveröffentlichtes Manuskript, Dortmund.
[153] Gitschmann 1992:298.
[154] Zur Zusammenarbeit öffentlicher und freier Träger auf kommunaler Ebene vgl. auch Roland Schmitt (1994) "Kooperation öffentlicher und freier Träger der Wohlfahrtspflege auf kommunaler Ebene", in "Beiträge zur Theorie der Verwaltungsentwicklung", 85-109.

nung und deren Implementation[155]. Auch Schwierigkeiten, geplante Altenhilfemaßnahmen in die Praxis umzusetzen, resultieren häufig aus der komplexen Struktur der kommunalen Leistungsanbieter in diesem Bereich.

3.4.4 Maßnahmenbereiche: Offene und stationäre Altenhilfe

Eine kurze Beschreibung und Klassifikation der offenen und ambulanten sowie der stationären Maßnahmen soll die Einführung in das Untersuchungsfeld 'Altenhilfe und Altenplanung' abschließen. Maßnahmen der Altenhilfe werden üblicherweise nach dem Grad ihrer Institutionalisierung eingeteilt. Die *stationäre Altenhilfe* bezieht sich auf die Unterbringung alter Menschen und findet in Heimen und anderen Institutionen statt, während die *offene Altenhilfe* umfassend gesprochen alle Angebote und Maßnahmen meint, die sich an alte Menschen außerhalb von Heimen richten. Das können Angebote an Altenbildung, Kulturveranstaltungen in Seniorenzentren oder bunte Altennachmittage sein, aber auch Hilfen, die den Verbleib in der angestammten Umgebung trotz Hilfsbedürftigkeit erleichtern oder ermöglichen. Diese Maßnahmen, z.B. Grund- und Behandlungspflege durch Mitarbeiterinnen von Sozialstationen oder hauswirtschaftliche Hilfen werden heute zumeist als *ambulante Hilfen* bezeichnet, während unter offener Altenhilfe hauptsächlich Maßnahmen aus dem Kultur- und Bildungsbereich verstanden werden, die typischerweise präventiv ausgerichtet sein sollen. Eine neue Form ist die teilstationäre Altenhilfe, bei der alte Menschen nur tagesüber (Tagespflege, geriatrische und gerontopsychatrische Tageskliniken) oder über einen bestimmten Zeitraum (Kurzzeitpflege) in einer Einrichtung betreut werden.

Die Tradition der *stationären oder geschlossenen Altenhilfe* wirkte bis nach dem Zweiten Weltkrieg weiter[156]. Zwar traten Pflegeheime und Pflegeabteilungen in Altenheimen traten an die Stelle der ehemaligen Siechenhäuser, bis in die 60er Jahre wiesen die Altenheime aber noch den Standard der Vorkriegszeit mit Schlafsälen oder Mehrbettzimmern auf. Daneben wurden seit den 50er Jahren sogenannte Altenwohnheime, bestehend aus kleinen abgeschlossenen Wohnungen gebaut, die zuerst den wohlhabenderen Schichten vorbehalten blieben, später dann als Vorbild für Altenheime dienten[157]. In den 60er Jahren gab es eine Debatte über die defizitären Zustände in kommerziellen Altenheimen[158], die in das 'Heimgesetz' (1974) mündete. 1970 ordnete die 'Nomenklatur der Altenhilfe' des Deutschen Vereins die unterschiedlichen Heimtypen begrifflich. Generell ist in der Nachkriegszeit ein starker Trend weg von geschlossenen hin zu offenen Formen der Altenhilfe auszumachen, der noch detailliert nachzuvollziehen sein wird.

Die *offene Altenhilfe*, deren Wurzeln man vom Almosenwesen des Mittelalters bis zur Klein- und Sozialrentnerfürsorge nach dem Ersten Weltkrieg zurückverfolgen kann, erlebte nach dem Zweiten Weltkrieg einen deutlichen Aufschwung. Der schon beschriebene §75 BSHG Altenhilfe von 1961 bezieht sich großteils auf immaterielle, offene Hilfen. Die mit der offenen Altenhilfe von Anfang an verbundene Absicht ist die, durch *präventive* soziale und kulturelle Maßnahmen Altersschwierigkeiten erst gar nicht entstehen zu lassen. Die Problematik dieses Anspruchs wird uns in dieser Arbeit noch ausführlich beschäftigen. Schon in den 50er Jahren wurde ein Ausbau der offenen Altenhilfe gefordert und betrieben, ihr seitheriger Aufschwung wurde erst in jüngster Zeit etwas gebremst. Die typischen Maß-

---

[155] Berthold 1989.
[156] Vgl. Kap. 3.3 dieser Arbeit.
[157] Leitner 1986:27.
[158] Kondratowitz 1988b:448ff.

nahmen der offenen Altenhilfe sind von ihrem Anspruch her sehr heterogen. Sie reichen von der Einrichtung von Altenclubs, Altentagesstätten oder Seniorenkulturzentren, Ausflugsfahrten und Erholungsreisen für ältere Menschen, über Kaffenachmittage, Fußpflege, Altengymnastik, Tanzgruppen und Veranstaltungen zur Altershygiene, bis hin zu Maßnahmen der Altenbildung und Altenkulturarbeit wie Wissensbörsen oder Seniorentheatergruppen[159].

Ambulante Hilfen, früher eine Unterform der offenen Altenhilfe, haben ihre Wurzeln in der Hauspflege, die schon in den 50er Jahren bekannt war und gefordert wurde. Seit Anfang der 70er Jahre wurden - inzwischen zwar flächen-, aber nicht bedarfsdeckend - Sozialstationen eingerichtet, die Grund- und Behandlungspflege anbieten. Weitere ambulante Maßnahmen sind hauswirtschaftliche Hilfen jedweder Art[160].

Um die hier nur angerissene Vielfalt der Maßnahmen der Altenhilfe koordinieren und bedarfsgerecht einsetzen zu können, setzte sich seit 1959 immer mehr das Instrument der Altenplanung durch.

3.4.5 Kommunale Altenplanung als Sozialplanung

Die Altenplanung als eine auf soziale Gruppen und soziale Notlagen bezogenen Fachplanung hat ihre Wurzeln in der Sozialarbeit. Gemessen an der zeitlichen Entwicklung und der Zahl von Plänen kann Altenhilfe als der klassische Sektor der Fachsozialplanung angesehen werden[161]. Schon in den 60er Jahren ist ein zunehmend planvolles Umgehen mit dem Bereich Altenhilfe in kommunalen Verwaltungen, vornehmlich in Großstädten und Landkreisen, zu beobachten. Nach der ersten Wirtschaftskrise entstand nach 1968 in einer Phase der "Expansion und Euphorie", wie Schulz zur Wiesch[162] zusammenfaßt, die politische Planung "als Krisenbewältigung, Regierungs- und Verwaltungsreform, Stadtentwicklungsplanung als integrierte Gesamtplanung, Partizipation, Advokatenplanung, Sozialplanung". Die bisherige Unterbewertung der Planung, so Kühn[163], war in eine Planungseuphorie umgeschlagen, die glaubte, alle Probleme seien durch Planung lösbar. In staatlichen und kommunalen Verwaltungen wurden Planungsstäbe eingerichtet. Die theoretische Diskussion in den Sozialwissenschaften, besonders in der Politikwissenschaft, intensivierte sich[164]. Zumindest in Großstädten setzte es sich in den 70er Jahren durch, die städtischen Ziele und Maßnahmen der Altenhilfe in sogenannten Altenplänen oder Altenhilfeplänen zusammenzufassen. Diese Pläne, die in der nachfolgenden Untersuchung noch präzise zu analysieren sein werden - die oft als erster Altenplan der Bundesrepublik bezeichnete 'Denkschrift über das Altenproblem im Stadtgebiet Köln' datiert auf das Jahr 1959 - unterscheiden sich im Zeitverlauf sehr in Qualität und angestrebter Reichweite und dokumentieren so auch die Entwicklung der Planung in der Nachkriegszeit. In den 70er Jahren lagen dabei zuerst die Schwerpunkte der Betrachtung auf sozialräumlicher Planung und dem Angehen gegen soziale und sozialstrukturelle Probleme mit städtebaulichen Maßnahmen, die Sozialplanung sollte, so der Anspruch, in eine gesamtheitliche Stadtentwicklungsplanung intgriert sein. Mit dem Ölpreisschock und steigenden

---

[159] Vgl. die ausführlich Zusammenstellung von Angeboten der offenen Altenhilfe bei Schuleri-Hartje 1992:53-63.
[160] Einen umfassenden Überblick über die Tätigkeitsfelder ambulanter Dienste geben Brechmann/Wallrafen-Dreisow 1988.
[161] Spiegelberg 1984:20.
[162] Schulz zur Wiesch 1988:24.
[163] Kühn 1982:7.
[164] Vgl. Ronge/Schmieg 1971, 1973; Mayntz/Scharpf 1973.

Arbeitslosenzahlen verlor die - der Programmatik nach - aktiv gesellschaftsgestaltende Sozialpolitik an Boden, was sich auch auf die Sozialplanung auswirkte. In einer Phase der "Resignation" und des "Rückzugs" von der Mitte der 70er Jahre bis 1980 verminderte die Sozialplanung ihren Anspruch von einer Gesamtplanung zu einer projektbezogenen Fachplanung[165]. Die in der Phase der Planungseuphorie erstellten Sozialpläne haben bisher kaum Effekte auf den konkreten Handlungsvollzug der Verwaltung gehabt, so Kühn[166]. Zudem verkleinert sich die Finanzmasse, die die Kommunen verteilen können - kurzfristige Maßnahmen treten gegenüber langfristiger Planung wieder mehr in den Vordergrund. Teure repräsentative Sozialforschung als Planungsgrundlage wird zurückgedrängt. In den 80er Jahren differenzierte sich die Entwicklung der kommunalen Sozialplanung aus, die Personalausstattung wurde auf reduziertem Niveau konsolidiert.

Altenplanung ist dem Bereich kommunaler Daseinsfürsorge zuzuordnen. Anders als z.B. bei der Jugendhilfeplanung, der Bauplanung und der Städtebauförderung[167] bestehen für diesen Bereich der kommunalen Planung jedoch keine konkreten rechtlichen Vorschriften, die das Aufstellen von Altenplänen zwingend erforderlich machen würden.

Das Sozialgesetzbuch, Allgemeiner Teil, § 2 (Verpflichtung des Staates zu rechtzeitiger und ausreichender Vorhaltung sozialer Dienste und Einrichtungen zur Verwirklichung sozialer Gerechtigkeit und Sicherheit durch Sozialleistungen, soziale und erzieherische Hilfen) und §17 (wirksame Ergänzung der Tätigkeiten öffentlicher, gemeinnütziger und freier Träger) stellen die gesetzlichen Grundlagen für die allgemeine Sozialpolitik von Bund und Ländern dar, die auf Sozialplanung verweisen. Das Bundessozialhilfegesetz betont in einigen Vorschriften - §10 BSHG (Zusammenarbeitsgebot), §93 (Einrichtungs-Nachrangigkeit) und §95 (Träger-Arbeitsgemeinschaft) - implizit die Notwendigkeit von Sozialplanung. Es enthält aber keine klare Planungsaufforderung und es gibt im Nachvollzug der BSHG-Pflichtaufgaben auch keine eindeutige Planungsnotwendigkeit.

Die letztgenannten Vorschriften (§§10, 93, 95 BSHG) stehen zudem in einem gewissen Spannungsverhältnis zum die Sozialhilfegestaltung prägenden Subsidiaritätsprinzip[168]. Die Nachrangigkeit öffentlicher Angebote sozialer Dienstleistungen führen zu einer 'Ausfallbürgschaft' des öffentlichen gegenüber dem freien Träger der Sozialhilfe. Andererseits hat die Kommune die Planungshoheit, was dazu führt, daß Altenhilfeplanung wie jede andere Sozialplanung ein planerisch entwickeltes Konzept örtlicher Sozialpolitik nur unter Berücksichtigung der - oft weltanschaulich geprägten - Trägerinteressen aufstellen kann. Das kann zu Interesenkonflikten bei der Planung bedarfsgerechter Maßnahmen für ein bestimmtes, sozialräumlich abgegrenztes Gebiet führen[169].

Kommunale Altenpläne fassen, was der Mindeststandard ist, zumindest überblickartig die angestrebten und durchgeführten kommunalen Maßnahmen in den Bereichen stationäre und offene bzw. ambulante Altenhilfe zusammen. Einfluß auf die kommunale Altenplanung hat zudem die Landesaltenplanung, die besonders für den Heimbereich je nach Bundesland unterschiedliche Versorgungsrichtwerte

---

[165] Schulz zur Wiesch 1988:25.
[166] Kühn 1982:8.
[167] Konkrete gesetzliche Vorschriften als Basis für die kommunale Altenhilfeplanung sind:
a) Baurecht (Bundesbaugesetz, § 1 - Bauleitpläne; § 5 Flächennutzungspläne; § 9, § 13a Sozialplan)
b) Städtebauförderungsrecht (§§ 4, 8 - Sozialplan/Sanierung)
c) Kinder- und Jugendhilferecht (§§ 4, 69 - ausreichende Vorhaltung von Einrichtungen und Maßnahmen; §36 - individueller Hilfeplan; §§ 70, 71 - Jugendhilfeausschuß; §§ 79 bis 81 - Gesamtverantwortung, Jugendhilfeplanung; § 84 - Jugendbericht des Bundes (Gitschmann 1992:297).
[168] Gitschmann 1992:297.
[169] Spiegelberg 1984:28.

vorgibt und verschiedene Maßnahmearten wie Sozialstationen und Gemeindekran-kenpflege, die den Förderrichtlinien entsprechen müssen, mit Landezuschüssen unterstützt. Die Betrachtung der Qualität eines Altenplans und der in ihm geplanten Ziele und Maßnahmen erlauben jedoch wenig Rückschlüsse auf die bestehende kommunale Altenhilfepraxis. Zum einen repräsentieren vorliegende Pläne oft nur einen Teil der stattgefundenen Planungen, die noch in Konzeptionspapieren, Pro-blemberichten und Sitzungsprotokollen ihren Niederschlag finden. Zum anderen verdient vieles, was unter dem Stichwort Sozialplanung veröffentlicht wird, das Etikett Planung nicht, wie Spiegelberg[170] beklagt: "Planungen von einem Umfang unter 10 Seiten, Veröffentlichungen von Befragungsergebnissen, Adressenlisten von Einrichtungen oder der Abdruck der Förderungsrichtlinien tragen auf der Titel-seite den Aufdruck: Sozialplanung".

Trotz dieses sicherlich berechtigten Einwands soll im Rahmen der folgen-den Untersuchung jedoch das als 'Altenplanung' analysiert werden, was von den Kommunen selbst so bezeichnet wird, ob dies nun wissenschaftlich an Planung herangetragenen Maßstäben genügt oder nicht.

Die Schwierigkeiten, einmal Geplantes besonders in der Altenhilfe, die als Domäne der Wohlfahrtsverbände bekannt ist, in die Tat umzusetzen, sind im Netz-werk kommunaler Hilfeanbieter beträchtlich[171]. Eine ganze Forschungsrichtung, die Implementationsforschung, beschäftigt sich mit den Fragen der Umsetzung von Planwerken[172]. Die Reichweite von Altenplänen ist also begrenzt, ihre Qualität er-laubt zwar Rückschlüsse auf die Problemwahrnehmung in der jeweiligen Kommu-ne, sagt aber über die konkrete Altenhilfepraxis dort nur wenig aus. Der Stand der Implementation kann bei Betrachtung des Planwerkes nicht beurteilt werden.

3.5   Zusammenfassung und Überleitung

Wie die vorhergegangen Ausführungen gezeigt haben, beziehen sich einige der typischen Argumentationen zur gesellschaftlichen Bewertung alter Menschen und zur Problemsicht des Alters auf in früheren Zeiten vermutete 'bessere Zustände', die jedoch so geschichtlich nicht nachzuweisen sind. Weder kann ein bis zur Industria-lisierung positives Altersbild bestätigt werden, noch waren alte Menschen in eine Generationenfamilie integriert, die für sie sorgte.

Die *gesellschaftlichen Bewertungen des Alters* in früheren Epochen beweg-ten sich zwischen der verallgemeinernden Vorstellung, das Alter sei eine gesell-schaftliche Last und dem Motiv, das Alter sei an sich verehrungswürdig. Nimmt man die Verfügungsgewalt alter Menschen über gesellschaftliche Ressourcen mit in den Blick, kann man feststellen, daß das gesellschaftliche Altersbild einerseits in Wechselwirkung mit - materiell begründeten - Generationenkonflikten steht, ande-rerseits immer auf die Bewertung von Jugend in der jeweiligen Epoche reagiert.

Die *Familie* hatte einen anderen Charakter, sie war vornehmlich Produktionseinheit. Die intensiven emotionalen Beziehungen, die für die moderne Familie als typisch angesehen werden, entwickelten sich erst, als die Familie ihre wirtschaftlichen Funktionen verlor. Dieser wirtschaftliche Funktionsverlust der Familie wird durch die sozialgeschichtliche Forschung bestätigt, immer mehr alte Menschen wurden aus dem 'ganzen Haus' als Vorsorgeverband für Notzeiten aus-gegliedert und zu Klienten der Armenfürsorge, die sich seit dem Mittelalter aus

---

[170] Spiegelberg 1984:17.
[171] Vgl. hierzu die in Rahmen des Projekt 'Alterssozialpolitik - Politikfeldanalyse' entstandene Ar-beit von Brigitte Reiser zu Implementationsverläufen in zwei bundesrepublikanischen Großstädten (Reiser 1995).
[172] Zum Überblick vgl. Mayntz 1980.

kirchlicher Mildtätigkeit zu einer Maßnahme der Gemeinden entwickelt hatte. Während vordem nur diejenigen alten Menschen als problematisch auffielen, die nicht in einen solchen Vorsorgeverband integriert waren, griff mit der Auflösung des 'ganzen Hauses' und fortschreitender Industrialisierung eine Ausgliederung alter Menschen aus der Erwerbsarbeit um sich. Alter war nun fast immer gleichbedeutend mit Armut, weitere breite Schichten verarmten. Die daraus resultierenden Zustände wurden besonders von der bürgerlichen Sozialreform im Rahmen der Sozialen Frage diskutiert und mündeten schließlich in der Einführung der Sozialversicherung. Erstmals wurde mit der Invaliden- und Altersversicherung von 1889 das Alter als allgemeines Lebensrisiko, als eigenständiges soziales Problem anerkannt. Im gleichen Zeitraum gab es die ersten speziellen Altersheime in den Städten, während auf dem Land alte Menschen noch immer zusammen mit anderen Armen in Armenhäusern untergebracht wurden. Im Laufe dieses Jahrhunderts bildeten sich zwei sozialpolitische Bewältigungsstrategien des Alters heraus, die Rentenversicherung als 'Arbeiterpolitik' und die aus der Armenfürsorge sich entwickelnde Sozialhilfe als 'Armenpolitik'.

Entscheidend für die Auffassung, Alter sei ein eigenständiges *soziales Problem*, die sich heute durchgesetzt hat, ist die Entwicklung der Sozialversicherung und ihr Zusammenhang mit der Konstitution von Altersgrenzen. Alter bildete sich so als institutionell definierte, abgegrenzte Lebensphase heraus, die mit einem bestimmten Lebensalter beginnt. Der Übergang in den Ruhestand, die Ausgliederung aus dem Erwerbsleben wurde zum Gradmesser dafür, ab wann ein Mensch als alt anzusehen ist, unabhängig von seinem Gesundheitszustand oder einer irgendwie gearteten Hilfsbedürftigkeit. Die Sozialhilfe ist einerseits als 'Armenpolitik' für diejenigen alten Menschen zuständig, die nicht durch kontinuierliche Erwerbstätigkeit zu Klienten der 'Arbeiterpolitik' werden konnten oder deren Bedürftigkeit die in der Sozialversicherung erworbenen Ansprüche sprengt. Darüber hinaus wendet sich die Altenhilfe im engeren Sinn (§75 BSHG) aber an alle alten Menschen, worin sich ebenfalls die Auffassung von einer generellen Problembehaftetheit der Altersphase spiegelt.

In den bisherigen Ausführungen zur geschichtlichen Entwicklung und sozialpolitischen Regulierung von Alter klang schon an, was für die folgende Argumentation von entscheidender Bedeutung sein wird, nämlich daß das soziale Problem Alter nicht einfach durch eine objektiv festzustellende Problemlage gekennzeichnet ist. Gerade aus dem geschichtlichen Überblick ging hervor, daß die Identifikation des 'Problematischen' nicht nur von vermeintlich objektiven Faktoren abhängt, sondern das Produkt der Problemsichten gesellschaftlicher Gruppierungen wie z. B. der Sozialreformer im letzten Jahrhundert ist. Soziale Probleme, darin stimmen die einschlägigen Theorien auf dem Hintergrund einer 'gesellschaftlichen Konstruktion der Wirklichkeit'[173] überein, werden in gesellschaftlichen Definitionsprozessen 'produziert', die sich auf geteilte 'Weltbilder' beziehen. Die Herausstellung des Problematischen setzt also eine Vorstellung von als verbindlich angesetzten Maßstäben der "Normalität" und daraus abgeleiteten "Defiziten" voraus und stellt sich somit als Bewertungs- und Definitionsakt dar. Die Identifizierung eines objektiven "Problemkerns", der bestimmt, warum ein soziales Problem ein ebensolches ist, ist - soziologisch-theoretisch gesehen - immer nur unter Bezug auf bestimmte "relative" Gesellschaftsbilder möglich[174].

Die schon angesprochenen *Altersbilder* können als Teil solcher normativer Gefüge betrachtet werden. Voraussetzung dafür, daß ein soziales Problem in die gesellschaftliche Diskussion gebracht wird, ist eine Diskrepanz zwischen der er-

---

[173] Berger/Luckmann 1992.
[174] Vgl. die Zusammenfassung der Diskussion bei Albrecht 1977; Hondrich 1975.

lebten Wirklichkeit und geteilten normativen Standards bei den gesellschaftlichen Gruppierungen, die sich des Problems annehmen[175], wobei idealisierte Altersbilder als ein Maßstab dienen, an denen in der Sicht des Problems die beobachtete Realität gemessen wird. Interessengruppen wie z.B. Sozialarbeiter und andere Professionelle beteiligen sich so als 'Advokaten des Alters'[176] in besonderer Weise an der Definition des Altersproblems, da sie auch handfeste Interessen an dessen beruflicher Bearbeitung zur Problemlösung haben[177]. Die Definitionen eines sozialen Problems stellen einen Prozeß dar, sie verändern sich im Zeitverlauf und können zu ganzen 'Definitionsgeschichten' aneinandergereiht werden[178].

Die empirische Untersuchung von Altersbildern und Problemsichten seit 1950 verspricht einen Erkenntnisgewinn darüber, wie das soziale Problem Alter aufgearbeitet wurde und in welchem Verhältnis die zu seiner Problemlösung von der Verwaltung geplanten Maßnahmen zur gesellschaftlichen Problemdefinition liegen, wobei ein bestimmter Zusammenhang zwischen Altersbild, Problemsicht und sich daraus ergebenden Leitbildern der Altenhilfe zur Diskussion gestellt werden. Im nachfolgenden Kapitel werden dieses theoretische Vorverständnis formuliert und die methodische Grundlegung und Durchführung der Untersuchung daraus entwickelt.

---

[175] Fuller/Myers 1941; Merton 1971; Blumer 1975.
[176] Kondratowitz 1993.
[177] Zusammenfassend Sidler 1989.
[178] Fuller/Myers 1941; Becker 1966; Spector/Kituse 1973.

4. Der Untersuchungsgegenstand: Die Problemsicht zum Thema Alter

4.1 Problemaufriß

Als allgemeines Lebensrisiko wurde Alter in der Nachkriegszeit endgültig anerkannt und im Rahmen der Sozialversicherung als 'Arbeiterpolitik' abgesichert. Das
Problem war damit jedoch nur partiell gelöst. Zum einen war weiterhin ein Teil der
alten Menschen, besonders alte Frauen, nur über abgeleitete Ansprüche oder gar
nicht abgesichert. Zum anderen wurden und werden Problemlagen im Alter diskutiert, denen mit materieller Sicherung nicht beizukommen ist. Diese Weiterentwicklung der Sicht des sozialen Problems Alter - neue Altersbilder und neue Problembereiche werden in die Diskussion gebracht, die herkömmliche Altenhilfemaßnahmen nicht mehr adäquat erscheinen lassen - hat eine zweite Seite: der Blick
gerät weg von der klassischen Begründung der Altenhilfe, der unterstellten Hilfsbedürftigkeit der alten Menschen.

Mit den "gewonnenen Jahren"[1], einem erwartbar langen Leben für fast alle
gegenüber der früheren breiten Streuung der individuellen Sterbealter, kamen auch
die Probleme von Krankheit und Pflegebedürftigkeit im hohen Alter. Zudem be-
schert ein "Strukturwandel des Alters"[2] eine stark heterogene Altenpopulation mit
Tendenzen zur Verjüngung und Entberuflichung des Alters und Feminisierung der
Hochaltrigkeit. War man lange Zeit von "kumulativen Benachteiligungen"[3] der
Alten ausgegangen, so muß diese Feststellung in jüngster Zeit unter Berücksich-
tigung des "Fahrstuhl-Effekts"[4], durch den die Klassengesellschaft insgesamt eine
Etage höher gefahren wird, revidiert werden: nicht nur Nachteile, sondern auch
Vorteile kumulieren sich bei jeweils unterschiedlichen Alterspopulationen[5]. Der
Altersbegriff, so scheint es, wird sozialstrukturell unzureichend, "die Masse der so
Umgriffenen zu bezeichnen und den Umgang mit ihnen vorzuzeichnen", jedoch:
"Der Ruf nach den 'neuen Alten', die sich nicht mehr mit den ehemaligen Rollenzu-
schreibungen der 'alten Alten' - passiv, leidend, aus der Welt zurückgezogen - be-
gnügen, entspricht nicht nur den psychomentalen Potenzen vieler der neuzugehen-
den 'Alten'. Es handelt sich hier vor allem um den Versuch, neue gesellschaftliche
Anforderungen und Bedeutungszuweisungen zu formulieren"[6].

Die Diskussion über die Altenhilfe, so wird in dieser Arbeit zu zeigen sein,
reagiert nicht nur auf eine gesellschaftliche Veränderung in der Zielgruppe, in der
traditionelle Alte zu 'Senioren' oder 'neuen Alten' geworden sind. Diese Veränderung ist zwar empirisch durchaus vorzufinden, jedoch hauptsächlich bei ohnehin
privilegierten Bevölkerungsschichten, die traditionell nicht die Klientel der Altenhilfe darstellen. Indem die Altenhilfe ab einem bestimmten Zeitpunkt den Mainstream der wissenschaftlichen Diskussionen, die sich gegen ein vermeintlich über-
mächtiges negatives Altersbild wenden, übernimmt und aktiv diesem Bild entge-

---

[1] Imhof 1981.
[2] Tews 1971; Gerhard Naegele/Hans-Peter Tews (Hg.) (1993): "Lebenslagen im Strukturwandel des
Alters. Alternde Gesellschaft - Folgen für die Politik", Opladen.
[3] Rosenmayer/Rosenmayer 1978.
[4] Beck 1986.
[5] Tews 1993:37.
[6] Göckenjahn/von Kondratowitz 1988:9.

gengesetzte Eigenschaften der Zielgruppe 'Alte' formuliert und zur Grundlage von Maßnahmen macht, beteiligt sie sich an einer Umdefinition des sozialen Problems Alter. Aus dem Blick geraten in dieser neuen Problemsicht die 'traditionellen' Problemlagen alter Menschen wie manifeste Hilfs- und Pflegebedürftigkeit, die nicht mehr ins neue, 'nicht diskriminierende' Bild passen.

Grundlegendes Prinzip der Hilfe für alte Menschen war noch zu Anfang der Nachkriegszeit Bedürftigkeit. Die Assoziation, alte Menschen lebten oft im Elend und bedürften deshalb der Hilfe der Gesellschaft, diente dabei auch dazu, materielle Ressourcen für sozialpolitische Maßnahmen zu rechtfertigen. Tews verweist in diesem Sinne auf die positiven Folgen des negativen Altersbildes der 'deserving poor', der bedürftigen und wohlanständigen alten Menschen, das in der US-amerikanischen Sozialpolitik spezielle Sicherungsprogramme begründete[7]. Das sich aus dem Kampf gegen die Diskriminierung durch die nachfolgend noch näher zu beschreibende 'Defizittheorie vom Alter' ergebende Bild des aktiven, kompetenten älteren Menschen regte auf der Seite der Altenhilfe - neben der unvermindert mit großem Finanzaufwand, aber mehr im Stillen durchgeführten stationären Altenhilfe - offene Maßnahmen der Seniorenbildung und -kulturarbeit an, die so publikumswirksam waren wie sie nur einen geringen Finanzaufwand erforderten. Die Zielgruppe waren nicht mehr Alte, sondern Senioren.

Die herkömmlichen Zuschreibungen zum Alter lösten sich jedoch nicht vollständig auf, sondern wurden nur auf eine neue Gruppe alter Menschen verschoben, die sogenannten 'alten Alten' jenseits der 80 Lebensjahre. Dem intakten Alter wurde das hinfällige Alter gegenübergestellt, jedoch mit der Hoffnung, durch unablässige Aktivierung der alten Menschen, präventive Maßnahmen zur Vorbereitung auf das Alter und Gesundheitsvorsorge dieses hinfällige Alter ganz ausschalten zu können. Das neue Leitbild wurde der alte Mensch, der, frei von chronischen Krankheiten, am Ende seines Lebens schnell dahinscheidet, ohne vorher die Apparatemedizin in Anspruch genommen zu haben. Durch eine Ausdehnung des präventiv zu bearbeitenden potentiellen Klientenkreises der Altenhilfe auf 'alle Alten' sollte den differenzierten Bedürfnislagen im Alter Rechnung getragen und der Hinfälligkeit vorgebeugt werden. Diese Definition der Zielgruppe für präventive und aktivierende Maßnahmen umfaßt nicht nur potentiell alle Alten, sondern auch sogenannte "Prä-Senioren"[8], die sich ab dem 50. Geburtstag schon auf das Alter vorbereiten sollen.

Die Realität des benachteiligten, hilfebedürftigen Alters, der "armen abgelebten Alten"[9] als Träger aller negativen, defizitären Alterseigenschaften ist jedoch in keiner Phase auszuschalten gewesen. So splittet sich das Alter auf in die positiv bewertete 'dritte Lebensphase' und das 'vierte Alter'[10] als das hinfällige, 'eigentliche' Alter, obwohl auch hier Bemühungen erkennbar sind, so lange wie möglich Elemente des dritten Alters zu erhalten und z.B. 'aktivierend zu pflegen'. Die Mehrheit der Alten, so Neugarten[11], entsprächen nicht der "Klischeevorstellung" vom "armen, bedürftigen Alten". Kriterium für sozialpolitische Hilfeprogramme für alte Menschen müsse darum wieder Bedürftigkeit und nicht das Lebensalter sein, da sonst die 'jungen Alten' sie in Anspruch nehmen könnten, ohne sie zu brauchen und die Gesellschaft dadurch großen Belastungen ausgesetzt würde. Bernice Neugarten zieht daraus - ganz im Gegensatz zur deutschen Diskussion - den Schluß, daß eine Alterssozialpolitik an sich nicht notwendig sei: "Es geht doch darum, armen, be-

---

[7] Tews 1991:90.
[8] Kommunale Gemeinschaftsstelle (KGST) (1994): "Organisation der Leistungen für ältere Menschen", KGST-Bericht Nr. 10/94, 50.
[9] Behrend/Dieck/v. Kondratowitz/Schmidt 1987.
[10] Neugarten 1981.
[11] Neugarten 1981:161.

64

hinderten und isolierten Menschen generell zu helfen. Wenn uns das gelingt, dann haben wir auch den bedürftigen alten Alten geholfen"[12].

Aus dem Widerspruch zwischen einem positiven - am dritten Alter orientierten - und einem defizitären, negativen - auf das vierte Alter abzielende - Altersbild können nun zwei ebenfalls komplementäre Möglichkeiten der programmatischen *Begründung von sozialpolitischen Maßnahmen* für alte Menschen abgeleitet werden:

a) Die Altenhilfe betrachtet *'alle Alten' als ihre Zielgruppe*, was - bei einem positiven Altersbild - implizit auf eine Ausrichtung an den jungen Alten hinausläuft. Sie bietet 'offene' Maßnahmen an, durch die die Entstehung von Altersproblemen präventiv verhindert werden soll.

b) Die Gruppe der jungen Alten benötigt keine Hilfsmaßnahmen der Altenhilfe, die sich - ganz im traditionellen Sinne - nur auf *Bedürftigkeit* gründen, was unausgesprochen eine Orientierung am negativen Altersbild beinhaltet. Eine Alterssozialpolitik, die sich auf alle Alten als durch ein bestimmtes Lebensalter abgegrenzte Gruppe bezieht, wird unnötig, da es sich bei der großen Mehrzahl der Alten um kompetente Gesellschaftsmitglieder handelt.

Welche dieser Altersbilder und 'Ethiken der Altenhilfe' vertreten werden, hat auch Auswirkungen auf die Verteilungswirkungen der daraus abgeleiteten sozialpolitischen Maßnahmen. Im 'Kampf um dominierende Altersbilder', so kann vermutet werden, tritt bei einer Konzentration auf ein positives Altersbild das in unverminderter Stärke vorhandene Elend der 'alten Alten' in den Hintergrund. Sozialpolitisch können heute schon die "negativen Folgen einer unangemessenen - weil unrealistisch - positiv gefärbten Sicht des Alters" beobachtet werden[13]. Alterssozialpolitik bezieht sich nicht nur, und das ist eine These dieser Arbeit, auf manifeste Problemlagen, sondern auch auf die *Argumentationen* über sie, die in engem Zusammenhang mit den jeweiligen Altersbildern stehen, was Auswirkungen auf die sich auf sie berufende Politik hat. "Probleme", so schreibt Edelman, "werden in einem fort konstruiert, dekonstruiert und interpretiert - dies alles dient politischen Zwecken"[14].

So hat die Zuschreibung von gesellschaftlichen Nützlichkeiten und Kompetenzen alter Menschen, bisher im Sinne eines positiven Altersbildes vorangetrieben, die Folge, daß eine "kompensatorische Politik" an der "Oberfläche des Altersbildes" operiert und die sozialen Grundprobleme und Benachteiligungen wenn nicht auszublenden, so doch herunterzustufen sucht in der öffentlichen Diskussion. *Die Wahrnehmung des sozialen Problems wird zum Gegenstand der Politik, nicht das soziale Problem selbst.*"[15]. Eine positive Besetzung des Alters, so die hier vertretene Auffassung, erfüllt nicht zuletzt *symbolische Funktionen* für die Politik[16].

Intention dieser Arbeit ist es, diesen Prozeß, "neue gesellschaftliche Anforderungen und Bedeutungszuweisungen zu formulieren"[17], und die grundlegenden *Paradigmenwechsel* in Bezug auf Altersbilder und Altenhilfe seit 1950 aufzuzeigen. Die Bestimmung dessen, was genauer unter Altersbild und Problemsicht zu verstehen ist, soll als Voraussetzung dafür dienen. Diese Untersuchung wird sich auf die Ergebnisse des Konstruktionsprozesses des sozialen Problems Alter, die unterschiedlichen Wahrnehmungen des Altersproblems, konzentrieren und die konkrete Ebene der 'Akteure', auf der politische Maßnahmen ausgehandelt werden, außer acht lassen. Lediglich nach der Herkunft der empirischen Materialien wissen-

---

[12] Neugarten 1981:162.
[13] Dieck 1993:209.
[14] Edelman 1990:X.
[15] Dieck 1993:209.
[16] Edelman 1990.
[17] Göckenjahn/von Kondratowitz 1988:9.

schaftliche Literatur, Beiträge in Fachzeitschriften und Altenpläne lassen sich Gruppen von Akteuren zuordnen: die Wissenschaft, die Fachöffentlichkeit und die planenden Kommunalverwaltungen.

4.2 Das Altersbild als Bestandteil und Voraussetzung der Problemdefinition

Bei der Frage danach, wie Alter als soziales Problem wahrgenommen, welche Problembereiche in den Vordergrund gerückt und welche weniger intensiv diskutiert werden, ist die Konzeption von Alter, das dahinterstehende 'Bild' des alten Menschen von zentraler Bedeutung. Dieses Altersbild, das sich nicht auf einzelne Individuen, sondern auf die ganze Gruppe der Alten bezieht, kann als ein soziales Stereotyp betrachtet werden.

Wichtig für die hier verfolgte Fragestellung ist, ob in den sich im Zeitverlauf verändernden Altersstereotypen, die sowohl Bestandteil als auch Voraussetzung der Problemwahrnehmung sind, den Alten eher *Kompetenzen* und *Potentiale* zur eigenständigen Lebensbewältigung - was eine Altersozialpolitik entbehrlich erscheinen läßt - oder *Defizite* und *Probleme*, die auf traditionelle Altenhilfe verweisen, zugeschrieben werden. Nachfolgend sollen die Begriffe bestimmt und die Entwicklungstrends des Altersbildes kurz beschrieben werden, die im Problemaufriß schon in einen größeren Zusammenhang gestellt wurden.

4.2.1 Stereotyp, Vorurteil, Altersbild: Zur begrifflichen Bestimmung

Eine allgemeine Definition beschreibt Stereotypen als "relativ dauerhafte, auf wenige Merkmale reduzierte und festgelegte Vorstellungsbilder von Menschen, Gruppen, Verhältnissen oder Dingen, die in bestimmten Situationen, vom Denken als Probehandeln entlastend, verhaltensrelevant werden können"[18]. Der Begriff des Stereotyps im Sinne eines allgemeinen Sozialstereotyps wurde von Walter Lippmann[19] in die sozialwissenschaftliche Diskussion eingeführt. Nach Bergler/Six[20] können unter Stereotypen "verfestigte, schematische, objektiv weitgehend unrichtige kognitive Formeln" verstanden werden, die jedoch "zentral entscheidungserleichternde Funktionen" haben. Stereotype sind so Teil der jeweiligen kulturellen Muster, die im Sozialisierungsprozeß übernommen werden und zur Entstehung individueller Annahmen und Erwartungen hinsichtlich der Eigenarten bestimmter Gruppen führen[21].

Die Argumentation, Stereotypen müßten, weil sie vereinfachen und generalisieren, auch 'objektiv weitgehend unrichtig' sein, ist dagegen umstritten[22]. Bei dem dem Stereotyp verwandten Begriff des sozialen Vorurteils wurde in der wissenschaftlichen Diskussion nach dessen anfänglicher Festlegung auf negative Inhalte inzwischen Einigkeit darüber erzielt, daß Vorurteile sowohl eine positive als auch eine negative Bewertungsdimension enthalten können[23]. Diese - auch in dieser

---

[18] Gottschalch 1991:580.
[19] Lippmann 1965, org. 1922.
[20] Bergler/Six 1972:1371.
[21] Manz 1968:30.
[22] Vgl. Müller 1988:75.
[23] Auf eine weitergehende Differenzierung und Abgrenzung der Begriffe Stereotyp, Vorurteil, Image, Bild usw. soll hier verzichtet und auf die einschlägige Literatur verwiesen werden. Zur ausführlichen Diskussion dieser und weiterer verwandter Begriffe vgl. Bergler/Six 1972:1371ff, Quasthoff 1973:21ff.

Arbeit vertretene - Auffassung erkennt die Disposition der Menschen zu Vorurteil und Stereotyp an: "Durch das Stereotyp wird die verwirrende Merkmalsvielfalt der sozialen Umwelt verringert, so daß ein sozialer Kontakt überhaupt erst beginnen kann. Somit dienen Stereotype als Leitlinien und Orientierungsmuster, die eine gewisse Sicherheit schaffen"[24].

Stereotype Bilder, zu denen das Altersbild zählt, können als in zwei Richtungen wirksame Leitbilder betrachtet werden[25]. Sie wirken sowohl als 'Autostereotype', die sich auf die eigene Person beziehen, als auch auf andere Personen oder gesellschaftliche Gruppen bezogene 'Heterostereotype'[26]. Stereotype haben nach dieser Definition einen normativen Charakter und drücken eine Erwartungshaltung aus - sie führen einerseits zu vorgängigen Beurteilungen darüber, welche Eigenschaften Mitglieder bestimmter Gruppen nach dem Heterostereotyp (Fremdbild) 'haben müssen', was wiederum bestimmte Entscheidungen nach sich ziehen kann. Andererseits neigen Rollenträger[27] dazu, sich den an sie gerichteten normativen Erwartungshaltungen anzupassen, das Fremdbild wirkt auf das Selbstbild des Einzelnen.

Aus dem bisher Gesagten ergibt sich, daß eine stereotype kulturelle Vorstellungen wie das Altersstereotyp in Wechselwirkung mit der gesellschaftlichen Definition des entsprechenden sozialen Problems stehen. Das Stereotyp vom Alter, also das Altersbild, ist so einerseits Voraussetzung, andererseits auch Bestandteil der Problemdefinition. Die gesamte Problemsicht zum Thema Alter ist untrennbar mit dem Altersbild verbunden, geht aber über es hinaus und beinhaltet jeweils noch andere, miteinander verbundene stereotype Vorstellungen über Problemursachen und den Platz des Alters in der Gesellschaft, die in der empirischen Analyse der typischen Diskurse herausgearbeitet werden sollen. Um generelle Entwicklungslinien des Altersbildes zu verdeutlichen, wird nachfolgend die im deutschen Sprachraum rezipierte Diskussion zu diesem Bereich umrissen.

4.2.2 Alterstheorien: Aktivität oder Rückzug?

Gesellschaftliche Vorstellungen vom Alter sind, wenn auch mit entsprechender 'Zeitverzögerung', durch wissenschaftliche Konzepte beeinflußt. Rosenmayr[28] unterscheidet als grundlegende Typen von Alternstheorien:

1. Altern als Verlustprozeß
Zu diesem Modell gehört die Vorstellung einer Lebenskurve, die nach dem Aufsteigen und dem Höhepunkt dann zu einer Phase des Abbaus, eines 'schicksalhaften Dahinschwindens' führt, die im Tod endet. Dieser Vorgang wird durch Klagen und Rückblick auf das frühere Leben oder durch Sich-Abfinden mit dem Alter erträglich gemacht. In diesem Bereich ist die noch näher zu beschreibende 'Defizit-Theorie' vom Alter einzuordnen.

2. Altern als Lernprozeß und Aufstieg
Hier ist das Alter die Lebensphase, in der durch bewußte Selbststeuerung, Verzicht und gezieltes Leben ein Aufstieg zu Reife und Urteilsfähigkeit erreicht werden kann. Dieses Modell hat eine deutliche moralisierende Komponente und ist oft mit Vorstellungen gesellschaftlichen Eingreifens und Stützens verbunden. Hier wird

---

[24] Müller 1988:74f.
[25] Hofstätter 1960:13.
[26] Lippmann 1964.
[27] Hofstätter 1960:13
[28] Rosenmayer 1978b:23f.

von einem 'rational aufgeklärtem Altern' ausgegangen, bei dem sich die Erfüllung als Ergebnis des gesamten Lebens darstellt und so ein "methodisch-reformistisches Lebensprogramm" nahegelegt wird[29].

Die Ansätze der gängigsten allgemeinen Alterstheorien der Nachkriegszeit bis zu den 70er Jahren lassen sich unter den ersten oder zweiten beschriebenen Typ einordnen. Mit anderen Worten können sie auch auf die zentrale Frage 'Aktivität oder Rückzug?'[30] verkürzt werden, wobei Rückzug für Verlust und Aktivität für Lernen und Aufstieg stehen. Stützt sich die *Disengagementtheorie* auf die Hypothese, daß der beobachtbare Rückzug der Alten aus der Gesellschaft durch die soziale Umwelt erzwungen sei - in der Formulierung durch Cumming und Henry[31] hat dieses 'Disengagement' sogar in erster Linie seinen Ursprung in den Alten selbst -, so geht die *Aktivitätstheorie*[32] davon aus, daß sich die alten Menschen gegenüber ihren mittleren Jahren nicht verändern und in ihren Wünschen gleichbleiben. Eine optimale Alternssituation ergibt sich nach dem Aktivitätsansatz, wenn möglichst alle Aktivitäten der mittleren Jahre erhalten bleiben oder zumindest eine Re-Aktivierung gelingt. Somit ist die Art der Aktivität der alten Menschen und auch deren Ausmaß schon durch die jeweilige Lebensgeschichte von vornherein festgelegt, es gibt sehr wenig Eingriffsmöglichkeiten erst im Alter. Die *Kontinuitätstheorie*[33] betont, daß sich die geistige, psychische und soziale Situation eines Menschen am ehesten aus den Kontinuitäten in seinem Lebenslauf erklären lassen, hebt aber nicht explizit auf ein wünschenswertes Aktivitätsniveau ab. Sowohl nach der ursprünglichen Aktivitätstheorie als nach der Kontinuitätstheorie gibt es also wenig Einflußmöglichkeiten erst im Alter.

Anfang der 70er Jahre wurde das Konzept der Aktvitätstheorie[34] um eine Theorie sozialen Austauschs zu einer *bedingten Aktivitätstheorie* erweitert und modifiziert, durch die auch Fragen der gesellschaftlichen Bewertung alter Menschen, des 'stereotypen Altersbildes' in den Vordergrund rückten. Nicht ganz neuer Ausgangspunkt dieser Überlegungen ist es, daß im Gegensatz zu Reifungsprozessen in der Natur für die soziale Wirklichkeit kein Endstadium von Reife bestimmt werden kann, sondern daß der psychosoziale Reifungsprozeß des Menschen grundsätzlich offen ist - ein gängiges Motiv beim Bild des im Alter schöpferischen Menschen. Ein Novum ist jedoch, daß der Reifungsprozeß als abhängig von den Bedingungen der sozialen Umwelt gesehen wird, mit der der alte Mensch im Austausch steht und die die "Anpassungen beim Aneignungs-Gewährens-Ausgleich stört, möglich macht und/oder fördert"[35]. Das Konzept der 'bedingten Aktivitätstheorie' öffnet so den Weg zu entsprechenden 'präventiven' Hilfen, die den alten Menschen 'befähigen' sollen, sich umzustellen und die die Gesellschaft darauf einstellen sollen, ihn bei seiner - gesellschaftlich erwünschten - Aktivität zu unterstützen.

Dieses Konzept, das den Modellen zuzuordnen ist, die Altern als Lernprozeß und Aufstieg betrachten, kann physische Beeinträchtigungen im Alter nicht wegdiskutieren und legt das Schwergewicht auf die geistig-psychische Entwicklung. Auch bei körperlichen Abbauerscheinungen gibt es hier noch Steigerungs- und Entfaltungsmöglichkeiten: "Dieses Unabwendbare zu beschränken, den auf-

---

[29] Rosenmayer 1978b:24.
[30] Rosenmayer/Rosenmayer 1978:46.
[31] Elaine Cumming/W.E. Henry (1961): "Growing old, the process of disengagement", New York.
[32] R.J. Havinghurst/R. Albrecht (1953): "Older people", New York.
[33] I. Rosow (1963): "Adjustment of the normal aged", in: Williams (ed.): "Process of aging", Bd. 2, New York, 195-223.
[34] Zuerst: Dowd 1974, Rosenmayer 1974.
[35] Rosenmayer/Rosenmayer 1978:56.

hebbaren Rest der Irreversibilität des biologischen Alterns ertragen zu lernen, wird nunmehr mit der Forderung verbunden sein, daß es Aufgabe der Gesellschaft sei, Hilfen zu geben, damit Entfaltung maximiert und Irreversibilität minimiert wird"[36]. Das beinhaltet auch das energische Angehen gegen die Vorstellungen vom Alter, die im allgemeinen unter der *Defizittheorie* subsumiert werden. Der Kampf gegen die Defizittheorie vom Alter, die Alter als im wesentlichen durch Abbauerscheinungen, also durch Abstieg gekennzeichnet ansieht, ist ebenfalls der Kampf gegen das mit ihr verbundene *negative Altersbild*.

4.2.3   Defizittheorie und negatives Altersbild

Ende der fünfziger Jahre begannen Gerontologen, besonders Gerontopsychologen, das 'Defizitmodell vom Alter' offen zu kritisieren[37], in dem sich das Alter als eine dem Tode nahe, unproduktive, durch Abbau und Verlust gekennzeichnete, wenig erstrebenswerte Lebensphase darstellt. Das negative Fremdbild vom Alter läßt sich beschreiben durch: "Mangelnde Beweglichkeit und Wendigkeit, Anfälligkeit für Krankheiten, Neigung zur Bequemlichkeit, mangelnde Umstellungsfähigkeit, Widerstand gegenüber neuen Arbeitsmethoden, allgemeine Verlangsamung des Verhaltens, leichte Ermüdbarkeit usw"[38]. Gegenüber früheren Zeiten sei sogar "die zunehmend stereotype Aufladung des älter werdenden Menschen mit wertnegativen Eigenschaften" festzustellen[39], während das Fremdbild der Alten in früheren Epochen positiver getönt war. Lehr und Schneider argumentieren in diesem Sinne noch 1984, daß in primitiven Gesellschaften die Einstellung zum Alter positiver war und erst mit zunehmender Industrialisierung mehr negative Züge annimmt. Zudem sei das Altersbild dort positiver gewesen, wo der Altenanteil geringer und die Alten im Besitz von Erfahrungwissen und materiellen Ressourcen waren[40].

Dieses negative Fremdbild soll nun, so die Sorge vieler Gerontologen, auf das Selbstbild der Älteren wirken. Lehr/Schneider dazu: "Obgleich im generalisierten Altersbild einige positive Aspekte vorzufinden sind, herrschen hier doch negative Beschreibungen bezüglich eines 'psycho-physischen Abbaus und Verlustes' bei älteren Menschen vor; der Ältere erscheint häufiger als krank, behindert, müde, sexuell desinteressiert, in seinen Denkanläufen gehemmt, vergeßlich, unorientiert, rigide, isoliert und unproduktiv. Dieses negativ akzentuierte Altersbild dürfte nicht ohne Einfluß auf die Ausgestaltung des personalisierten Altersbildes sein"[41].

Ein solches, auf Passivität und Abbau fixiertes negatives Selbstbild behindert die Gestaltung und Planung des Alters, das "methodisch-reformistische Lebensprogramm"[42] der Entfaltung gesellschaftlich erwünschter und geförderter Aktivitäten Älterer. Die Auseinandersetzung mit diesem negativen Altersbild, das die gesellschaftliche Beeinflußbarkeit von Alter ausschließt, nimmt in der deutschsprachigen gerontologischen und sozialwissenschaftlichen Diskussion, und nur auf die-

---

36 Rosenmayer/Rosenmayer 1978:67.
37 Kondratowitz 1993:93.
38 Bergler 1968:157.
39 Bergler 1968:157.
40 Lehr/Schneider 1984:32.Während das zweite Argument im einer gewissen Plausibilität nicht entbehrt, kann das erste nicht erst im Lichte neuerer sozialgeschichtlicher Forschung als fragwürdig gelten (vgl. grundlegend de Beauvoir 1977:34-183; vgl. Kap. 3 dieser Arbeit).
41 Lehr/Schneider 1984:32.
42 Rosenmayer 1978b:24.

se wird in der folgenden Untersuchung Bezug genommen, zumindest seit Ende der 60er Jahre einen breiten Raum ein.

Schon 1971 klagte Tews, Autor einer umfangreichen Arbeit zur 'Soziologie des Alterns', über die Jugendzentriertheit unserer Gesellschaft, die das Alter als letzte Lebensphase vornehmlich unproduktiv erscheinen lasse. Er zitiert die Arbeit von Burgess (1960), nach der alte Menschen in der nachberuflichen Phase in einer 'roleless role' gefangen sind und mit ihrer freien Zeit kaum etwas anfangen können. Durch negative Altersstereotypen werden die Alten zusätzlich noch normativ sanktioniert. Man erwartet von ihnen eher passives Verhalten, Abhängigkeit von der Unterstützung anderer, Rückzug aus der sozialen Teilnahme und rechtzeitige, frühe Pensionierung aufgrund nachlassender Leistungsfähigkeit. Eine Vorbereitung auf die Zeit nach der Berufsaufgabe sei nicht nötig, "da man doch wisse, die alten Leute wollten nur noch ausruhen, lesen, Radio hören oder fernsehen"[43]. Dieses negative Altersbild geht jedoch mit einem schlechten Gewissen bei den Jüngeren einher, und die Ideologie des Wohlfahrtsstaates tut ein übriges: "...sie rechtfertigt und verlangt die stärkere Hilfe in zunehmendem Maße vom Staat und seinen Institutionen. Zum anderen werden höhere Ansprüche der Alten als gerechtfertigt angesehen. So ergeben sich - in den einzelnen Ländern zwar unterschiedlich ausgeprägt - in zunehmendem Maße Motivationen, den zu kurz Gekommenen - zu denen traditionellerweise in unserer Gesellschaft die Alten nun einmal gehören - kräftiger unter die Arme zu greifen"[44]. So wenig wünschenswert die Fixierung auf ein an Defiziten orientiertes Altersbild ist, so fördernd wirkt sie sich, wie aus diesem Zitat deutlich wird, auf die Zuschreibung von Bedürftigkeit und die Rechtfertigung sich daraus ergebender sozialpolitischer Maßnahmen aus - ein Zusammenhang, der uns im folgenden noch maßgeblich beschäftigen wird.

Das Angehen gegen das als übermächtig dargestellte 'negative Altersbild' dominiert weite Teile der alternswissenschaftlichen Diskussion bis heute. So stellt Müller fest: "Jedenfalls muß die stereotype Verklammerung von Alter-Krankheit-Isolation-Armut aufgehoben werden, um den alten Menschen aus der Randständigkeit zu lösen"[45]. Zu fragen wird sein, ob solche negative Charakterisierungen alter Menschen heute wirklich noch die Diskussion beherrschen oder ob bestimmte Absichten wie die Begründung - oder Ablehnung - sozialpolitischer Maßnahmen und die Mobilisierung entsprechender Ressourcen mit dem Verweis auf das übermächtige negative Altersbild verfolgt werden.

4.2.4 Gegenmodelle: Senioren und Neue Alte

Da das negative Bild vom Alter keine Ansatzpunkte für Gestaltungsmöglichkeiten, weder individuell noch professionell-sozialstaatlich, bot, kam in der zweiten Hälfte der 70er Jahre ein Gegenstereotyp zum *armen Alten* in die Diskussion, der sich durch Kompetenz und selbständige Lebensführung auszeichnende *Senior*.

Die Kritik der Gerontologen hatte Früchte getragen, drang ab den 60er Jahren bis zu den Professionellen der Altenhilfe und Altenarbeit vor, "und das Gegenmodell der Gerontologen begann mehr und mehr die Selbstrechtfertigung professioneller Aktivitäten zu prägen. Mit dem Gegenmodell des 'Seniors' konnten dann in der zweiten Hälfte der 70er Jahre die administrativen Kontexte eine eigene, in sozialstaatliche Handlungsperspektiven eingebettete Initiative begründen, ... "[46].

---

[43] Burgess 1960:20 nach Tews 1971:8f.
[44] Burgess 1960, zitiert nach Tews 1971:9.
[45] Müller 1988:92.
[46] Kondratowitz 1993:93.

Ausgehend vom Seniorenkonzept kamen in immer schnellerer Abfolge neue normative Konstrukte für das Alter auf, von 'Alterskompetenz' über 'Alterskapital' bis hin zu den vermeintlich 'neuen Alten'. Verbindendes Moment ist das Bemühen, das Alter mit möglichst vielen positiven Eigenschaften zu besetzen und sich deutlich vom defizitären Altersbild abzugrenzen.

Die Arbeitsgruppe Fachbericht umreißt die Situation so: "Der Begriff 'Senior' kann eine Verbrämung und auch Verdrängung derjenigen Probleme bedeuten, die das hohe Alter u.U. mit sich bringt und dazu beitragen, daß 'Alter' dann das endgültige Ausgegliedert-Sein meint; aber mit ihm ist auch der Wunsch nach Integration und Partizipation verbunden, er besitzt dann appellativen Charakter: Senioren sind ernst zu nehmen, sind zu bilden, zu animieren, zu Selbsthilfe zu befähigen - oder bereits in Selbsthilfe aktiv"[47].

Im 'Kampf um dominierende Altersbilder'[48] erfüllt das Seniorenmodell damit mehrere Funktionen: zum einen dient es als *professionelle Selbstrechtfertigung* für bestimmte sozialpolitische Maßnahmen - Seniorenbildung und Kulturarbeit lassen sich publikumswirksamer darstellen als Altenpflege. Weiterhin hat es Appellcharakter an die Älteren, möglichst lange selbständig ihr Leben zu bewältigen, Alterszumutungen nicht zu akzeptieren und sich das durch die aktive Wahrnehmung der Freizeitangebote der diversen Seniorenprogramme der Altenhilfe zu beweisen[49]. Nicht zuletzt gerät - unter der Absicht des Angehens gegen ein diskriminierendes, defizitäres Bildes vom Alter - das hinfällige, kranke, wirklich hilfsbedürftige Alter aus dem Blickfeld.

---

[47] AG Fachbericht 1982:894.
[48] Göckenjan/Kondratowitz 1988.
[49] Langehennig 1987:207f.

4.3 Die Problemwahrnehmung der Verwaltung

Altersbilder, so wurde gezeigt, spielen als soziale Stereotypen eine wichtige Rolle dabei, auf welche Weise Alter gesellschaftlich thematisiert und problematisiert wird. Über die Entwicklung des Altersbildes als Teil der inhaltlichen Problemwahrnehmung der Verwaltung und dessen Auswirkungen auf die sich wandelnden Standards der Altenhilfe sind thesenhaft Vermutungen angestellt worden. Im folgenden soll näher beschrieben werden, wie Verwaltung soziale Probleme wahrnimmt und wie sie sich gleichzeitig mit vielfältigen anderen, in ihrem Einfluß einzeln nicht zu identifizierenden Akteuren am gesellschaftlichen Definitionsprozeß des sozialen Problems Alter beteiligt. Dazu wird zuerst die Verwaltung allgemein zu betrachten sein, bevor die Sozialverwaltung als der speziell mit Altenhilfe befaßte Teil der Verwaltung in den Blick genommen wird. In der Problemsicht zum Thema Alter und den sich daraus ergebenden Aufgaben für die Sozialverwaltung ist eine Entwicklung zu beobachten, die tendenziell zur Selbstüberforderung der Verwaltung führen muß, was zu begründen sein wird. Einen Ausweg aus diesem Dilemma für die Verwaltung, Aufgaben einerseits zu akzeptieren und sie andererseits aufgrund fehlender Wirkungsmittel nicht positiv lösen zu können, bieten Korrekturen an der den Zielen der Aufgaben zugrundeliegenden Normen. Die Propagierung bestimmter Altersbilder, so des beschriebenen 'Seniorenmodells', kann, das ist die hier vertretene Auffassung, über die Reaktion auf empirisch vorfindliche Phänomene hinaus die Funktion der Problemlösung durch 'Umdefinition' der zugrundeliegenden Altersstereotypen und daraus folgend der Ziele und Standards der Altenhilfe erfüllen.

Einige Anmerkungen dazu, wie die Verwaltung im Austausch mit ihrer Umwelt im Prozeß der Problemdefinition und der Politikformulierung 'institutionalisierte Bilder' aufnimmt, diese selbst weiterverbreitet und sich damit an den gesellschaftlichen Definitionsprozessen zum Thema Alter beteiligt, können diese Argumentation stützen. Die institutionalisierten Bilder, Leitbilder und Standards, speziell auch gesellschaftliche Altersbilder und sich im wissenschaftlichen Diskurs und in Fachzeitschriften manifestierende Problemsichten und Maßnahmenalternativen, verarbeitet die Verwaltung in ihren Programmen weiter. Diese "Programmierungen von institutionalisierten Bildern" sind ein kollektiver Vorgang im Sinne des 'Thomas' Theorems: "Wenn Menschen Situationen als real definieren, so sind sie in ihren Konsequenzen real"[50]. Nahezu alle empirischen Fallstudien zu Gesetzgebungsvorhaben in Deutschland und anderswo zeigen "einen kollektiven Prozeß der Abbildung und ein Ringen um die herrschende Meinung und damit um Herrschaft: Wer die Situation als real zu definieren in der Lage ist, ist in der Lage, die Konsequenzen (insbesondere der Problemdefinitionen und der Suchprozesse nach relevanten Maßnahmealternativen ...) hieraus festzulegen"[51]. Auf diesen kollektiven Prozeß der Abbildung der Umweltsituation haben auch Professionalisierungsaspekte in der Verwaltung Einfluß. Dabei löst die Verwaltung ihre Probleme nicht immer zweckrational[52], sondern nimmt aus ihrer Umwelt mitunter institutionalisierte Bilder von gesellschaftlichen Zuständen auf und entwickelt sie weiter, die dann als 'mächtige Mythen' wirken[53]. Diese Mythen - das können auch bestimmte Leitbilder der Altenhilfe wie das 'Seniorenmodell' sein - werden von der Verwaltung quasi "zeremoniell adaptiert", und zwar nicht nur von einer einzelnen Verwaltung aus dem gesellschaftlichen Umfeld, sondern auch zwischen verschiedenen,

---

[50] Becker 1989:523.
[51] Becker 1989:524.
[52] Seibel 1992:136.
[53] "Powerful myths"(Meyer/Rowan 1977:340). Solche Mythen können alle institutionellen Produkte, Organisationsformen, Dienstleistungen, Policies und Programme sein.

voneinander lernenden Verwaltungen (z.B. durch Rezeption von Altenplänen anderer Städte und der darin enthaltenen Problemsichten und Altersbilder). Die Adaption von "Mythen" bildet den Motor für organisationalen Wandel und Fortentwicklung, was Scott am Beispiel von Reformbewegungen bezüglicher sozialer Dienste im Alter in den USA[54] und Rowan für das kalifornische Schulwesen[55] dargestellt haben.

Eine genaue Abgrenzung zwischen Politik und Verwaltung spielt für die hier verfolgte Fragestellung eigentlich keine Rolle, es ist aber wichtig, die planende Verwaltung nicht nur als 'Befehlsempfänger' und ausführendes Organ der Politik, sondern als ein eigenständiger Akteur bei der Politikvorbereitung und Politikformulierung zu sehen. Die Politikvorbereitung der Verwaltung - in der Altenhilfe wie in anderen Bereichen - ist eine "politische Planung" als ein Entscheiden über künftige Entscheidungen ohne rechtliche Bindungskraft[56]. Zwar ist die Politikgestaltung auf kommunaler Ebene ein doppelter Vorgang, der eben diese administrative Politikvorbereitung, z.B. das Erarbeiten von Verwaltungsvorlagen für die politischen Organe, und die Politikentscheidung selbst umfaßt. De facto hat aber die Kommunalverwaltung durch ihren Informationsvorsprung vor der Politik und durch die Art der Vorlagen, die sie für den Stadt- oder Gemeinderat erstellt, einen erheblichen Einfluß auf die Politikformulierung.

Aus diesem allgemeinen Überblick darüber, wie die Verwaltung im Austausch mit ihrer institutionellen Umwelt[57] Bilder von gesellschaftlichen Zuständen aufnimmt, die zu bearbeitenden Probleme definiert und das in ihre Programme wie z. B. Altenpläne umsetzt, ergeben sich einige Fragen wie die, warum sich die Verwaltung auch an der Bearbeitung von Problemen versucht, deren Lösung sie mit den ihr zu Verfügung stehenden Mitteln nicht gewährleisten kann[58].

Problemlösungen, so eine mögliche Antwort, sind oft nicht zweckrational, sondern erfüllen auch andere Funktionen. So können auch problemlösungsinadäquate Leitbilder rezipiert werden, die dann als "Lösungen ihre Probleme suchen"[59]. Durch solche Mechanismen kann die Verwaltung auch versuchen, Aktivität bei der Bearbeitung von Problemen zu demonstrieren, "deren Lösung zwar von der Öffentlichkeit erwartet, aber aus verschiedensten Gründen nicht oder nicht auf dem erwarteten Lösungsniveau gewährleistet werden kann"[60]. Zu fragen wird sein, ob und wie solche Mechanismen in der Altenhilfe und Altenplanung wirken, so die Aufnahme und Weitervermittlung bestimmter Altersbilder und daraus resultierender Ziel- und Maßnahmenvorstellungen. Dieser für den Gang der Argumentation entscheidende Punkt soll am Beispiel der mit Altenhilfe unmittelbar befaßten Sozialverwaltung ausgeführt werden.

Ohne an dieser Stelle darauf eingehen zu können, welche Bereiche im einzelnen noch der Sozialverwaltung zuzurechnen sind, stellen die sich aus der Sozialhilfe ergebenden Aufgaben und damit auch die Altenhilfe den Kernbereich der Tätigkeit der Sozialverwaltung im engeren Sinn dar. Die kommunale Sozialverwaltung steht in zumindest räumlicher Nähe zu Entwicklung und Veränderung so-

---

[54] Richard W. Scott (1992): "Reform Movement and Organizations. The Case of Aging", in: John W. Meyer/Richard W. Scott (Hg.): "Organizational Environments: Ritual and Rationality", Newbury Park, 115-127.
[55] Brian Rowan (1984): "Enviromental Expectations and Structural Changes in the Californial Public School", in: Ron Westrum/Khali Samaha (Hg.): "Complex Organizations: Growth, Struggle, and Change", Engelwood Cliffs, 319-338.
[56] Luhmann 1971:57f.
[57] Meyer/Rowan 1977.
[58] Seibel 1992:12.
[59] Cohen/March/Olsen 1972, nach Seibel 1992.
[60] Seibel 1992:137.

zialer Probleme[61] und nimmt somit eine Mittlerposition zwischen der übrigen Verwaltung einerseits und den Professionellen im Sozialbereich andererseits ein. Aus dieser Zwischenstellung resultieren aber spezifische Probleme, da der Sozialverwaltung einerseits hauptsächlich die klassischen Wirkungs- und Steuerungsmittel des Wohlfahrtsstaates Recht und Geld[62] zur Verfügung stehen, die auf eine Bearbeitung von Einzelfällen zulaufen. Auf der anderen Seite widersetzen sich soziale Probleme oft dieser individualisierenden materiellen oder rechtlichen Problembeantwortung, da sie immer auch durch wirtschaftliche oder gesellschaftliche Faktoren ausgelöst werden, auf die die kommunale Sozialverwaltung keinen Einfluß hat.

An dieser Stelle, an der die Problemwahrnehmung der Verwaltung analysiert werden soll, soll von anderen Faktoren, die Verwaltungshandeln bestimmen, wie vorhandene Ressourcen oder ein objektivierbarer Problemdruck, abgesehen und nur der Bereich der von der Problemsicht beeinflußten Verwaltungsaufgaben gestreift werden. Luhmann weist darauf hin, daß die Bewältigung von Aufgaben von der Möglichkeit der Beeinflussung von deren Ursachen abhängt: "Nie sind alle erfolgsnotwendigen Ursachen in der Hand dessen, der die Aufgabe zu erfüllen hat; aber die Aufgabe entgleitet ihm immer mehr, wenn er nur noch wenige Ursachen kontrollieren kann ...[63]. Diese Feststellung trifft besonders für die Bearbeitung sozialer Probleme zu. In dem Maße, in dem der Wohlfahrtsstaat und die Sozialverwaltung als einem Teil davon auch solche Probleme in Angriff nehmen, die mit den wohlfahrtsstaatlichen Wirkungsmitteln Recht und Geld nicht 'gelöst' werden können, tendiert der Wohlfahrtsstaat immer mehr zur *Aufgabenerweiterung*.

Ein Einflußfaktor in diesem Prozeß ist die *Professionalisierung* sowohl in der Verwaltung (z.B. Sozialplanung) als auch in der - öffentlichen wie verbandlichen - Sozialarbeit. Auch durch sie kam es in der Vergangenheit zu einer immer weiteren Spezialisierung und Ausweitung der Aufgaben der Sozialverwaltung, in deren Folge z.B. sozialräumlich zuständige 'Bezirksfürsorger' als 'Generalisten' durch fachlich spezialisiertere Sozialarbeiter abgelöst wurden. Die fachliche Vertiefung in der Sozialarbeit wirkte so auch als ein Angebot, neue und immer kompliziertere Aufgaben im Zusammenhang mit sozialen Problemen qualifiziert zu erledigen[64] und brachte 'sozialpolitische Advokaten'[65] hervor, die sich zur beruflichen Bearbeitung sozialer Mißstände anboten. Diese professionellen Helfer verstehen sich zwar als "Produzenten von Dienstleistungen, für die in der Bevölkerung ein Bedarf besteht und die deshalb von dieser benützt werden". Tatsächlich bestimmt sich dieses Angebot aber "mehr aus den Bedingungen seiner Produktion als aus den Bedürfnissen der Konsumenten", das Angebot stellt den spezifischen Bedarf erst her[66] und in diesem Sinne suchen dann Lösungen ihre Probleme[67].

Die neuen *Aufgaben*, die sich infolge dieses Dienstleistungsangebots der qualifizierteren Sozialarbeit für die Sozialverwaltung ergeben haben, sind verhältnismäßig unsicher und nicht klar umrissen. Sie können daher als eher 'weiche' Aufgaben, die mit Hilfe von Sozialarbeit angegangen werden, gegenüber 'harten', in der sich aus der Monetarisierung und Individualisierung ergebenden 'Einzelfalllogik' einwandfrei zu bearbeitenden Verwaltungsaufgaben bestimmt werden, wenngleich der 'Härtegrad' ein Kontinuum darstellt[68]. In der Altenhilfe nach dem BSHG haben

---

[61] Grunow 1991:128.
[62] Luhmann 1981:94f.
[63] Luhmann 1981:99.
[64] Ellwein 1994:11.
[65] Giesen 1983:231f.
[66] Dorenburg u.a. 1987:200.
[67] Cohen/March/Olsen 1972.
[68] Ellwein 1994:15.

wir es mit einer vorwiegend weichen Aufgabenbestimmung zu tun[69]. Zu einem guten Teil aufgrund der Professionalisierung im Sozialbereich hat sich das, was unter der Aufgabe 'Altersfürsorge' oder 'Altenhilfe' verstanden wurde, seit den fünfziger Jahren stark ausdifferenziert und ausgeweitet[70].

Starken Einfluß auf diese Aufgabenerweiterung hatte auch die seit den 70er Jahren zunehmende Kritik an der Verrechtlichung und Anonymität sozialer Hilfen: 'programmierte Hilfen' könnten den Bedürfnissen der Klienten nicht gerecht werden, die höchst selektive Problemwahrnehmung der Sozialverwaltung wird beklagt[71], Organisationsprobleme und der mangelnde Dienstleistungscharakter sozialer Dienste in der Altenhilfe kritisiert[72], mehr 'Bürgernähe' gefordert[73] - Verwaltungen entwickeln aus sich heraus "vorgeschobene Posten wie Sozialarbeiter und Bürger-Beratungsstellen", die Übersetzungsarbeit hin zum Alltag der Klienten leisten[74].

Diese Ausweitung der Anforderungen an die Sozialverwaltung, immer unklarere Aufgabenstellungen wie z.B. die Altersphase Einzelner mit 'Sinn' auszustatten, anzugehen, führt sie jedoch, so die hier vertretene Auffassung, über die Grenzen ihrer Leistungsfähigkeit. Rechtliche oder monetäre Maßnahmen können gesellschaftliche Konflikte in ihrer Substanz nicht regulieren[75]. Versucht der Wohlfahrtsstaat es dennoch, wird in dieser Logik schon das "Bereitstellen von Anreizen" als Erfolg betrachtet: "Die Erfolgsdefinition wird dabei in die Verwaltung selbst zurückgenommen, so als ob die Einrichtung einer Beratungsstelle, eines Jugendzentrums, einer Sozialstation die Wirkung sei, die als solche geschätzt und beabsichtigt wird"[76]. Die Schranken des wohlfahrtsstaatlichen Wirkens können auf diese Weise ausgeklammert werden, der Wohlfahrtsstaat, so Luhmanns Kritik, wird zum Selbstzweck. Die Verwaltung, wendet Ellwein in demselben Sinn ein, bestimmt ihr Potential und beurteilt den Erfolg ihrer Maßnahmen selbst und befindet sich so in einem "permanenten Abwägungsprozeß zwischen dem, was sie soll und dem, was sie kann. In diesem Prozeß verfügt sie über ein beträchtliches Maß an Autonomie, weil nur selten zweifelsfrei zu klären ist, was sie kann"[77].

Ein weiterer Grund dafür, daß die Sozialverwaltung bestimmte unsichere Aufgaben im Zusammenhang mit sozialen Problemen nicht befriedigend bearbeiten kann, liegt in der speziellen Charakteristik sozialer Dienstleistungen: sie brauchen die tätige und wohlwollende Mitwirkung ihrer Adressaten, um überhaupt hergestellt werden zu können[78]. Das Ansetzen der professionellen Hilfe am 'Menschen an sich' und die auf 'gemeinschaftlichen' Vorstellungen beruhenden Ziele, durch die der Klient zur Mitarbeit und Selbsthilfe motiviert werden soll[79], sind durch die Diskrepanz zu den genannten Möglichkeiten wohlfahrtsstaatlicher Intervention problematisch - die Aufgaben der sozialen Arbeit sind sonst im Prinzip endlos.

Berücksichtigt man die schon angeschnittenen Interessen der professionellen Hilfeanbieter, die - als ein Angebot, immer anspruchsvollere und unsicherere Aufgaben anzugehen und in einer "öffentlich vorzeigbaren Weise Hilfe produzie-

---

[69] Zum Text des BSHG und den sich daraus ergebenden Verwaltungsaufgaben vgl. Kap. 3.4.2 dieser Arbeit
[70] Die detaillierte Beschreibung dieses Prozesses ist Gegenstand des nachfolgenden empirischen Teils dieser Arbeit.
[71] Z.B. Olk/Otto 1987:6.
[72] Grunow 1977.
[73] Z.B. Hartmann 1985.
[74] Müller/Bick 1979:484.
[75] Dorenburg u.a. 1987:206f.
[76] Luhmann 1981:100.
[77] Ellwein 1994:13.
[78] Gross/Badura 1977.
[79] Braun 1984:105.

ren" müssen, "um so ihr Bestehen zu rechtfertigen"[80], was je nach politischer Konjunktur durchaus verschiedene Formen annehmen kann, so geht die Hilfe auf jeden Fall, so der Autor, an den Interessen der Klienten vorbei. Es kann angezweifelt werden, "daß Hilfsbedürftigkeit eine objektive Größe ist, für deren Bestimmung die Finanzen und die Professionellen eine geringere Rolle als die Klienten spielen"[81] - soziale Probleme werden durch die 'Vermittlungsleistungen staatlicher Apparate' umdefiniert, um sie sich zu eigen zu machen und in die Bahnen administrativ vorgegebener Lösungsmuster zu lenken[82].

Organisierte und institutionalisierte Hilfe wie berufliche Sozialarbeit, zu diesem Schluß kommt Wolff, kann psychische und soziale Schwierigkeiten bzw. Konflikte im Sinne der Eliminierung ihrer Existenzbedingungen nicht lösen, da sie dazu zu unspezifisch und zu fall- und symptombezogen ist - eine wirksame *Prävention* sozialer Schwierigkeiten ist mit dem vorhandenen Instrumentarium nicht möglich. Grund für die angebotenen Hilfen ist das Umgehen mit bzw. die Verwaltung von solchen gesellschaftlichen Tatbeständen - es bleibt die Alibifunktion durch "den Eindruck von gewährleisteter Fürsorglichkeit"[83]. Nur so ist es erklärlich, daß viele Hilfen ihre proklamierten Ziele jahrzehntelang nicht erreichen und trotzdem nicht um ihren Bestand fürchten müssen - sie erfüllen vielfältige politische, ökonomische, professionelle und sonstige 'hilfefremde' Funktionen. Durch 'bürgernahe' Gestaltung und stadtteilbezogene Plazierung soll gesellschaftlich der Eindruck entstehen, das kann diese Dienste in Anspruch nehmen, wenn er nur will. Die symbolische Funktion ist unübersehbar, Aktivität bei der Bearbeitung der Probleme wird demonstriert, obwohl deren Lösung die Möglichkeiten der Sozialverwaltung übersteigt[84].

Die Sozialverwaltung, so wurde gezeigt, kann mit dem ihr zur Verfügung stehenden wohlfahrtsstaatlichen Instrumentarium kaum wirksame Prävention im Sinne der Eliminierung der Ursachen sozialer Problemlagen betreiben und 'weiche', unsichere Aufgabenbereiche nur unzureichend bearbeiten. Mit anderen Worten hat die Verwaltung nicht die Einflußmöglichkeiten, um *gesellschaftliche Rahmenbedingungen zu gestalten*. Grunow stellt genau dies fest, wenn er bedauert, daß die Sozialverwaltung in ihrer Entwicklung in den 80er Jahren reagierende Instanz geblieben ist, der es nicht gelungen ist, gestalterisch und konsequent auf das von ihr bearbeitete Aufgabengebiet einzuwirken[85] und führt weiter aus: "Die Vorstellung, kommunale Sozialverwaltung könne gezielt die Ursachen und Begleitumstände sozialer Probleme und Konflikte beeinflussen und bewältigen, muß in den 90er Jahren mehr denn je als utopisch gelten"[86].

Wo Verwaltung dennoch versucht zu gestalten, gerät sie in die Gefahr der Selbstüberforderung, aus der ein Ausweg die Korrektur an den den Zielen zugrundeliegenden Normen ist[87]. Dazu zählen auch die Vorstellungen darüber, an welchem Altersbild und welcher Problemsicht sich Altenhilfe zu orientieren hat. Eine Problemlösung kann in diesem Sinn durch normative Umdefinition des sozialen Problems erreicht werden.

---

[80] Wolff 1981:230.
[81] Wolff 1981:231.
[82] Dorenburg u.a. 1987:200.
[83] Wolff 1981:231.
[84] Seibel 1992; Nedelmann 1982.
[85] Grunow 1991:141.
[86] Grunow 1991:145.
[87] Ellwein 1994:13.

Da soziale Probleme, wie gezeigt[88], nicht "an sich" existieren, sondern neben objektiv erhärtbaren Bestandteilen, die an dieser Stelle nicht zur Debatte stehen, wie z.B. die Zunahme des Altenanteils an der Gesellschaft, auch immer subjektive Elemente wie die Überzeugung, daß die Situation geändert werden sollte, aufweisen[89], werden sie von gesellschaftlichen Gruppen selektiv nach normativen Kriterien perzipiert. Um der politischen Bearbeitung zugeführt werden zu können, muß das soziale Problem so definiert und rezipiert werden, daß es einen Ansatzpunkt zum politischen Handeln bietet, wobei hinter der Problemdefinition, wie gezeigt, immer mehr oder weniger mächtige gesellschaftliche Gruppen mit unterschiedlichen Chancen, sich durchzusetzen, stehen. "Erst die Überzeugung, daß ein gesellschaftliches Problem politisch-administrativ zu bewältigen ist, läßt dieses zum 'Policy-Problem' werden. ... Ein Policy-Problem bezeichnet also einen gesellschaftlichen Zustand, aus dem Teilaspekte hervorgehoben und als politisch lösbar und lösungsnotwendig erachtet werden"[90].

Das soziale Problem wird im Laufe seiner Wahrnehmung und Bearbeitung durch die Verwaltung in Teilaspekte zergliedert, von denen nur einige ausgewählt werden und andere in Vergessenheit geraten. Die Gestalt des sozialen Problems verändert sich also im Laufe seiner Weitervermittlung zur politischen Bearbeitung und Problemlösung, der "Konflikt" wird "transformiert"[91]. Dabei ist es auch möglich, daß Akteure sich damit begnügen, "über ein Konfliktobjekt (in welcher Form auch immer) zu interagieren, um auf diese Weise ihre Interaktionsfähigkeit auf diesem Problemgebiet unter Beweis zu stellen"[92], wobei das Problem nicht unbedingt gelöst werden muß oder kann. Allein das Umgehen von Entscheidungen bei gleichzeitigem sichtbaren Bemühen zur Konfliktlösung, so die These von Nedelmann, sichert dem politischen System Handlungsflexibilität. In dem Ausmaß, in dem die Veränderung der mit dem sozialem Problem verbundenen objektiven Bedingungen schwer oder unmöglich ist, gewinnt der "kulturelle Aspekt" des sozialen Problems an Bedeutung[93]. Dieser 'kulturelle Aspekt' verweist wieder auf normative Altersbilder und auch auf die ins Auge gefaßten Abhilfemaßnahmen als Standards und Leitbilder der Altenhilfe. Eine Policy, so Windhoff-Héritier[94], muß zudem "schön eingekleidet werden", an zentrale konsensfähige gesellschaftliche Werte appellieren - z.B. an den weithin geteilten Wert 'in Würde alt werden' oder den des Rechts auf Selbständigkeit und Selbstverwirklichung. Ein stark zentrale Grundwerte des politischen Systems tangierendes Policy-Problem, so die Autorin, drängt auf eine Problembearbeitung durch Staat und Verwaltung.

Die Verwaltung, ein eigenständiger Akteur in der Problembearbeitung des sozialen Problems Alter, reagiert in der Altenhilfe nicht nur einfach auf die Veränderung der gesellschaftlichen Problemdefinitionen und macht sie zur Grundlage ihrer Konzeptionen und Maßnahmen, sondern sie hat auch eine *aktive Rolle* im Prozeß der Zuschreibung und Konstitution neuer Altersbilder. Dieser Prozeß verstärkt sich in dem Maße, wie die Verwaltung die Grundlagen des Altersproblems nicht beeinflussen kann und somit dessen 'kultureller Aspekt[95] an Bedeutung gewinnt. Das soziale Problem Alter kann so für die Verwaltung partiell auch durch

---

[88] Ein kurzer Abriß der theoretischen Grundlagen zu sozialen Problemen findet sich in Kap. 2.5 dieser Arbeit.
[89] Etzioni 1976:5; nach Windhoff-Héritier 1987:67.
[90] Windhoff-Héritier 1987:68.
[91] Nedelmann 1982.
[92] Nedelmann 1982:65.
[93] Nedelmann 1982:70ff.
[94] Windhoff-Heritiér 1987:72.
[95] Nedelmann 1982.

'Umdefinition' gelöst werden: so geraten z.B. mit der Konzentration auf das gesunde 'dritte Alter' die hinfälligen 'alten Alten' aus dem Blickfeld.

Umdefiniert werden können die besonders im negativen Altersbild dargelegten Begrenzungen und Selbstbegrenzungen des Alters, die die Altenhilfe als Benachteiligungen versteht, die sie kompensieren und denen sie ein positives Altersbild entgegensetzen will: "Altenhilfe versucht hier, in historisch gewachsene und im Alltagswissen verankerte alterskulturelle Orientierungsmuster einzugreifen. Diese Intervention wird jedoch aus professioneller Sicht als 'gesellschaftliche Selbstverständlichkeit' dargestellt. Gerade so, als bestünde ein allgemeiner Konsens darüber, dem Alter in sozialstaatlicher Mission 'Sinn' zu verleihen. Oder, als fiele jeder Älterwerdende, der dessen nicht teilhaftig wird, der Sinnlosigkeit anheim"[96]. Das die Verwaltung hier unter dem Einfluß der Problemsichten sozialer Berufe versucht, neue Aufgaben zu übernehmen und gesellschaftliche Rahmenbedingungen zu gestalten, wird aus diesem Zitat sehr deutlich.

Aber diejenigen, die sich nicht in die jeweiligen neuen Leitbilder des 'Seniors' oder des 'neuen Alten' einpassen lassen und somit ein schlechtes Licht darauf werfen, wie einige Maßnahmen angenommen werden, so soll abschließend an einem Beispiel verdeutlicht werden, sind zahlreich. In einem Monatsprogramm eines Nürnberger Seniorentreffs kann man folgende Klage des verantwortlichen Professionellen lesen: "Ich glaube, wir sollten wieder mehr miteinander reden, vor allem über das, was sich bei uns im Seniorentreff so eingeschlichen hat. Was ist los? Wir bemühen uns, ein interessantes Programmangebot zu bringen und was müssen wir feststellen? Kein Mensch will davon etwas wissen. ... Ich meine, das Leben sollte auch im dritten Abschnitt nicht nur aus Kaffeetrinken, Kuchen essen und Karteln bestehen. Nix für ungut! ..."[97].

Schmidt/Zeman zum Bild des Seniors in der Altenhilfe: "In aktiver Teilhabe soll der Senior - flott, selbstbewußt, optimistisch - die freie Zeit, die ihm aus dem Fortfall von Pflichten erwächst, zum Lebensmittelpunkt stilisieren. Für Belastungen, die die nachberufliche Lebensphase mit sich bringt, ist in der organisierten Gemeinschaft der Gleichgesinnten und Frohgemuten kein Platz. Mit der Mühsal der 'gewonnenen Jahre' (Imhof) und seinen Zweifeln an der 'späten Freiheit' (Rosenmayr) bleibt der Senior auf sich selbst verwiesen (vgl. Knopf 1983). Dies ist, nur wenig zugespitzt, die Gerontologie der alterskulturellen Maßnahmen, wie sie sich in den Angebotsregistern der Altenhilfe präsentiert"[98].

Je mehr sich die Altenhilfe - unter Aufgabe ihrer herkömmlichen Ethik als Betreuung und Hilfe für bedürftige, arme Alte - an einem positiven Altersbild orientiert, desto mehr gerät sie, so ist zu vermuten, in Begründungsnöte. Welche *neue Ethik der Altenhilfe* kann sie besonders unter dem Druck des neuen großen Altersthemas, der Pflege entwickeln? Die durch Orientierung am neuen Altersbild sich bietenden Möglichkeiten der 'Umdefinition' bestehender Problemlagen können, obwohl sie die Möglichkeit bieten Problemlösungsaktivität zu demonstrieren, letztendlich nicht überzeugen: "Immer mehr ältere Menschen, die nach einem überkommenen - und das bedeutet eben nun: negativ diskriminierenden - Altersverständnis als u.U. bereits 'pflegebedürftig', schon 'hinfällig' etc. charakterisiert worden wären, können nun als durchaus 'aktivierungsbereit' und zumindest als 'potentiell selbständig' definiert werden"[99].

An dieser Stelle kann und soll es nicht um die Überprüfung des 'Wahrheitsgehaltes' negativer oder positiver Altersbilder gehen, die mit unterschiedlichem

---

[96] Schmidt/Zeman 1988:273f.
[97] Aus dem Monatsprogramm Juli/August 1992 des Seniorentreffs Bleiweiß, Nürnberg
[98] Schmidt/Zeman 1988:277.
[99] Kondratowitz 1993:99.

gesellschaftlichem Einfluß in allen Epochen nebeneinander existieren. Wichtig sind nur die Argumentationen über das Problem und deren Entwicklungslinien, die eine gewichtige Rolle bei der Auswahl der Lösungen in der Altenhilfe spielen und sich für bestimmte Zeiträume in der Nachkriegszeit zu Paradigmen verdichten.

4.4   Methodik und Aufbau der Untersuchung

4.4.1   *Zur Methode:*
Qualitative Sozialforschung und Inhaltsanalyse

Bei der vorliegenden Untersuchung zu Altersbildern und Problemwahrnehmungen in wissenschaftlicher Literatur, Zeitschriftenartikeln und Altenplänen führen Fragestellung und Heterogenität des Materials zu einem komplexen Analyseansatz. Da zu diesem Themenbereich noch keine anderen Arbeiten vorliegen, hat die Studie darüber hinaus exemplarischen Charakter. Dies bedingt, daß die Untersuchung zwar durch einige theoretische Vorannahmen, nicht aber durch analytische Hypothesen strukturiert ist, sondern zuerst einmal deskriptive Intentionen verfolgt werden, um das Material im zweiten Schritt zu interpretieren.

Methodisch wurde mit den Mitteln der *qualitativen Sozialforschung* gearbeitet. Diese Methodik ist ein wichtiges Mittel zur soziologischen Deskription und eignet sich besonders, so Hopf, "für das Interesse an der Analyse von Deutungen, Wahrnehmungen und komplexen Deutungssystemen"[100]. Die soziologische Erforschung von Stereotypen und sozialen Vorurteilen bedient sich zudem "der Natur der Materie entsprechend" häufig der *Inhaltsanalyse*[101]. Qualitative Methoden implizieren zwar einen Verzicht auf vorab entwickelte, den Forschungsprozeß restriktiv steuernde Erhebungsinstrumente. Der Zugang zur sozialen Realität erfolgt mithilfe offener Verfahren, um einen möglichst großen Teil dessen, was im Forschungsfeld vorzufinden ist, erfassen zu können. Diese Vorgehensweise ist aber nicht gleichzusetzen mit theoretischer Voraussetzungslosigkeit oder dem Verzicht auf Quantifizierung der Daten. Das theoretische Vorverständnis sollte jedoch zu Anfang der Untersuchung noch wenig präzisiert sein und sich in stetem Austauschprozeß mit dem qualitativ erhobenen Material weiterentwickeln, modifizieren und revidieren lassen[102]. Ein wesentlicher Vorteil liegt darin, daß die Gefahr der Verselbständigung von Theorien oder Forschungskategorien sich vermindert. Dagegen können bei offener Zugangsweise in einer explorativen Forschungsphase "überraschende Beobachtungen" gemacht werden, die nicht mit unseren Erwartungen übereinstimmen, die entweder durch unser Alltagswissen begründet oder theoretisch hergeleitet sind und so neue Sichtweisen eröffnen können[103]. Eine eventuelle Quantifizierung der Daten erfolgt ebenfalls erst im Nachhinein, begründet durch eine umfangreiche Auseinandersetzung mit dem Material. Das beinhaltet selbstverständlich, daß keine über die untersuchte Datenmenge hinausgehenden Repräsentativitätsansprüche erhoben werden können und sollen.

Die Vorgehensweise in dieser Untersuchung kann demnach nicht als *Inhaltsanalyse* im strengen Sinn bezeichnet werden, an die Berelson die Maßstäbe Objektivität, Systematik und Quantifizierung anlegt und die nur den manifesten Inhalt von Mitteilungen beschreiben soll[104]. Silbermann bezeichnet die "Idee der Beschränkung der Inhaltsanalyse auf das Quantitative allein" als "unnötigen Pessi-

---

[100] Hopf 1979:18.
[101] Silbermann 1974:273.
[102] Hopf 1979:15.
[103] Barton/Lazarsteld 1979:44.
[104] Bernard Berelson (1952). "Content Analysis in Communication Research", Glencoe Ill.

mismus" und eröffnet die Möglichkeit einer qualitativen Inhaltsanalyse "auf die Bedeutung hin, die einer spezifischen Idee verliehen wird"[105]. Gerade bei einer Inhaltsanalyse, die sich auf sozial-kulturelle Denksysteme bezieht, ist zu erkennen, "daß es einer rigoros angewandten reinen Inhaltsanalyse bei der Untersuchung von Materialien in Bezug auf Denksysteme immer nur gegeben ist, Licht auf solche vermuteten Muster zu werfen, die a priori hervorstechend sind. Das führt zu einer zentralen Orientierung, die für das empirische Denken keineswegs erwünscht sein kann, weil die Mannigfaltigkeit der Phänomene dadurch vergewaltigt wird"[106].

Das verwendete empirische Material, das Aufschluß über Problemwahrnehmungen und Altersbilder in bezug auf Altenhilfe geben soll, ist nicht aus einem Guß. Es unterteilt sich in vier Gruppen von Materialien, die für die wissenschaftliche Diskussion (a), für die Diskussion in der sozialpädagogischen/sozialpolitischen und Verwaltungs-Fachöffentlichkeit (b, c) und für die Diskussion in den kommunalen Verwaltungen (d) stehen:

 a) wissenschaftliche Literatur, Fach - und Sachbücher
 b) Inhaltsverzeichnisse von Zeitschriften
 c) Zeitschriftenartikel und -beiträge
 d) Kommunale Altenpläne

4.4.2   Die quantitative Zeitschriftenanalyse

Um einen ersten Eindruck von Aufmerksamkeit und Problemwahrnehmung unterteilt nach einzelnen Themenbereichen zu erhalten, wurde eine *quantitative Zeitschriftenanalyse* durchgeführt[107]. Die Berichterstattung in Zeitschriften, so die Grundannahme dieses Analyseteils, ist tendenziell ein Abbild der allgemeinen Aufmerksamkeit, die dem Thema Alter zuteil wird. Dabei wenden sich Zeitschriften an einen spezifischen Leserkreis, mit dem sie in einem gewissen Austausch stehen: so berichten z.B. Verwaltungszeitschriften über Neuerungen in einzelnen Städten, oft trägt auch ein Bürgermeister oder Sozialdezernent selbst durch einen Artikel bei. Weiter wurde angenommen, daß Verwaltungsfachleute und Fachleute aus dem Sozialbereich das 'soziale Problem Alter' unterschiedlich wahrnehmen bzw. es in den beiden Gruppen von Fachzeitschriften unterschiedlich stark in die Diskussion gebracht wird. Hucke/Seidel fanden in ihrer Untersuchung[108] darüber, 'was kommunale Praktiker lesen', heraus, daß die wichtigste schriftliche Informationsquelle der Kommunalverwaltungen Fachzeitschriften sind, die von den betreffenden Ämtern in großem Umfang bezogen werden. Da Innovationen in Kommunen oft aus anderen Städten übernommen oder durch Auswertung schriftlicher Berichte für die eigenen Verhältnisse umgesetzt werden, spielen Fachzeitschriften neben persönlichen Kontakten und der Teilnahme an Seminaren eine große Rolle als relevante Kommunikationskanäle[109]. Mit besonderer Aufmerksamkeit, so die Befragten, für Städtebaufragen zuständigen kommunalen Praktiker, werden die Veröffentlichungen des Deutschen Städtetages gelesen, die durch ihre Informationsaufbereitung vielfach erst den Anstoß dafür geben, daß sich die Kommunen mit bestimmten Forschungsergebnissen befassen. "Wenn etwas Interessantes vorliegt, wird man vom Deutschen Städtetag darauf hingewiesen", so ein Be-

---

[105] Silbermann 1974:257f.
[106] Silbermann 1974:264.
[107] Vgl. die Ergebnisse der quantitativen Zeitschriftenanalyse in Kap. 2.3 dieser Arbeit.
[108] In der Untersuchung von Hucke/Seidel (1984) wurden 131 kommunale Praktiker in 40 für Städtebaufragen zuständigen Ämtern kommunaler Sozialverwaltungen befragt.
[109] Hucke/Seidel 1984:476.

fragter in der genannten Untersuchung[110]. Die Rolle von Fachzeitschriften, wissenschaftliche Ergebnisse zu strukturieren und selektiv aufzubereiten, kann nach diesen Ergebnissen voll bestätigt werden.

Um einen ersten Aufschluß darüber zu erhalten, wie die Aufmerksamkeit für das Thema Alter sich im Untersuchungszeitraum von 1950 bis 1993 in der Fachöffentlichkeit entwickelt hat, wurden Fachzeitschriften ausgewählt, von denen zu vermuten ist, daß sie jeweils hauptsächlich die Problemsicht der einen oder der anderen Gruppe vertreten. So wurden je sechs Verwaltungszeitschriften[111] und sozialpädagogische und sozialpolitische Zeitschriften[112] ausgewählt, die monatlich und schon mindestens seit dem Jahr 1950 erscheinen und bei denen davon ausgegangen werden kann, daß sie in der Verwaltung gelesen werden. Die 'Zeitschrift für Gerontologie' z.B. findet in Kommunalverwaltungen keine Verbreitung.

Betrachtet man die jeweiligen Autoren, die sich in der einen oder anderen Zeitschriftengruppe äußern, so erscheint die Abgrenzung sowohl zwischen beiden Gruppen als auch zum wissenschaftlichen Diskurs schwierig: so sind sowohl wissenschaftliche Beiträge als auch solchen von Verwaltungsfachleuten in den Sozialzeitschriften häufig. Das Augenmerk soll jedoch nicht auf die Herkunft der einzelnen Beiträge, sondern darauf gelegt werden, welche Themen von welcher Gruppe von Fachzeitschriften wie stark in die Diskussion gebracht wird, was ja maßgeblich durch die redaktionelle Auswahl bestimmt wird.

Die quantitative Zeitschriftenanalyse wurde zu Anfang der Untersuchung als eine Vorstudie durchgeführt, um die allgemeine Aufmerksamkeit zum Thema Alter sowie die Aufmerksamkeit zu einzelnen Themenbereichen abzuklären. Die Themenbereiche wurden als Vorstudie zur qualitativen Analyse anhand der - erprobten, allerdings für unsere Zwecke etwas vereinfachten - Themengliederung der seit 1978 jährlich erscheinenden Zeitschriftenbibliographie des Deutschen Zentrums für Altersfragen gebildet[113]. Es wurden *alle* Beiträge, Notizen und Artikel zum Thema Alter vollständig erfaßt, um die gesamte Aufmerksamkeit für dieses Thema beurteilen zu können. Bezogen auf die Aussagekraft dieser Vorstudie sind zwei Einschränkungen zu machen:

1. Zum einen wurden bei den Zeitschriftenbeiträgen in der Gesamtanalyse nur die Überschriften in einer einfachen quantitativen Inhaltsanalyse zugeordnet und daraus eine Häufigkeitsverteilung gebildet, ohne den Inhalt der Artikel und Notizen zu berücksichtigen.
2. Zum anderen läßt sich ohnehin nicht geradlinig von Häufigkeit der Nennung auf Wichtigkeit des Themas schließen[114].

4.4.3 Die qualitative Analyse der Diskurse in der wissenschaftlichen Literatur und in den Fachzeitschriften

Ausgangspunkt war die Frage danach, auf welchem Weg Innovationen bezüglich Altenhilfe in die Problemsicht der Verwaltung und in die Altenplanung hineingetragen werden. Im wissenschaftlichen Diskurs, so wurde angenommen, werden

---

[110] Hucke/Seidel 1984:477.
[111] *Verwaltungszeitschriften*: Demokratische Gemeinde / Der Landkreis / Der Städtetag / Die Gemeinde / Kommunalpolitische Blätter / Städte- und Gemeinderat
[112] *Sozialpädagogische und sozialpolitische Zeitschriften*: Arbeit und Sozialpolitik / Blätter der Wohlfahrtspflege / Nachrichtendienst des Deutschen Vereins für öffentliche und private Fürsorge / Soziale Sicherheit / Sozialer Fortschritt / Theorie und Praxis der sozialen Arbeit (bis 1972 Neues Beginnen)
[113] DZA 1978/91.
[114] Vgl. auch Herkner 1974:179.

neue Altersbilder propagiert, Problembereiche aufgezeigt und auch Anforderungen an Altenhilfe formuliert. Aus dieser wissenschaftlichen Problemdefinition werden, so die weitere Annahme, Teile in den Fachzeitschriften aufgenommen. Weiter liefern sozialwissenschaftliche Untersuchungen Informationen für die Altenplanung oder sozialwissenschaftliche Institute erarbeiten im Auftrag von Kommunen Altenpläne als externe Planer. Die Verbindung zwischen den einzelnen Analyseteilen ist also nicht geradlinig, sondern es gibt Querverbindungen und Austauschbeziehungen. Es kann aber davon ausgegangen werden, daß Innovationen in den Leitbildern und Standards der Altenhilfe zuerst im wissenschaftlichen Diskurs und in den Fachzeitschriften auftauchen, wobei letztere als Diskussionsforum der Fachöffentlichkeit - in der sich auch viele Verwaltungsfachleute artikulieren - fungieren.

Die Problemsichten, die nach der Analyse wissenschaftlicher und Fachliteratur, wie nachfolgend beschrieben, anhand des Materials konstituiert wurden, bilden ganze Argumentationsfiguren ab und gehen so weit über die erste Themeneinteilung der quantitativen Zeitschriftenanalyse hinaus. Hier liegt das Forschungsinteresse auf der differenzierten Beschreibung der Beziehung von Altersbildern und Problemsichten zu Leitbildern von Altenhilfe.

Die wissenschaftliche Problemsicht wurde *qualitativ* untersucht, die Materialauswahl dazu war von dem Problem bestimmt, daß es aufgrund der Flut von wissenschaftlichen Veröffentlichungen und von Fachbüchern zum Thema Alter heute fast unmöglich ist, eine Auswahl daraus zu begründen. Das für die Diskursanalyse ausgewählte Material ist aus diesem Blickwinkel zufällig zusammengetragen worden, selbstverständlich aber vom Bemühen geleitet, möglichst viele 'Standardwerke und -autoren' und die Veröffentlichungen, die durch neue Erkenntnisse oder Erklärungen von sich reden machten, in die Analyse einzubeziehen, was besonders für die früheren Jahrzehnte weitgehend gelungen zu sein scheint[115].

Die *qualitative Auswertung von Zeitschriftenartikeln* sollte die einfache Häufigkeit der Nennungen eines Themenbereichs inhaltlich illustrieren. Es wurden jeweils etwa ein Drittel aller Beiträge zum Thema Alter qualitativ analysiert, und zwar bei den Verwaltungszeitschriften 237 Artikel (34,6%) von insgesamt 684 Artikeln und Beiträgen und bei den sozialpädagogischen und sozialpolitischen Zeitschriften 574 Artikel (28,6%) von 2004 Artikeln und Beiträgen.

Da bei der Gesamtanzahl ein größerer Anteil von Nachrichten und Meldungen enthalten ist, für die qualitative Analyse dagegen großteils aus den aussagekräftigeren Artikeln zu Altersthemen ausgewählt wurde[116], verschiebt sich das Verhältnis zugunsten des gesichteten Materials. Dabei wurde, da ja überprüft werden sollte, inwieweit die Argumentationsfiguren und Altersbilder aus der wissenschaftlichen Literatur in den Zeitschriften auftauchen, auf die Punkte geachtet, die sich in der Diskursanalyse als wesentlich für den jeweiligen Zeitraum herausgestellt hatten. Das erfaßte Themenspektrum der Zeitschriftenanalyse geht aber über die Diskursanalyse hinaus, da hier oft konkret über die 'Verwaltungssicht' von Altenhilfe oder Altenplanung berichtet wird. Dabei kann nicht immer vermutet werden, daß Themen im Vordergrund stehen, für die sich der kommunalen Verwaltung auch Eingriffs- und Lösungsmöglichkeiten bieten und die die Umwandlung in ein 'Policy-Problem' vorantreiben.

Diese qualitative Analyse bildet quasi das 'Verbindungsstück' zur Untersuchung der Altenpläne, in denen dann die konkreten Planungen von Altenhilfe kommunaler Verwaltungen niedergelegt sind.

---

[115] Für jedes Jahrzehnt wurden mindestens 30 Veröffentlichungen analysiert, für die 80er und 90er Jahre noch wesentlich mehr. Es waren dies wissenschaftliche Bücher und Fachbücher, die in früheren Jahren teilweise auch Ratgebercharakter hatten z.B. zu Fragen des 'richtigen Alterns'.

[116] Dabei wurden zusätzlich etwa 20 Artikel aus anderen Zeitschriften als den quantitativ untersuchten berücksichtigt.

4.4.4 Die qualitative Analyse kommunaler Altenpläne

Die ebenfalls qualitativ durchgeführte Altenplananalyse soll Aufschluß darüber geben, inwieweit und mit welcher 'Zeitverzögerung' Altersbilder, Problemsichten und Leitbilder von Altenhilfe, die sich im Diskurs von Wissenschaft und Fachöffentlichkeit im Zeitverlauf verändern, von kommunalen Verwaltungen aufgenommen werden.

Wie an anderer Stelle[117] schon dargelegt, bilden Altenpläne einerseits nicht die Gesamtheit kommunaler Planungen ab, andererseits kann anhand der Pläne deren Umsetzung und die Qualität der Altenhilfe in der jeweiligen Kommune nicht beurteilt werden. Die Pläne sind also zuerst einmal als Absichtserklärungen zu betrachten, aus denen aber sehr wohl hervorgeht, wie das Problem Alter gesehen und in Bezug auf die sich aus dieser Problemsicht ergebenden Verpflichtungen für die kommunale Verwaltung argumentativ dargestellt werden. Die für jedes Jahrzehnt untersuchten Altenpläne bilden ebenfalls eine Zufallsauswahl. Der aus einer übergeordneten wissenschaftlichen Sicht beurteilte echte 'Plancharakter' der Altenpläne spielte keine Rolle für deren Auswahl, so daß die gesamte Bandbreite der empirisch vorfindlichen kommunalen Altenpläne von Großstädten (über 100 000 Einwohner) aus dem Gebiet der alten Bundesrepublik erfaßt werden konnte. Als Altenplan wurde im Rahmen der Analyse das angenommen, was von der jeweiligen Kommune als solcher bezeichnet wurde.

Die an Altenplanung angelegten Standards haben sich ebenso wie die inhaltlichen Leitbilder von Altenhilfe seit 1950 stark weiterentwickelt. Diese Veränderungen sind ebenfalls Gegenstand der qualitativen Analyse, so daß es nicht sinnvoll schien, mit festen Analysekategorien für die Altenplanung zu arbeiten: ein früher Altenplan aus den sechziger Jahren kann, legt man den Standard der neunziger Jahre zugrunde, nur schlecht abschneiden. Die wichtigsten *Kriterien*, die der hier vertretenen Auffassung nach an heutige Altenplanung anzulegen sind, aber von früheren Plänen nicht oder nur teilweise erfüllt werden, können wie folgt festgehalten werden:

- theoretische Fundierung
- konkrete Zielformulierung
- Erfassung des Bestands (quantitativ/qualitativ)
- Identifizierung des Bedarfs (quantitativ/qualitativ)
- ebenfalls konkrete, implementationsfreundliche Maßnahmen
- Stadtteilbezug
- Prozeßorientierung der Planung
- Akteursbeteiligung an Planung und Umsetzung
- Betroffenenbeteiligung an der Planung
- Verbindlichkeit der Planung (Stadtratsbeschluß)

Problematisch ist es, eine gelungene Planung daran zu messen, ob sie eine Finanzierungsplanung enthält, was nur bei sehr wenigen Altenplänen gegeben ist. Bei einer prozeßorientierten Planung und Umsetzung kann auch deshalb auf eine konkrete Finanzierungsplanung verzichtet werden, um mehr Flexibilität zu erhalten[118]. Die Forderung, Altenplanung solle nicht nur Fachplanung, sondern müsse in eine kommunale Entwicklungsplanung eingebunden sein, war zwar in der Gestaltungs-

---

[117] in Kap. 3.4.5 'Kommunale Altenplanung als Sozialplanung' dieser Arbeit
[118] Vgl. die Argumentation zur Altenplanung ohne Finanzierungsplanung in Bielefeld bei Reiser 1995.

und Planungseuphorie der siebziger Jahren ein großes Thema, ist aber danach aus der Mode gekommen.

4.4.5 Analysekategorien: Altersbilder und Leitbilder von Altenhilfe

Wie gezeigt wurde, können im Lichte der 'gesellschaftlichen Konstruktion der Wirklichkeit'[119] soziale Probleme als gesellschaftlich definiert angesehen werden. Von der jeweiligen Problemwahrnehmung hängen die ins Auge gefaßten Lösungen maßgeblich ab. Entwicklung und Wandel der Altenhilfe seit der Nachkriegszeit soll im folgenden empirischen Teil als eine Abfolge der ihr zugrundeliegenden und sie beeinflussenden Altersbilder und Problemwahrnehmungen dargestellt werden, von denen bestimmte *Leitbilder der Altenhilfe* ausgehen. Die 'Geschichte der Altenhilfe' seit 1950 läßt sich so als eine Abfolge von unterschiedlichen *Paradigmen* darstellen.

Eine *Kategorienbildung*, die gesellschaftliche Altersbilder in verschiedenen Zeiträumen erfassen soll, muß auf die grundlegende Fragestellung zurückgehen, ob die Alten vornehmlich als selbständige und nützliche Gesellschaftsmitglieder betrachtet werden oder als Hilfebedürftige, die Betreuung brauchen und deren Probleme durch andere gelöst werden müssen, weil sie selber dazu nicht mehr in der Lage sind. Mit anderen Worten können gesellschaftliche Bilder vom Alter ganz allgemein als aus der Zuschreibung von Problemen und/oder Potentialen zusammengesetzt betrachtet werden. Das in ihnen jeweils angelegte *Verhältnis von Problemen und Potentialen* in der Problemwahrnehmung ist das in Bezug auf unsere Fragestellung relevanteste Merkmal, das über einen quantifizierbaren Problemdruck hinaus, wie gezeigt werden wird, Altenhilfe maßgeblich anleitet.

Dabei sollen unter *Problemen* alle den alten Menschen zugeschriebenen, verschiedenen Problembereichen zuzuordnenden Probleme verstanden werden, egal ob es sich z.B. um materielle Probleme handelt, für die Sozialstaat (Sozialversicherung) oder Kommune (Sozialhilfe) traditionell zuständig sind, oder um immaterielle Probleme wie z. B. Einsamkeit. Bei Problemzuschreibungen, auf die Kommune und Sozialstaat keine Antwort in Form von Maßnahmen anbieten können, wird genau zu analysieren sein, welche argumentativen Absichten eventuell damit verfolgt werden. Unter *Potentialen* werden diejenigen an den alten Menschen wahrgenommenen oder ihnen zugeschriebenen Funktionen und Leistungen subsumiert, die den alte Mensch sowohl zur Selbsthilfe als auch zu produktiven Funktionenen für die Gesellschaft befähigen, die also Sozialstaat und Verwaltung entlasten.

Die unterschiedlichen Altersbilder können nach dem ihnen innewohnenden Verhältnis von Problemen und Potentialen in einer einfachen Kreuztabelle klassifiziert werden, aus der sich durch die Kombination von Problemen und/oder Potentialen verschiedene analytische 'Typen' ergeben, auf die die Altenhilfe in ihrer Problemsicht, soweit sie durch das verwendete empirische Material beleuchtet werden kann, in verschiedener Weise und in der Zeit von 1950 bis 1993 unterschiedlich stark eingestellt ist. Da es sich in der hier eingeführten Verwendung der Begriffe jeweils um zugeschriebene Probleme (sozusagen auf der 'Minusseite' des Defizitmodells vom Alter) und Potentiale (auf der 'Plusseite' des positiven Altersbildes) handelt, die ein Altersbild und eine Problemsicht konstituieren, können spezifische Aussagen über die soziale Realität aus dieser Typologie nicht abgeleitet werden. Wohl aber kann die Entwicklung der Problemwahrnehmung im untersuchten Material dargestellt und aufgezeigt werden, auf welche 'Typen' von alten Menschen als

---

[119] Berger/Luckmann 1980.

Zielgruppe die Altenhilfe nach ihrem Altersbild und ihrer Problemsicht vorwiegend abstellt und welche sie ignoriert.

Typ 1 beschreibt einen Typ von alten Menschen, an dem sowohl Probleme als auch Potentiale wahrgenommen werden. Dieser in den Augen der Verwaltung *normale Alte* ist idealtypisch - mit 'Intimität auf Abstand' - in eine Familie integriert und benötigt so wenige Dienstleistungen der Altenhilfe. Seine Probleme werden in der Wahrnehmung der Verwaltung entweder weitgehend selbständig gelöst oder durch die Familie aufgefangen, es müssen nur unterstützende Maßnahmen der Altenhilfe ergriffen werden.

Typ 2 ist der traditionelle Klient der Armenfürsorge und deren Nachfolgerin, der Altenhilfe. Er verfügt nicht über Potentiale, ist der arme, abgelebte, einsame, *hinfällige Alte*. Er ist nicht in eine Familie integriert oder wurde von ihr ins Heim 'abgeschoben'. Lebt er noch allein in einer eigenen Wohnung, so ist er der einsame alte Mensch, dem durch Altenhilfe jeder Art geholfen werden soll, da die Familie es nicht (mehr) tut.

Typ 3 ist der gesunden, kompetenten, *aktiven Senior*, für den Bildungs- und Kulturarbeit auf den Altenhilfe-Plan gerufen werden, der aber keine Betreuung benötigt, sondern sich diese im Gegenteil verbittet. Die Altenhilfemaßnahmen für diese Zielgruppe orientieren sich nicht an Problemen, sondern wollen sie präventiv erst gar nicht entstehen lassen.

Typ 4 ist ein Alterstyp, der für die Verwaltung unsichtbar ist. Weder tritt er durch manifeste wahrgenommene Problemlagen ins Bewußtsein der Verwaltung, noch werden seine Potentiale verklärt. Der *unsichtbare Alte* stellt für die Verwaltung einen blinden Fleck dar.

Abb. 14
Wahrnehmung von Problemen und Potentialen in Altersbildern

	Potentiale	
	vorhanden	nicht vorhanden
vorhanden	*Typ 1* *normale Alte*	*Typ 2* *hinfällige Alte*
Probleme		
nicht vorhanden	*Typ 3* *aktive Senioren*	*Typ 4* *unsichtbare Alte*

Ein 'negatives Altersbild' - dargestellt durch die Kombination von vorhandenen Problemen und fehlenden Potentialen - bietet andere Ansatzpunkte für Maßnahmen der Altenhilfe und Altenpolitik als das 'positive' Bild eines kompetenten, lernbereiten, *aktiven Seniors*. Die *unsichtbaren Alten*, so wird zu zeigen sein, sind der Verwaltung noch nicht als problembeladen und ohne Selbsthilfepotentiale ins Bewußtsein getreten, die *normalen Alten* haben zwar Probleme, aber auch noch Potentiale.

Die weitere Analyse, so ist zusammenzufassen, wird sich an folgenden Fragestellungen orientieren:

1. Wie wandeln sich die *Problemwahrnehmungen von Alter* inhaltlich?
Neue Altersbilder und Problemsichten werden vorzugsweise im wissenschaftlichen Diskurs und in der Fachöffentlichkeit kreiert, die als 'institutionelle Umwelt' die Verwaltung beeinflussen, wenn auch die Grenzen fließend sind und es Austauschbeziehungen gibt. Können *Advokaten des Alters* identifiziert werden, die die Konturen des Problems definieren und neue Maßnahmen vorschlagen, wobei sie ein nicht nur selbstloses Interesse an dessen beruflicher Bearbeitung haben?

2. Sind Prozesse der *Umdefinition des sozialen Problems Alter* zu beobachten?
Wie definiert die Verwaltung ihre Aufgaben in der Altenhilfe? Inwieweit trägt sie durch selektive Wahrnehmung von Problemen und/oder Potentialen in Altersbildern und deren Verbreitung in Altenplänen zur Umdefinition des sozialen Problems Alter weg von einem defizitorientierten hin zu einem positiven Altersbild bei? Sind bei Problemwahrnehmung und Aufgabendefinition der Verwaltung Elemente *symbolischer Politik* auszumachen?

3. Welche - sozialpolitischen - *Problemlösungen* werden vorgeschlagen? Besonderes Augenmerk ist in diesem Zusammenhang auf die Auswirkungen der Ausdifferenzierung des Altersbilds in ein drittes, positives und ein viertes, negatives Alter auf die *Ethik*, die *Zielgruppe* und die *Leitbilder* der Altenhilfe zu richten.

Die Geschichte von Alter als sozialem Problem in der Problemwahrnehmung der Verwaltung wird sich für die Nachkriegszeit auch als eine Abfolge unterschiedlicher *Paradigmen der Altenhilfe* schreiben lassen, was nachfolgend beginnend mit den Argumentationen zum Thema Alter in den fünfziger Jahren belegt werden soll.

5. Das Problem Alter in den fünfziger Jahren: Familie, Einsamkeit und 'sinnvolle Beschäftigung'

Die fünfziger Jahre waren zuerst einmal gekennzeichnet durch Mangel in allen gesellschaftlichen Bereichen und die Notwendigkeit für alle, 'den Gürtel enger zu schnallen' und am Wiederaufbau der ökonomischen Ordnung mitzuwirken. Staatliche Aktivitäten in dieser Dekade waren auch vor dem Hintergrund des einsetzenden 'Wirtschaftswunders' "durch eine Politik der 'Nicht-Planung' gekennzeichnet"[1].

Die Diskussion von mit dem Altern zusammenhängenden Problemen kam in den fünfziger Jahren vor dem Hintergrund der sozialpolitischen Bearbeitung der Kriegsfolgen und der Integration der Vertriebenen nur langsam in Gang. Ein vorrangig zu lösendes Problem war nach den Zerstörungen des Krieges der Wohnungsbau, der sich aber auf verhältnismäßig kleine, nicht unbedingt familiengerechte Wohnungen beschränkte und alte Menschen zuerst einmal nicht bedachte.

Im Gegensatz zu den de facto oft im Krieg zerstörten oder auseinandergerissenen Familien stand die in der Adenauer-Zeit propagierte Familienideologie, das Bild einer heilen Welt der Privatheit. Klages beschreibt das System gesellschaftlicher Werte der Wiederaufbauphase als einen emotionalen Rückzug in die Familie und eine privatistische Konzentration auf den Wiederaufbau, die mit einer massiven Aufwertung von Pflicht- und Ordnungswerten Hand in Hand ging und vom Einzelnen eine "pflichtbewußte Rollenübernahme und -ausübung" erforderte[2]. Auf diesem Hintergrund wird das Bemühen der damaligen Zeit, auch den alten Menschen produktive 'Aufgaben' zuzuweisen, verständlich.

Das Alter wurde erst ab der Mitte der fünfziger Jahre in der sozialpolitischen Auseinandersetzung vermehrt beachtet, wobei zuerst die materielle Absicherung im Vordergrund stand und Fragen der Wohnsituation erst nach der Rentenreform 1957 in den sechziger Jahren ihre Konjunktur erlebten, was die in Fachzeitschriften vorrangig diskutierten Themen bestätigen[3]. Im Kontext des wirtschaftlichen und sozialpolitischen Aufbaus, der im Jahr 1957 die große Rentenreform hervorbrachte[4], begann zudem das Interesse am Thema Alter zwischen 1950 und 1959 quantitativ zuzunehmen.

Die Problemsicht des Alters geht in den fünfziger Jahren zuerst von einer christlich-religiösen Betrachtung des Alters als 'Lebensstufe' und dessen normativer Einbettung in die 'Generationenfamilie' aus. Der einleitende Blick auf die im wissenschaftlichen Diskurs vorfindbaren Altersbilder zeigt, daß diese sich in ihren positiven und negativen Elementen, die entweder mehr Potentiale oder Probleme betonen, aufeinander beziehen und die jeweiligen Problemsichten vorstrukturieren. Wie in anderen Epochen auch[5] kann nicht ein einheitliches, sondern nur ein vorherrschendes Altersbild herausgearbeitet werden[6]. Zu Ende der 50er Jahre sind zwei dominierende grundlegende Richtungen von Problemsichten vorzufinden, die

---

[1] Bruder/Czada 1993: 477.
[2] Klages 1988:45f.
[3] In den fünfziger Jahren dominierte das Thema 'Sozialpolitik' vor dem Thema 'Wohnen' quantitativ bei den Beiträgen in Fachzeitschriften, in den sechziger Jahren setzt sich das Thema 'Wohnen' durch, vgl. Kap. 2.3 dieser Arbeit.
[4] Vgl. Kap. 3.4 dieser Arbeit.
[5] Vgl. Kap. 3.1.1 dieser Arbeit.
[6] Vgl. die Argumentation bei Tews 1991:5ff.

sich bis zur aktuellen Diskussion verlängern lassen, wie zu zeigen sein wird. Die ältere und einflußreichere thematisiert Alter vorwiegend als eine individuelle Aufgabe, die spätere Alter als ein 'soziales Phänomen'. Analog dazu werden entweder normativ-pädagogische oder sozialpolitische Lösungen vorgeschlagen.

5.1 Diskurse zum Problem Alter in der wissenschaftlichen Literatur

5.1.1 *Altersbilder: Alter als Lebensstufe oder als soziales Phänomen*

Dominierend in den fünfziger Jahren, so kann vorausgeschickt werden, ist ein Altersbild, das im folgenden als *idealistisch* bezeichnet werden soll und in dem Alter als ein 'Lebensstand' und eine Stufe im Lebenslauf betrachtet wird, die es als eine individuelle Lebensaufgabe zu bewältigen gilt. Gelingt die positive Bewältigung dieser 'Aufgabe Alter' nicht, so bleiben statt geistiger oder menschlicher 'Erhöhung' nur noch 'Abstieg und Verfall'. Das idealistische Altersbild ist oft christlich motiviert und sieht den Platz alter Menschen in der Familie. Ein gegen Ende des Jahrzehnts aufkommender zweiter Diskussionsstrang beginnt, sich mithilfe sozialwissenschaftlicher Methoden und empirischer Untersuchungen mehr an der gesellschaftlichen Realität zu orientieren und Alter als ein durch die *sozialen Rahmenbedingungen* beeinflußtes Phänomen zu begreifen.

Das *idealistische Bild vom Alter*, das bis zur Mitte der fünfziger Jahre ausschließlich diskutiert wird, läßt sich hauptsächlich aus der Summe psychologischer Einzelbeobachtungen zu Freuden und Nöten des Alters als Lebensstufe herauslesen. Da die 'Erfüllung' und 'Erhöhung' im Alter sich als Ergebnis des gesamten Lebens darstellen, ist ein im ganzen bewußtes, maßvolles Lebensprogramm[7] erforderlich: die Aufgabe Alter muß individuell gelöst werden. Sich ihres biologischen Schicksals und der Endlichkeit des Daseins immer bewußt, sollen sich die alten Menschen ihrem 'Stand' gemäß richtig verhalten, so auch ein damals bekanntes Zitat von Hermannn Hesse: "Altsein ist eine ebenso schöne und heilige Aufgabe wie das Jungsein .... Ein Alter, der das Altsein, die weißen Haare und die Todesnähe nur haßt und fürchtet, ist kein würdiger Vertreter seiner Lebensstufe, so wenig wie ein junger und kräftiger Mensch, der seinen Beruf und seine tägliche Arbeit haßt und sich ihnen zu entziehen sucht"[8].

Die meisten der gesichteten wissenschaftlichen Veröffentlichungen sind voll von Anleitungen, wie dieses würdige Altern zu erreichen ist. Im 'richtigen' Altern liegt der Sinn dieser Lebensstufe, und per definitionem ist das Gelingen der Lebensaufgabe, mit dem Alter die höchste menschliche Reife zu erlangen, unabhängig von Schicht oder materiellem Besitz[9].

Ein näherer Blick zeigt jedoch, daß dieses Altersideal, das je nach Standort des Autors eher christlich oder eher bildungsbürgerlich ausgestaltet ist und je nachdem mehr auf seelische oder geistige 'Erhöhung' abzielt, sich ausschließlich auf Beispiele von Schöpfertum im Alter bei einer Elite von Künstlern und Wissenschaftlern bezieht. Neben der individuellen Aufgabe Alter wird - und das zeigt die Ambivalenz des idealistischen Altersbilds - dessen biologische Schicksalhaftigkeit betont. Neben der 'idealen' geistigen oder seelischen Erhöhung steht der unvermeidliche defizitäre Abbau[10], die 'Defizittheorie vom Alter' findet sich in reinster

---

[7] Vgl. Rosenmayer 1978b:24, vgl. Kap. 4.2.2 dieser Arbeit.

[8] Hermann Hesse 1955, zit. nach Meis in Bourbeck u. a. 1956:45.

[9] Z.B. Meis in Bourbeck 1956:44.

[10] Adolf L. Vischer was Chefarzt am Altersheim des Bürgerspitals in Basel und somit ein Mann der Praxis. Sein als Standardwerk zu Alter und Altersproblemen oft zitiertes Buch 'Das Alter als

Ausprägung. Denjenigen, die das Ideal vom schöpferischen, gereiften und würdigen Alter nicht verwirklichen können, wird nahezu die menschliche Individualität abgesprochen - für sie ist Alter nur biologisches Schicksal und Abstieg, was mit Analogien aus dem Tierreich belegt wird: "Alten Frauen wachsen oft Bärte in analoger Weise, wie die Federn des alternden Huhns hahnartig und die Federn des alternden Hahns huhnartig werden. ... Alte Frauen entwickeln auch männliche Neigungen, so zu reichlicher und kräftiger Nahrung sowie zu geistigen Getränken"[11]. Nur in solchen Beschreibungen der Unterschiede der Geschlechtscharaktere finden alte Frauen Beachtung. Allgemein aber gilt: wird vom alten Menschen gesprochen, so ist der alte Mann gemeint. Das Bild, das Vischer - neben dem erwünschten, aber elitären Schöpfertum - vom Alter zeichnet, ist aber auch für Männer wenig erstrebenswert. Sie verlottern oft, fallen ihren Angehörigen zur Last und verlieren ihren Platz in der Gesellschaft. Alter ist hier gleichbedeutend mit Rückzug aus allen gesellschaftlichen Positionen: "Mancher kluge Mensch erkennt, daß er von seinen Kindern nicht mehr recht ernst genommen wird, daß sein Wort höchstens äußerlich autoritativ noch etwas gilt, daß man sich in Vereinen, Parteien, Ausschüssen bemüht, ihn aus seiner eigentlichen Tätigkeit in die dekorativen Ehrenstellungen abzuschieben und dort kaltzustellen. Das starr gewordene Gemüt vermag die leichteren Anregungen und Schwingungen neuerer Einstellung nicht mehr mitzumachen. Das Bewußtsein der Undankbarkeit der Umgebung, ein halb bewußtes Eingeständnis des Nicht-mehr-Mitkönnens macht verbittert und autistisch. Die freudlose Stimmung des Vaters ist oft der ganzen Familie eine schwere Last. Zudem wird der Alternde leicht geistig intolerant. Er ist nicht nur selbst in seiner Aufnahmefähigkeit für Neues herabgesetzt, sondern er liebt es auch nicht, Neues um sich herum vorgehen zu sehen. ..."[12].

Diejenigen, denen das 'Schöpfertum im Alter' nicht vergönnt ist, so wird aus dem letzten Zitat deutlich, müssen sich dem Altwerden anpassen, indem sie sich freiwillig aus der Gesellschaft zurückziehen und die 'Demut des Alters' lernen: "Wenn ein Mensch an der Schwelle des Pensionsalters nicht gelernt hat, sich mit einem einfachen, unscheinbaren Leben ohne Glanz nach außen zufrieden zu geben, für den wird diese Lebensperiode ruhelos, unerfreulich und unglücklich"[13]. Die Potentiale elitären Schöpfertums sind in diesem idealistischen Altersbild die Lösung für wenige, Desintegration und biologischer Abbau das Schicksal der großen Masse der alten Menschen. Diese sind letztendlich so, besonders wenn sie noch krank und dement werden, für alle eine Last und erfüllen nur noch die Funktion, "der Menschheit ihren letzten Dienst" zu leisten, "indem sie den Willen zum Helfen, die Nächstenliebe, wachhalten"[14]. Hinfällige Alte werden letztendlich zu lächerlichen Figuren, der Umgang mit ihm ist nur aus christlicher Motivation heraus zu ertragen, denn, so Guardini, " die Unerträglichkeit des senilen Menschen kann eine böse Wirkung haben: daß seine Umgebung ihm den Tod wünscht"[15].

Das Ideal vom würdigen, der Lebensstufe Alter angemessenen Lebensabend, diese Erkenntnis klingt auch bei den genannten Vertretern des idealistischen Altersbildes an, ist jedoch brüchig: angesichts der unübersehbaren Abweichungen von der beobachtbaren Realität sinnt auch Vischer darüber nach, wie es einem größeren Bevölkerungskreis nahegebracht werden soll, sich der 'Aufgabe Alter' zu stellen,

Schicksal und Erfüllung', das in den 50er Jahren schon in der 3. Auflage erschienen ist, trägt die Ambivalenz des idealistischen Altersbildes schon im Titel, Vischer 1955:14.
[11] Vischer 1955:20.
[12] Vischer 1955:42f.
[13] Vischer 1955:241.
[14] Vischer 1955:141.
[15] Guardini 1959:61f.

den Abbau im Körperlichen durch einen "Spätaufbau im Seelischen"[16] zu kompensieren. Eine Lösung stellt Beratung und Unterstützung dar. Eine amerikanische Beratungsstelle für Altersfragen, deren Motto lautet: "Halte dich wach. Entfalte deine Möglichkeiten. Übe dich. Lerne die Welt von heute zu verstehen, um selbst daran teilnehmen zu können"[17], zeigt, daß Hilfe durch Pädagogik bei der Bewältigung der Aufgabe Alter möglich ist. Förderung individueller Aktivität erscheint dazu als probates Mittel, wenn auch die Maßnahmen, durch die diese Förderung geschehen soll, nicht benannt werden. Diese Unterstützungsmaßnahmen bleiben jedoch auf Individuen fixiert, die zur besseren Altersbewältigung 'erzogen' werden sollen.

Andere Zeitgenossen beginnen zu erkennen, daß das beschriebene Ideal des ruhigen Lebensabends in seiner Verwirklichung nicht nur vom Individuum, sondern auch von den *Rahmenbedingungen der Umwelt*, besonders von der gesellschaftlichen Funktion der Alten und deren Integration in Erwerbsarbeit abhängig ist. Das Altersbild sei im Wandel begriffen, das rechte Maß in der Lebensführung alter Menschen - unter Verweis auf ein besseres Gestern - verlorengegangen: "Charakteristisch für die Alten unserer Tage ist es, daß die eine Gruppe nicht alt sein darf, weil sie schaffen muß, die andere nicht alt sein mag, weil sie schaffen will. Das Alter ist also bei den einen von rastloser Überforderung wie bei anderen von resignierender Entleerung bedroht. Demgegenüber ist der friedliche und dennoch ausgefüllte Lebensabend eine Seltenheit geworden, den wenigsten Menschen noch geschenkt"[18]. Alter, so zeigt diese Argumentation, ist über subjektive Faktoren hinaus problematisch. Es mißt sich nicht "an der Anzahl der Jahre", ist also kein abgegrenzter 'Lebensstand', sondern an "Erwerbsunfähigkeit und Verfallserscheinungen": Alt ist demnach, wer nicht mehr genügend leistungsfähig ist[19]. Das Lebensalter an sich ist, darin sind sich die Vertreter dieser Richtung einig, allein nicht aussagekräftig: "Der beobachtete Altersprozeß der einzelnen Individuen ist so unterschiedlich, daß es überhaupt keine allgemeine Testmöglichkeit gibt, auf Grund deren medizinische Sachverständige feststellen können, wie viele Jahre alt ein Erwachsener ist, es sei denn, sie sehen seine Geburtsurkunde"[20]. Das, was unter Alter verstanden wird, beginnt sich nach dieser Definition auszudifferenzieren. Maßgeblich für gelungenes Altern ist die individuelle Leistungsfähigkeit der einzelnen alten Menschen, die gesellschaftliche Funktion und soziale Integration in der 'Leistungsgesellschaft' erst ermöglicht. Die sozialen Zusammenhänge werden so gegenüber der Bestimmung des Alters als Lebensstand, subjektiver Aufgabe und biologischem Schicksal wichtig.

Dieser andere Diskussionsstrang beginnt Ende der 50er Jahre breiteren Raum einzunehmen und wird von Autoren aus den USA, die in deutscher Sprache erscheinen, beeinflußt, die "Alter als soziales Problem"[21] diskutieren. Alter ist hier weniger eine individuelle Lebensaufgabe, sondern mehr ein soziales Phänomen: alte Menschen werden, so die Kritik, durch ein vereinheitlichendes *Altersstereotyp* als gesellschaftliche Gruppe diskriminiert und aus der Gesellschaft ausgegliedert. Deutliche Worte zur Desintegration der Alten findet der amerikanische Autor George Soule: "Die Absonderung der Alten ähnelt der Rassentrennung insoweit, als das, was man von den Alten erwartet, gewöhnlich einem stereotypen Klischee entspricht, in das man die Alten hineinpreßt. Am bedeutsamsten ist vielleicht die Tatsache, daß man die alten Leute häufig nicht als Individuen mit eigenen Bedürfnis-

---

[16] Vischer 1955:231.
[17] Vischer 1955:230.
[18] v. Bismarck in Bourbeck u. a. 1956:3.
[19] Meis in Bourbeck u.a.1956:14.
[20] Soule 1959:154.
[21] Kaplan 1956.

sen, Fähigkeiten und Möglichkeiten betrachtet, sondern als gesichtslose Mitglieder einer fremden Klasse"[22]. Die grundlegende Schwierigkeit, so Soule, liegt nicht im Alter selbst, sondern in der Absonderung der Alten in Praxis und Denken aufgrund ihrer Lebensjahre: "Analysieren wir überhaupt die Probleme, die uns beschäftigen, in den angemessenen Denkkategorien? Ich kann mich des starken Verdachts nicht erwehren, daß viele der Zustände, die von den Erforschern des Altersprozesses verbessert werden sollen, nicht einfach dadurch entstanden sind, daß ein großer Teil der Bevölkerung länger lebt als der übrige, sondern einfach deswegen, weil man die Gruppe der älteren Menschen durch eine mehr oder weniger bedeutungslose Klassifizierung auf Grund ihrer Lebensjahre von der Masse separiert"[23]. Diesen Gedanken weiterzuführen bedeutet auch, eine spezielle Sozialpolitik, die sich auf durch ihre Lebensalter definierte 'Alte' bezieht, abzulehnen.

Alter wird hier als ein *soziales Phänomen* beschrieben, es mißt sich an der gesellschaftlichen Funktion und der Leistungsfähigkeit der einzelnen, die in der modernen Gesellschaft bestimmend für Integration sind. Ein vereinheitlichendes Altersbild hat die Auswirkung, so die Argumentation, Alte als soziale Gruppe zu diskriminieren und ihnen Individualität abzusprechen. Bezogen auf die Einteilung nach analytischen Typen[24] kann festgestellt werden, daß diese Argumentationsrichtung sich vornehmlich an den - empirisch vorfindlichen - *normalen Alten* orientiert und weder deren Problembehaftetheit noch deren Potentiale überbetont.

Im Gegensatz dazu definiert das beschriebene *idealistische Altersbild*, das in den fünfziger Jahren den Diskurs dominiert, Alter als einen gesellschaftlichen Stand, als die letzte Stufe des Lebens, die im Rahmen der individuellen Lebensaufgabe jedes Einzelnen von ihm in einer normativ bestimmten erwünschten Weise ausgefüllt werden soll. Bei dieser 'Alterselite' findet sich die hauptsächliche Betonung von geistigen oder seelischen Potentialen - in diesem Sinne sind sie Vorläufer der *aktiven Senioren* späterer Jahre -, sie haben den Jüngeren Lebenserfahrung und Weisheit voraus und dienen daher als Vorbild. Die 'würdigen Alten' der fünfziger Jahre brauchen jedoch, so wird aus der wissenschaftlichen Diskussion deutlich, keine Unterstützung durch Altenhilfe, bevor der Übergang zum *hinfälligen Alter* nicht vollzogen ist.

Die Lebensaufgabe 'würdiges Alter' wird von den alten Menschen mehr oder weniger gut gelöst - die Möglichkeit pädagogischen Einwirkens wird andeutungsweise schon vorgeschlagen, jedoch nicht konkretisiert - und beinhaltet auch die Möglichkeit des Scheiterns. Bei denjenigen, die die Aufgabe Alter nicht positiv lösen können und weder einen 'Spätaufbau im Geistigen' noch eine 'Erhöhung im Seelischen' zuwege bringen oder dement und hilfsbedürftig werden, ist Alter dagegen nurmehr Defizit und Verfall - dies sind die hinfälligen alten Menschen, denen mit christlicher Nächstenliebe und ethischer Verpflichtung zur 'Altenhilfe' die letzte Zeit ihres Lebens erleichtert werden muß. Das idealistische Altersbild der fünfziger Jahre kombiniert ein Bild ehrwürdigen, erhöhten Alters für eine Elite, wie es schon nach der Aufklärung und im Biedermeier vertreten wurde[25], mit der Zuschreibung von Problemen und Altersdiskriminierung für die große Masse der Alten.

---

[22] Soule 1959:150f.
[23] Soule 1959:152f.
[24] Zur Typenbildung siehe Kap. 4.4.3.
[25] Vgl. Kap. 3.1.1 dieser Arbeit.

5.1.2 Problemsichten: Die Generationenfamilie als Hort des Alters

Alter ist im Gegensatz zu einer 'besseren Vergangenheit', darüber herrscht im wissenschaftlichen Diskurs Einigkeit, in der modernen Gesellschaft erst problematisch geworden, was von der dominierenden idealistischen Argumentation auf das geschwundene Ansehen des Alters und auf dessen Ausgliederung aus der Generationenfamilie zurückgeführt wird. Analog zum idealistischen oder zum empirisch an der sozialen Wirklichkeit orientierten Altersbild werden die Hauptursachen für die Altersproblematik entweder dem normativen Bereich oder dem Bereich gesellschaftlicher Funktionalität zugeordnet.

Das Altersproblem, so eine verbreitete Sicht der Dinge, wurde in Deutschland später als in der *"übrigen Welt"* entdeckt, wo z.B. in England 1939 die erste wissenschaftliche Gesellschaft zur Erforschung des Alters gegründet wurde[26]. Als seine Ursache wird quer durch alle Lager der ansteigende relative Anteil alter Menschen an der Bevölkerung, die *Alterslast* ausgemacht. In diesem Sinne stellt Vischer fest: "Niemand bestreitet mehr, daß das Altersproblem einen akuten Charakter angenommen hat. Es gibt heute in allen Ländern sowohl absolut als auch relativ mehr alte Einwohner, als dies in der ganzen Menschheitsgeschichte je der Fall war. Die Lösung des Altersproblems ist zu einer der dringenden Aufgaben unserer Zeit geworden"[27]. Soule sieht die Gesellschaft mit zuviel 'unproduktiven Essern' überfrachtet: "Die meisten Berufstätigen erhalten weniger Waren und Dienstleistungen und genießen weniger Freizeit, als dies der Fall wäre, wenn es im Volksganzen weniger Kinder und alte Leute zu ernähren gäbe. Die Zahl der Abhängigen wächst schnell und wird in Zukunft vielleicht noch schneller wachsen"[28]. Alter wird in diesem Sinne von den meisten Autoren als eine Last für die Volkswirtschaft diskutiert.

Nur wenige sind der Meinung, das Altersproblem habe es schon immer gegeben, um daraus wie z.B. Friedrichs (1959) die 'Natürlichkeit' des Stauts quo abzuleiten: "Die vielen Folgen und Probleme des menschlichen Greisenalters könnten Bände füllen, hier nur einiges davon. Selbst in patriarchalischen, bäuerlichen Verhältnissen werden die 'Altenteiler' in der Regel abgesondert; wieviel mehr ist das notwendig in der Enge der heutigen Stadtwohnungen. Alte Leute werden dadurch oft recht einsam, und viele tragen schwer daran. Dazu kommt die oft eintretende Unfähigkeit zur vollständigen Ausführung der Hausstandsarbeiten, die, weil Haushaltshilfe nicht allgemein möglich ist, in das Altersheim zwingt"[29]. Verschärft hat sich das Problem mit der Verlängerung des menschlichen Lebens, die negative soziale Auswirkungen hat: "Wir haben schon oben angedeutet, daß die Verlängerung der durchschnittlichen Lebensdauer dem Individuum zwar willkommen ist, für die Gemeinschaft aber große Nachteile und soziologische Probleme erster Ordnung herbeiführt"[30]. Der Autor bringt folgendes Beispiel einer möglichen Lösung: "In der hochzivilisierten Gesellschaft des späten griechischen Altertums gingen oft Gruppen überalterter Personen freiwillig in den Tod, nachdem sie ein Linsengericht zusammen verzehrt hatten"[31]. Alte sind in dieser Argumentation nur unnützes soziales Gepäck und sollten die Gesellschaft am besten freiwillig von ihrer belastenden Gegenwart erlösen.

Solche extremen Auffassungen sind jedoch wenig verbreitet. Die meisten Autoren diskutieren Alter nicht als überzeitliches, schicksalhaftes Problem, sondern

---

[26] Depuhl in Bourbeck 1956:47.
[27] Vischer 1955:7.
[28] Soule 1959:113.
[29] Friedrichs 1959:131.
[30] Friedrichs 1959:131.
[31] Friedrichs 1959:132.

meinen, daß Alter erst in der letzten Zeit problematisch geworden ist - "im Verlauf der letzten zehn Jahre"[32] oder "seit einigen Jahrzehnten"[33], immer im Vergleich mit einer früher vermeintlich besseren Lebenssituation, die aufgrund sozialgeschichtlicher Forschungsergebnisse heute in keiner Weise mehr bestätigt werden kann[34]. Der wenn auch ideologiebefrachtete Verweis auf eine 'goldene Zeit für alte Menschen' (Burgess 1960) trägt fast alle Argumentationen zur Problemsicht des Alters in den 50er Jahren: erst vor dem Hintergrund besserer vergangener Zustände kann die heutige Gesellschaft effektvoll problematisiert werden.

Zwei hauptsächliche Problemsichten lassen sich ausmachen, die sich an die Altersbilder anlehnen. Für die einen liegt das Hauptproblem im geschwundenen Ansehen der alten Leute, das wiederhergestellt werden muß, damit das Altersproblem gelöst werden kann. Ein *negatives Altersbild* ist hier eine Hauptursache des Problems: "Zunehmende Ausdehnung dieser Altersgruppe verbunden mit sinkender Wertschätzung des Alters - damit ist bereits die Hauptwurzel der Altersfrage entdeckt", so der eindeutig dem 'idealistischen Lager' zuzuordnende Soziologe Sepp Groth[35]. Die Stellung der alten Menschen und das negativer gewordene Altersbild seien symptomatisch für einen allgemeinen 'kranken' gesellschaftlichen Zustand, so der Autor weiter: "Kaum ein Begriff ist so kennzeichnend für diese unsere gesellschaftliche Situation wie der vom sozialen Gepäck; darunter, das steht nur selten bewußt hinter diesem Begriff, sind in jedem Fall Menschen begriffen, die man auf der Gesellschaftsreise zu Wohlstand und sozialem Fortschritt als Last empfindet, aber wohl oder übel mittragen muß. In keiner früheren Epoche hätte dieser Begriff geprägt werden können, da die Vorstellungswelt und reale Situation jener Zeiten eine ganz andere war"[36].

Die Stellung des Alters als 'Lebensstand' ist in der 'heutigen Gesellschaft' infragegestellt und als Problemursache die Industrialisierung ausgemacht, während in sozialromantischer Argumentation in der bäuerlichen Landbevölkerung noch die 'gesunde Gesellschaft' mit der ' richtigen Stellung der alten Menschen' gesehen wird. Die Probleme innerhalb der 'Volksgemeinschaft' wirken aber auf den Zustand des Ganzen zurück[37]. Im selben Sinn führt Groth aus: "Denn gerade in diesen Gesellschaften des industriellen Fortschritts bildet der normierte, zu 100% produktiv erwerbstätige Mensch die zentrale Figur der Wirtschafts- und Gesellschaftsordnung, und damit steht hier die Daseinsberechtigung des alten Menschen in Frage, das Alter verliert seinen gesellschaftlichen Stand, der ihm in jeder vorindustriellen, z.B. bäuerlichen Gesellschaft fraglos zukommt. In einer bäuerlich-patriarchalischen Gesellschaft ist das Alter ein Lebensstand, in einer städtisch-industriellen Gesellschaft kann es zur belastenden Greisenquote werden"[38]. Als Lösung bietet sich in dieser Argumentationslinie eine Aufwertung des Alters an. So fordert der Pfarrer Depuhl: "Wir alle tragen die Mitverantwortung für eine richtige öffentliche Altersgesinnung und rufen insbesondere die Jugend dazu auf"[39].

Materielles wird als zweitrangig angesehen, denn: "Bei der Altersfrage, der sozialen Frage des 20. Jahrhunderts, geht es vorrangig um gesellschaftliche Fragen des Bewußtseins und der Einstellung zum Alter. Die einzig wirkungsvolle 'Propaganda', mit der das gesellschaftliche Bewußtsein vom Alter ins Positive gewendet

---

[32] Vischer 1955:7.
[33] Friedeburg/Weltz 1958:7.
[34] Vgl. Kap.3, besonders Kap. 3.2 und 3.3.2 dieser Arbeit.
[35] Groth 1954:11.
[36] Groth 1954:10.
[37] Vischer 1955:11.
[38] Groth 1958:27.
[39] Depuhl in Bourbeck 1956:49.

werden kann, ist die Forschung"[40]. Dieses Programm Groths verweist schon deutlich auf den beginnenden Kampf gegen ein negatives Altersbild zu Ende der sechziger und Anfang der siebziger Jahre - das Altersproblem soll durch ein positiveres Altersbild 'gelöst' werden.

Analog zum Einfluß der Vertreter eines idealistischen Altersbildes ist das Verhältnis von Alter und *Familie* das dominierende Thema. Auf die verlorene Integration der alten Menschen in die 'Generationenfamilie' werden fast alle Altersprobleme zurückgeführt. In der Familie, so Meis, werde das Alters noch geschätzt - zudem sei die Sorge für die Alten eine originär familiäre Pflicht: "Hier gilt das Alter noch als Lebensstand mit eigenem Wert und einer nicht ersetzbaren Funktion im Gesellschaftsgefüge ... Selbst im Falle absoluter Pflegebedürftigkeit, also der am ausgeprägtesten passiven Form der Beteiligung am Familienleben, kann dem alten Menschen immer noch ein Gefühl der persönlichen Wertschätzung erhalten bleiben, wenn er sich von liebenden und sich ihrer Pflicht bewußten Familienmitgliedern umgeben weiß"[41].

Diese für die Alten sorgende Familie ist immer eine Drei-Generationen-Familie, die - unter Berufung auf eine bessere Vergangenheit - 'eigentliche' Familie, eine Argumentation, die im Hinblick auf die schon angesprochenen einschlägigen Forschungsergebnisse[42] als ideologiebefrachtet betrachtet werden muß. Weiter bedeutet Alter außerhalb der Familie Armut, aber in jedem Fall auch Isolation. Der alleinstehende alte Mensch ist ohne Familienanschluß per definitionem einsam. Allerdings wird auch hier schon die Möglichkeit einer Familienintegration trotz getrennten Wohnens offengehalten, so Meis: "Es wurde bereits deutlich, daß die materiellen Daseinssorgen bei den alleinstehenden alten Leuten am häufigsten zu Gast sind; das gilt in mindestens gleichem Umfange auch für die geistig-seelischen Nöte. Wo in Familien- und Haushaltsverbänden noch alle drei Generationen wie selbstverständlich zusammenleben oder wo in der unweit liegenden Wohnung der Alten die Töchter, Söhne, Schwieger- und Enkelkinder noch laufend ein- und ausgehen, um sich Rat und Trost zu suchen, auszusprechen, heimisch und geborgen zu fühlen oder nach dem Rechten zu sehen, dort wird es den Alten im allgemeinen leicht fallen, eine positive Einstellung zur Tatsache ihres Altsein bzw. 'Nochlebens' zu gewinnen; sie spüren und erfahren tagtäglich, daß sie noch im Familienverbande gebraucht werden und sichtbare Aufgaben zu erfüllen haben, selbst wenn sie körperlich gebrechlich und in wirtschaftlicher Hinsicht Kostgänger der Jüngeren geworden sind"[43]. Ohne den Familienverband können sich Sinn und Aufgabe im Alter nicht einstellen, so die Argumentation - Alter außerhalb von Familie ist ein Unglück.

An der Wirklichkeit 'verlorengegangener Familienfunktionen' können auch die Vertreter eines restaurativen Großfamilienbildes wie der Soziologe Sepp Groth nicht vorbei, der sich in seiner empirischen Untersuchung zu Familienformen in einem Frankfurter Stadtteil, "Das Alter im Aufbruch des Daseins" (1954) überschrieben, sehr bemüht hat, auch weitläufigere Verwandtschaftsformen und getrennte Wohnformen noch unter einen Familienbegriff zu subsumieren. Grund für die 'Altersfrage' ist, so Groth, die Auflösung der Familie, da das Modell der bäuerlichen Lebensform mit Elternhaus und unbedingter Solidarität innerhalb der Familie durch "Mobilisierung der Lebensorte" und "Aufrufen der Kinder gegen ihr Elternhaus" zerstört wird: "In diesen Auflösungstendenzen in Haus und Familie liegt, wie empirisch noch nachzuweisen sein wird, eine der Hauptwurzeln der Altersfra-

---

[40] Groth 1954:22.
[41] Meis in Bourbeck 1956:40.
[42] Vgl. Kap. 3.2.1 dieser Arbeit.
[43] Meis in Bourbeck 1956: 39f.

ge"[44]. Auch hier findet sich das Motiv einer natürlichen Ordnung, das Ideal ist immer die Bauernfamilie und das Wohnen der alten Menschen bei den verheirateten Kindern[45]. So stellt Groth zum Zusammenhang von Funktion der Familie und dem Lebensstand Alter fest: "Menschliches Leben ist nur im Zusammenleben möglich; zur vollen Lebenserfahrung gehört die Erfahrung des ursprünglichen Zusammendaseins, das ist nur das Generationsdasein in der Familie; dazu gehören notwendig die Alten"[46]. Der oft betonte Funktionsverlust der Familie ficht den Autor in seiner Argumentation nicht an, da er der Familie nur neue Funktionen eröffnet: "Sie (die Familie) kann künftig, nachdem die Klammern des Zusammenhalts im Materiellen (Boden, Besitz, Betrieb) gefallen sind und die Epoche der industriellen Mobilmachung überstanden ist, getragen von rein menschlichen Zusammenhalten, Ort und Gruppe der Daseinsbildung werden und sein"[47].

Staatliche Maßnahmen zur Stützung der Familie gegen ihre Auflösung durch Zwänge industriellen Wirtschaftens sind zwar, so Groth, unbedingt erforderlich, werden aber nicht in ausreichendem Maß ergriffen: "Ein verzerrtes soziales Situationsbewußtsein verhindert dann das Erkennen der durchaus gegebenen strukturgemäßen Möglichkeiten zur Einflußnahme und lähmt den Mut zum Ergreifen von sozialen Maßnahmen, die auf Bewahrung, Änderung und Gestaltung des sozialen Daseins, das ist das Zusammendasein, in seinen wesensgemäßen Strukturen gerichtet sind"[48]. Angesichts der Art der Betonung des Werts der Familie drängt sich der Eindruck auf, daß es hier mehr um die Restauration eines konservativen Familienideals innerhalb einer 'natürlichen Gesellschaft' geht, wobei die alten Menschen nur eine Statistenrolle innehaben, als um die Lösung manifester Altersprobleme.

Die zweite Argumentationsrichtung, die Alter als ein überwiegend *soziales Phänomen* betrachtet, beschreibt als Problemursache nicht vorrangig die Bewertung des Alters oder die Ausgliederung aus der Familie, sondern hebt auf einen irreversiblen gesellschaftlichen Funktionsverlust alter Menschen ab. In ihrer ersten empirischen Untersuchung zum 'Altersbild der Arbeiter und Angestellten' im deutschsprachigen Raum vertreten Friedeburg/Weltz (1958) die Auffassung, das eigentliche Altersproblem rühre aus dem Verlust gesellschaftlich anerkannter und nützlicher Altersrollen her. Nicht der wachsende Altenanteil gefährde die Altersgeneration in der Gesellschaft, sondern: "Das geschieht erst dadurch, daß die alten Leute nach dem Maß ihrer gesellschaftlich ermöglichten Produktivität für die Reproduktion der Gesellschaft immer überflüssiger werden. Damit schwindet die Basis für verhaltenssichernde 'Altersrollen'"[49]. Ein gewichtiger Grund für das Altersproblem ist in dieser Problemwahrnehmung vielmehr die Ausgliederung der Alten aus dem *Arbeitsleben*, denn wer in der Leistungsgesellschaft nicht in die Erwerbsarbeit integriert ist, wird an den Rand gedrängt: "Erst durch die Auflösung der tradierten Altersrolle wurde der Alterszuwachs zum sozialen Problem. Die technisch entwickelten Produktionskräfte bestimmen unter den gegenwärtigen Produktionsverhältnissen die breiten Schichten der sozialversicherten Bevölkerung zu einer Arbeits- und Lebensweise, die weitgehend die Entwicklung von spezifischen Altersfunktionen ausschließt"[50]. Alter hat nicht nur an Funktionen verloren, auch die Neuentwicklung von Altersfunktionen wird aufgrund der gesellschaftlichen Verfassung ausgeschlossen. Eine Lösung des Problems liegt, so Friedeburg/Weltz

---

[44] Groth 1954:44.
[45] In demselben Sinn auch Steiger 1954.
[46] Groth 1958:35.
[47] Groth 1958:35f.
[48] Groth 1954:178.
[49] Friedeburg/Weltz 1958:11.
[50] Friedeburg/Weltz 1958:12.

darin, daß sich ohnehin eine andere Gesellschaft herausbilden wird: eine konsumorientierte Freizeitgesellschaft.

Auch Kaplan[51] sieht als soziales Altersproblem Desintegration und Beschäftigungslosigkeit und schlägt als Lösung das Anbieten von erwerbsfernen 'Hobbies' und Beschäftigungsmöglichkeiten vor, an die gar nicht die Anforderung gesellschaftlicher Funktionalität gestellt wird. Die Aufwertung und Reintegration der Alten in eine 'natürliche Gesellschaft', von den Vertretern eines idealistischen Altersbildes als Lösung vorgeschlagen, erscheint hier nicht möglich, sondern die Ausgliederung irreversibel. Im Zusammenhang mit neuen, spezifischen Freizeitaktivitäten für das Alter werden alte Menschen erstmals als *Senioren* bezeichnet[52].

Aus den Reihen derjenigen, die Alter als ein soziales Phänomen beschreiben und sich demgemäß um eine mehr an empirischen Fakten orientierte Sichtweise der Probleme bemühen, kommt schon in den 50er Jahren Kritik am idealistischen Familienbild. In der Argumentation Groths werden, so Tartler, Ursache und Wirkung verwechselt: "Es ist also nicht die Ausgliederung der Alten aus der Familie, die bei ihnen eine Funktionsleere provoziert, sondern umgekehrt, die Funktionslosigkeit der Familie führt zur Ausgliederung der Alten aus ihr"[53].

Dieser Funktionsverlust der Familie ist, so Tartler, eine Folge der Industrialisierung, die die Familie von einer Produktions- zu einer bloßen Konsumgemeinschaft verwandelte und sie somit der 'echten Familienfunktionen' beraubte[54]. Zudem sei in der beengten städtischen Wohnweise ein Zusammenleben der Generationen kaum noch möglich[55]. Für eine Reintegration der alten Menschen in die Familie sieht Tartler wenig Hoffnung, da die moderne Familie mit der Verantwortung für die alten Menschen überfordert sei: "Die immer erhobenen Forderungen, das Alter in die Familie wieder voll aufzunehmen, gehen stillschweigend von der Voraussetzung aus, daß die Familie auch in der Lage ist, die 'Alten' zu tragen. Diese Frage ist jedoch durchaus offen"[56].

In direkter Auseinandersetzung mit Groths Familienbild sind Friedeburg/Weltz in ihrer empirischen Untersuchung zu "Altersbild und Altersvorsorge der Arbeiter und Angestellten" (1958) derselben Meinung wie Tartler: "Unsere Befunde lassen erkennen, daß der fortgeschrittene Stand der Familienreduktion das Bewußtsein der meisten Arbeiter und Angestellten längst eingeholt hat"[57]. Die Generationenfamilie, so Friedeburg/Weltz, sei ihrer Funktionen beraubt und fällt als Solidargemeinschaft für die Alten aus. Das ließe sich auch mit normativen Anforderungen nicht ändern, so stellen die Autoren unter Verweis auf ihre Untersuchungsergebnisse fest: "Da die vorherrschende Kleinfamilie die Alten nicht mit einbezieht, ist nicht recht einzusehen, ob es von der 'Gesinnung der Familienangehörigen' abhänge, ob die Familie als Sorge- und Vorsorgeverband funktioniere. Den Alten jedenfalls kommt Familienverantwortung nicht zugute, 'solange man etwas von der Familie halte', sondern nur solange die Großfamilie intakt ist und als Solidaritätsgemeinschaft objektiv funktionieren kann. Wo diese objektive Bedeutung im Zuge eines gesamtgesellschaftlichen Prozesses liquidiert wird; wo Wohngemeinschaften mindestens zweier Erwachsenengenerationen nur noch selten bestehen und in den für die weitere Entwicklung wichtigsten Gruppen der Arbeiter und Angestellten von noch weniger Menschen grundsätzlich gewünscht und in die eigene Altersplanung einbezogen werden - da kann auch die Empfehlung einer

---

[51] Kaplan 1956.
[52] Kaplan 1956.
[53] Tartler 1958:21.
[54] Tartler 1958:20.
[55] Tartler 1958:21.
[56] Tartler 1958:22.
[57] Friedeburg/Weltz 1958:10.

Großfamilien restaurierenden Wohnungs- und Wirtschaftspolitik kaum zu einer angemessenen sozialpolitischen Initiative führen"[58].

Die Möglichkeiten, die Alten wieder in eine imaginäre 'Großfamilie' einzubinden, die in der 'idealistischen' Argumentation zentral ist, wird von den Autoren, die Alter als ein überwiegend soziales Phänomen betrachten, sehr kritisch beurteilt. Sie beginnen, sich an sozialwissenschaftlich erhobenen Daten zu orientieren und kommen so zu einer Einschätzung des Problems, die sich mehr an der gesellschaftlichen Realität als an idealen Bildern orientiert.

Analog zu den Ergebnissen von Friedeburg/Weltz, daß steuernde Maßnahmen zur Reintegration der Alten in die Familie durch Wohnungspolitik an den Wünschen der angedachten 'Familienmitglieder' vorbeigehen würden, spielt das Zusammenwohnen in der Großfamilie im Alter in der Diskussion keine Rolle. Diese Beobachtung steht in merkwürdigem Gegensatz zu den in bezug auf Familie gezeichneten sozialromantischen Bildern des Zusammenlebens der Generationen. Die Diskussion orientiert sich fast ausschließlich an anderen Formen des Wohnens als der der alten Menschen bei den verheirateten Kindern: am Altersheim und am selbständigen Haushalt alter Menschen. Man ist geneigt, hier einen deutlichen Hinweis auf die vorherrschende Situation zu sehen, mit der sich die Altenhilfe in den fünfziger Jahren auseinanderzusetzen hatte, während die ideologische Überhöhung der Familie eher einen Ausdruck des gewünschten, nicht des realen Zustandes darstellt.

Statt sich mit dem Leben der Alten in der Familie zu befassen, stellen viele Autoren einen Heimaufenthalt als pragmatische Lösung dar, so z.B. Depuhl: "Da viele Familienmütter heute auch noch berufstätig sind, ist die Unterbringung der Großeltern im Altersheim eine wesentliche Entlastung, denn wer kann sich neben der Arbeit noch um kranke oder alte Angehörige kümmern, auch dann, wenn tatsächlich in der eigenen Wohnung noch Raum für sie wäre! ..."[59]. Es fällt auf, daß die *Altenpflege* keineswegs vorwiegend in der Familie angesiedelt ist, sondern daß es als weitgehend selbstverständlich betrachtet wird, daß alte Menschen schon bei Hilfsbedürftigkeit in ein Heim gehen. Die Altersheime werden überraschend positiv beurteilt - sie sind für viele alte Menschen eine Art 'Familienersatz'. De facto ist die Familienintegration der Alten in den fünfziger Jahren[60] wohl nicht sehr ausgeprägt gewesen, wenn nach der Aufgabe der Selbständigkeit der Gang ins Heim vorgeschlagen wird: "Nun gibt es aber eine gar nicht kleine Zahl von alten Menschen, die, ohne eigentlich krank zu sein, doch körperlich irgendwie behindert sind oder aus sozialen Gründen wegen Auflösung des Haushalts und Vereinsamung nicht mehr imstande sind, ein selbständiges Leben zu führen. Für diese Kategorie steht der Eintritt in das Altersheim offen. Dort finden sie eine wohltuende Geborgenheit, aller Sorgen der Nahrung und des Haushalts sind sie enthoben; im Falle der Krankheit ist ärztliche und pflegerische Hilfe zur Stelle"[61]. Als Ersatz für den Verlust von Arbeit und Familienintegration bietet das Heim zudem noch 'sinnvolle Beschäftigung', wodurch sie "als nützliche Glieder eines lebendigen, großen Betriebs" fühlen und "dadurch Selbstvertrauen und Selbstachtung" gewinnen[62]. Vischer zeichnet hier ein ideales Bild vom Heim als 'großer Familie', das die nicht vorhandene 'Generationenfamilie' ersetzt und in dem den Alten Versorgung, Sinn und Aufgabe für ihren Lebensabend geboten werden. Depuhl dagegen problematisiert das Altenheim: "Was das Altsein in unseren Tagen für viele oft so schwer und

---

[58] Friedeburg/Weltz 1958:10f.
[59] Depuhl in Bourbeck u.a. 1956:68.
[60] Auch aufgrund der durch den Krieg zerrissenen und zerstörten Nachkriegsfamilien, Anm. d. Verf.
[61] Vischer 1955:137.
[62] Vischer 1955:138.

bitter macht, das ist die Beziehungslosigkeit, in welche die Insassen unserer Altersheime geworfen sind, die, aus Familie und Beruf gelöst, in das leere Dasein kasernierter Einzelräume verwiesen werden"[63]. Ein Besuchsdienst im Heim wird als Lösung dafür vorgeschlagen[64], was Rückschlüsse auf die faktisch wenig ausgeprägte Familienintegration vieler alter Menschen zuläßt.

Die Einrichtung von sogenannten *Nachbarschaftsheimen* im Stadtteil wird mit starken Anklängen an kirchliches Gemeindeleben schon in den fünfziger Jahren gefordert, wobei wieder ein sozialromantisches Bild des Zusammenlebens der Generationen im Wohnquartier gezeichnet wird: "Die Einrichtung von Nachbarschaftsheimen ist für diese in den großen Mietshäusern einsam wohnenden Alten oft ein großer Segen. Wir sind froh, daß wir in Deutschland auch mit solchen Gebäuden anfangen, die Sammelpunkte für die ganze Umgebung werden können, wo in den einzelnen Räumen nicht nur hier die Kinder, dort die Jugendlichen zu Spiel und Gespräch sich sammeln, sondern an anderen Stellen wieder alte Männer beim Billard und alte Frauen mit dem Strickstrumpf zusammen klönen können. Dann kommen die Jungendlichen, die eine Theateraufführung vorbereiten, und bitten den alten Mann, daß er ihnen etwas dafür bastle, oder eine alte Frau, daß sie ihnen ein Gewand dafür nähe und flicke. So sind dann die Alten mitbeteiligt an dem, was die Jungen bewegt, und einer hat Freude am anderen in einer guten Partnerschaft. ... In den Nachbarschaftsheimen finden Junge und Alte Freundschaft und Gemeinschaft"[65].

Als ein Abbild des in den fünfziger Jahren vorherrschenden Arbeitsethos wird die Ausgrenzung alter Menschen aus dem *Berufsleben* - trotz aller Familienideologie - quer durch alle Lager kritisiert. Schon 1956 wird deshalb eine flexible Rentenaltersgrenze und die Möglichkeit zur altersgemäßen Weiterarbeit gefordert, so unter Hinweis auf höhere Mächte Depuhl: "Gott bestimmt den Feierabend. Er hat ihn nicht auf das 65. Lebensjahr festgesetzt"[66]. Zwei Gründe werden für eine Weiterbeschäftigung alter Menschen über die Altersgrenze hinaus angeführt. Zum einen sei, so eine Forderung auf dem Deutschen Fürsorgetag 1955, eine sinnvolle Beschäftigung alter Menschen notwendig. Zum anderen, und das ist die dominierende Argumentation, könne es sich die Volkswirtschaft gar nicht leisten, auf die Arbeitskraft derjenigen Alten zu verzichten, die nach der Rentenaltersgrenze noch leistungsfähig sind. "Die Suggestion der für die Leistungsbeurteilung eines Menschen sehr unzuverlässigen Kalender-Jahreszahl wirkt sich so kostspielig aus, daß die wissenschaftliche Erforschung eines biologischen Alterstests zu fördern und auf jeden Fall eine bewegliche Altersgrenze zu fordern ist"[67]. Die Definition von Alter ist hier vorrangig an Leistungsfähigkeit gekoppelt und nicht mehr an eine bestimmte Lebensstufe.

Bolte und Tartler gehen noch einen Schritt weiter und sehen die volkswirtschaftliche Notwendigkeit, die Probleme des Alters zu bewältigen: "Und schließlich, je mehr die gegenwärtige Bevölkerungsentwicklung auf eine tendenzielle Verknappung des Arbeitskräftepotentials hinwirkt, umso wichtiger wird es, mit den aus dem 'Altern' hervorgegangenen Problemen fertig zu werden und jede Arbeitskraft so lange wie möglich zu erhalten"[68]. Diese Aufgabe, die Arbeitskraft alter Menschen zu erhalten, kommt, so Bolte/Tartler, der Altenhilfe zu. Deutlich drückt George Soule die Befürchtung aus, daß das generelle Recht auf eine Rente nach einer bestimmten Altersgrenze eine 'Klasse von Müßiggängern' schaffen würde:

---

[63] Depuhl in Bourbeck u.a. 1956:68.
[64] Z.B Zarncke 157:177.
[65] Depuhl in Bourbeck 1956:69f.
[66] Depuhl in Bourbeck 1956:51.
[67] Depuhl in Bourbeck 1956:50f.
[68] Deutsche Volkswirtschaftliche Gesellschaft: Vorwort, in: Bolte/Tartler 1958:7.

"Wir werden so produktiv werden, daß wir jeden Menschen im Alter von 65, 68 oder 70 Jahren unbeschäftigt lassen können, ob er es wünscht oder nicht. Tun wir das, dann werden wir uns eine Klasse der Müßiggänger heranziehen. Warum sollen wir uns aber diese Last aufhalsen? Wäre es nicht vernünftiger und lohnender, die möglichen Vorteile größerer Produktivität zu größerer Muße für alle, in allen Altersklassen, auszunutzen?"[69]. Die Vertreter dieser Argumentation rekrutieren sich aus denjenigen, die Alter als ein soziales Phänomen diskutieren, während unter der Voraussetzung eines idealistischen Altersbildes eher Wohltaten für den 'Lebensstand der Alten' begrüßt werden: "Wir sollten uns doch freuen, daß endlich der bisherige undemokratische und unchristliche Zustand aufhören soll, daß eine Lebensstufe, der Stand der Alten, nicht an der Steigerung des Sozialprodukts teilnehmen darf"[70]. Trotzdem sollten alte Menschen, womit hauptsächlich alte Männer gemeint sind, auch ohne Blick auf die Volkswirtschaft weiter arbeiten können, um eine Aufgabe zu haben: "Diese Rentabilitätsberuhigung sollte eigentlich nicht nötig sein, wenn wir von der für manchen leider verblüffenden Tatsache ausgehen, daß die Volkswirtschaft für den Menschen da ist und nicht umgekehrt"[71]. Erwerbsarbeit Älterer dient so bei den einen als Baustein in der individuellen Lebensaufgabe Alter, bei den anderen ist sie volkswirtschaftliche Notwendigkeit und unerläßlich für den Erhalt der sozialen Integration.

Armut im Alter wird aber praktisch nicht beachtet, was als Indiz dafür gelten kann, daß dieses Problem durch die Rentenreform von 1957 vorerst als gelöst betrachtet wird. Nur eine Untersuchung über die "Altersprobleme des selbständigen großstädtischen Mittelstandes"[72] thematisiert das Problem bezeichnenderweise anhand einer Gruppe, die noch nicht in die Rentenversicherungspflicht eingeschlossen ist.

Zusammenfassend dargestellt, wollen die einen die Alten ins Erwerbsleben integriert sehen, wo sie tatsächlich wichtige Funktionen erfüllen, während die andere Argumentationsrichtung von manifesten gesellschaftlichen Funktionen alter Menschen in der Arbeit eher absehen und diese in die Familie verlagern, in der alte Menschen Großelternfunktionen innehaben, aber auch Dokumente für die 'Ganzheit und Vergänglichkeit des Lebens' sind. Die ausführliche Debatte der 'Idealisten' um Alter und Familie muß jedoch vom Beobachterstandpunkt aus unter Ideologieverdacht gestellt werden, da die Diskussion anderer Problembereiche als Beleg dafür gelten kann, daß die normativ beförderte Stellung des 'Altersstandes' in der 'natürlichen Gesellschaft' nur wenig der vorfindlichen Situation entspricht. So wird unter dem Stichwort 'Wohnen im Alter' überwiegend über Altenheime und Hauspflege diskutiert. Zudem wird die 'Altenpflege', was unter heutigem Blickwinkel besonders erstaunen mag, keinesfalls ausschließlich in der Familie angesiedelt, sondern im Gegenteil sehr oft als der Familie nicht zumutbar und als Aufgabe der Heime gesehen. Letztendlich sollen den Alten neue Aufgaben in der Familie zugewiesen werden, was nur den 'freiwilligen' gesellschaftlichen Rückzug alter Menschen beschleunigt.

Diejenigen, die Alter als ein soziales Phänomen zu begreifen beginnen, setzen nicht auf eine Restauration der Familie, sondern nehmen deren Funktionsverlust in Bezug auf das Alter als gegeben hin. Sie stellen, und diese Diskussion ist mit der Rentenreform 1957 verknüpft, die manifeste Ausgliederung alter Menschen aus dem Erwerbsleben fest und begründen sie mit den Funktionsmechanismen der kapitalistischen Wirtschaft. Empirische Autoren wie Friedeburg/Weltz und Tartler

---

[69] Soule 1959:123.
[70] Depuhl in Bourbeck u.a.1956:57.
[71] Depuhl in: Bourbeck u.a. 1956:51.
[72] Lenhartz 1958.

sehen die gesellschaftliche Entwicklung hin zu einer Freizeit- und Konsumgesellschaft voraus, zumindest was alte Menschen betrifft.

5.1.3 Problemlösungen und Anforderungen an Altenhilfe

Wie die Probleme des Alters in den fünfziger Jahren gesehen und was zu ihrer Lösung allgemein vorgeschlagen wurde, bildet sich teilweise in den Anforderungen an Altenhilfe ab. So wird schon in den 50er Jahren die Forderung erhoben, die Fixierung auf stationäre Unterbringung in der Altersfürsorge zu durchbrechen und *ambulanten Hilfen*, die alte Menschen in ihrer gewohnten Umgebung unterstützen, den Vorrang zu geben. Als Begründung wird zum einen angegeben, eine Hauspflege[73] sei für die Gemeinschaft 'billiger', wie Vischer ausführt, der wie auch Depuhl[74] das englische Beispiel der Altersfürsorge lobt: "Schließlich darf auch die Gefahr nicht übersehen werden, daß die oberen Altersgruppen für die Gemeinschaft eine fast unerträgliche Last werden. Alle Bestrebungen für eine vermehrte Hauspflege verdienen daher größte Förderung. Die Einrichtung der Hauspflege und der Gemeindeschwestern gewinnt eine vermehrte Bedeutung. Diese Einrichtung kann nach verschiedenen Richtungen ergänzt und erweitert werden. Ich denke dabei an die Organisation des englischen Roten Kreuzes, die alten Menschen täglich eine warme Mahlzeit ins Haus bringt und für regelmäßige Besucher sorgt, welche Korrespondenz und geschäftliche Angelegenheiten erledigen"[75]. Die Idee für ambulante Hilfen wie z.B. 'Essen auf Rädern' ist zu diesem Zeitpunkt schon vorhanden, die Reichweite der beabsichtigten 'Hauspflege' alter Menschen bezieht sich aber nicht auf schwere Pflegebedürftigkeit, sondern auf Unterstützung im Haushalt.

Die Psychologin Lilly Zarncke orientiert ihre Forderung nach mehr ambulanten Diensten dagegen am 'Wohl' der alten Menschen und will wegkommen von der Fixierung der Altersfürsorge auf den stationären Bereich:

"Mit dem Ausdruck 'Einrichtungen der Altersfürsorge' verbindet sich für deutsche Leser wahrscheinlich sofort die Vorstellung von Altersheimen der verschiedensten Art. Das ist kennzeichnend für den Vorrang, den die Schaffung von Wohngelegenheiten für schutzbedürftige Alte bisher gehabt hat. Es wird daraus aber auch deutlich, wie sehr die Blickrichtung in Fragen der Altersfürsorge in Deutschland noch verengt ist. Kommt es denn nur darauf an, jene alten Leute richtig zu versorgen, welche kein eigenes Zuhause mehr haben? Sollte die erste Aufmerksamkeit nicht vielmehr den zahlreichen 'Veteranen' gelten, deren Leben sich noch in privatem Rahmen volllzieht? Bei diesen 'zu Hause lebenden' Alten sind fürsorgerische Vorkehrungen ja aus doppeltem Anlaß notwendig: Erstens besteht die Möglichkeit, daß die bisherige Lebensweise Härten oder Mängel aufweist, die durch geringfügige ergänzende Betreuungsmaßnahmen behoben werden könnten. Zweitens aber könnten ambulante Hilfeleistungen geeignet sein, dem betagten Menschen das Verbleiben in der gewohnten Umwelt auf möglichst lange Dauer, vielleicht bis zuletzt, zu ermöglichen"[76].

Hier wird der Gedanke deutlich, daß präventive Hilfen die Selbständigkeit älterer Menschen möglichst lange erhalten und einen Heimaufenthalt verhindern. Die daraus abgeleitete Forderung, ambulanten Hilfen generell vor stationären den Vorrang zu geben, taucht hier in der Mitte der fünfziger Jahre schon auf. Deutlich

---

[73] Der Begriff der 'Hauspflege' umfaßt weniger das, was wir heute unter manifester 'Altenpflege' zuhause, sondern das, was wir unter hauswirtschaftlichen Hilfen verstehen. Eher der Haushalt als der alte Mensch sollen 'gepflegt' werden.

[74] Depuhl in Bourbeck 1956:69.

[75] Vischer 1955:137.

[76] Zarncke 1957:76.

wird hier auch, daß nur alte Menschen ohne Familie subsidiär die Zielgruppe von Hilfsmaßnahmen sind.

Im Zusammenhang mit einer 'Pädagogik' für die richtige Bewältigung der Aufgabe Alter einerseits und mit der Ausgliederung alter Menschen aus der Erwerbsarbeit andererseits werden aber auch Maßnahmen im Bereich der *offenen Altenhilfe* gefordert. Diese Angebote sollen nicht nur als 'sinnvolle Beschäftigung' für die jetzt im Überfluß vorhandene 'freie Zeit', sondern auch als eine 'Aufgabe' dienen, die der familienfernen Altersexistenz wieder einen Sinn verleiht. Auch die 'Pfleglinge im Altersheim' sollen beschäftigt werden und es soll ihr Sinn dafür geweckt werden, daß es auch im Alter noch Leistungen zu vollbringen gelte: "Sollte nicht ein Bienenstock angeschafft werden, wenn ein Alter aus seinem Elternhaus Erfahrung und Liebe für die Pflege der Bienen mitbringt? Ist nicht auch die Auswahl der zu pflegenden Blumen und Gemüse von der Vorliebe und dem Können einzelner Alter abhängig zu machen? In welchem Altersheim gibt es bereits die Staffelei und das Malgerät für alte Menschen, die um der Sorge für das tägliche Brot willen auf ihre künstlerischen Neigungen oder auf das Ausleben ihrer Fähigkeit zur Freude am Schönen verzichten mußten? Gibt es Musikinstrumente und Orchesterversuche in Altersheimen, und wird das offenbare oder verborgene Verlangen der Alten nach religiösem Leben überall ausreichend berücksichtigt? Auf alle Fälle empfiehlt es sich, im Zusammenhang von Fragen der Fürsorge für die Alten den Begriff 'Arbeit' zu ersetzen durch den Begriff 'Leistung'. ... Der Begriff 'Leistung' umfaßt sehr viel mehr als der Begriff 'Arbeit'. Alles, was einer vollbringt, ist damit gemeint"[77].

Hier wird schon - aus psychologischer Sicht - die Vorstellung von Alter als Entwicklungsphase deutlich, in der durch Beschäftigung und 'Leistung' nochmals eine persönliche Weiterentwicklung erfolgen soll. Nicht niveauloser Zeitvertreib für alte Menschen, sondern pädagogische Anleitung zur Förderung der seelischen Reife sind erforderlich, so Zarncke, die die Zustände in einer Altentagesstätte beklagt: "Kann es zuträglich sein für den einzelnen, sich stundenlang in diesem Tabakdunst, Stimmengewirr und zuschauend oder mitwirkend beim 'Kartenkloppen aufzuhalten? Kann es der seelischen Reife dienen, in einer solchen losen Ansammlung von Menschen und unter Verzicht auf den Ausdruck des Eigenlebens längere Zeit zu weilen? Es wäre nicht möglich, in dem hier herrschenden Lärm ein gutes Buch zu lesen. Zeitungslektüre allein kommt hier wohl in Frage. Gewiß, es wird keiner der Alten, welche hier den Nachmittag verbringen, versucht sein, in einer Gaststätte seine geringe Barschaft anzuwenden und etwa billigen Alkohol zu sich zu nehmen. In den Altentagesstätten wird kostenlos für jeden Besucher Tee und Zucker gereicht. Es wird auch niemand im Regen umherstehen, sich frierend durch die winterlich kalten Straßen bewegen. Auch der Zweck, den bedrängt wohnenden Familien wenigstens stundenweise den Großvater abzunehmen, ist erreicht. Aber ist mit alledem mehr erreicht als Aufbewahrung?"[78]. Diejenigen "geordneten alten Leute", die dazu beitragen könnten, "daß das Niveau sich hebt", ziehen sich aus solchen Zuständen, die immer auch mit "Kliquenbildung" verbunden sind, zurück[79]. Die Altentagesstätten aber, so die Autorin, sollten anderes Publikum anziehen und sich nicht an den Bedürfnissen der aktuellen Besucherschaft ausrichten. Alte Menschen sind zwar nicht mehr ganz 'auf der Höhe', aber gerade darum müssen sie in ihren Interessen pädagogisch angeleitet werden: "Geistige Ermüdbarkeit, herabgesetzte Verstandesschärfe und Merkfähigkeit im Alter begründen keinesfalls

---

[77] Zarncke 1957:39f.
[78] Zarncke 1957:87f.
[79] Zarncke 1957:88.

infantile Interessen."[80]. Statt die Zeit mit Kartenspielen totzuschlagen, müßte der Schaffensdrang der Alten geweckt werden: "Also nicht oder nicht in erster Linie die Einrichtung eines 'Kaffeehauses' wäre wünschenswert, sondern die Erstellung von Werkstätten, in denen jeder der alten Männer die Instrumente seines Handwerks findet. Das würde ein munteres Schaffen geben, und es würde unbedingt notwendig sein, die Tagesstätte schon morgens zu öffnen, weil das Verlangen, nach eigenem Gutdünken und in eigenem Tempo etwas Eigenes zu schaffen, sich bei vielen lebhaft regen würde"[81]. Die Ergebnisse solch geheimer, bisher unerfüllter Beschäftigungswünsche alter Menschen sind z.B. 'Die Weihnachtskrippe' oder 'Die Heilige Familie' aus Plastilin[82]. Manchmal ist jedoch auch etwas Nackdruck erforderlich, um den alten Menschen ihre neuen Leistungsmöglichkeiten ins Bewußtsein zu rufen: "Aber es wird in manchem Falle auch notwendig sein, jene besonderen Leistungsanforderungen, die allen Alten und jedem einzelnen besonders gestellt sind, ins Bewußtsein zu heben und Bereitschaft zur Umstellung auf das Aufgegebene und Freude am Vollbringen neuer Leistungen zu erwecken"[83]. Alte Menschen werden implizit mit Kindern auf eine Stufe gestellt: die Altentagesstätte als eine dem Kindergarten vergleichbare Einrichtung, in der gebastelt, erzogen und gefördert wird.

Der 'Beschäftigung' für Menschen im Ruhestand, die "bald geistig und körperlich" verkümmern "aus Mangel an Lebensfreude"[84], wird eine prophylaktische Wunderwirkung zugeschrieben, so der amerikanische Autor Kaplan: "Täte die Gemeinschaft, was sie könnte, um für Zerstreuung und Unterstützung während der durch das Alter bedingten Umstellung zu sorgen, dann würden die Arztkosten pro Kopf höchstwahrscheinlich nicht mehr ansteigen und schließlich vielleicht sogar sinken"[85]. Daher ist das Anbieten eines 'Beschäftigungsprogramms' im Rahmen der offenen Altenhilfe eine Pflicht der Gesellschaft. Der pädagogische Impetus ist jedoch bei Kaplan, der 'Alter als soziales Problem' thematisiert, nicht so ausgeprägt: "Doch wie auch immer das Programm beschaffen sein mag, eine jede Zerstreuung ist für die älteren Leute von Wert, sofern sie den beiden Hauptübeln des vorgeschrittenen Alters Rechnung trägt: Einsamkeit und Mangel an Interessen"[86].

Praktische Vorschläge für Maßnahmen der Altenhilfe in der wissenschaftlichen Literatur betonen, so kann zusammengefaßt werden, deren Aufgabe, Probleme, die durch die Ausgliederung alter Menschen aus dem Arbeitsleben und - oft unausgesprochen - aus der Familie entstehen, zu kompensieren. Die *Zielgruppe* der Altenhilfe sind dabei die bedürftigen alten Menschen, denen aus christlicher Nächstenliebe 'Schutz' und Hilfe gewährt werden soll, also die *hinfälligen Alten* mit Problemen, aber ohne Potentiale. Die offene Altenhilfe, die 'Beschäftigungen' und 'Hobbies' als Aufgabe für das Alter und Prophylaxe für Altersbeschwerden vorschlägt, hat jedoch, wie gezeigt, teilweise Probleme mit den real vorfindlichen Vorlieben und dem 'Niveau' der alten Menschen. Der sich implizit aus den vorgeschlagenen Maßnahmen ergebende Ruf nach den gebildeteren "geordneten alten Leuten"[87], also den 'aktiven Alten' als neuer Zielgruppe der Altenhilfe ist deutlich zu vernehmen.

Dieser Ansatz der Altenhilfe, sich auf individuelle Förderung von 'Hobbies' als neuer Altersaufgabe zu verlegen, hat jedoch schon in den fünfziger Jahren die

---

[80] Zarncke 1957:89.
[81] Zarncke 1957:90.
[82] Zarncke 1957:90.
[83] Zarncke 1957:41.
[84] Kaplan 1956:15.
[85] Kaplan 1956:24.
[86] Kaplan 1956:20f.
[87] Zarncke 1957:88.

Kritik auf sich gezogen. In der wissenschaftlichen Diskussion vertreten besonders diejenigen, die Alter hauptsächlich von den sozialen Rahmenbedingungen beeinflußt sehen, als allgemeinen Vorschlag zur Problemlösung der 'Altersfrage', den alten Menschen wieder tatsächlich produktive Aufgaben zuzuweisen bzw. ihre Ausgliederung aus dem Erwerbsleben zu verhindern. Engagiert spricht sich z.B. Tartler dafür aus, den alten Menschen gesellschaftliche Leistungsmöglichkeiten zu erhalten und wendet sich gegen bloße Freizeitbeschäftigungen für das Alter:
"Die therapeutischen Maßnahmen, die zur Behebung dieser Isolierungssituation des aus der Arbeitswelt ausgegliederten Menschen gegenwärtig in Vorschlag gebracht werden, gehen alle mehr oder weniger von der Vorstellung eines neu zu beginnenden Lebens im Alter aus. Freigesetzt von Arbeit und Beruf soll der Mensch nun beginnen, seinen Neigungen und Liebhabereien zu leben. Abgesehen von der Schwierigkeit, in höheren Lebensjahren noch neue Neigungen oder Interessen zu entwickeln, kann nicht übersehen werden, daß die Pflege von Liebhabereien in einer am individuellen Leistungsprinzip orientierten Gesellschaft niemals den Charakter von echten Funktionen übernehmen kann.
Eine Erfüllung auch der höheren Lebensjahre ist dagegen nur von einer der Lebensverlängerung parallelen Leistungsverlängerung des Menschen zu erwarten. Die soziale Zufriedenheit des alternden Menschen kann nur dadurch gewährleistet werden, daß die Gesellschaft dem Vermögen des einzelnen entsprechend, ihm Leistungsmöglichkeiten zur Verfügung stellt. In einer Gesellschaft, in der durch technische Perfektion die physischen Leistungsinsuffizienzen des alternden Menschen in zunehmenden Maße kompensiert werden, verliert die Altersgliederung immer mehr an Bedeutung. Die Chance, die höheren Lebensjahre spannungslos und unbenachteiligt zu erleben, besteht darin, nicht alt zu werden. Das Alter mit spezifischen, sich von übrigen Lebensaltersgruppen unterscheidenden Verhaltensmerkmalen wird sich deshalb auf die letzte Phase des Greisenalters oder des Siechtums komprimieren. Die an einem unter völlig anderen gesellschaftlichen Voraussetzungen konzipierten Altersmodell orientierten Vorstellungen der Gesellschaft vom Alter stellen sich diesem weite Teile der Altersproblematik lösenden Anpassungsvorgang hindernd in den Weg. Es bleibt zu fragen, wieweit gerade die sichtlich gut gemeinten wohlfahrtsstaatlichen Maßnahmen diesen Umstellungs- und Anpassungsprozeß in den höheren Lebensjahren an die moderne Gesellschaft verzögern, wenn nicht gar unmöglich machen"[88].
Deutlich wird hier ein Gegensatz zwischen der Definition von Alter über individuelle Leistungsfähigkeit einerseits und der Bestimmung von Alter entweder als einem generellen sozialen Problem, das an eine Altersgrenze wie die für den Rentenbezug
gebunden ist oder als einen Lebensstand oder eine Lebensstufe andererseits. Tartler öffnet den utopischen Blick auf eine Gesellschaft, in der die Altersgliederung irrelevant wird und nur noch die individuelle Leistungsfähigkeit zählt. Erhält man die Teilhabe alter Menschen am gesellschaftlichen Produktionsprozeß, so die Argumentation, werden sozialpolitische Maßnahmen und Hilfen, die sich auf das Lebensalter begründen, überflüssig.
Friedeburg/Weltz argumentieren pessimistischer, daß die Lösung des Problems Alter die Grenzen der Sozialpolitik sprengt, da die Ursachen in der gesellschaftlichen Ausgliederung liegen: "Im Rahmen des Bestehenden stellt sich diese Frage sozialpolitisch und ist doch von der Sozialpolitik nicht zu beantworten, da sie über die von ihr gezogenen Grenzen hinausweist. Weder die Perfektionierung der zweiten Einkommensverteilung noch gar die Restauration des großfamilialen Zusammenhangs kann den Funktionsverlust des Alters ausgleichen. Die Möglichkeit

---

[88] Tartler 1958:22f.

der Befreiung und Erleichterung, die das Alter ebenso birgt wie die Gefahr der Isolierung und Vereinsamung, würde erst dann aktualisiert werden, wenn die Gesellschaft der Generation der Alten im ganzen eine gemäße und gefestigte Stellung verschaffen würde, die sich wohl nur aus objektiv notwendigen gesellschaftlichen Funktionen ableiten ließe"[89].

Während die Vertreter eines idealistischen Altersbildes eher auf Altersfürsorge im Einzelfall setzen, die sich auf manifeste Hilfsbedürftigkeit gründet oder den einzelnen alten Menschen zu einer "Bejahung des Alters" und Annehmen dieser Lebensaufgabe führen soll[90], stellen diejenigen, in deren Problemsicht Alter ein soziales Phänomen ist, fest, daß die Lösung aller Altersprobleme die Möglichkeiten der Sozialpolitik übersteigt, da die Ursachen gesellschaftlicher Art sind. Altenhilfe soll, so kann die Diskussion zusammengefaßt werden, für die Vertreter eines idealistischen Altersbildes, neben der Betreuungsfunktion für das 'schutzbedürftige Alter' eine *pädagogische Funktion* haben: sie soll die einzelnen alten Menschen zur Bewältigung ihrer Lebensaufgabe Alter 'erziehen' und ihnen einen Weg eröffnen, ihrem Alter *Sinn* zu verleihen. Diese Erziehung und dieser Sinn können durchaus ihren Platz in einem Altersheim haben, das als 'familienähnliche Gemeinschaft' überwiegend positiv beurteilt und in seiner Funktion nicht angezweifelt wird. Als weitere Maßnahme soll das gesellschaftliche Ansehen der Alten verbessert werden. Das beste Mittel dazu ist Forschung, so Groth, der schreibt, daß sie die "einzig wirkungsvolle 'Propaganda'" ist, "mit der das gesellschaftliche Bewußtsein vom Alter ins Positive gewendet werden kann"[91]: ein positiveres Altersbild soll durchgesetzt werden.

In der Logik, die sozialen Seiten des Altersphänomens zu betonen, soll Altenhilfe dagegen in der anderen Argumentationslinie vornehmlich helfen, die Arbeitskraft und Leistungsfähigkeit zu erhalten, die allein eine vollwertige gesellschaftliche Integration garantieren. Für den 'Sinn' des Lebens im Alter sind Sozialpolitik und Altenhilfe in dieser Definition nicht zuständig, obgleich die Ursachen des Altersproblems auf gesellschaftlicher Ebene ausgemacht werden, da die Lösung dieser Probleme über die Grenzen der Möglichkeiten von Sozialpolitik hinausgehen würde. Nachfolgend wird zu zeigen sein, welche dieser Problemsichten in Zeitschriftenbeiträgen relevanter Fachzeitschriften aufgegriffen und vertreten werden und die Sozialverwaltungen erreichen.

5.2 Alter und Altenhilfe in Fachzeitschriften in den fünfziger Jahren: Einsamkeit als Hauptproblem

In den untersuchten Fachzeitschriften erfreuen sich Altersthemen seit dem Anfang der 50er Jahre insgesamt ständig wachsender Aufmerksamkeit[92], die aber fast ausschließlich auf die Beiträge in den sozialpädagogischen und sozialpolitischen Zeitschriften zurückzuführen ist. Wissenschaftlicher Diskurs und soziale Fachöffentlichkeit haben, was die Diskussion um Alter betrifft, offensichtlich eine Meinungsführerrolle.

Von den Fachzeitschriften, die sich an ein *Verwaltungspublikum* wenden, zeigen in den Jahren zwischen 1950 und 1959 nur die 'Kommunalpolitischen Blätter' ein wenig Interesse für Altersthemen. Ein Teil des Berichts über den Deutschen Fürsorgetag 1955, überschrieben 'Der alte Mensch in der sozialen Neuordnung'[93],

---

[89] Friedeburg/Weltz 1958:14.
[90] Zarncke 1957:187.
[91] Groth 1954:22.
[92] Vgl. Kap. 2.3 dieser Arbeit.
[93] KpBl Nr. 19/1959:690.

problematisiert, "daß es mit der Aufbesserung einzelner sozialer Leistungen nicht getan ist" und fordert die "richtige Einordnung des alten Menschen in die Gemeinschaft der Familie und des Volkes. Wir brauchen eine neue Bewertung der Bedeutung des alten Menschen. Das Alter ist eine Zeit eigenen Werts und eigenen Rechtes." Als Maßnahmen der Altenhilfe gefordert werden - in dieser Reihenfolge - ein "Recht auf sinnvolle Beschäftigung und auf Wohnraum", weiter eine Teilhabe der Alten an den wirtschaftlichen und kulturellen Gütern der Gemeinschaft. Deutlich werden hier die Motive, die in der Analyse des wissenschaftlichen Diskurses schon herausgearbeitet wurden: Integration in die Familie als Teil einer natürlichen Gesellschaftsordnung, Kritik an der gesellschaftlichen Bewertung der Alten und sinnvolle Beschäftigung für das Alter. Gern wird auf die subsidiäre Verantwortung der Familie für die Alten verwiesen, da "ja für die alten Leute an sich die Verwandten zuständig wären.... Wenn junge Mütter erwerbstätig sind und ihre Kinder einer 'Kinderkrippe und Krabbelstube' anvertrauen, haben sie neben der Arbeit keine Zeit für alte Menschen übrig. Erst die Schaffung einer rechten Ordnung im Gemeinschaftsleben unserer Tage würde hier eine Änderung herbeiführen"[94]. Das Altersheim kann, wenn die Familie sich aus der Verantwortung zieht, eine "Zuflucht" sein, generell aber ist das Alter vielfach nicht ein "besonderes Geschenk", sondern eine "drückende Last", gekennzeichnet durch Einsamkeit - ein überaus negatives Altersbild wird hier vertreten[95]. Die Aufgaben der Verwaltung werden jedoch nur in der Renovierung und im Bau von Altersheimen gesehen.

Im Bericht über den Kommunalen Weltkongreß in Berlin findet sich ebenfalls diese typische Problemsicht: durch eine Erhöhung des Altenanteils wird Alter zur Last, die Familie gliedert - obgleich sie zuständig wäre - die alten Menschen aus. Die Folgen für die Alten sind Vereinsamung und ein Mangel an sinnvoller Beschäftigung. Als Maßnahmen werden ambulante Haushaltshilfen gefordert, die den alten Menschen "gelegentlich zur Hand gehen" und die Einrichtung von Altersheimen mit mehr Einzelzimmern anstatt der üblichen Schlafsäle. Als Ergebnis des Kongresses steht aber ein Bekenntnis zur Subsidiarität: "Dabei herrschte Übereinstimmung unter allem Teilnehmerländern, daß die Verantwortung für die Altersfürsorge nur subsidiär auf Gemeindeebene zu suchen ist und daß die Tätigkeit der Familie und privater oder kirchlicher Organisationen auf diesem Gebiet nicht angetastet werden darf"[96].

Zusammenfassend kann festgestellt werden, daß in den untersuchten Verwaltungszeitschriften Altersthemen nicht nur fast nicht berücksichtigt, sondern daß *inhaltlich Alter nicht als originäre Aufgabe für die Verwaltung* gesehen wird. Daß sich die Verwaltung in der Altenfürsorge, besonders im Bau von Altersheimen, engagieren muß, ist nur Abbild einer Gesellschaft, in der sich die Familie ihrer angestammten Aufgabe entzieht - dieses im wissenschaftlichen Diskurs vorherrschende Thema bildet sich hier ab und wird noch 'auf die Spitze' getrieben.

Ein großes Thema in denjenigen *Sozialzeitschriften*, die sich mit Sozialpolitik beschäftigen, ist selbstverständlich die Rentenreform von 1957. Kritikpunkte sind das als zu hoch empfundene Rentenniveau, das wegen der hohen Beiträge eine Benachteiligung des erwerbstätigen Teils der Bevölkerung darstellt und der sich daraus ergebende zu hohe Lebensstandard für die Rentner. Von der versicherungstechnischen Durchführung her wird die als unsolide empfundene Finanzierung durch das Umlageverfahren statt durch das Kapitaldeckungsverfahren bemängelt. Besonders das 'Neue Beginnen', die Zeitschrift der Arbeiterwohlfahrt, beklagt aber

---

[94] KpBl Nr. 8/1958:345.
[95] KpBl Nr. 8/1958:345.
[96] KpBl Nr. 14/1959:505.

auch die finanzielle Not der Rentner[97] und die fehlende Alterssicherung für Selbständige, wobei eine Volkspension nach schwedischem Vorbild gefordert wird[98]. Die Befürchtung, die Renten seien in Zukunft nicht mehr bezahlbar, wird schon in den fünfziger Jahren vielfach geteilt, wenn auch die Renter als 'Stiefkinder des Wirtschaftwunders' bezeichnet werden[99].

Innerhalb der restlichen Sozialzeitschriften wird die Diskussion um Alter fast ausschließlich von den 'Blättern der Wohlfahrtspflege' und dem 'Nachrichtendienst des Deutschen Vereins' getragen. Die Themen, die in Zusammenhang mit Alter diskutiert werden, sind erstaunlich breit gelagert, wobei Alter allgemein als großes Problem, als 'Massenproblem' diskutiert wird, das der Lösung bedarf. Das Jahrhundert der Alten scheint angebrochen zu sein, so eine Autorin, die sich fragt, woher die plötzliche Beschäftigung "so vieler Einzelmenschen und so vieler amtlicher Stellen mit uns Alten und unseren Problemen" kommt und dafür auch eine Erklärung hat: "Ein weiterer Grund für die Beschäftigung gelehrter Soziologen mit uns Alten ist die Tatsache, daß der heutige alte Mensch mit dem von gestern kaum eine Ähnlichkeit hat. Was ein Mensch vor einigen Jahrzehnten im pensionsreifen Alter darstellte, ist fast ausnahmslos etwas völlig anderes als die munteren Herren und fröhlich gekleideten Damen von heute"[100]. Sollte sich schon 1958 ein Wandel in der Altersgeneration abzeichnen? Im selben Sinne wird an anderer Stelle festgestellt, "daß der Armenpflegling von einst ein gänzlich anderer Typ war als der, mit dem wir es heute in der Fürsorge zu tun haben". Die heutigen alten Menschen "wollen nicht unser Mitleid, sie wollen die Würde, die ihnen zukommt als denen, die ihr Leben lang geschafft haben, Werte mitgeschafft und miterarbeitet haben"[101] - auch aus dieser Argumentation resultiert die Forderung, dem Alter 'Wert und Würde' zurückzugeben.

Das Alter wird, wie schon vielfach verdeutlicht, in den fünfziger Jahren auch in den Sozialzeitschriften ausschließlich eingebettet in die *Familie* gesehen. Die Arbeitsgruppe III stellt auf dem Deutschen Fürsorgetag 1953 die Ergebnisse ihrer Arbeit unter das Motto "Die Familie und die Alten"[102]. Für die Altersfürsorge, so beschreibt die in der Diskussion vorherrschende Richtung das Problem, stellt sich daher hauptsächlich die Frage, wie die Verbindung zwischen Alter und Familie wieder herzustellen ist - womit implizit anerkannt wird, daß diese verlorengegangen ist. Durch die Schaffung von Altersfunktionen soll der alte Mensch für seine Familie wertvoll werden, auch neue 'Leitbilder' für das Alter werden gefordert. Jede Absonderung der Alten von der Familie sei von Übel : "Dabei ist es ein schlechter Trost, wenn wir bemerken, daß das z.B. beim Kindergarten genauso ist; er ist auch ein Produkt der Familie. Wo man gesagt hat, oder heute noch sagen könnte: Ich und mein Haus wollen dem Herrn dienen, da gibt es keinen Kindergarten und kein Altersheim"[103]. Die Aufgaben der hier beschriebenen Altersfürsorge beschränken sich auf eine mäßige Unterstützung der Familie, Zielgruppe sind dann aber alle Alten: "Es muß jeder ältere Mensch in das Blickfeld der Fürsorge rücken, nicht nur die Sozial- und Kleinrentner"[104] - dieser Ansatz findet sich dann zu Anfang der 60er Jahre im neuen Bundessozialhilfegesetz. Alte, die in die Familie inte-

[97] Lepinski 1956, in: NB Nr. 4, 49-51.
[98] Bortfeld 1956, in: NB Nr. 12, 177-180.
[99] "Mißverstandene Rentenautomatik", in: AuS Nr. 10/1959:281; Klumker 1955, in: AuS Nr. 9, 122-125; Laskowski 1957, in: AuS Nr. 11, 48-51; Rieker 1957, in: AuSNr. 11, 252-253; "Kritik an der Rentenreform", in: AuS Nr. 11/1957:266; Ebeling 1958, in: AuS Nr. 12, 322-324.
[100] Haag 1958, in: BldW, 381-384.
[101] Ohl 1957, in: BldW, 391-394.
[102] Groth 1954, in: NDV Nr. 1, 26-33.
[103] Depuhl 1954, in: NDV, 37-41.
[104] Depuhl 1954, in: NDV, 37-41.

griert sind, werden zwar als Normalfall betrachtet, der der Ausgestaltung der Altenhilfe zugrundeliegt, aber auch sie bedürfen aufgrund der 'Einsamkeit und Sinnlosigkeit des Alters' der Fürsorge.

Die Familie, obschon als "gesunde Keimzelle der Gesellschaft"[105] im Rahmen der 'natürlichen sozialen Ordnung' zur Fürsorge für die Alten verpflichtet[106], kann, so erkennen andere Autoren die Grenzen der familiären Leistungsfähigkeit an, dieser aber nicht mehr nachkommen und ist selbst nicht mehr unbedingt imstande, die Nöte alter Menschen besonders in Großstädten allein zu beheben[107]. Die mittlere Generation, die für die Jugend und für die Alten aufkommen soll, ist mit dieser Sorge überfordert, so der Fachausschuß 'Altenpflege und Altenfürsorge' des Deutschen Vereins[108]. Auch ist die Familie nicht ausschließlich an der Einsamkeit alter Menschen 'schuld', sondern auch deutsche, wenig geselligkeitsfördernde Traditionen und mangelnde Interessen bei den Alten selbst spielen eine Rolle[109]. Es wird - unter Blick auf die USA - gefordert, den alten Menschen mehr Verantwortung für sich und die Gemeinschaft zu übertragen. Das Vertrauen in die Leistungsfähigkeit der Familie ist, so wird deutlich, nicht uneingeschränkt.

Dennoch: das in den Sozialzeitschriften als - neben der mangelnden Familienintegration und aus ihr zwangsläufig resultierend - vorrangig diskutierte Altersproblem ist die *Einsamkeit* alter Menschen. In der Altenhilfe bemüht man sich angesichts des Einsamkeitsproblems "neue Wege" zu gehen und andere Maßnahmenbereiche als den Heimbereich in die Diskussion zu bringen. *Altentagesstätten* sollen eingerichtet werden, an die eine Altenberatungsstelle und die Möglichkeit zu Fußpflege und Bad angeschlossen sind. Auch eine Bastelstube ist einzurichten, die die Möglichkeit zu sinnvoller Beschäftigung bietet, zu der die Alten aber oft erst "angeregt" werden müssen, danach können aber "alte Menschen mit verschiedenem geistigen Fassungsvermögen und Interesse ... zu wertvollen kunstgewerblichen Arbeiten" hingeführt werden. Die sinnvolle Beschäftigung kann sich auch körperlicher Art sein, damit sich durch "fortgesetztes Training und Übung" manche "Versteifung aus den alten Gliedern löst". Zielgruppe dieser Altentagesstätten, so ein Autor, sind jedoch nicht alle Alten: "Nicht jeder alte Mensch weiß eine solche Einrichtung zu schätzen, noch bietet sie Platz für alle Alten aus der Gemeinde. Darum ist eine gewisse Auswahl der alten Menschen, die dort Einkehr halten, notwendig", die für den Besuch der Einrichtung "namhaft gemacht" werden sollen[110].

Das Motiv der *sinnvollen Beschäftigung im Alter,* durch die "Langeweile im Alter, die zu Altersangst führt und hilflos macht", verhütet werden soll[111], ist außerordentlich weit verbreitet. Die Alten wissen ohne Arbeit oder 'sinnvolle Beschäftigung' "gar nicht, was sie in der verlängerten Lebensspanne anstellen sollen. Man muß den Betagten ein Milieu bieten, in dem sich sinnvoll leben läßt"[112]. Die Vorstellung von nicht arbeitenden Alten im wohlverdienten Ruhestand wird in den fünfziger Jahren nur schwer akzeptiert: wenn schon das Alter 'gesellschaftlich funktionslos' aus dem Erwerbsleben ausgegliedert wird, sollen sich die alten Menschen, die nicht mehr leistungsfähig genug sind, wenigstens 'beschäftigen' und so im Rahmen ihrer Möglichkeiten etwas Produktives im Interesse des Allgemeinwohls leisten[113]. Der Arbeit wie auch der 'sinnvollen Beschäftigung' wird eine prä-

---

[105] Elsner 1954, in: NDV Nr. 1, 33-37.
[106] Boeckh 1955, in: BldW, 428-429.
[107] Paazig 1958, in: BldW, 385-387.
[108] "Der alte Mensch in der gegenwärtigen Gesellschaft" (1955), in: NDV, 2-8.
[109] Rasch-Bauer 1957, in: BldW, 394-397.
[110] Fürer 1958, in: BldW, 384-385.
[111] Laberke 1956, in: BldW, 390-391.
[112] Vischer 1956, in: BldW, 391-395.
[113] Burgdörfer 1952, in: BldW, 345.

ventive Wirkung zur Verhütung von Alterskrankheiten zugeschrieben und festgestellt, "daß nach sozialmedizinischer Schau für den alten Menschen die Arbeit und Beschäftigung in sinnvoller Form lebenserhaltende und lebensfördernde Faktoren sind"[114].

Neben den Altentagesstätten werden auch 'Fabriken für alten Menschen' vorgeschlagen - es soll prophylaktisch die "körperliche und seelische Gesundheit gebessert und ihre Einsamkeit durchbrochen" werden[115]. Möglichkeiten einer "zusätzlichen Betreuung durch die Wirtschaft"[116] werden diskutiert, um die katastrophalen Folgen der plötzlichen Arbeitsaufgabe zu bekämpfen, die bis zum Pensionärsbankrott oder "Pensionärssterben" reichen[117]. Sonst gibt es für die Alten nur die Möglichkeit, sich regelmäßig selbst zu beschäftigen: denn wer rastet, der rostet[118]: eine starke Verbindung zum wissenschaftlichen Diskurs über 'Alter als Aufgabe' wird hier deutlich.

Altentagesstätten werden - neben dieser pädagogisch beeinflußten Diskussion - andererseits auch einfach im Sinne von Kaplan (1956) als Einrichtungen für "vereinsamte und minderbemittelte Mitbürger" behandelt, die "dem in die Isolierung geratenen alten Menschen, der seine Verbindung zu Angehörigen und Freunden durch schicksalhafte Trennungen des Lebens und Sterbens verloren hat, die Kontakte vermitteln, ohne die dem menschlichen Dasein ein selbst in den Tagen des Alters nicht zu entbehrendes wesensnotwendiges Element fehlen würde", so der Berliner Senatsdirigent Wehlitz. In seiner Beschreibung der Aktivitäten in Altentagesstätten - Kaffetrinken und Kartenspielen - fehlt der pädagogische Impetus und der Anspruch, Kultur und Sinn zu vermitteln. Zweck ist es hier nur, Sozialkontakte zu stiften und reicht als Ergebnis aus, wenn erfahren wird, daß es im Alter auch noch "recht schön" sein kann[119].

Im Bericht über ein 'Europäisches Seminar über die individuelle und soziale Bedeutung einer Tätigkeit für alte Menschen' wird nicht nur "die rapide Vermehrung der alten Menschen" konstatiert, sondern auch der aus den angelsächsischen Ländern stammende "Alten-Club-Betrieb" mit neuen Akzenten vorgestellt, was aber beim deutschen Publikum auf einige Skepsis stößt: "Das stellenweise starke Überwiegen dieser hauptsächlich von Engländern vertretenen theoretischen Forderungen behagte den zahlreichen Männern und Frauen aus der Praxis nicht so recht"[120]. Als Zweck dieser Altenclubs wird auch hier das Durchbrechen der Einsamkeit, ein "Alter ohne Schrecken"[121] genannt, so auch in einem Bericht über "Golden Age Clubs" in Chicago, in denen das Anbieten von sozialem Kontakt mit Beratung verbunden wird, so daß "die alten Leute in unserem Lande nicht mehr die 'Vergessenen Alten' " sind[122]: einfache 'Unterhaltung' für das Alter findet jedoch nicht einhelligen Beifall, da die bundesdeutsche Diskussion aufgrund der Auffassung, die Einzelnen müßten bei der rechten Bewältigung der Lebensaufgabe Alter angeleitet werden, auf die erzieherischen Aspekte der Altenhilfe fixiert ist.

Bemerkenswert ist, daß schon 1953 als *Zielgruppe* für "die Krone der englischen Altershilfe"[123], die Altenclubs, diejenigen "unverbitterten, harmonischen,

---

[114] Depuhl 1952, in: BldW, 346.

[115] "Fabriken für alte Menschen" (1958), in: BldW, 405.

[116] "Fürsorge für die Alten - Möglichkeiten einer zusätzlichen Betreuung durch die Wirtschaft" (1953), in: NDV, 199-200.

[117] Bornemann 1955, in: BldW, 428-429.

[118] Kehrer 1957, in: BldW, 387-391

[119] Wehlitz 1958, in: BldW, 394-395.

[120] "Europäisches Seminar über die individuelle und soziale Bedeutung einer Tätigkeit für alte Menschen" (1958), in: BldW, 403-404.

[121] "Alter ohne Schrecken. Neue Wege der Altersbetreuung in den USA" (1958), in: NB Nr. 4, 13.

[122] Schulze 1959, in: NB Nr. 10, 119-121.

[123] Steiger 1953, in: NB Nr. 4, 4.

tätigen und lebensbejahenden 'älteren Leute', wie man in England freundlicherweise diejenigen nennt, die noch nicht eigentlich vergreist sind"[124], benannt werden, was auf eine Veränderung der Klientel der Altenhilfe hindeutet: "Ist diese heute zwischen der Aufgabe der vollen Erwerbsarbeit und dem Eintritt der eigentlichen Vergreisung liegende, oft ziemlich lange dauernde Zeit nicht eigentlich ein köstliches Geschenk des Schicksals? Bietet sich nicht vielleicht eine der besten und vielleicht letzten Gelegenheiten, den ganzen, unspezialisierten, nicht im Mechanismus und Erwerbskampf verfangenen 'dritten Menschen' zu verwirklichen?"[125]. Eine Zweiteilung des Alters innerhalb der 'Ruhestandsphase' in 'aktives Alter' und 'Greisenalter' deutet sich an.

Die sich mit der *geschlossenen Altenhilfe* beschäftigenden Beiträge lassen das Bemühen erkennen, dem Altersheim sein schlechtes 'Armenhaus-Image' zu nehmen und es zu einem "gehobenen Altenheim" aufzubauen[126]. Der Altenheimbau war nach dem Krieg eine dringende Aufgabe, da nicht nur viele Einrichtungen zerstört wurden, sondern auch der Bedarf an Heimplätzen in den fünfziger Jahren anstieg. Jedoch wurde auch vermutet, daß der Heimplatzbedarf bald stagnieren oder gar zurückgehen würde[127]. Auch im Altersheim soll es familienähnlich zugehen. Als Ergänzung der Altersheime werden ganz vereinzelt auch 'Alterswohnheime' und 'Kleinstwohnungen' für alte Menschen gefordert[128], zumeist aber familiengerechte Wohnungen, damit die Familien ihre Alten wieder bei sich aufnehmen können.

Der Schwerpunkt der Altenhilfe soll aber trotz des Ausbaus und der Verbesserung der Altersheime auf die *offene Altenhilfe* gelegt werden, wie auf dem Fürsorgetag 1955 mit Blick auf das Beispiel England und die dortigen Altenclubs gefordert wird: "Da es aber nicht das Ziel sein kann, möglichst viele Alte in Altersheimen unterzubringen, muß die offene Fürsorge für die Alten außerhalb der Heime intensiviert werden. Denn besser als jede Unterbringung in Heimen ist es doch, wenn die Alten in ihren Familien verbleiben und dort ihr Leben beschließen können"[129]. Diese Forderung beinhaltet auch einen Ausbau der *Hauspflege*, worunter nicht nur pflegerische, sondern auch hauswirtschaftliche Hilfen verstanden werden[130].

Die Steuerung der Altenhilfe durch *Altenplanung* ist zwischen 1950 und 1959 noch kaum im Gespräch. Lediglich zwei Zeitschriftenbeiträge beziehen sich auf Altenplanung. Zum einen wird die systematische Förderung von Altenhilfe in Baden-Württemberg beschrieben, aus der sich ein "regelrechter Landesaltenplan" entwickeln soll[131]. Dabei wird deutlich, daß hier unter Altenplanung ausschließlich Finanzplanung, also die planvolle Verteilung von Zuschüssen für 'Altersfürsorgeeinrichtungen' und die Abschätzung des künftigen Bedarfs an Heimplätzen verstanden wird.

Wesentlich weiter gehen die Ausführungen des Leiters des städtischen Wohlfahrtsamtes in Freiburg Franz Flamm, der schon ein Jahr vor der 'Denkschrift' der Stadt Köln die "Alterssituation der Stadt Freiburg i. Br. aus der Sicht einer planmäßigen Altenhilfe" beschreibt und dabei die sozialstrukturellen und sozialräumlichen Gegebenheiten berücksichtigt: "Eine planvolle Altenpflege und Alters-

---

[124] Steiger 1953, in: NB Nr. 4, 2.
[125] Steiger 1953, in: NB Nr. 4, 6
[126] Graf 1957, in: BldW, 399-401.
[127] Mailänder 1956, in: BldW, 397-398.
[128] "Schaffung von Alterswohnheimen und Kleinstwohnungen als sinnvolle Ergänzung der Altersheime" (1954), in: NDV, 189-192.
[129] Mailänder 1955, in: BldW, 430-431.
[130] Goldacker 1952, in: NB Nr. 1, 3
[131] Scholl 1957, in: BldW, 404.

fürsorge kann ohne die Kenntnis der Sozialstruktur des Gemeinwesens und der sozialen Situation der Betagten, auf die Hilfe der Gemeinschaft angewiesenen alten Menschen nicht betrieben werden"[132]. Es wurde eine Untersuchung der Sozialstruktur in drei Freiburger Stadtteilen durchgeführt, auf deren Ergebnis sich der Autor bezieht. Als größtes Problem sieht Flamm die alleinstehenden alten Menschen und hierunter besonders die alten Frauen, die zahlenmäßig bei weitem überwiegen, was "wichtige Hinweise für altenpflegerische Maßnahmen"[133] gibt, wie überhaupt das Pflegeproblem anwächst. Deshalb fordert er mehr Hauspflege und offene Hilfen, um - mit dieser Problemsicht ist Flamm wohl aufgrund seiner empirischen Ergebnisse seiner Zeit voraus - dem Bedürfnis der alten Menschen nach *Selbständigkeit* zu entsprechen: "Keineswegs ist das Problem allein mit stationärer Pflege im Krankenhaus, Alters- und Pflegeheim zu lösen. Abgesehen vom Fehlen genügender Heimbetten ist zu beachten, daß viele Alte auch im Zustand größter körperlicher und geistiger Gebrechlichkeit sich die Freiheit und Selbständigkeit des eigenen Wohnraums behaupten wollen"[134]. Die Altenhilfe, so Flamm, muß sich - nicht nur durch den Bau von Altenwohnungen - über den Heimbereich hinaus stark ausweiten, wird sich hin zur *persönlichen Dienstleistung* verlagern und der 'Unerfülltheit des Alters' Rechnung tragen. Zielgruppe der Altenhilfe sind nicht mehr nur noch die armen oder kranken Alten, sondern Alter an sich ist problematisch und Altenhilfe soll sich an alle Alten wenden: "Auch diejenigen Alten und Gebrechlichen, die über hinreichende Geldmittel verfügen, sind dieser Hilfe oft ebenso bedürftig und auf sie angewiesen. Indem also die persönliche Dienstleistung immer mehr in den Mittelpunkt des Hilfestrebens rückt, vollzieht sich der Gestaltwandel der Altersfürsorge. Die soziale Neuordnung des Bundesfürsorgerechts will diesem Gesichtspunkt Rechnung tragen"[135]. Planmäßige Altenhilfe muß, so fordert der Autor, zu einem immanenten Bestandteil der kommunalen Sozialpolitik werden. Die notwendigen Schritte zur Bearbeitung des 'Problems Alter' werden hier - auf dem Hintergrund der sozialstrukturellen Gegebenheiten - als Aufgabe für die Verwaltung akzeptiert, es fehlt der Hinweis auf die primäre Verantwortung der Familie.

Zusammenfassend können die Ausführungen Flamms als symptomatisch für die Entwicklung in der Altenhilfe in den 50er Jahren gesehen werden. In einer 'älteren', den Zeitraum aber dominierenden Problemsicht werden die Ausgliederung der alten Menschen aus der Familie als 'natürlicher Keimzelle des Gemeinwesens' und die schlechter gewordene Bewertung des Alters als Gründe für das Altersproblem gesehen, die Lösung wird analog von einer Reintegration in die Familie und einer Aufwertung des Alters erwartet. Die Verwaltung hat in dieser Problemsicht nur subsidiär die Aufgabe, die Familie in ihrer Fürsorge für die alten Menschen zu unterstützen. Gegen Ende der 50er Jahre beginnt sich die Verwaltung des Themas anzunehmen. Manifeste Altersprobleme werden nach wie vor den *hinfälligen* - armen und kranken - Alten zugeschrieben und traditionell mit Heimunterbringung beantwortet.

Die Betonung der Probleme *Einsamkeit* (aufgrund familialer Ausgliederung) und *Sinnlosigkeit* (aufgrund beruflicher Ausgliederung und gesellschaftlicher Funktionslosigkeit) dominiert die Diskussion. Die 'Einsamkeit' alter Menschen scheint dabei eine typische Erklärung der Altenhilfepraktiker zu sein, während der wissenschaftliche Diskurs sich darauf zu berufen beginnt, daß Alleinleben nicht mit dem Gefühl der Einsamkeit gleichzusetzen ist. Diese Probleme

---

[132] Flamm 1958, in: NDV, 319.
[133] Flamm 1958, in: NDV, 321.
[134] Flamm 1958, in: NDV, 322.
[135] Flamm 1958, in: NDV, 322.

können alle alten Menschen unabhängig von deren wirtschaftlichen Möglichkeiten und gesundheitlichem Zustand treffen. Die Konzentration auf die Probleme 'Einsamkeit' und 'Sinnlosigkeit' legt eine Erweiterung der Zielgruppe der Altenhilfe auf potentiell 'alle Alten' nahe, die sich im neuen §75 Altenhilfe BSHG von 1961 manifestiert. Die genannten Problemlagen sollen mit aus England und USA importierten Maßnahmen der Altenclubs und Altentagesstätten 'beantwortet' werden, die als wahre Wundermittel für das 'tätige Alter' gehandelt werden, wobei der Arbeitsethos der damaligen Zeit sicherlich eine gewichtige Rolle spielt und Arbeit nur durch 'Beschäftigung' ersetzt wird. Die Alterspopulation wird - je nach Leistungsfähigkeit und gesellschaftlicher Integration - in 'ältere Leute' und 'Greise' unterteilt.

5.3 Anfänge der Altenplanung in den fünfziger Jahren

Zu Ende der 50er Jahre gibt es erste Überlegungen zur kommunalen Altenplanung, wie durch die Ausführungen von Flamm schon deutlich wurde[136]. Die 'Denkschrift über das Altenproblem im Stadtgebiet Köln'[137] ist eine der ersten Veröffentlichungen mit 'Plancharakter' einer Stadtverwaltung zum Altenproblem und wird oft als erster bundesrepublikanischer 'Altenplan' gehandelt[138].

Daß das Alter ein Problem darstellt, wird in der 'Denkschrift' unter Hinweis auf die steigende Lebenserwartung und den sich erhöhenden Altenanteil an der Bevölkerung anerkannt. Die Menschen sind allerdings durch die längere Lebensdauer nicht gesünder geworden, so die Denkschrift, "der Anteil der ganz oder teilweise pflegebedürftigen Alten wird durch die Steigerung der Lebenserwartung laufend erhöht"[139]: die *Altenpflege* und die Schaffung von *Heimplätzen*, besonders für alte Frauen, sind die die Verwaltung zuvorderst interessierenden Probleme im Bezug auf Alter. So setzt sich die 'Denkschrift' ausführlich mit dem zu erwartenden Bedarf an Heimplätzen auseinander.

Auch wendet sich Brisch, Autor der 'Denkschrift', gegen die Auffassung, die Problematik des Alters sei erst dadurch entstanden, daß sich die Familie nicht mehr um die Alten kümmern würde. Die veränderte Stellung der Familie wird anerkannt und Wohnungsbau als Problemlösung vorgeschlagen. Damit ist schon das 'Verwaltungsprogramm' genannt, das die sechziger Jahre prägen wird: als Problemlösung sollen - noch bevor genügend Heimplätze zu schaffen sind - die Alten über den *Wohnungsbau* in Familien und Nachbarschaften (re-)integriert werden und dort neue Aufgaben und "Schutz vor Vereinsamung" finden. Dies ist der "ursprünglichste Ansatz einer wirklichen Altershilfe"[140]. Der Verwaltung fällt die Aufgabe zu, die sozialräumlichen Rahmenbedingungen zu gestalten, um die Familien bei der Betreuung der Alten zu unterstützen. Austauschbeziehungen zwischen Jung und Alt, so hofft die 'Denkschrift', ergeben sich aber auch ohne Verwandtschaftsbeziehungen bei gemeinsamem Wohnen[141]. Deshalb wurden die Alterswohnhäuser der Stadt Köln mitten in Siedlungen für kinderreiche Familien gebaut: "Durch diese wechselseitigen Beziehungen entstehen wieder Aufgaben für die Alten, die die Einsamkeit mildern und das Leerlaufen verhindern, und entsteht die Aufgabe für die Jugend, sich der Alten anzunehmen"[142].

---

[136] Flamm 1958, in: NDV, 321.
[137] Stadt Köln 1959.
[138] Vgl. DZA (1991): "Verzeichnis der Altenpläne", bearbeitet von Brigitte Wimalasurya, Berlin.
[139] Stadt Köln 1959:7.
[140] Stadt Köln 1959:15.
[141] Stadt Köln 1959:16.
[142] Stadt Köln 1959: 23.

Diese Forderung nach mehr 'generationenfamiliengerechten' Wohnungen hat ihren Ursprung im Postulat des *Vorrangs der offenen vor der geschlossenen Altenhilfe*, das hier 1959 schon anzutreffen ist: "Es ist nicht einzusehen, daß ein alter Mensch, nur weil er sein Zimmer nicht mehr vollständig in Ordnung zu halten vermag oder nicht mehr gut Treppen steigen oder Wäsche waschen oder Lasten tragen kann, bereits in jedem Fall für altersheimreif erklärt wird"[143]. Der Ruf nach offenen Hilfen ist aber vor allem mit der Hoffnung verbunden, diese seien 'billiger'. Der 'im Vordergrund' stehende alte Mensch, der zur Selbsthilfe aufgerufen bleibt, wird in der Argumentation erst an zweiter Stelle erwähnt: "Die Altenpflege hat von dem Grundsatz auszugehen, daß die offene Altenfürsorge und die ambulante Betreuung Vorrang vor der geschlossenen Altersfürsorge in Alters- und Pflegeheimen haben soll. Eine solche Absicht gebietet sich schon aus der finanziellen Erwägung, daß die Unterbringung in einem Alters- oder Pflegeheim einen erheblich größeren finanziellen Aufwand erfordert als das Angebot offener Fürsorgemaßnahmen (Altenwohnungen, ambulantes Hilfs- und Pflegepersonal usw.).

Im Vordergrund steht aber der alte Mensch, der - so lange es ärztlich vertretbar ist - in seiner gewohnten Umwelt und in dem von ihm gewählten Lebenskreis belassen werden soll. Wir wissen, daß das seelisch-geistige und körperliche Gleichgewicht aller Menschen, insbesondere alter Menschen, am besten dadurch erhalten und gesteigert werden kann, daß der Mensch zur Aktivierung seiner Selbsthilfekräfte aufgerufen bleibt und nur in dem Umfang auf die ihm angebotene Hilfe zurückgreifen soll, in dem er sich nicht selbst zu helfen vermag. Es ist nicht zu vertreten, dieses 'Eigenkapital' des Menschen brach liegen zu lassen, indem der alte Mensch einem Altersheim zugeführt wird, das seine Selbsthilfekräfte nur noch in begrenztem Umfang in Anspruch nimmt"[144].

Als Maßnahmen für offene Hilfen wird schon vieles aus dem Katalog heutiger ambulanter Dienste vorgeschlagen, wie 'Fliegende Mahlzeiten', eine zentrale Heimvermittlung, aber auch eine Arbeitsvermittlung alter Menschen in geeignete Nebenbeschäftigungen. "Aus diesem großen Aufgabenkatalog läßt sich unschwer ersehen, daß die Frage einer wirksamen Altenbetreuung außerhalb geschlossener Heime weniger ein finanzielles Problem ist als eine Frage der Koordination und neuer Organisationsformen"[145].

Mit der Propagierung der offenen Hilfen, so zeigt sich auch hier, weitet sich die Zielgruppe der Altenhilfe aus, was im Umkehrschluß auch bedeutet, daß Alter generell als Problem und jeder Mensch über 65 als potentiell problembehaftet gesehen wird. Als kleinster gemeinsamer Nenner ist das Alter per definitionem von Einsamkeit bedroht. So stellt die Denkschrift lakonisch fest: "Ein großer Teil der alten Menschen ist einsam oder droht zu vereinsamen"[146]. Zur "Pflege der mitmenschlichen Beziehungen und Schutz vor Vereinsamung"[147], wie die dritte Altenhilfe-Maßnahmenforderung der 'Denkschrift' neben Sicherung der materiellen Existenz und der Bereitstellung geeigneter Wohnformen lautet, sollen dezentralisiert zur kulturellen Betreuung der alten Menschen *Altenclubs in den Stadtteilen* eingerichtet werden.

Durch die wachsende Zahl der alten Menschen, und somit der möglichen Adressaten von Altenhilfe, so die Argumentation, wird deren planvolle 'Gesamtbetreuung' nötig und ein 'Gesamtplan für alte Menschen' erforderlich: "Diese mehr beratend-prophylaktische Art der Betreuung wirft die generelle Frage eines Gesamtplans für alte Menschen auf; d.h. wird es bei dem stetigen Wachsen der Zahl

---

[143] Stadt Köln 1959:18f.
[144] Stadt Köln 1959:18.
[145] Stadt Köln 1959:27f.
[146] Stadt Köln 1959:31.
[147] Stadt Köln 1959:12.

der alten Menschen nötig werden, zu einer zentralen Erfassung und Registrierung der Alten zu kommen, zu einer Klassifikation nach ihren Wünschen und Bedürfnissen und zur Befriedigung dieser Wünsche und Bedürfnisse durch zentrale Steuerung? Es wird also die Frage zu entscheiden sein, ob durch eine kommunale oder außerkommunale Einrichtung (z.B. eine Arbeitsgemeinschaft der mit der Alterspflege befaßten Wohlfahrtsverbände usw.) in eine Gesamtbetreuung der alten Menschen eingetreten werden muß. Der Verfasser verkennt nicht die Gefahren eines überzüchteten Wohlfahrtsstaates; er ist deshalb noch nicht davon überzeugt, daß im kommunalen Raum etwa ein eigenes 'Altenamt' in Angleichung an die Entwicklung des Jugendamtes geschaffen werden muß. Berücksichtigt man aber die Mannigfaltigkeit der für eine wirksame Altenpflege in Zukunft notwendig werdenden Betreuungsformen und die Zahl der zu betreuenden Menschen, steht man zwangsläufig vor der Frage, ob sich die notwendigen sozialen Hilfen mit den vorhandenen Einrichtungen und den gebräuchlichen Organisationsformen in der Zukunft noch wirksam werden durchführen lassen"[148].

Mit dem Ruf nach Altenplanung verbindet sich die Hoffnung, durch bessere Organisation und veränderte Hilfen etwas für alle Alten tun zu können. Neue Betreuungsformen wie 'kulturelle Betreuung' werden auch nötig, um das als vorrangig gesehene Problem der Einsamkeit alter Menschen zu beantworten, das, wie gezeigt wurde, in den Zeitschriften stark beachtet wird. Besonders deutlich wird aber die Hoffnung, durch den Bau entsprechender Wohnungen könnten die alten Menschen wieder in Familien integriert werden. Alles in allem bezieht sich die 'Denkschrift' zu einem großen Teil auf unterschiedliche Wohnformen im Alter und auf die Abschätzung des Bedarfs für herkömmliche stationäre Unterbringung: hier zeigt sich schon das Verwaltungsprogramm der Problemlösung durch bauliche Maßnahmen, das die 60er Jahre prägt.

5.4   Zusammenfassung

Die 50er Jahre, so läßt sich zusammenfassend feststellen, sind, was die Diskussion von Alter betrifft, ganz auf die Familie fixiert. Unter der Dominanz eines idealistischen Altersbildes wird der 'natürliche' Platz der alten Menschen in der Familie gesehen, wo sie vor Einsamkeit bewahrt und durch angemessene 'Altersaufgaben' beschäftigt, nicht der Sinnlosigkeit anheimfallen. Selbständigkeit und Alleinleben alter Menschen können in diesem Kontext nur als defizitär wahrgenommen werden: alleinlebende alte Menschen sind per definitionem einsam, so besagt besonders die Argumentation der sozialen Fachöffentlichkeit. Ebenso mangelt es diesen Alten an 'sinnvoller Beschäftigung'. Mit dieser Problemsicht weitet sich auch die mögliche Zielgruppe für Altenhilfe aus: potentiell alle alten Menschen haben diese Probleme. Als Problemlösung wird besonders von den Professionellen im Sozialbereich - mit Blick auf englische und US-amerikanische Vorbilder - die Einrichtung von Altentagesstätten und Altenclubs gefordert, was mit mehr oder weniger pädagogischem Eifer, die alten Menschen zur persönlichen 'Reife' zu führen, verbunden ist. Ein spürbarer Einfluß von 'Advokaten des Alter' auf die Problemdefinition und die ins Auge gefaßten Problemlösungen, die in den 60er Jahren zu einer Ausweitung der Verwaltungsaufgaben in der Altenhilfe führen, ist offensichtlich und findet seine rechtliche Verfestigung im neuen Bundessozialhilfegesetz von 1961, mit dem der Paradigmenwechsel in der Altenhilfe manifest wird.

Die in den Fünfzigern vorherrschende Familienideologie steht aber in merkwürdigem Gegensatz zur gesellschaftlichen Realität, in der es als Folge des

---

[148] Stadt Köln 1959:25f.

Krieges eben viele zerstörte und unvollständige Familien gab, die die ihnen zugedachten Funktionen bei der Sorge für die Alten de facto nicht erfüllen konnten. Schon in den Zeitschriftenbeiträgen wie auch in der 'Denkschrift' läßt sich eine in diesem Punkt realistischere Orientierung als im wissenschaftlichen Diskurs finden, ohne allerdings die Familie aus der 'Verantwortung' zu entlassen. Die Hinweise auf die Problemsicht der Verwaltung in den fünfziger Jahren sind spärlich, was darauf hindeutet, daß Alter an sich von der Verwaltung nicht als drückende Aufgabe wahrgenommen wird, sondern primär die Familien als zuständig gesehen werden. Es sollen aber Unterstützungsmaßnahmen für die Familien angeboten werden, unter denen besonders der Bau 'großfamiliengerechter' Wohnungen bedeutsam ist. Die Zielgruppe der Altenhilfe in den fünfziger Jahren sind vorwiegend die *hinfälligen*, schutzbedürftigen, einsamen *Alten*, wenn auch eine Ausweitung der Zielgruppe sich schon andeutet. Die normalen Alten stehen, wie zu zeigen sein wird, in den 60er Jahren dann im Blickfeld der Verwaltungsmaßnahmen.

6. Paradigmenwechsel in den sechziger Jahren: 'Offen vor geschlossen' als neues Leitbild der Altenhilfe

Ein grundlegender Paradigmenwechsel in der Diskussion von Alter und Altenhilfe, in der alten Menschen nun familienferne 'Selbständigkeit' zuerkannt, die Zielgruppe der Altenhilfe gleichzeitig aber programmatisch auf 'alle Alten' ausgeweitet wird, ist in den sechziger Jahren festzustellen und findet Ausdruck in den Bestimmungen des neuen Bundessozialhilfegesetzes von 1961. Das daraus resultierende neue Leitbild *offene vor geschlossener Altenhilfe*, dessen Karriere detailliert aufzuzeigen sein wird, dominiert die Diskussion bis heute.

Das gesellschaftliche Klima in der ersten Hälfte der sechziger Jahre zeigte, daß die 'asketische Zeit des Wiederaufbaus' an ihrem Ende angelangt und anstelle der wirtschaftlichen Not der Nachkriegszeit das 'Wirtschaftswunder' getreten war. Analog dazu wurden die Appelle zum 'Maßhalten' abgelöst durch eine Aufwertung des Konsums, das Schwergewicht verschob sich von gesellschaftlichen Werten der Selbstdisziplinierung hin zu solchen der Selbstentfaltung[1]: Emanzipation ist ein Schlagwort zu Ende des Jahrzehnts, damit verbunden ist die Forderung nach der Verbesserung der Lebenschancen gesellschaftlicher Randgruppen.

Der wirtschaftliche Aufschwung setzte zudem Ressourcen für die sozialpolitische Problembearbeitung im Wohlfahrtsstaat frei, wenngleich der "sozialpolitische Reformeifer" schon zu erlahmen begann[2]. Um die seit Kriegsende herrschende Wohnungsnot zu bekämpfen, war die Versorgung der Bevölkerung mit Wohnungen ein vorrangiges Ziel des Wohlfahrtsstaates, so daß von der Mitte der fünfziger bis zur Mitte der sechziger Jahre jährlich 600 000 Wohnungen, zumeist mit staatlicher Förderung, fertiggestellt wurden, bevor die Zahlen nach 1965 bis 1969 zurückgingen[3]. In der Mitte der sechziger Jahre kam es in der Bundesrepublik zu einer "für viele ganz unerwarteten politischen Unruhe"[4], die in den Studentenunruhen von 1968 gipfelte. Dieser Zeitraum war zudem gekennzeichnet von einem durch Massenwohlstand, Sozialstaatsausbau und 'Bildungsrevolution' beförderten Wertewandlungsschub[5]. Der Glaube an die politische Machbarkeit gesellschaftlicher Modernisierung verfestigte sich immer mehr, so Ellwein: "Die Frage, was Politik 'kann' , wurde gegen Ende der sechziger Jahre seltener gestellt als die, was sie 'soll'. Und sie sollte sehr viel"[6]. Politische Planung wurde nach den planungsabstinenten fünfziger Jahren zur Zeit der Großen Koalition im Rahmen einer 'aktiven Politik' zum sichtbaren Ausdruck eines neuen Rollenverständnisses von Staat und Verwaltung[7]. Im Jahr 1969 übernahm die sozialliberale Koalition die Macht in Bonn, deren Politik der inneren Reformen in den siebziger Jahren eng mit dem Ausbau von Planung auf allen Ebenen verbunden war. Diese Entwicklungen lassen sich auch in der wissenschaftlichen und fachlichen Diskussion über Alter und im Ausbau kommunaler Altenplanung verfolgen.

---

[1] Klages 1988:48ff.
[2] Alber 1989:61.
[3] Alber 1989:208.
[4] Ellwein 1989: 7.
[5] Klages 1988:51f.
[6] Ellwein 1989:49.
[7] Bruder/Czada 1993.

Die sechziger Jahre sind das Jahrzehnt mit der quantitativ größten Aufmerksamkeit für Altersthemen in Fachzeitschriften im Untersuchungszeitraum[8] und es kommt zu deutlichen inhaltlichen Umwälzungen in den Argumentationen zum Altersproblem. Während in den fünfziger Jahren noch auf die Selbsthilfefähigkeit der Familie gesetzt wurde, ohne diese in Zweifel zu ziehen, bewegt sich die Problemsicht nun - analog zum schwindenden Einfluß des idealistischen Altersbildes - weg von der ausschließlichen Fixierung auf die Familienintegration alter Menschen und beginnt, besonders unter dem Einfluß empirischer sozialwissenschaftlicher Ergebnisse, der ersten 'Altenbefragungen', die von den alten Menschen selbst gewünschte Eigenständigkeit und Selbständigkeit zu betonen. Die manifesten materiellen Versorgungsprobleme scheinen gelöst. Die die Diskussion in den fünfziger Jahren dominierenden Forderungen nach mehr immateriellen 'offenen' Hilfen zur Behebung von Einsamkeit und 'Sinnlosigkeit' im Alter werden im §75 Altenhilfe des neuen Bundessozialhilfegesetzes von 1961[9] festgelegt und in der Folge lebhaft diskutiert. Die Verwaltung steigt, angeregt durch das neue BSHG, das nun umgesetzt sein will, nach ihrer weitgehenden Abstinenz in den fünfziger Jahren in die Diskussion ein und akzeptiert Alter als Problem, für das sie zuständig ist, und damit auch die neuen, verhältnismäßig unklar umrissenen Aufgaben der 'offenen' Altenhilfe. In dieser neuen Bestimmung wird das Kriterium 'Bedürftigkeit' als Maßstab für das Tätigwerden der Verwaltung neu definiert als eine immaterielle Bedürftigkeit, die sich in den Altersproblemen 'Sinnlosigkeit' und 'Einsamkeit' manifestiert und alle alten Menschen gleichermaßen betrifft: in dieser Hinsicht werden alle Alten zu Adressaten von Altenhilfe und damit zur gesellschaftlichen Problemgruppe. Parallel dazu findet sich auf der Seite der Verwaltung die starke Tendenz, den Problemen des Alters durch Wohnungsbau und Stadtplanung begegnen und sie so auch in die Familie zurückverlagern zu wollen: durch generationenfamiliengerechte Wohnungen soll die Reintegration der Alten in die Familien gefördert werden. Diese Tendenz wird auch durch die quantitative Aufmerksamkeit für das Thema Wohnen in den Verwaltungszeitschriften in den sechziger Jahren bestätigt. Vor dem Hintergrund des aufkommenden Massenwohlstands in den sechziger Jahren sind zudem auch auf kommunaler Ebene die Ressourcen zur Bearbeitung dieser Probleme vorhanden und so kommt mit dem BSHG Altenhilfe, die sich im Zuge der allgemeinen Planungseuphorie immer mehr in Altenplänen manifestiert, in den Großstädten als kommunale Aufgabe sozusagen 'in Mode'. Die Studentenbewegung beeinflußt zu Ende des Jahrzehnts die gesellschaftliche Wahrnehmung sozialer Probleme und die Welle der 'Emanzipation' gesellschaftlicher 'Randgruppen' erreicht auch die alten Menschen, wo sie allerdings erst zu Anfang der siebziger Jahre eine dann aber deutliche Wirkung bezüglich Altersbild und Problemsicht entfaltet.

6.1 Der wissenschaftliche Diskurs in den sechziger Jahren: Von der Einsamkeit zur Selbständigkeit

Im wissenschaftlichen Diskurs ist eine deutliche Entwicklung dahin zu beobachten, die idealistische Sichtweise, die besonders in populärwissenschaftlichen Veröffentlichungen noch überdauert, aufzugeben und durch eine mit empirischen Ergebnissen untermauerte, realistischere Problemsicht zu ersetzen. Sozialwissenschaftliche *Altenbefragungen* zur Lebenslage kommen auf und damit stellt sich eine engere Verbindung zwischen der wissenschaftlichen Problemsicht und der der *Verwaltung* her: die Altenbefragungen werden besonders in Großstädten und im

---

[8] Vgl. Kap. 2.3 dieser Arbeit.
[9] Der ursprüngliche Text des BSHG findet sich in Kap. 3.4.2 dieser Arbeit.

Auftrag der dortigen Stadtverwaltung durchgeführt und dienen als Grundlage für die quantitativ zu Ende der sechziger Jahre stark zunehmenden Altenpläne. Diese Entwicklung ist verbunden mit dem Namen des Sozialwissenschaftlers Otto Blume, der über seine Untersuchung "Möglichkeiten und Grenzen der Altenhilfe" (1968) schreibt: "Der Anstoß zu den hier beschriebenen gerontologischen Untersuchungen ging von den Leitern der Sozialämter in verschiedenen Städten aus, bei der Gewinnung der einzelnen Arbeitshypothesen waren die Mitglieder von Sozialausschüssen mit ihren praktischen Erfahrungen sehr behilflich ..."[10]. Wissenschaftliche Ergebnisse werden so einerseits von der 'Praxis' beeinflußt und finden andererseits in stärkerem Maße Eingang in die Problemsicht der Verwaltung.

6.1.1 Altersbilder : Orientierung an der gesellschaftlichen Realität

Das das vorhergehende Jahrzehnt beherrschende idealistische Altersbild, so kann vorausgeschickt werden, übt weiter Einfluß aus, insgesamt ist aber eine wachsende Orientierung an einem realistischeren Altersbild, das Alter als ein vorwiegend soziales Phänomen beschreibt, festzustellen. Zur Mitte des Jahrzehnts werden zudem die Stimmen - oft psychologisch orientierter - Gerontologen laut, die die negativen Elemente des idealistischen Altersbildes kritisieren und ihm als neue Perspektive die Möglichkeit einer lebenslangen Entwicklung entgegensetzen.

Ein idealistisches Altersbild wird wie in den fünfziger Jahren zwar noch z.B. in populärwissenschaftlich ausgerichteten Sammelbänden[11] vertreten. Der aus der Medizin herrührende Gedanke an 'Altersprophylaxe' will das kalendarische Alter - im Hinblick auf die Gefahr der 'Überalterung' - durch präventive Maßnahmen so weit wie möglich vom biologischen Alter abrücken, die hauptsächlich in der eigenen Lebensführung zu verwirklichen sind[12]. Wille, Disziplin und unermüdliche Aktivität, auch um ihrer selbst willen, werden als Voraussetzung für diese individuelle Altersprävention betrachtet.

Diese Möglichkeiten von individueller Altersprophylaxe hängen jedoch, so Sozialwissenschaftler wie Otto Blume (1968), dessen 'Institut für Selbsthilfe und Sozialforschung' die ersten Altersuntersuchungen durchgeführt hat[13], vom *Bildungsgrad* ab. Seine Ergebnisse bestätigen, "daß nämlich das kalendarische Alter mit dem biologischen Alter nicht identisch und der Bildungsgrad ausschlaggebend ist für Verhaltensweisen, Einstellungen und Erwartungen nach dem 65. Lebenjahr"[14]. Das idealistische, elitäre Altersbild wird von Blume kritisiert, indem er auf die Lebenswirklichkeit des Großteils der Alten verweist: "Mit der Aufgabe, seine Umwelt erst am Lebensabend mitgestalten zu helfen, ist die Mehrheit der älteren Menschen überfordert. Die gutgemeinten Ratschläge mancher Gerontologen, in der Zeit der langen Muße den Sinn des Lebens zu entdecken, dem Ethos der Arbeit zu huldigen unter der Devise: Arbeit macht froh, lassen die Realitätsferne dieser Männer stark durchschimmern. Die Mehrheit der alten Menschen besteht nicht aus - in der humanistischen Tradition verwurzelten - Akademikern, sondern aus Männern und Frauen, deren Gestaltungsspielraum zeitlebens eng war und in hohem Alter ... noch enger wird"[15]. Blume wendet sich deutlich gegen Versuche

---

[10] Blume 1968:3.
[11] Z.B. "Der alte Mensch in unserer Zeit" (1966); "Die Kunst alt zu werden" (1962); Themen wie 'Altersprobleme im Tierreich', 'Goethes Altersgeistigkeit: Weltbild und Altersstil' oder 'Das Altern in der unbelebten Welt' füllen noch 1966 den Sammelband "Das Altern. Fakten und Probleme".
[12] Z. B. Schubert 1969:1.
[13] Blume 1962.
[14] Blume 1968:Vorwort.
[15] Blume 1968:131.

der Altenhilfe, den alten Menschen durch neue 'Hobbies' und verordnete 'Aufgaben' einen Sinn im Leben bieten zu wollen, der mit der gesellschaftlichen Realität nicht im Zusammenhang steht.

Auch Tartler kritisiert Versuche, dem Alter durch Altenhilfe neue 'Funktionen' geben zu wollen, geht dabei aber - im impliziten Bezug auf die Bestimmungen des neuen Bundessozialhilfegesetzes - noch einen Schritt weiter: 'Zerstreuungen' für alte Leute, so der Autor, haben keine gesellschaftliche Funktion, sondern nur eine Funktion für den einzelnen und reichen daher nicht aus für ein sinnerfülltes Leben. Die Erwartung der Herausbildung einer Freizeitgesellschaft werde schon heute prospektiv zur Grundlage von Altenhilfemaßnahmen gemacht, was die Ausgliederung alter Menschen nur befördert: "Es ist jedoch die Frage, ob hier nicht auf sozialplanerischem Wege versucht wird, neue Leitbilder zu schaffen, die aufgrund einer mehr oder weniger wahrscheinlichen Prognose der gesellschaftlichen Entwicklung bewußt oder unbewußt dazu beitragen sollen, diese Wirklichkeit erst herbeizuführen"[16]. Hobby, Spiel und Konsum, so der Autor, können nicht die dominierenden Beschäftigungen funktional integrierter Gesellschaftsmitglieder sein.

Der typisch sozialwissenschaftlichen Sichtweise Tartlers, die betont, daß nicht erwartet werden kann, daß ein funktionsloses Alter die Anerkennung der Gesellschaft findet[17], stellen die Psychologen Ursula Lehr und Hans Thomae (1968) die Auffassung gegenüber, daß viele Altersprobleme aus einer *negativen Bewertung des Alters* herrühren. Die Stufenvorstellung vom Alter, so Lehr/Thomae, impliziert ein negatives Altersbild, dem sie eine individuell-psychologische Perspektive der 'lebenslangen Entwicklung' entgegensetzen: "Die verschiedenen individuellen Reaktionen auf die Situation des Älterwerdens sind aber offensichtlich ein Hinweis darauf, daß Altern stets das Ergebnis eines individuellen Lebenslaufs samt seinen sozialen Bezügen darstellt. ... Eine kritische entwicklungs- und sozialpsychologische Betrachtung des Alterns betont jedenfalls die innere Einheitlichkeit eines individuellen Bios auch gegenüber der oft vermuteten und zu leicht entdeckten überindividuellen Einheitlichkeit einer Lebensphase"[18]. Unschwer sind die Anleihen beim elitären idealistischen Altersbild zu erkennen, in dem die alten Menschen zur Reife und Erhöhung gelangen sollen. Als dessen 'Erben' haben die entwicklungspsychologisch orientierten Geontologen allerdings zwei Änderungen angebracht. Zum einen wird jede Stufenvorstellung vom Alter verneint, zum zweiten werden die sozialen Bezüge der alten Menschen mehr als bisher betont.

Auch Rosenmayr/Köckeis weisen auf die Gefahren dieses negativen Altersstereotyps hin: "Gerade die Zumessung von solcherart naiven, nur vom Merkmal des Alters her gewonnenen Rollenbildern, hat eine gewisse suggestive Wirkung auf diejenigen, die für bejahrte Menschen Zeitschriften und Bücher, aber auch Wohnungs- und Siedlungspläne schaffen; ..."[19]. Alter, so stellen die Autoren fest, differenziert sich nach Bildungsstand, Gesundheitszustand, Einkommen und gesellschaftlichem Status: um seine Facetten zu beleuchten, ist Forschung ebenso nötig wie Sozialarbeit.

Zusammenfassend kann konstatiert werden, daß sich in den sechziger Jahren ein realistischeres Altersbild, das sich an sozialwissenschaftlichen Forschungsergebnissen orientiert und *Alter als ein soziales Phänomen* beschreibt, an Einfluß gewinnt. Sowohl Probleme wie auch Potentiale des Alters werden betont und damit eine Differenzierung des Altersbildes eingeleitet, das nun nicht mehr nur an der 'richtigen' Bewältigung der Aufgabe und Lebensstufe Alter gemessen werden soll.

---

[16] Tartler 1964, in: Gesellschaft für sozialen Fortschritt, 180f.
[17] Tartler 1961:168.
[18] Thomae in Lehr/Thomae 1968:16.
[19] Rosenmayer/Köckeis 1965:11.

Der individuelle Bildungsgrad wird als wichtiger angesehen als die Zugehörigkeit zu einer gesellschaftlichen Altersgruppe: idealtypisch sind es die *normalen Alten*, die in den sechziger Jahren ins Blickfeld geraten. Das idealistische Altersbild und die mit ihm verbundene Stufenvorstellung vom Alter werden von psychologisch orientierten Gerontologen wie Lehr und Thomae als in ihren Konsequenzen diskriminierend entlarvt. Die Gegenperspektive der 'lebenslangen Entwicklung', so wird zu zeigen sein, enthält jedoch ebenso wie das idealistische Altersbild elitäre Elemente, da es auch hier wie bei der 'Aufgabe Alter' wieder mehr oder weniger wünschenswerte individuelle Entwicklungsziele und Altersbetätigungen geben muß.

6.1.2 *Problemsichten: Betonung sozialer und kultureller Problemlagen*

Die von Rosenmayr/Köckeis (1965) und anderen geforderte Forschung, die die Problemsicht zu Alter in ihrer Folge nachhaltig beeinflußte, wird in den sechziger Jahren aufgenommen. Lebenslagenuntersuchungen und Altenbefragungen sollen es möglich machen, von der Lebenslage und den konkreten Erwartungen der alten Menschen bei der Konzeption von Maßnahmen der Altenhilfe auszugehen. Die Sozialwissenschaft kann zwar die Ursachen der sozialen Probleme nicht erklären, wohl aber zuerst einmal ein profundes Bild der gesellschaftlichen Wirklichkeit liefern: "Natürlich besteht der Befund, den die so verfeinerten Erhebungen liefern, zunächst aus nichts als Feststellungen. Die Frage der ursächlichen Zusammenhänge kann auf diese Weise nicht gelöst werden. Aber sowohl für die Erklärung der festgestellten Tatsachen wie für die Konzeption geeigneter Maßnahmen sind eben doch jene wissenschaftlichen Verfeinerungen bei der Ermittlung der Tatsachen wichtig"[20].

Die ersten Untersuchungen nach der von Friedeburg/Weltz (1958) sind die von Fritz Beske (1960) zur Situation in den Kieler Alters- und Pflegeheimen[21], die in Köln durchgeführte Studie des Sozialwissenschaftlers Otto Blume über "Alte Menschen in einer Großstadt" (1962)[22] oder die "Altersuntersuchung Neuß" (1963)[23], die ebenfalls vom Institut für Selbsthilfe und Sozialforschung in Köln, an dem Blume tätig ist, durchgeführt wird[24]. Die beiden letztgenannten Lebenslagenuntersuchungen bringen zum ersten Mal empirisches Material über die konkrete Situation alter Menschen in Großstädten[25].

In den sechziger Jahren werden, wie gezeigt, zwar Probleme und Potentiale des Alters betont, der Problembegriff bezieht sich aber in großem Maße auf *immaterielle Problemlagen*. Von Einsamkeit und Sinnlosigkeit, so die Argumentation, sind potentiell alle Alten betroffen: die in den fünfziger Jahren begonnene Diskussion hat sich durchgesetzt. Auch Blume argumentiert in diesem Sinne, wenn er die alten Menschen als einen sozial schwachen Bevölkerungsteil bezeichnet und besonders die 'beziehungslos gewordene Stellung der Alten innerhalb der Gesellschaft' problematisiert: "Die Struktur der sozialen Gruppe 'alte Menschen' bietet im allgemeinen das Bild eines sozial schwachen Bevölkerungsteils. Diese Schwäche

---

[20] Weisser in Blume 1962:9
[21] Beske 1960. Beske war Regierungsmedizinalrat im Innenministerium Schleswig-Holsteins.
[22] Blume 1962.
[23] Stadt Neuß 1963.
[24] Eine weitere empirische Arbeit aus den sechziger Jahren ist z.B. Schmittchens Untersuchung zu Einstellung der Selbstständigen zur Rentenversicherung (1968).
[25] Die Vorgehensweise erscheint aus heutiger Sicht teilweise merkwürdig: in der Logik der damaligen Zeit wurde immer der Haushaltsvorstand, also in den meisten Fällen der Ehemann, befragt, die Lebenssituation der Ehefrau ausgeklammert.

ist so bedrückend, daß der Sozialpolitiker von den verschiedensten Seiten um Auskunft und Rezepturen angegangen wird. Das gilt vor allem für die oft beziehungslos gewordene und deshalb gefährdete Stellung älterer Menschen innerhalb des gesellschaftlichen Geschehens. Daneben treffen auch heute noch jene Merkmale materieller Not zu, die seit je die Aufmerksamkeit karitativen und fürsorgerischen Denkens auf sich gezogen haben"[26].

Auch die 'Überalterungs-These', in den fünfziger Jahren noch fester Bestandteil der Problemsicht zu Alter[27], wird nun hinterfragt und die Notwendigkeit gesehen, nicht nur Notlagen zu kompensieren, sondern alle alten Menschen mithilfe von Sozialpolitik wieder in die Gesellschaft zu integrieren: "Gesellschaft und Staat haben sich nicht deshalb vordringlich um die alten Menschen zu kümmern, weil ihre Zahl gewachsen ist, sondern weil ihre gesamte Lebenssituation im Rahmen der Gesellschaft gesehen werden muß, in der sie leben. In zunehmendem Maße wird die Notwendigkeit erkannt, die Lage der alten Menschen zu verbessern und sie am Leben der Gesellschaft soweit als eben möglich teilnehmen zu lassen. Die heutige Gesellschaft drängt den alten Menschen unbeabsichtigt häufig an den Rand des sozialen Geschehens. Vielfach sind die Alten auch selbst geneigt, sich vom Leben der Gemeinschaft zurückzuziehen. Der Sozialpolitik fällt auch in diesem Zusammenhang die Aufgabe zu, den betroffenen Personenkreis in die Gesellschaft zu integrieren" [28].

Die Alterssituation wird, so wurde schon deutlich, nun in der Logik des individuellen Lebenslaufes und der sozialen Stellung gesehen und beginnt sich somit *auszudifferenzieren*. Ein Bruch in der Lebenskontinuität alter Menschen soll verhindert werden: eine "angemessene Aktivität in der freien Zeit" ist "am besten geeignet, dem vorzeitigen Erlahmen der Kräfte und dem Verfall in das Greisentum entgegenzuwirken"[29].

Andere Akzente in ihrer Problemsicht legen Rosenmayr/Köckeis, die die Überalterung, die Ausgliederung der alten Menschen aus der Familie und ein negativer gewordenes Altersbild, das auf das Selbstbild alter Menschen durchschlägt, als konstitutiv dafür ansehen, daß alte Menschen als Gruppe zu einem Problem geworden sind: "Wenn wir im folgenden von 'alten Menschen' sprechen, so soll darin nicht die Bedeutung von 'abgenützt' und 'unbrauchbar' mitschwingen. Andererseits müssen wir erkennen: obwohl bereits in der vorindustriellen Periode alte Menschen teilweise als eine jener Gruppen empfunden wurden, für die im besonderen Maße fürsorgerische Maßnahmen als notwendig angesehen wurden, was schon in der häufig wiederkehrenden Formel von der Betreuung der 'Armen, Alten und Kranken' (durch geistliche Orden, Bürgervereinigungen oder individuelle Wohltätigkeit) zum Ausdruck kam, so sind doch erst in der hochindustrialisierten Gesellschaft die Menschen höheren Lebensalters als Gesamtgruppe zu einem Problem geworden, das erst allmählich in seiner gesamten Tragweite erfaßt wird". Als eine Ursache dafür führen die Autoren "die Änderungen in der Selbstbewertung alter Menschen und ihrer Beurteilung durch die Gesamtgesellschaft", also ein negatives Altersbild an[30].

Bis hierher kann festgestellt werden, daß sich trotz eines differenzierteren Altersbildes bis zum Ende der sechziger Jahre die Auffassung durchgesetzt hat, alte

---

[26] Blume 1968:1f.
[27] Auch 1960 noch schlägt F.X. Kaufmann vor, der 'Überalterung' der Gesellschaft mit einer gezielten Bevölkerungspolitik zu begegnen: "Es muß vor allem das weitverbreitete Ideal der Zweikinderfamilie einer kritischen Aufklärung unterzogen werden. Es ist weder aufgrund psychologischer noch demographischer Überlegungen berechtigt" (Kaufmann 1960:539f.).
[28] Gesellschaft für Sozialen Fortschritt 1964:5.
[29] Gesellschaft für sozialen Fortschritt 1964:37.
[30] Rosenmayer/Köckeis 1965:17f.

Menschen seien als *gesellschaftliche Gruppe* benachteiligt und einschlägige sozial-politische und Altenhilfe-Maßnahmen müßten sich daher auf alle Alten beziehen. Synonym zu 'Einsamkeit' und 'Sinnlosigkeit' des Alters wird ab der Mitte des Jahrzehnts die gesellschaftliche Ausgliederung der Alten problematisiert. Reintegration heißt aber nicht nur Wiedereingliederung in die Familie. Gegenüber der in den fünfziger Jahren verbreiteten Problemsicht wird zu Ende der sechziger Jahre als neues Leitbild die *Eigenständigkeit* der alten Menschen betont, die zudem präventiv gefördert werden soll. So heißt es z.B. bei Schmelzer/Tebert: "Die vorliegende Untersuchung wird nicht nur den gezielten Einsatz der bisherigen Instrumente der Altenpolitik möglich machen, sondern auch Anregungen geben für neue Maßnahmen im Bereich der Altenhilfe, die geeignet sind, die Selbständigkeit und Eigenständigkeit des alten Menschen zu fördern. Denn nur solche Maßnahmen lassen sich in der Öffentlichkeit und gegenüber den alten Menschen verantworten"[31].

Eine - allerdings kleiner werdende - Gruppe der Altersforscher ortet nun als Wurzel allen Übels die abrupte Berufsaufgabe, die den Menschen - hier wird die Situation alter Männer zur Norm erhoben, alte Frauen dagegen nicht berücksichtigt - in den *Pensionierungsbankrott* treibt: "Das abrupte Herausreißen aus der täglichen, oft seit Jahrzehnten regelmäßig ausgeübten Tätigkeit ist für viele Menschen ein unbarmherziger Eingriff in ihr Leben. Bis zu diesem Zeitpunkt war der Mensch noch vollwertiges Mitglied der Gesellschaft. Er arbeitete und schaffte Werte"[32]. Andere fragen sich wie z.B. Tartler, weshalb diese Berufsausgliederung "im allgemeinen nicht nur relativ widerspruchslos hingenommen wird, sondern weitgehend sogar bejaht wird"[33] und finden die Antwort darin, daß das Rentnerdasein nicht mehr verknüpft ist mit dem Verzicht auf Konsumansprüche, sondern mit einem neuen 'Konsumideal des Alters'. Empirische Erhebungen widersprechen dem Mythos vom 'Pensionierungsschock' und weisen darauf hin, daß die Mehrheit der älteren Arbeitnehmer "gern aus dem Betrieb ausgeschieden ist und nicht daran denkt, noch einmal an die Werkbank oder an den Schreibtisch zurückzukehren. Ganz im Gegenteil: die Mehrheit der Arbeitnehmer sieht das 60. Lebensjahr als die ideale Berufsgrenze an"[34].

Nicht nur bei der Einstellung alter Menschen zum Beruf wird in den sechziger Jahren in der wissenschaftlichen Literatur die Problemsicht realitätsorientierter, sondern auch im Bereich der *Familie*. Die in den fünfziger Jahren hochgelobte Generationenfamilie wird 'entzaubert', und zwar unter Hinweis auf die realen sozialgeschichtlichen Verhältnisse und auf die von alten Menschen angestrebte - und ihnen jetzt auch zugestandene - Eigenständigkeit. Gegen den Mythos von der Großfamilie als Handlungsmaxime für heutige Sozialpolitik wendet sich Blume: "Bei der Diskussion um Altenprobleme trifft man auch heute noch auf sozialpolitisch Interessierte, die dem Ideal der Großfamilie anhängen und unterstellen, der alte Mensch sei früher im Schoße der Familie geborgener gewesen. Sie meinen, mit entsprechenden Rekonstruktionen den Problemen des Altwerdens in der industriellen Gesellschaft begegnen zu können. Es ist zu vermuten, daß diese sozialpolitisch Interessierten mehr einer Idealvorstellung verhaftet sind, als daß sie durch exakte Kenntnisse der Sozialgeschichte geleitet werden; es ist ja, wie wir betont haben, nicht unbestritten, daß es vor 200 oder 300 Jahren dem alten Menschen im Schoße der Großfamilie besser ging als heute in einem eigenen separaten Haushalt. Im Gegenteil: fast alle erreichbaren Fakten sprechen dafür, daß sich das Los der älteren Menschen in unserer heutigen Gesellschaft erheblich gebessert hat"[35]. Der alte

---

[31] Schmelzer/Tebert 1969:7.
[32] Thieding 1965:33.
[33] Tartler 1961:121ff.
[34] Blume 1968:88.
[35] Blume 1968:48.

Mensch ist keinesfalls nur glücklich, wenn er mit seinen Kindern zusammenwohnt, so der Autor: "Aus unserem Gesamtmaterial ergibt sich, daß nicht wenige Befragte das Zusammenleben mit ihren Kindern als eine Notlösung betrachten"[36].

Die empirischen Ergebnisse aus der Altenbefragung stützen diese Argumentation: "Wir haben aufgezeigt, daß in den Großstädten über die Hälfte der alten Menschen eine eigene Wohnung besitzt, die sie weder mit Kindern noch mit sonstigen Verwandten teilt. Drei Viertel der Verheirateten leben für sich allein (von den Verwitweten etwa die Hälfte). Dieser Tatbestand wird von den Anhängern der Mehrgenerationen-Familie meist so interpretiert, als verhindere die Wohnungsnot bzw. die üblich gewordene Kleinwohnung den wünschens- bzw. schätzenswerten Zusammenschluß zum Zwei- bzw. Drei-Generationen-Haushalt. ... Die alten Menschen, die allein wohnen, wollen allein wohnen bleiben und sind nicht gewillt, zu ihren Kindern zu ziehen, auch nicht wenn die räumlichen Voraussetzungen geschaffen würden. Dagegen möchten über ein Drittel der Personen, die im Augenblick noch mit den Kindern zusammenwohnen, soweit die Möglichkeit bestünde, am liebsten einen eigenen Haushalt bilden."[37] Eine Sozialpolitik, die ihren ganzen Ehrgeiz daran setzt, Enkel, Kinder und Großeltern möglichst unter einem Dach zu vereinen, so Blume, würde den Wünschen der meisten alten Menschen zuwiderhandeln.

Ebenfalls ist von den besonderen Altersaufgaben in der Familie nur noch wenig die Rede: "Mit dem Einschrumpfen der Funktion der Familie sinkt auch die Möglichkeit für die ältere Generation, sich im Familienrahmen nützlich zu machen. Daraus ergeben sich beim Zusammenwohnen häufig insbesondere unter heutigen Wohnverhältnissen, unerträgliche Zustände, welche Ansehen und Stellung der Alten vollends untergraben"[38]. Die Ausgliederung der Alten aus der Familie, so erkennen die meisten Autoren inzwischen an, ist ein Fakt.

Dieser Erkenntnis setzt zuerst Tartler die Beschreibung des Verhältnisses von Alter und Familie mit *innerer Nähe durch äußere Distanz* entgegen: die Pflege von Gemütsansprüchen innerhalb der Familie setzt gerade deren funktionelle Neutralisierung voraus[39]. Rosenmayr/Köckeis kommen zur ähnlichen Diagnose der "Intimität auf Abstand", die getrenntes Wohnen von Alten und Kindern anerkennt, betrachten das aber als eine "Ablösung auf Widerruf", da im Notfall die getrennte Haushaltsführung aufgehoben wird und die Kinder die alten Eltern zu sich nehmen. Es handelt sich um eine "sozialfunktionelle Aufrechterhaltung der Beziehungen in der Dreigenerationenfamilie bei Auflösung des gemeinsamen Haushalts"[40]. Rosenmayr/Köckeis verfolgen mit ihrem Konzept die erklärte Absicht, die Familie für die Betreuung der Alten zu 'retten': "... bejaht man von seinem Wertstandpunkt aus die Familienbeziehungen zwischen den Generationen, und mißt man der 'Mehr-Generationen-Familie' tragende Bedeutung in seinem Gesellschaftsbild zu, so ergibt sich aus den empirischen Befunden und dieser Wertauffassung etwa folgende Konsequenz: die öffentliche und die private Fürsorge einschließlich der sozialmedizinischen Dienste sollen gegenüber den Bejahrten überall dort, wo eine Nachkommenschaftsfamilie funktionsfähig und funktionswillig erscheint, in Zusammenarbeit mit dieser vorgehen. Neue Maßnahmen sollen darauf abzielen, die Nachkommenschaftsfamilie zur Meisterung der vielfältigen Altersprobleme zu aktivieren"[41].

---

[36] Blume 1968:51.
[37] Blume 1969:130.
[38] Pollock 1966: 116f.
[39] Tartler 1961.
[40] Rosenmayer/Köckeis 1965:4f.
[41] Rosenmayer/Köckeis 1965:6f.

Dabei erkennen die Autoren an, daß die Familie nicht in allen Fällen funktionsfähig ist oder ihre Alten nicht betreuen will - die Fürsorge, so ihre Argumentation, ist aber auf die Familie und die 'kleinen Gemeinschaften', deren Selbstverantwortung und Opfersinn angewiesen als Voraussetzung dafür, "daß die ständig wachsenden Betreuungsaufgaben erfüllt werden und nicht wie Wellen über die von Staat und Gemeinden oder den Kirchen geschaffenen und gestützten Einrichtungen der Sozialarbeit zusammenschlagen"[42]. Dieser Opfersinn soll durch eine moralische Stärkung der Familie geweckt, die Familie zur Erfüllung dieser notwendigen Aufgabe befähigt werden. Die Mittel dazu sind 'Volkserziehung' und Sozialarbeit, innerhalb derer fachlich spezialisierte 'Altershelfer' ausgebildet werden sollen, und eine Umstrukturierung der Sozialverwaltung: "Die neuen Aufgaben der Sozialarbeit erfordern auch eine Umstrukturierung der Sozialverwaltung; denn um entsprechend persönlich helfen zu können, ist in zunehmendem Grade spezialisiertes soziologisches Fachwissen auch des Praktikers nötig"[43]. Hier ist deutlich das Bemühen zu erkennen, Sozialarbeit auf verhältnismäßig unklar definierte Problemlagen 'anzusetzen' und so zu versuchen, die - im Hinblick auf die Problemlösung unbefriedigenden - gesellschaftlichen Rahmenbedingungen zu gestalten.

Die in den fünfziger Jahren so häufig anzutreffenden Problemdiagnosen 'Einsamkeit' und 'Sinnlosigkeit', denen mit Reintegration in die Familie und Schaffung neuer Altersaufgaben - wenn nicht in der Familie, dann in Altentagesstätten - begegnet werden sollte, haben sich im BSHG von 1961 manifestiert, werden aber in der wissenschaftlichen Diskussion im Laufe der sechziger Jahre relativiert. *Einsamkeit* erschien in den Fünfzigern als das dominate Problem alter Menschen überhaupt, sie wurde allerdings meist einfach mit Alleinleben gleichgesetzt. Dem widerspricht Blume aufgrund seiner empirischen Ergebnisse: "Zusammenfassend läßt sich feststellen, daß die Einsamkeit älterer Menschen stark überschätzt wird, weil das statistische Merkmal 'alleinstehend' mit dem psychologischen Merkmal 'sich allein fühlen' verwechselt wird. Definiert man Einsamkeit als 'sich allein fühlen', nimmt die Einsamkeit für ältere Menschen wahrscheinlich keinen quantitativ wesentlich größeren Raum ein als für jüngere"[44].

Zudem erreichen die als Antwort auf die Alterseinsamkeit vorgeschlagenen *Altenclubs* und *Altentagesstätten*, so zeigen die empirischen Ergebnisse, gerade die Einsamen nicht[45]. Blume zeigt sogar, daß die Zielgruppe der Altentagesstätten und Altenclubs glatt verfehlt wird: "Generalisierend ergibt sich aus unseren Zahlen, daß Altenclubs keineswegs Stätten sind, die überwiegend von den älteren Menschen aufgesucht werden, die keine andere Möglichkeit zur Kontaktpflege haben. ... Man gewinnt aus dem Zahlenmaterial den Eindruck, als stünde der Altenclub den sehr mobilen und agilen älteren Bürgern als zusätzliches Betätigungsfeld offen und sei keineswegs eine Institution für diejenigen, die die Begegnung zu Gleichaltrigen verloren haben"[46].

Auch eine *sinnvolle Beschäftigung* findet in den Altentagesstätten offensichtlich nicht statt, denn, so Blume: "Wo das Anliegen, an kulturellen, geselligen oder unterhaltenden Veranstaltungen teilzunehmen, völlig fehlt, sind die von der Sozialpraxis zu bietenden Anreize weder wirksam noch gezielt genug, solche Anliegen zu wecken oder Surrogate zu schaffen"[47]. Die pädagogischen Ansätze, die die alten Menschen zur Bewältigung der 'Aufgabe Alter' führen sollten, greifen nicht, da sie

---

[42] Rosenmayer/Köckeis 1965:7f.
[43] Rosenmayer/Köckeis 1965:9.
[44] Blume 1968:85.
[45] Gesellschaft für Sozialen Fortschritt 1964:38
[46] Blume 1968:114f.
[47] Blume 1968:137.

zu elitär angelegt sind[48]. Das Bildungsniveau prägt auch die Aktivitäten im Alter, weshalb die Angebote der Altenclubs und Altentagesstätten an der Zielgruppe vorbeigehen und nicht zur Lösung der Probleme beitragen, als deren Antwort sie gedacht waren. Schon die Altenbefragung in Köln (1961) - befragt wurden die Bewohner der städtischen Altersheime und Alterswohnhäuser - stellt fest, daß nur 4% der Befragten ein Interesse an Hobbykursen wie Basteln, Nähen oder Werkarbeiten haben und meinen dazu: "Inwieweit eine 'Nachhilfe' bei solchen Steckenpferden erfolgreich sein würde, vermögen wir nicht abzuschätzen"[49]. Dennoch ist festzustellen, daß die Gestaltung der *Freizeit* alter Menschen ein kommendes Thema in der Diskussion ist, und zwar unter dem Blickwinkel, daß die Berufsausgliederung der Alten als irreversibel gesehen und künftige neue Altersrollen in Freizeit und Konsum prognostiziert werden.

Mit dem Altersbild, das alten Menschen nun nicht nur Eigenständigkeit zugesteht, sondern sie geradezu fordert, verändern sich auch die *Anforderungen an Altenhilfe*, die im der wissenschaftlichen Literatur formuliert werden. Der Heimaufenthalt, der bisher als Selbstverständlichkeit angesehen wurde, gerät mehr und mehr kritisch in die Diskussion. Die Forderung nach ergänzenden *offenen Hilfen* wird laut, die den Alten den Verbleib in den eigenen vier Wänden erleichtern sollen, so z.B. Beske: "Ist doch, ... , die beste Wohnung nur ein geringer Fortschritt, wenn sie nicht durch die Hilfeleistungen und Einrichtungen ergänzt wird, die notwendig sind, um die sozialen und psychologischen Bedürfnisse der Bewohner zu befriedigen"[50]. Auch die 'Gesellschaft für sozialen Fortschritt' will den Ausbau der offenen Hilfen forcieren: "Insbesondere sollen für die Alleinlebenden Hilfen geschaffen werden, die ihnen ihre Selbständigkeit erhalten und vielen von ihnen den Weg ins Heim ersparen"[51]. Gefordert wird unter dem Etikett der offenen Hilfen eine gezielte Beschäftigungstherapie in Altersheimen, Vorbereitung auf den Ruhestand, die Schaffung von Altenberatungsstellen, und, nicht zuletzt, *Altenplanung*, für die einige Standards formuliert werden: "Voraussetzung für eine umfassende und wirksame Altenhilfe ist eine langjährige Planung. Sie sollte von einer Untersuchung über die Lage der alten Menschen ausgehen und sich einen Überblick über den Bestand und den Bedarf an Wohnungen, Heimplätzen, Tagesstätten und sonstigen Einrichtungen, aber vor allem auch an Pflegekräften verschaffen. Eine Planung kann nur Erfolg haben, wenn alle öffentlichen und freien Kräfte auf allen Ebenen zusammenwirken"[52].

Im Ergebnis setzt sich gegen Ende der sechziger Jahre die Auffassung durch, daß auch die Altenhilfe sich neu orientieren muß, und zwar nicht mehr am Defizitmodell vom Alter, sondern an der Realität, so z.B. Schmelzer/Tebert: "Nach eigenen Aussagen sind 85% der alten Menschen von Rheinland-Pfalz mit ihrer jetzigen Lage zufrieden. Ebenso läßt eine Reihe anderer Daten auf ein erstaunliches Maß an Anpassung und Bewältigung der gegebenen Lage schließen. Dagegen scheinen Vorstellungen der Öffentlichkeit eher an den Problemen einer Minderheit orientiert zu sein, denen eine Bewältigung aus subjektiven oder objektiven Gründen nicht gelingt." Erst durch Sozialforschung kann die Altenhilfe von dem Risiko entlastet werden, "Ausmaß und Ausgestaltung ihrer Maßnahmen am Stereotyp vom hinfälligen und pflegebedürftigen 'alten Menschen' zu orientieren, das auf eine Minderheit vielleicht zutrifft, die überwiegende Mehrheit aber unterschätzt"[53]. Besonders von Professionellen in der Altenhilfe "wird die Problemhaftigkeit der Si-

---

[48] Blume 1968:134.
[49] Stadt Köln (Hg.) 1961.
[50] Beske 1960:81
[51] Gesellschaft für sozialen Fortschritt 1964:43.
[52] Gesellschaft für sozialen Fortschritt 1964:43f.
[53] Schmelzer/Tebert 1969:10.

tuation alter Menschen stark überschätzt, vor allem wird der Anteil der Unzufriedenen zu hoch angesetzt. Professionelle Beschäftigung mit sozialen Problemen lenkt den Blick eher auf die Eigenschaften des kritischen Teils der Zielgruppe als auf den - meist größeren - unproblematischen Rest"[54]. Altenhilfe, so wird hier deutlich, soll sich aber an den weniger problembehafteten *normalen Alten* ausrichten.

Eine 'neue Altenhilfe', so z.B. Schmelzer/Tebert 1969, orientiert sich an der Eigenständigkeit alter Menschen, die durch offene, *pädagogisch-präventive Maßnahmen* gefördert werden soll, und deren Bedürfnissen: in dieser Definition sind alle Alten im Visier der Altenhilfe. Thieding fordert eine Altenhilfe, die die alten Menschen aktiviert: "Die Fürsorge, das Duldenlassen, das Betreuen, die passive Leistungserfüllung müssen durch aktive Maßnahmen unter Einschaltung des alten Menschen ersetzt werden"[55]. Interessant ist ein Ergebnis der Altersuntersuchung Neuß, das besagt, daß bei schuldlos eintretenden Notfällen öffentliche Hilfe durch Stadt und Staat von den alten Menschen selbst an erster Stelle erwartet wird und erst danach die Hilfe der Kinder oder anderer Angehöriger[56]. Auf der anderen Seite stellen Rosenmayr/Köckeis fest, daß die Verwaltung mit der Fürsorge für die Alten überfordert ist und schlagen vor, die Familie durch Sozialarbeit und Pädagogik mit dem nötigen 'Opfersinn' auszustatten und zur Betreuung der Alten zu 'befähigen'. Für die städtischen und staatlichen Verwaltungen ergeben sich neue Aufgaben, "weil aus der Forschung gewonnene Erkenntnisse über persönliche und soziale Beziehungen ein noch viel differenzierteres Vorgehen im Bereich der Maßnahmen verlangt"[57].

Das soziale Problem Alter; so kann zusammenfassend konstatiert werden, wird im wissenschaftlichen Diskurs, der in den sechziger Jahren über Auftragsforschung Verbindung zur Verwaltung aufgenommen hat, an die *Verwaltung als Problemlöser* herangetragen. Dabei dominieren immaterielle Problemlagen die Diskussion, bei deren 'Lösung' sich die Verwaltung zunehmend auch an der Gestaltung sozialer Rahmenbedingungen versuchen muß. Prävention von Altersproblemen wird nicht mehr nur medizinisch-individuell gesehen, sondern kann idealtypisch durch Altenhilfemaßnahmen gefördert werden. Dabei wird den alten Menschen nun Eigenständigkeit und Emanzipation von familiären Bezügen nicht nur zugestanden, sondern von ihnen auch gefordert: dieser Entwicklungsstrang wird sich in den siebziger Jahren verstärken.

---

[54] Schmelzer/Tebert 1969:124f.
[55] Thieding 1965:39.
[56] Stadt Neuß 1963:173.
[57] Rosenmayer/Köckeis 1965:201.

6.2   Alter und Altenhilfe in Fachzeitschriften
in den sechziger Jahren: Prävention durch offene Altenhilfe

Als 'neue Aufgabe' in der Altenhilfe bestimmt die offene Altenhilfe, die präventiv Altersprobleme verhindern soll, als neues Leitbild die Debatte nach der Einführung des *Bundessozialhilfegesetz* von 1961 mit dem §75 Altenhilfe. Durch diese neue Bestimmung wird besonders auch die Aufmerksamkeit der *Verwaltungszeitschriften*[58] stark auf das Aufgabenfeld Altenhilfe gelenkt[59]. Sie spiegelt die in den fünfziger Jahren durch die Sozialzeitschriften vertretene dominierende Problemsicht wider, Menschen seien im Alter hauptsächlich von Einsamkeit und Sinnlosigkeit bedroht, während materielle Problemlagen implizit als zweitrangig bzw. als durch die Rentenreform von 1957 'gelöst' eingestuft werden. Der §75 BSHG erregt daher Aufsehen, "denn er geht erheblich über das hinaus, was bisher als Aufgabe der öffentlichen Fürsorge angesehen worden ist, wenn auch die genannten Arten der Fürsorge schon bisher auf freiwilliger Basis von manchen Fürsorgeträgern ausgeübt wurden"[60]. Bemerkenswert an den gesetzlich neu festgelegten Maßnahmen der offenen Altenhilfe ist besonders die im §75 Abs. 2 aufgeführte 'Hilfe zum Besuch von Veranstaltungen oder Einrichtungen, die der Geselligkeit, der Unterhaltung oder den kulturellen Bedürfnissen alter Menschen dienen': "Damit greift der Gesetzgeber über die unmittelbar materiellen, aber auch über die persönlichen Hilfen hinaus und billigt den alten Menschen kulturelle Bedürfnisse, solche der Geselligkeit und der Unterhaltung als ein berechtigtes, gegebenenfalls durch die Sozialhilfe zu förderndes Anliegen zu"[61]. Die drohende Vereinsamung und Desintegration aufgrund des Alters wurde bei der Konzeption des § 75 BSHG als so bedrohlich und schwerwiegend eingestuft, daß die offene Altenhilfe ohne Rücksicht auf vorhandenes Einkommen und Vermögen gewährt werden kann: alle alten Menschen werden so zur Zielgruppe der Altenhilfe, bedürfen der Hilfe und Betreuung[62].

Der Fürsorge fällt allgemein, so Achinger auf dem Fürsorgetag 1961, die Aufgabe zu, die Welt nicht nur zu erkennen, sondern sie auch zu gestalten und nach "höheren Wertvorstellungen gegen die übermächtige Kraft der gesellschaftlichen Entwicklung anzugehen": sie habe der vergewaltigten Natur zur Hilfe zu kommen[63]. Das Motiv der modernen, nicht mehr gesunden Gesellschaft mit ihrer 'unnatürlichen' Stellung der alten Menschen wird hier deutlich.

Die Umsetzung der im Gesetz verhältnismäßig unklar umrissenen *neuen Aufgaben der Altenhilfe*, mit denen diese Gesellschaftsgestaltung in Angriff genommen werden kann, für die Verwaltung spezifische Schwierigkeiten mit sich bringt, wird auch 1961 schon vermutet. Unter heutigem Blickwinkel sehr vorausschauend kritisiert die 'Soziale Sicherheit' in einem Bericht über den Deutschen Fürsorgetag im selben Jahr zum Thema 'Die Fürsorge im Spannungsfeld der Generationen' die "Kühnheit in der Verwendung neuer Worte" im neuen BSHG und auch im JWG: "Auslegungsschwierigkeiten und zahlreiche Prozesse könnten die Folge sein, wenn beispielsweise bei Anwendung des JWG die 'Grundrichtung der Erziehung' zu bestimmen ist oder das BSHG 'Vereinsamung' oder 'Kulturelle Bedürfnisse' juristisch zu lösen aufgibt"[64]. Sozialdezernent Ulrich Brisch, Verfasser der 'Denkschrift über das Altenproblem im Stadtgebiet Köln' (1959), meldet sich in

---

58 Dabei sind es bis zur Mitte der sechziger Jahre fast ausschließlich die 'Kommunalpolitischen Blätter', die sich des Themas Altenhilfe annehmen.
59 Weller 1963, in: BldW, 381.
60 Weller 1961, in: BldW, 265.
61 Weller 1961, in: BldW, 266.
62 Brisch 1962, in: NDV, 198.
63 Bericht zum Deutschen Fürsorgetag 1961, in: BldW 1961, 391.
64 Stempell 1961, in: SS, 360.

126

den sechziger Jahren zu Fragen der Altenhilfe oft zu Wort, so auch zu den neuen, im § 75 BSHG verwendeten Begriffen, an denen deutlich wird, "wie weit gerade die Altenhilfe über die Behebung oder Linderung materieller Notstände hinaus in den Bereich der geistig-seelischen Individualsphäre des alten Menschen hineinreicht." Die neue Art der Hilfe, die von "Altershygiene über die Hilfe zur Reifung für das Alter und zur Entwicklung der Persönlichkeit bis zur Konfrontation mit dem Sterben" reicht, sollte der öffentliche Träger "bei allem Stolz auf eine funktionierende Sozialverwaltung und auf eine wertbezogene Familienfürsorge" aber in "Bescheidenheit und Zurückhaltung" den freien Trägern überlassen[65].

Trotz dieser vereinzelten Zweifel werden die neuen Maßnahmen der *offenen* *Altenhilfe* allgemein begeistert aufgegriffen, bieten sie doch die Chance, sich in der Altersfürsorge des 'Geruchs des Armenhauses' zu entledigen: "Fürsorge für alte Menschen" braucht sich "nicht nur in der durch Jahrzehnte geübten Form der Alten- und Pflegeheimunterbringung zu erschöpfen"[66].

Schon vor dem Inkrafttreten des neuen BSHG wird in den *Sozialzeitschriften* der gesamte Katalog der offenen Maßnahmen diskutiert, so im wesentlichen die schon mehrfach erwähnten Altentagesstätten und Altenclubs, Altenerholung, Besuchsdienste, Nachbarschaftshilfe, Haushilfedienste, Mahlzeitendienste, Altenberatung und ambulante Pflegedienste[67]. Gemeinsam ist diesen Maßnahmen, daß man sich von ihnen präventive Wirkungen im Hinblick auf einen zu vermeidenden, weil teuren Heimaufenthalt erhofft. Die individuelle 'Vorbeugung' zu lehren, ist Aufgabe der Sozialarbeit und der Erwachsenenbildung, wo die 'Vorbereitung auf das Altern' aber noch in den Anfängen steckt[68].

Altenbildung[69] als Feld der Altenhilfe wird zu Anfang der sechziger Jahre noch gern auf Animation zum Lesen eines guten Buches beschränkt[70] oder als "musisches Tun" gesehen, bei dem die Alten wie folgt beschäftigt werden sollen: "Wir falten gemeinsam eine Zeitung und zupfen daraus ein Männlein und später ein Weiblein"[71].

Die *Altenerholung* soll, so die Argumentation, als "Ferien von der Einsamkeit"[72] für den alten Menschen nicht nur körperliche Erholung bedeuten, sondern auch seinen Lebensmut stärken und ihm das Gefühl geben, noch etwas wert zu sein[73]. Die Argumentation, durch Altenhilfemaßnahmen der Verwaltung könnten alte Menschen soweit betreut werden, daß ihr 'Lebensmut gestärkt' würde, verweist auf die der offenen Altenhilfe zugeschriebenen präventiven Wirkungen.

Im Vordergrund der offenen Hilfen stehen in der Problemsicht der *Verwaltungszeitschriften* die "Vermittlung von Bildung und Freude. Hier haben gerade die Alten von heute einen großen Nachholbedarf"[74]. Altenclubs, Altentagesstätten und Altenberatungsstellen dominieren[75], Hilfen wie Haushilfedienste oder Essen auf Rädern werden erst in zweiter Linie genannt. Die offenen Maßnahmen sollen vorrangig von den Verbänden der Wohlfahrtspflege[76] dezentralisiert eingerichtet werden, "um der Gefahr einer Vereinsamung und Isolierung der immer größer werde-

[65] Brisch 1962, in: NDV, 195.
[66] Krumm 1961, in: Bayrischer Wohlfahrtsdienst ; Heft 2/3, 13.
[67] Ohl 1962, in: NDV, 97-99.
[68] Behrends 1962, in; NB, 184.
[69] Sterzenbach 1962, in: BldW, 384-385.
[70] Heinrichs 1963, in: Das Altenheim, Heft 8, 2-6.
[71] Hils 1962, in: BldW, 382-384.
[72] Matuschak 1961, in: NB, 22-23.
[73] Paazig 1961, in: NB, 21-22.
[74] Schulte 1965, in. KpBl, 414.
[75] "Altenhilfe in der Gemeinde", in: KpBl 1964, 977.
[76] "Der alte Mensch in der modernen Gesellschaft", in: KpBl 1965, 682.

nen Gruppe älterer Menschen frühzeitig mit den rechten Maßnahmen zu begegnen"[77]. Die - durch sozialwissenschaftliche Umfragen als eher schwach frequentiert bezeichneten - Altentagesstätten sollen "den Alten die Möglichkeit geben ... , den Kontakt mit anderen zu erhalten und sich einen Lebenskreis zu schaffen". Nicht im Sinn der Altenhilfe sind "bessere Wärmestuben früheren Stils", sondern echte Gemeinschaften sollen sich bilden, "die sich nicht nur zum Skatspielen, sondern zu Bildungsveranstaltungen zusammenfinden"[78]. Brisch räumt ein, daß das Interesse der alten Menschen an Altentagesstätten und Beschäftigungstherapie nicht groß ist, was aber seiner Ansicht nach auf Unkenntnis beruht: "Wer sie von den alten Menschen kennt, will sie nicht mehr missen, aber es ist sehr schwer, die alten Menschen für die neuen Formen der Altenhilfe zu gewinnen"[79]. Hier wird auch die Absicht manifest, durch die *Prävention* durch offene Altenhilfe Probleme erst gar nicht entstehen zu lassen: "Leitender Gesichtspunkt der Altenhilfe hat nach Dr. Brisch die Feststellung zu sein, daß präventives Handeln immer das bessere ist. Konkret auf Altenhilfe angewandt: die offene Altenhilfe ist stets besser als die geschlossene Altenhilfe. Die Unterbringung im Heim ist stets teuer. Dieser Tatbestand hat auch eine menschliche Seite: es ist grausam, alte Menschen aus ihren Kontakten herauszureißen und in ein Heim abzuschieben"[80]. Die Schaffung von Heimen der offenen Tür sei kein großes Problem: man könnte auf Jugendheime zurückgreifen, die tagsüber meist leerstünden: die Parallelsetzung von Jugendlichen/Kindern und Alten wird hier deutlich und zeigt sich auch in den vorgeschlagenen Lösungen, die manchmal den Verdacht nahelegen, es sollten als Schutz vor Vereinsamung analog zu den Kindergärten 'Altengärten' mit pädagogisch sinnvollen Beschäftigungsangeboten eingerichtet werden, "parallel zu den gleichen Einrichtungen für die Jugend"[81]. Durch höhere Aktivität und Lebenszufriedenheit, so die Argumentation, werden Altersprobleme präventiv verhindert. Das geringe Interesse der ins Auge gefaßten Klienten sowohl an Beschäftigungstherapie im Altersheim als auch an Altentagesstätten bereitet den verantwortlichen Verwaltungsfachleuten jedoch einiges Kopfzerbrechen und bringt den Vorschlag hervor, man solle es mit Erziehungsarbeit und ein wenig sanftem Druck versuchen, der den alten Menschen nur nützt, indem er den "Willen zum Wollen" wiederherstellt[82].

Die in den fünfziger Jahren anzutreffende Problemsicht, die der typischen Problemerklärung 'Einsamkeit und Sinnlosigkeit des Alters außerhalb der Familie' anhängt und als Patentlösung Altentagesstätten und Altenwerkstätten vorschlägt, ist in den Verwaltungszeitschriften zwar noch stärker anzutreffen, verliert aber im Laufe der sechziger Jahre immer mehr an Boden. Stattdessen werden sozialwissenschaftliche Untersuchungen rezipiert, die wie die Repräsentativumfrage in Kölner Heimen[83] inhaltlich in eine ganz andere Richtung weisen. Ergebnisse, die besagen, daß nicht nur die Jüngeren schuld an der Einsamkeit der Alten sind und daß bei den alten Menschen sogar der Wunsch nach Unabhängigkeit von den Kindern besteht, werden auch in den Kommunalpolitischen Blättern als "wichtige Fingerzeige für die Planung der Altenbetreuung" gesehen[84].

Statt einer vollständigen Restauration der Generationenfamilie werden nun Altenwohnungen in Verbindung zu den Wohnungen der verheirateten Kinder gefordert. Auch die im Herbst 1961 durchgeführte Untersuchung zur Situation der

---

[77] "Arbeitskreis III 'Altenhilfe'", in: KpBl 1964, 983.
[78] "Altenhilfe", in. DG 1963, Heft 15, 92-93.
[79] Willms 1963, in. KpBl, 343-345.
[80] Willms 1963, in. KpBl, 344.
[81] Jandl 1961, in: Caritasdienst Heft 4, 25.
[82] Brisch 1962, in: NDV, 198.
[83] Blume 1962.
[84] "Repräsentativumfrage zur Alten-Situation in Köln", in: KpBl 1960, 406.

alten Menschen in Karlsruhe präferiert als Problemlösung den Bau altengerechter Wohnungen und weist - für die damalige Zeit weitsichtig - darauf hin, daß sich in Zukunft der Bedarf an Pflegeheimplätzen gegenüber dem an Altenheimplätzen stark erhöhen wird und daß es hauptsächlich alte Frauen sind, die dort untergebracht werden müssen[85]. Das geringe Interesse der alten Karlsruher Bürger an Altentagesstätten, ein Ergebnis der Karlsruher Untersuchung, schlägt sich im zitierten Artikel in den 'Kommunalpolitischen Blättern' jedoch nicht nieder[86], während die 'Blätter der Wohlfahrtspflege' in ihrem Bericht über die Karlsruher Untersuchung dagegen herausstellen, daß die Einrichtung von Altentagesstätten kein sehr dringendes Problem zu sein scheint[87], was wieder als ein Hinweis auf eine in der Verwaltung bestehende Vorliebe für diese Einrichtungen gesehen werden kann.

Immer häufiger ist das Postulat des *Vorrangs der offenen vor der geschlossenen Altenhilfe* vorzufinden, das sich zu einem guten Teil aus einer erwarteten finanziellen Minderbelastung der Gemeinden erklärt und bei dem humanitäre Aspekte erst an zweiter Stelle stehen: "Die offene Hilfe ist billiger, aber auch menschengerechter"[88]. Der Bezug zur primären Verantwortung der Familie für die Alten liegt auf der Hand: "Der offenen Altenhilfe ist zunächst der Vorrang zu geben. Altenhilfe soll sich so weit wie möglich im Rahmen der Familienversorgung halten. Alle Maßnahmen dürfen auf keinen Fall bewirken, daß die Familienangehörigen, die in erster Linie für ihre Alten zu sorgen haben, zuwenig leisten und zu schnell aus ihrer Verantwortung entlassen werden"[89]. Die Öffentlichkeit dürfe nur soviel Hilfe wie notwendig leisten, auch die Selbsthilfekräfte der Alten müssen angesprochen werden[90]. Es wird davon ausgegangen, daß die Familie die Alten prinzipiell versorgen kann und dabei z.B. auf die Auswirkung der Rentenerhöhung auf die danach rückgängige Zahl der Vormerkungen für Altenheimplätze verwiesen[91].

Die Unterbringung im Altersheim ist z.B. 1966 kein Modell für die Altenhilfe mehr: "Die Leitbilder, noch vor wenigen Jahren bestimmt durch das überkommene Altersheim und die an der unteren Grenze des Existenzminimums liegenden Leistungen der wirtschaftlichen Nothilfe, haben sich gewandelt. ... Vor allem das Bundessozialhilfegesetz hat das Tor für die Möglichkeiten moderner Altenhilfe geöffnet und die persönliche Hilfe neben und über die rein materielle gestellt"[92]. Diese geistig-seelische, persönliche Hilfe für alte Menschen wird ausschließlich bejaht: die offene Altersfürsorge soll der "Stärkung der geistig-seelischen Widerstandskraft"[93] dienen, also präventive Wirkungen im Hinblick auf Altersprobleme entfalten. Ganz deutlich wird in diesem Zusammenhang der Übergang zu einem neuen, nicht mehr an Defiziten orientierten Altersbild und dessen Verknüpfung mit präventiven Maßnahmen für die Mehrzahl der nicht-problembehafteten Alten. Unter diesen neuen Vorzeichen wird auch *Bildungsarbeit* mit älteren Menschen gefordert: Erwachsenenbildung soll älteren Menschen nicht - wie in den fünfziger Jahren beabsichtigt - zur 'richtigen Bewältigung der Lebensstufe Alter' verhelfen, sondern dazu, Altersprobleme zu vermeiden und in der Gesamtgesellschaft integriert zu bleiben. Es soll in speziellen Kursen dem Altersabbau entgegengewirkt und eine

---

[85] "Mehr Altenwohnheime und Altenpflegeheime schaffen!", in: KpBl 1962, 769-770.
[86] "Einrichtung eines Haushilfsdienstes für Betagte in Karlsruhe", in: KpBl 1965:271.
[87] Dullenkopf, in: BldW 1962, 370-375.
[88] Brisch 1965, in: KpBl, 677.
[89] Roesch 1964, in. KpBl, 928.
[90] "Möglichkeiten der offenen und der geschlossenen Altenhilfe", in: KpBl 1965:270.
[91] Brisch 1965, in: KpBl, 677.
[92] Weller 1966, in: LK, 285.
[93] Neff 1966, in: LK, 270-271

frühzeitige psychologische Einstimmung, eine Vorbereitung auf das Alter gefördert werden[94].

Allerdings ist - anders, als die Begeisterung für die offene Altenhilfe es vordergründig vermuten lassen würde - in den Verwaltungszeitschriften in den sechziger Jahren auch eine starke Fixierung auf *bauliche Maßnahmen* festzustellen, die die quantitativen Ergebnisse bestätigt[95]. So sollen Wohnungen mit einem Altenteil gebaut werden, die es alten Menschen ermöglichen, bei ihren Kindern zu wohnen: das das dem Wunsch der alten Menschen selbst widerspricht, wurde zwar durch mehrere Untersuchungen betont[96], findet aber im Verwaltungsdiskurs zumindest bis zur Mitte der sechziger Jahre wenig Beachtung.

Differenzierte Wohnformen für alte Menschen wie Altenwohnungen, Altenheime und Altenpflegeheime sollen erstellt werden, wobei die Heimunterbringung alter Menschen nur noch teilweise positiv beurteilt wird: "Die große Mehrzahl unserer alten Menschen ist also allein, einsam und ohne Hoffnung. Für sie ist das Altenheim eine glückliche Lösung des Wohnungsproblems"[97]. Es wird oft vorgeschlagen, die verschiedenen Wohnmöglichkeiten wie auch eine Altentagesstätte in einem *Altenzentrum* - als Vorläufer heutiger 'Dienstleistungszentren' - zu bündeln, das zu einem festen Bestandteil eines Stadtteils wie Kirche, Schule und Kindergarten werden soll[98] und Teil einer unter soziologischen Gesichtpunkten geplanten Nachbarschaft ist. Hier wird die Hoffnung deutlich, durch bauliche Maßnahmen verlorengeglaubte Gemeinschaften wieder zum Leben zu erwecken: "Die damit[99] erzielte soziologische Zusammensetzung eines neuen Stadtteils von der baulichen Entwicklung her gilt als die beste Voraussetzung für eine gesunde Gesellschaft und ein gemeinschaftliches Leben, das für beide Teile, ältere und jüngere Generation, von nicht zu ersetzendem Wert ist"[100]. Wohnungsbau und Stadtplanung werden so als direkte Lösung für das Altersproblem gesehen und damit schon eine *Stadtteilorientierung* der Altenhilfe in die Diskussion gebracht, die bis heute wichtig ist.

Es zeigt sich, verfolgt man die Diskussion, ein gewisses *institutionelles Beharrungsvermögen* einmal etablierter sozialer Dienstleistungsangebote wie Altentagesstätten: trotz sich deutlich verändernden Problemdefinitionen - Selbständigkeit erhalten statt Einsamkeit und Sinnlosigkeit bekämpfen - sind die Institutionen und Maßnahmen, mit denen eine Problemlösung befördert werden soll, gleichgeblieben. So stellt der Bundesminister für Arbeit und Sozialordnung im Jahr 1969 erstmals Mittel zur Förderung von altersgerechten Erholungsmaßnahmen, der Einrichtung von Altenbegegnungs- und Altentagesstätten, Altenwerkstätten, Altenberatungsstellen, Maßnahmen der Rehabilitation, der Vorbereitung auf den Ruhestand zur Verfügung[101]. Die beherrschende Problemsicht 'Einsamkeit' alter Menschen wird nach und nach ersetzt durch *gesellschaftliche Isolierung,* die es zu verhindern gilt. Der Ruf nach der Großfamilie ist weitgehend verstummt, die gesellschaftliche Integration alter Menschen soll jetzt gerade durch Erhaltung der *Selbstständigkeit* gesichert werden, die durch ein Telefon und einen Fernsehapparat an die Außenwelt angekoppelt ist. Für das Altersproblem Pflegebedürftigkeit gab es -

---

[94] Tietgens 1966, in: LK, 282-284.
[95] Vgl. die Aufmerksamkeit zum Thema Wohnung zwischen 1960 und 1969 in den Verwaltungszeitschriften in Kap. 2.3 dieser Arbeit.
[96] "Forschung und Bestandaufnahme als Voraussetzung für Planungen in der Altenhilfe", in: NDV 1964, 67.
[97] Jost 1965, in. DG, 566.
[98] "Ein Altenplan der Trierer SPD-Ratsfraktion für die Stadt Trier" (1963), in. DG, Heft 15, 89-90.
[99] ... durch Konfrontierung der alten mit der jungen Generation, Amn. d. Verf.
[100] Jost 1965, in. DG, 772-776.
[101] "Förderung älterer Mitbürger", in: KpBl 1969, 73-74.

130

außer bei vereinzelten Hinweisen, mehr Pflegeheimplätze als Altersheimplätze zu bauen - kein Bewußtsein[102]. Anders als die sozialpädagogischen Zeitschriften und die Verwaltungs-Zeitschriften, die auf die offene Altenhilfe nach dem neuen BSHG fixiert sind, meldet 'Arbeit und Sozialpolitik' eine "Verdreifachung der kranken Alten" und weist auf das *Pflegeproblem* hin[103]. Verglichen mit der aktuellen Begeisterung für die offenen Altenhilfemaßnahmen ist das aber nicht mehr als ein einsamer Ruf in der Wüste. Der Blick wird nicht auf die hinfälligen Alten, sondern auf die gesamte Gruppe der idealtypisch gesehen *normalen* alten Menschen gerichtet, in der die Defizite des Alters, so wird schon 1962 betont, nur eine Ausnahme darstellen: "Insgesamt finden wir in den Jahrzehnten jenseits der 60 weit mehr Gesunde als Kranke, mehr Zufriedene als Hadernde, weit mehr am Leben Anteilnehmende als Resignierte." Die Autorin folgert daraus. "Man sollte aufhören, die alten Menschen als Problemgruppe zu betrachten und zu behandeln"[104]. Rentner sind oftmals nicht arm und bedürftig und vor allem keine homogene Schicht[105]. Die Vorstellung von Alter als Lebensstufe hat endgültig ausgedient, Alter wird als ein differenziertes Phänomen betrachtet, wie ein Bericht über den VII. Kongreß der Gesellschaft für Gerontologie 1966 verdeutlicht [106].

Mit der beschriebenen Veränderung der Zielgruppe der Altenhilfe im Zusammenhang stehend und diese befördernd mehren sich im Laufe des Jahrzehnts die Stimmen, die sich gegen ein *negatives Altersbild* wenden. Lehr kritisiert die Stufenvorstellung vom Alter und stellt fest, daß Alter als Ergebnis eines individuellen Lebens so differenziert ist, daß Altersstereotype nicht passen können. Vor dem Hintergrund der Entwicklungspsychologie thematisiert die Autorin Alter zwar nicht als Abbau, jedoch als gesellschaftlichen Verlustprozeß in vielen Lebensbereichen und fordert als Ausgleich hierfür Bildung als Anleitung und 'Befähigung' für die Einzelnen zur aktiven Auseinandersetzung mit dem Altern. Altenbildung soll so nicht nur die Lücke nach dem Berufsaustritt schließen helfen, sondern auch das Verhältnis zu den eigenen Kindern und zum Ehepartner verbessern. "Aufgabe der Altenbildung wäre, Gemeinsamkeiten mit den Kindern zu schaffen, den Älteren die Möglichkeiten zu geben, die Gedankenwelt der Kinder zu verstehen. Wenn Tochter oder Sohn in der Abschlußklasse Hermann Hesses 'Demian' lesen oder wenn gerade Bert Brecht dran ist - warum sollten dann Vater oder Mutter das nicht gleichzeitig lesen und in ihrem (Altenbildungs-)Kreis mit ihresgleichen diskutieren?"[107].

Unverkennbar ist die Forderung, Alte nicht zu betreuen, sondern zu *Aktivität* anzuregen. Der Altenbildung werden in diesem Zusammenhang große Wirkungsmöglichkeiten zugetraut und sie beginnt, in Zusammenhang mit der Aktivitätstheorie immer größeren Einfluß auf die Diskussion zu nehmen. So soll Altenbildung die Altgewordenen "anregen und ermutigen zu beginnen", die Alten sollen "Versäumtes nachholen und Brachliegendes aktivieren" und den Sinn ihrer Lebenslage erkennen und meistern. Altenbildung hat, so die Argumentation, *präventive Wirkungen*: Sie hält den körperlichen und seelischen Abbau auf und daher müssen Methoden entwickelt werden, "um ungeübten alten Menschen Freude daran empfinden zu lehren". Diese 'kulturelle Altenhilfe' soll speziell für Ältere in Altenbegegnungsstätten durchgeführt werden, "auf die letzten Lebensjahre vorbereiten" und den alten Menschen "geistige und künstlerische Werte" vermitteln[108]. Die Al-

---

102 "Programm der KPV/NW für eine gezielte Altenhilfe", in: KpBl 1969, 626.
103 "Verdreifachung der kranken Alten", in. AuS 1961, 282.
104 Behrends 1962, in: NB, 183-184.
105 Kalinke 1967, in: AuS, 82-89.
106 "Altersprobleme in wissenschaftlicher Sicht", in: NDV 1966, 310-312.
107 Lehr 1964, in: Caritas, 126-135.
108 Paazig 1966, in: NB, 149-154.

ten wollten zwar, so ein Autor, de facto von Bildung nichts wissen, aber: "Wenn sich die Alten auch gegen pädagogische Unternehmungen wehren, so sollte sich niemand scheuen, ihnen geeignete Bildungsprogramms anzubieten"[109]. Im Jahr 1968 stellt das Bundesministerium für Arbeit und Sozialordnung Bundesmittel zur Förderung "gesellschaftspolitischer Maßnahmen für die ältere Generation" zur Verfügung, wobei inhaltlich an den §75 BSHG gedacht wird. Trotz des hochtrabenden Titels sind die gefördertern Maßnahmen inhaltlich eher entäuschend. So soll z. B. ein Liederbuch mit Großbuchstaben dazu dienen, "die gesellschaftliche Situation alter Menschen insgesamt zu verbessern, ihre Selbständigkeit zu erhalten und sie zur besseren Teilnahme am Leben der Gemeinschaft zu befähigen"[110] und ihnen das Bewußtsein geben, gleichberechtigter Teil der Gesellschaft zu sein. Die Begriffe Rehabilitation, Prävention und Altersvorsorge[111], aber auch Beratung[112] werden immer wichtiger. "Wir sollten hier nicht", so ein Autor zur Wichtigkeit von Prävention, "- wie so oft in der traditionellen Sozialarbeit - warten, bis Menschen, die mit dieser Situation nicht fertig werden, unserer Hilfe bedürfen, sondern wir sollten durch Anregung und Angebote von geeigneten Maßnahmen versuchen, vorbeugend zu wirken"[113].

Ebenso zeigen sich Mitte der sechziger Jahre deutlichere Bekenntnisse zur *Eigenständigkeit* alter Menschen, so z:B. in einer Reaktion auf einen Offenbacher Hilfeplan wider die Alteneinsamkeit, der allen 'einsamen Alten' einen 'Paten' zur Seite stellen will: "Es ist richtig, alle einsamen Leute aufzuspüren. Ob man aber jedem unbedingt einen Paten attachieren kann, ist eine andere Frage. Auch alte Menschen haben ihre Freiheit. Sie dürfen nicht - auch nicht in der besten Absicht - zum Objekt der Betreuung gemacht werden"[114]. Und im Jahr 1968 werden in der 'Demokratischen Gemeinde' sogar die sexuellen Bedürfnisse alter Menschen thematisiert mit dem Tenor, die Alten nicht z.B. durch strenge Altenheimordnungen zu gängeln[115].

Ebenfalls schon vorzufinden ist die Idee des - kommunalen - Seniorenbeirats, eines Altenparlaments mit für Verwaltung und Gesetzgebung beratender Funktion[116]. Die neue Bezeichnung *Senioren* beginnt Raum zu greifen und mit ihr gleichzeitig eine Begeisterung für spezielle Senioren-Angebote wie z.B. Senioren-Spazierwege[117].

Die Notwendigkeit, die Maßnahmen und deren Finanzierung in einer langfristigen Gesamtkonzeption der Altenhilfe, einem *Altenplan* zusammenzufassen, wird inzwischen öfters betont und ab der Mitte der sechziger Jahre auch in den Verwaltungszeitschriften besprochen, so z.B. unter der Rubrik "Wie es die andern machen". Altenplanung zu betreiben, einen Altenplan zu haben und dabei gerade Maßnahmen der offenen Altenhilfe nach dem BSHG durchzuführen, wird auch durch das gegenseitige Beispiel der Kommunen prestigeträchtig.

Im Jahr 1966 besteht in allen Bundesländern ein Landesaltenplan[118] zur Förderung geschlossener Maßnahmen der Altenhilfe. Ein solcher Altenplan soll zwar Mindeststandards für den geschlossenen Bereich setzen, sich aber durchaus

---

[109] Lepinski 1967, in: BldW, 423.
[110] Schmitt 1969, in: BldW, 372.
[111] Z.B. "Rechzeitige Vorsorge für ein gesundes Alter", in: BldW 1966, 393-394; Störmer 1966, in: BldW, 383-387.
[112] Brocher 1967, in. BldW, 417-421.
[113] Haag 1969, in: BldW, 367.
[114] Helfer 1968, in: DG, 890.
[115] "Leben und Lieben", in: DG 1968, 603.
[116] Schulte 1965, in. KpBl Heft 9, 415.
[117] Rische 1967, in: KpBl, Heft 24, 1085-1086.
[118] Lange 1966, in: LK, Heft 8-9, 296-297.

auch auf die offene Altenhilfe beziehen und so im Bereich dieser neuen Aufgaben "Initiativen für zögernde Gemeinden und Freie Träger" wecken. Grundlagenforschung wie die Altenbefragungen werden für die Erstellung lebensnaher Altenpläne als unerläßlich angesehen[119] und zusammen mit der Bestandsaufnahme als Voraussetzung für Planungen in der Altenhilfe anerkannt[120].

Gegen Ende des Jahrzehnts ist es weithin unbestritten, daß ohne rationale Sozialplanung die komplexen Aufgaben in der Altenhilfe nicht zu erfüllen sind[121]. Politische Parteien entwerfen Altenpläne[122]. Die Altenhilfe soll nun statt gegen Einsamkeit gegen gesellschaftliche Isolierung angehen, womit der Wechsel zur Problemsicht von Alter als sozialem Phänomen deutlich wird. Statt die Sinnlosigkeit des Alters mit Altenwerkstätten und Tagesstätten bekämpfen zu wollen, orientiert man sich nun an der Eigenständigkeit der Alten, wobei deren gesellschaftliche Funktionslosigkeit inzwischen akzeptiert und nur zur Bewältigung Altenbildung gefordert wird. Durch Altenbildung sollen die Einzelnen lernen, manifeste gesellschaftliche Funktionen zu ersetzen und sich an die Altersphase anzupassen. Das Ergebnis sozialwissenschaftlicher Untersuchungen, die individuellen Möglichkeiten zur Altersprävention würden vom jeweiligen Bildungsstand abhängen, wird einfach ins Gegenteil verkehrt und *Bildung im Alter als Altersprävention* betrachtet. Dabei versteht die sozialpädagogische Diskussion unter Prävention die Anleitung zu individueller lebenslanger Entwicklung durch Bildung und Pädagogik, die an stark an die 'Bewältigung der Aufgabe Alter' erinnert. Die Verwaltung macht dagegen, wenn sie von Prävention spricht, eine einfache Rechnung auf, die da lautet: Prävention bewirkt Verhinderung von Hilfsbedürftigkeit und somit weniger Kosten. So kann bei allen Maßnahmen der offenen Altenhilfe eine präventive Wirkung vermutet werden und sie können dazu dienen, die Verwaltung von zu lösenden Problemen zu entlasten, wobei die beabsichtigte 'Rückverlagerung' von Altenhilfeaufgaben in die Familie eine große Rolle spielt.

Zielgruppe der Altenhilfe nach dem Paradigmenwechsel zur Selbständigkeit in den sechziger Jahren, so kann zusammengefaßt werden, sind alle Alten, nicht nur manifest Hilfsbedürftige, da Prävention durch offene Altenhilfe sich an alle richten muß. Das neue Leitbild, das zumindest programmatisch allenthalben vertreten wird, heißt *offene vor geschlossener Altenhilfe*. Gegen Ende der sechziger Jahre ist ein Übergang von der Orientierung der Altenhilfe von den *normalen Alten* - die ja zumindest die Probleme Einsamkeit und Sinnlosigkeit haben - zu den in den siebziger Jahren stark beachteten, selbstständigen und aktiven *Senioren* zu erahnen, die - im Sinne eines positiven Altersbildes - mit Problemen nicht mehr in Zusammenhang gebracht werden.

---

119 Brisch 1962, in: NDV 1962, 197.
120 "Forschung und Bestandsaufnahme als Voraussetzungen für Planungen in der Alternhilfe", in: NDV 1964, 66-67.
121 Brück 1968, in: NB, 135-143, 142.
122 "Die Altenpläne der CDU/CSU, der SPD und der FDP", in: BldW 1969, 362-363.

6.3   Altenplanung in den sechziger Jahren

Die sechziger Jahre sind, wie bisher schon deutlich wurde, von großer Aufmerksamkeit für Fragen der Altenhilfe geprägt. Erstmals erscheinen kommunale Altenpläne in Großstädten in größerer Zahl[123], so in Mühlheim an der Ruhr und Wiesbaden (1960), Stuttgart (1961), Karlsruhe, Kiel und Krefeld (1962), Düsseldorf (1964) und Heilbronn (1965). Gegen Ende der sechziger Jahre deutet sich schon die 'Altenplanungskonjunktur' der siebziger Jahre an: Duisburg, Saarbrücken, Hannover; Kassel und Ulm bringen im Jahr 1967, Aachen und Darmstadt im Jahr 1968 und Bonn und Freiburg im Jahr 1969 ihren ersten Altenplan heraus[124]. Landesaltenpläne oder Vergleichbares gibt es 1962 schon in Bayern[125], Berlin, Bremen, Hamburg, Hessen[126], Niedersachsen[127] und in Ansätzen in Schleswig-Holstein. Auch die Verbände widmen sich dem Thema: 1963 legt die Bundesarbeitsgemeinschaft der Freien Wohlfahrtspflege eine 'Denkschrift zur Altenheimplanung in der Altenhilfe' vor, die sich nur auf den stationären Bereich bezieht und in der das Bemühen erkennbar ist, den Standard der Heimversorgung deutlich zu heben[128]. Der Deutsche Städtetag veröffentlicht 1965 'Hinweise zur Altenhilfe'[129].

Neben der Analyse der in den Altenplänen vorfindlichen Problemsichten und der dort festgelegten Altenhilfestandards soll im folgenden auch jeweils kurz eine Beurteilung von deren 'Plancharakter' vorgenommen werden. Dabei ist *Planung* ganz allgemein als eine Strategie der Komplexitätsreduktion zu verstehen, in deren Verlauf Entscheidungsprämissen für zukünftige Entscheidungen festgeschrieben werden[130]. Durch Planung kann die Verwaltung der Politik künftigen Entscheidungsbedarf aufzeigen und einen Entscheidungsrahmen festlegen[131].

Planungstheoretisch gesehen, geht das *entscheidungslogische Planungsmodell* davon aus, daß gesellschaftliche Ziele und Zwecke feststehen, sich in Zielhierarchien ordnen, in Problemlösungsmaßnahmen operationalisieren und dann in einem Plan festlegen lassen. Problemwahrnehmung und -strukturierung, Problemlösung (durch Planung / Programmierung) und Umsetzung des Plans sind die Stufen dieses Planungsprozesses[132]. Problematisch daran ist, daß die gesellschaftlichen Werte, Problemsichten und Diskurse, die den Planungszielen zugrundeliegen, als bekannt vorausgesetzt werden. Gerade hier ergeben sich, so die an dieser Stelle vertretene Auffassung, in der Regel aber Probleme: der Prozeß der Problemdefinition des sozialen Problems Alters, die Werte und Problemsichten, auf die rekuriert wird, sind nicht feststehend, sondern hängen zu einem größeren Teil von gesellschaftlichen Diskursen und Leitbildern ab. Selbst der nach bestem Wissen und Gewissen erarbeitete Plan kann daher nur so 'gut' und zutreffend sein wie die seiner Zielformulierung zugrundeliegende Problemsicht. Zudem setzen feste Zielhierarchien statische Umweltbedingungen voraus, von denen auszugehen problematisch ist. Mehr Flexibilität bietet hier das *systemtheoretische Planungsmodell*, bei dem

---

[123] Häufig sind Bezeichnungen wie 'Denkschrift' oder 'Bericht über ...'. Die Stadt Freiburg i. Br. hat im Jahr 1958 noch eine Erhebung über die Situation der alten Menschen in Freiburg durchgeführt.
[124] Diese Aufstellung bezieht sich auf die jeweiligen ersten Altenpläne in Großstädten über 100000 Einwohner und ist, folgt man dem vom DZA (1991) herausgegebenen 'Verzeichnis der Altenpläne', vollständig.
[125] Zum bayrischen Landesaltenplan z. B. Kröner 1964, in: NDV, 123-125.
[126] Vgl. "Der Hessische Sozialplan für alte Menschen" (1963), in: BldW, 384-388.
[127] Dazu vgl. Neubelt/Hunek 1962, in: BldW, 214-230.
[128] "Zur Situation der alten Menschen in der Bundesrepublik Deutschland" (1963), in: NDV, 466-474.
[129] Deutscher Städtetag 1965.
[130] Luhmann 1971: 59.
[131] Ellwein 1971: 31.
[132] Lau 1975, 71ff.

im Planungsprozeß durch ständigen Informationsaustausch zwischen beschließenden und ausführenden Stellen auf Umweltveränderungen reagiert werden kann und auch die Ziele durch Rückkopplung an den Verlauf der Planung variabel angepaßt werden können. Die Trennung in Planungsphase und Implementation des Planes entfällt, das oben beschriebene Problem einer Zielfindung - oft ohne Explikation der zugrundeliegenden gesellschaftlichen Werte - stellt sich aber in gewissem Maße auch hier.

Altenplanung kann als der klassische Sektor der Fachssozialplanung angesehen werden. Die Bundesländer sind über die in den Landesaltenplänen festgelegten Versorgungsrichtwerte insbesondere für den Heimbereich an der Planung stark beteiligt. Auch muß berücksichtigt werden, daß ein Altenplan immer nur einen Teil der stattgefundenen Planungen repräsentiert[133]. Über die Qualität der Altenhilfe und den Grad der Umsetzung des Altenplanes in der jeweiligen Kommune kann anhand der Beurteilung der Altenpläne jedoch keine Aussage gemacht werden. Der folgenden Analyse liegt kein normatives Konzept von Planung zugrunde: alles, was von den Kommunen das Etikett 'Planung' erhalten hat, wurde auch als Altenplan analysiert, da die Kommunen damit ihren politischen Willen zur Planung signalisieren[134]. Zur Bewertung der Altenpläne wurden einige grobe Kriterien festgelegt, die von den frühen Plänen jedoch regelmäßig nur zum Teil erfüllt werden können[135]. Auf die verschiedenen aktuelleren Planungsmodelle wird, soweit sie für die Analyse der Altenpläne relevant sind, bei der Beschreibung der jeweiligen Zeiträume eingegangen werden[136].

Generell ist bei den im folgenden zu beschreibenden kommunalen Altenplänen aus den sechziger Jahren, so kann vorausgeschickt werden, die Tendenz festzustellen, sich im planerischen Teil - wenn es diesen überhaupt gibt - vorwiegend auf den geschlossenen Bereich zu beziehen und auch dabei von einer zukunftsbezogenen Finanzplanung abzusehen, sondern nur die Ausgaben der letzen Jahre aufzulisten[137]. Allein der Altenplan von Stuttgart (1961) nimmt eine Finanzplanung für den geschlossenen Bereich vor. So bleibt es inhaltlich fast immer bei unverbindlichen Vorschlägen - 'Denkschrift' ist denn auch ein bevorzugter Titel der Veröffentlichungen. Einige der Pläne liefern nur eine Bestandsaufnahme ohne jegliche zukunftsbezogene Planung und haben so den Charakter von Berichten[138]. In einigen weiteren Plänen wird der zukünftige Bedarf identifiziert, aber für diesen keine Planung vorgenommen[139]. Als Innovation legt die Stadt Karlsruhe ihrem Altenplan eine Altenbefragung, durchgeführt vom Bielefelder Emnid-Institut, zugrunde.

Die Diskussionen in Fachzeitschriften werden in den Altenplänen zwar teilweise aufgegriffen, spiegeln sich aber nicht unbedingt in den geplanten Maßnahmen wider, wie zu zeigen sein wird. Unter der beginnenden 'Planungseuphorie' kommt auch Altenplanung in den sechziger Jahren 'in Mode': über diejenigen

---

[133] Weitere Planungen können z.B. in Stadtratsprotokollen und verwaltungsinternen Papieren usw. festgehalten sein.

[134] Spiegelberg 1984:17.

[135] Als Kriterien zur Bewertung von Altenplanung dienen: theoretische Fundierung; konkrete Zielformulierung; quantitative und qualitative Erfassung des Bestands und Identifizierung des Bedarfs; konkrete, implementationsfreundliche Maßnahmen; Stadtteilbezug und Prozeßorientierung der Planung; Akteursbeteiligung an Planung und Umsetzung; Betroffenenbeteiligung an der Planung; Verbindlichkeit der Planung; vgl. Kap. 4.4.4 dieser Arbeit.

[136] Zum Überblick: Spiegelberg 1984, 9-35.

[137] In Altenplan von Heilbronn (1965), Bonn (1969) und Aachen (1969) werden die Zuschüsse der vergangenen Jahre bzw. für das laufende Jahr aufgelistet.

[138] Z.B. die 'Altenpläne' von Saarbrücken (1967) und Kiel (1962/1965). Im Kieler Plan von 1969 werden die Bedarfsentwicklung und die nötigen Finanzmittel geschätzt, aber nicht geplant.

[139] Z.B. der Altenplan von Freiburg (1969).

Städte, die einen Altenplan haben, wird in Fachzeitschriften berichtet. Sie haben eine Vorbildfunktion für andere Städte, die von ihnen lernen und nun ebenfalls einen Altenplan erstellen wollen. Auch innerhalb der Pläne gibt es Bezugnahmen auf andere Städte und deren Beispiel. Altenplanung soll zum Standard werden, wird von den 'Vorreitern' gefordert. Ohne eine rationale Planung seien die wachsenden Aufgaben in der Altenhilfe nicht zu bewältigen, heißt es z. B. im Stuttgarter Altenplan. Es soll nicht nur "ein Rückblick über das Geschaffene, sondern auch eine Übersicht über den gegenwärtigen Stand und schließlich ein Ausblick über künftig zu treffende Maßnahmen ermöglicht" werden[140].

In der *Problemsicht* der Altenpläne herrscht die Auffassung vor, daß Alter erst durch Ausgliederung aus der Generationenfamilie zu einem Problem geworden ist[141]. Auch in den sechziger Jahre ist eine deutliche Fixierung auf die - die Verwaltung vom Altersproblem entlastende - *Familie* zu erkennen: "Anzustreben wäre, daß wieder wie früher alte Menschen in der Familie eines ihrer Kinder ihren Lebensabend verbringen und sich dort nach dem Maß ihrer Kräfte noch sinnvoll und nutzbringend betätigen. Voraussetzung hierfür sind entsprechende Wohnungen, an denen es gerade in den Großstädten noch sehr fehlt. Immerhin darf festgestellt werden, daß bei dem Mangel an Haushaltshilfen alleinstehende Großmütter gerne in die Familie eines ihrer Kinder zur Versorgung der Enkelkinder oder zur Mithilfe im Haushalt aufgenommen werden, vollends wenn etwa die Tochter oder Schwiegertochter berufstätig ist. Außerdem haben die Erhöhungen der Sozialrenten in nicht wenigen Fällen dazu geführt, daß alte Rentenempfänger, auch alleinstehende Großväter, von ihren Kindern aufgenommen werden, wo sie mit ihrer Rente nicht unwesentlich zur Verbesserung des Familieneinkommens beitragen. Interessant ist ein Versuch in England, wo alleinstehende alte Menschen zu Familien in Pflege vermittelt wurden, denen ausreichende Pflegegelder bezahlt wurden. In letzter Zeit haben sich bei uns einige auswärtige Familien angeboten, alte Frauen aus Stuttgart, die sich noch etwas nützlich machen können, bei sich aufzunehmen. Soweit bekannt wurde, fanden sich jedoch für ein solches Angebot keine Interessenten. Die Zuverlässigkeit solcher Pflegefamilien müßte sorgfältig geprüft werden"[142].

Von der Verwaltung soll diese 'Familienintegration' alter Menschen durch den Bau von Familienwohnungen mit abgeschlossenem Einliegerteil und eingestreute Altenwohnungen in Wohngebieten gefördert werden. Wohnungsbau und die "Mobilisierung und Intensivierung der Verwandten- und Nachbarschaftshilfe" stehen am Anfang der Liste über den 'Ausbau der offenen Altenhilfe' im *Stuttgarter* Plan[143], der sich aber hauptsächlich mit dem Bedarf an Heimplätzen und Altenwohnungen befaßt. Daneben soll aber auch die 'ambulante Altenhilfe' nach dem Vorbild des Züricher Haushilfedienstes, der mit ehrenamtlichen Kräften arbeitet, verstärkt werden[144].

Insgesamt versucht der Stuttgarter Plan, neue Wege zu beschreiten, indem er von den physischen, psychischen und sozialen Bedürfnissen alter Menschen ausgeht und Maßnahmen der ambulanten Altenhilfe vorschlägt, statt ganz auf den Heimbereich fixiert zu bleiben. Offene Altenhilfe heißt hier aber hauptsächlich Grundversorgung mit Mahlzeiten und Haushilfsdiensten, während darüber hinaus nur Altenerholung vorgeschlagen wird. Alter soll in die Familie oder familienähnliche Gemeinschaften verlagert bleiben. Nur das Kapitel 'Altenhilfe in Heimen' enthält jedoch eine Bedarfsschätzung mit zugehöriger Finanzplanung.

---

[140] Stadt Stuttgart 1961.
[141] Stadt Stuttgart 1961:2.
[142] Stadt Stuttgart 1961:7.
[143] Stadt Stuttgart 1961:20f.
[144] Siehe auch den Bericht: "Vom Häusle bis zum Pflegezentrum" (1962) in: KpBl, 679-680.

Der Altenplan der Stadt *Karlsruhe* aus demselben Jahr 1962 geht dagegen von der schon angesprochenen Altersuntersuchung des Emnid-Institutes aus[145]: "Mit dieser Spezialerhebung prüfte die Stadt Karlsruhe als eine der ersten deutschen Großstädte planmäßig die Voraussetzungen für eine sinnvolle Alten-Sozialpolitik, eines der letzten sozialen Rückstandsgebiete"[146]. Einsamkeit wird nicht als besonderes Problem der alten Karlsruher gesehen[147]. Im Gegensatz zum Stuttgarter Plan setzen sich die Karlsruher aufgrund der Befragungsergebnisse mit verschiedenen denkbaren Maßnahmen der offenen Altenhilfe auseinander, so z.B. mit Altentagesstätten: "Altentagesstätten werden begrüßt, aber nicht im Sinne einer Lösung für existenzielle Schwierigkeiten, sondern zusätzlich zu den jetzigen Gewohnheiten des Alltags. Eine hohe Frequenz kann nicht erwartet werden"[148]. Gleiches gilt für die geringe geäußerte Vorliebe der Alten in Karlsruhe für Altenwerkstätten: "Es zeigte sich einmal mehr, daß die viel behauptete und ebenso viel geglaubte Behauptung, die Hauptnot des alten Menschen sei die Beschäftigungslosigkeit im Alter, falsch ist"[149].

Dagegen wird der Bedarf an Pflegeheimplätzen als vorrangig gesehen und *Pflege* damit außerhalb der Familie angesiedelt. "Wenn schon das Zusammenleben mit Angehörigen in der normalen Alterssituation fragwürdig wird, so leistet sicherlich die Kleinfamilie, die für den Lebensunterhalt zu sorgen hat, eine Pflege der siechen Familienangehörigen nicht mehr" [150].

Insgesamt sprechen die Ergebnisse der Altersuntersuchung in Karlsruhe partiell gegen die Stoßrichtung des neuen Bundessozialhilfegesetzes, wenn im Ergebnis festgestellt wird: "Wir finden also, betrachten wir das Ergebnis unserer Untersuchung, daß die Folgen der Altersausgliederung von alten Menschen nicht sehr schwer getragen werden. Bei insgesamt ziemlich ausgeprägter Lebenszufriedenheit sind die Sorgen offensichtlich im allgemeinen nicht besonders schwerwiegend. Die finanzielle Alterssicherung scheint überwiegend gewährleistet zu sein; umso bedeutender werden die in relativ geringen Prozentsätzen angetroffenen Fälle, in denen die finanzielle Seite der Existenz nicht gelöst ist. Es scheint in der Tat so zu sein, daß mit der Regelung der geldlichen Situation ein großer Teil der Altersprobleme - jedenfalls in den Augen der Alten - gelöst sein dürfte. Die in der Literatur vielfach beklagte Isolation infolge der Altersausgliederung betrifft ebenfalls nur gewisse Minderheiten. Bei diesen Tatbeständen wäre davor zu warnen, die Altersausgliederung durch institutionelle Maßnahmen über Gebühr zu fördern. Im Mechanismus des Alterslebens pflegen neue Altersheime auch dann ihre Insassen an sich zu ziehen, wenn für diese aufgrund der allgemeinen sozialen Situation keine unmittelbare Dringlichkeit zur Isolierung in der Gruppe der Alten besteht"[151].

Beim Karlsruher Altenplan von 1962 wird der Blick wieder mehr auf die materiellen Problemlagen alter Menschen als die eigentlichen gelenkt. Fehlinvestitionen sollen vermieden werden, indem solche Maßnahmen nicht in Angriff genommen werden, die gar keine Resonanz bei den Alten erwarten lassen: "Als Beispiel diene etwa die Beschäftigungsmöglichkeit in Bastelstuben"[152]. Insgesamt ist eine realitätsorientierte Problemsicht und das Bemühen festzustellen, das Altersproblem aus der Sicht der Verwaltung, die sich nur subsidiär verpflichtet sieht, zu verkleinern: der Plan endet mit dem Kapitel "Altenhilfe als Pflicht der Familie und

---

[145] Stadt Karlsruhe 1962.
[146] Stadt Karlsruhe 1962:7.
[147] Stadt Karlsruhe 1962:12.
[148] Stadt Karlsruhe 1962:11.
[149] Stadt Karlsruhe 1962:22.
[150] Stadt Karlsruhe 1962:25.
[151] Stadt Karlsruhe 1962:23f.
[152] Stadt Karlsruhe 1962:56.

des Einzelnen", in dem das Problem besonders im Bereich der kulturellen Altenhilfe als nicht dem Aufgabenbereich der Verwaltung zugehörig gesehen wird[153].

Auch der Altenplan der Stadt *Kiel*, der 1962 aufgelegt wurde und über den in kurzen Abständen berichtet wird[154], bezieht sich auf die Ergebnisse der Karlsruher Untersuchung und bezeichnet deren Tendenz als richtig. Der Kontakt der Alten mit der 'allgemeinen Umwelt' darf nicht gestört werden, so der Plan, ebenso ist das Erreichen eines bestimmten Lebensalters nicht mit Betreuungsbedürftigkeit gleichzusetzen, die sich erst aus Hinfälligkeit ergibt. Alter wird synonym zu mangelnder Leistungsfähigkeit gesetzt: wer nicht krank und eingeschränkt ist, ist auch nicht alt. Alles in allem betrachtet der Kieler Plan hauptsächlich den stationären Bereich[155] und stellt nicht gerade ein Bekenntnis zur offenen Altenhilfe dar. Die bestehende soziale Integration der Alten zu erhalten, soll Vorrang vor der Einrichtung von etwas 'Künstlichem' wie Altentagesstätten haben. Dagegen werden aufgrund des aktuellen Mangels an Pflegeheimplätzen, aber auch, um die Selbständigkeit der alten Menschen zu erhalten, *ambulante Hilfen* gefordert[156]. Materielle Probleme, so der Kieler Plan, sind durch die Sozialversicherung ausgeschlossen: das Problem der sozialen Sicherung alter Frauen wird nicht wahrgenommen. Insgesamt werden die 'neuen Aufgaben' der offenen Altenhilfe von der Verwaltung nicht akzeptiert. Sind in diesem Plan zu Anfang der sechziger Jahre allgemeine Zielvorstellungen enthalten, so enthält der "Bericht über die sozialpolitischen Planungen in Kiel" aus dem Jahr 1969[157], verfaßt von einem 'Amt für Entwicklungsplanung', keine Konzeption und keine Ziele für die Altenhilfe, sondern nur eine Bedarfs- und Investitionsplanung für den geschlossenen Bereich. Hier zeigt sich schon der in den siebziger Jahren immer wichtiger werdende Trend, Altenplanung in eine gesamtheitliche kommunale Entwicklungsplanung einzubinden.

Im Altenplan der Stadt *Heilbronn*[158], der - geschätzt - aus dem Jahr 1965 stammt, orientiert sich dagegen nicht an sozialwissenschaftlichen Untersuchungen, obwohl diese nicht abgelehnt werden[159], sondern Stadt und Gemeinderat sind - neben dem Bekenntnis zu Erstverpflichtung der Familie - bemüht, die "Lebensprobleme der alten Mitbürger unserer Stadt mit wachem Gewissen zu erkennen"[160]. Ein defizitorientiertes Alterbild wird vertreten, was sich auch in den Zielen der Altenhilfe niederschlägt:
"Mit zunehmendem Alter nehmen die physischen Abbauerscheinungen von Jahr zu Jahr zu. Die Frage der Gesundheit wird daher zu einem Kernproblem der Altenhilfe. ... Die Maßnahmen der Altenhilfe sind darauf abgestellt, das Nachlassen der physischen Kräfte der alten Menschen zu überbrücken oder soweit als möglich auszugleichen und die Selbständigkeit so lange als möglich zu erhalten"[161].

Das Motiv, die Selbständigkeit alter Menschen zu erhalten, findet sich auch hier, allerdings ist es in Verbindung mit einem defizitorientierten Altersbild eine äußerst funktionalisierte Selbständigkeit, die 'teure Heimplätze' erspart. Das Al-

---

[153] Stadt Karlsruhe 1962:57.
[154] Stadt Kiel 1962; Berichte über die Ausführung des Altenplans in Kiel von 1965, 1968, 1969, 1970.
[155] Vgl. auch die Untersuchung von Beske (1960) über die Kieler Altenheime.
[156] Stadt Kiel 1962:11.
[157] Stadt Kiel 1969.
[158] Stadt Heilbronn 1965.
[159] Stadt Heilbronn 1965:4.
[160] Stadt Heilbronn 1965:3.
[161] Stadt Heilbronn 1965:12.

tenheim ist erst die zweite Wahl: der Vorrang der offenen vor der geschlossenen Altenhilfe wird vertreten[162].

Ganz anders der Altenplan der Stadt *Saarbrücken*, der immaterielle Problemlagen wie Einsamkeit und das Gefühl, überflüssig zu sein, betont und materielle Probleme weder als das schwierigste noch als das häufigste Problem bezeichnet[163]. Der großstädtischen Gemeinschaft und somit der Verwaltung erwachsen durch die Zunahme des Altenanteils an der Bevölkerung "ganz neue Aufgaben. Es genügt nicht, wenn man den Bejahrten eine Existenzgrundlage sichert. Es ist vielmehr dafür zu sorgen, daß der betagte Mensch ein gleichberechtigtes und am Geschehen des Volkes aktiv teilnehmendes Glied bleibt"[164]. Hier wird der offenen Altenhilfe Priorität eingeräumt und der 'Geist' des § 75 BSHG voll erfüllt.

Auch der *Freiburger* Altenplan[165] sieht die Altenhilfe nicht in erster Linie als ein Problem finanzieller Hilfsbedürftigkeit und beschwört eine immer mehr anwachsende Altennot, die - ganz im Sinne des BSHG - alle alten Menschen trifft und nicht nur eine eingrenzbare Zielgruppe von Hilfsbedürftigen: "Die Probleme des Altwerdens und Altseins treffen vielmehr alle betagten Menschen in ähnlicher Weise, sie allerdings inmitten unserer Leistungsgesellschaft ungleich härter als noch vor wenigen Jahren. Der alte Mensch ist überwiegend auf sich selbst gestellt. Das Ausscheiden aus dem Erwerbsleben bringt einen gesellschaftlichen Funktionsverlust, dessen Folgen oft schwer zu übersehen sind. Einsamkeit, körperliche und seelische Gebrechlichkeit bis hin zur völligen Hilflosigkeit, chronische Leiden, seelische Belastungen aller Art sind die wesentlichen Erscheinungen der Altennot. Die alternde und alte Generation bedarf zur Bewältigung ihrer Lage mehr denn je der Hilfe der Gesellschaft. Die Sorge für den alten Menschen ist daher eine wesentliche Aufgabe unserer Zeit geworden"[166].

Der Freiburger Plan bezieht sich - im Gegensatz zur Untersuchung Flamms von 1958 - nicht auf sozialwissenschaftliche Ergebnisse, fordert aber aufgrund der ausgemachten allgemeinen Altennot und des Anstiegs der Zahl der Pflegebedürftigen eine Ausweitung und Umgestaltung der Altenhilfe: "Die überkommenen Hilfen reichen nicht mehr aus. Verstand man früher unter Altenhilfe im wesentlichen den Bau und Betrieb von Altenheimen, so wissen wir heute, daß es eine große Zahl anderer Hilfen zu fördern und zu entwickeln gilt, um mit ihnen den alten Menschen in die Lage zu versetzen, so lange wie möglich in eigener Verantwortung zu leben. In Erkenntnis der Tatsache, daß die Förderung der Selbsthilfekräfte des alten Menschen beste Altenhilfe ist, darf die Heimunterbringung nicht mehr im Vordergrund der Altenhilfe stehen, *zumal diese Form der Altenhilfe angesichts ihrer finanziellen und insbesondere personellen Schwierigkeiten sich bald erschöpft haben wird*[167]. Das bedeutet, daß offene Altenhife, solange es vertretbar ist, Vorrang vor der Unterbringung alter Menschen in Heimen haben muß"[168]. Der Vorrang offener Hilfen scheint hier nicht nur aus humanitären, sondern vor allem aus finanziellen Gründen geboten. Der Plan bezieht sich aber ganz vorrangig auf den geschlossenen Bereich. Ein kürzere Passage beschäftigt sich mit Altenbegegnungsstätten, die - fast - alle Probleme des Alters lösen und zudem noch vorbeugend auf die Gesundheit wirken[169]: der Präventionsgedanke findet sich hier deutlich wieder.

---

162 Stadt Heilbronn 1965:5.
163 Stadt Saarbrücken 1967: 25.
164 Stadt Saarbrücken 1967:1.
165 Stadt Freiburg i. Br. 1969.
166 Stadt Freiburg 1969:Vorwort.
167 Hervorhebung von der Verfasserin.
168 Stadt Freiburg 1969:Vorwort.
169 Stadt Freiburg 1969:41.

Die Stadt *Bonn* berücksichtigt in ihrem Bericht über den Altenplan von 1967[170] eine Reihe von Maßnahmen der offenen Altenhilfe, zu denen neben Altenberatung und Altentagesstätten auch Kaffeefahrten, Stadtrundfahrten, Weihnachts- und Adventsveranstaltungen, Altenbücherei und die "Ausgabe von Verkehrsstöcken"[171] gehören. Im selben Sinne widmet die Stadt *Aachen* 1969 eine eigene Schrift der offenen Altenhilfe[172]. Hauptaufgaben der offenen Altenhilfe sind hier Beratung und Information, der Bau von Altenwohnungen und Altenwohnheimen (die hier auch der offenen Altenhilfe zugerechnet werden) und Altentagesstätten und Altenclubs: "Diese Einrichtungen wirken der Vereinsamung entgegen und schaffen Kontakte, die sich auf das Wohlbefinden älterer Menschen positiv auswirken können"[173]. Die 'symbolische Funktion' von Altentagesstätten wird jedoch eingeräumt, indem man deren Angebot relativiert: "Es wäre falsch, den alten Menschen in einen Plan zu zwängen, der seine persönliche Freiheit und Unabhängigkeit beeinträchtigt, seine Initiative lähmt und ihn zum dirigierten Objekt öffentlicher oder privater Sozialfürsorge macht. Die Angebote sollen aber andererseits dem älteren Menschen die Gewißheit geben, nicht vergessen zu sein"[174]. Diese 'Gewißheit, nicht vergessen zu sein' soll durch Maßnahmen wie Karnevalsveranstaltungen für alte Menschen, Altentag der Stadt Aachen, Altenerholung, Altengymnastik, einen Rundfunk- und Fernsehreparaturdienst und eine Verkehrsschulung speziell für alte Menschen erreicht werden. Aber auch ambulante Hilfsdienste wie ein 'Fahrbarer Mittagstisch' und Haus- und Familienpflege sind geplant, deren Wirkungsgrad wird aber nicht sehr hoch eingeschätzt: "Durch diesen Dienst wird in manchen Fällen eine Heimunterbringung vermieden bzw. zeitlich hinausgeschoben"[175].

Zusammenfassend kann festgestellt werden, daß der bunte Maßnahmenreigen der offenen Altenhilfe in den sechziger Jahren in fast allen Altenplänen vorzufinden ist. Dabei wird der 'Vorrang der offenen vor der geschlossenen Altenhilfe' allgemein so aufgefaßt, daß zuerst kulturelle 'Hilfen' wie Kaffeefahrten aufgezählt, danach auf Möglichkeiten ambulanter Dienste verwiesen und zum Schluß für den geschlossenen Bereich geplant wird, bzw. die Aktivitäten dort differenzierter unter Angabe der verwendeten Finanzmittel dargestellt werden. Werden die präventiven Wirkungen der offenen Altenhilfe betont, so nach dem schlichten Muster, daß eine Erhöhung der individuellen Lebenszufriedenheit Krankheit und Pflegebedürftigkeit verhindert. Der Vorrang der offenen vor den geschlossenen Hilfen wird allgemein programmatisch angeführt, dahinter stehen aber finanzielle Erwägungen, die teure Heimpflege so gering wie möglich zu halten. Aus dem gleichen Grund wird im Laufe der sechziger Jahre immer stärker die Eigenständigkeit älterer Menschen statt deren familienferne Einsamkeit betont, das Alleinleben also von der positiven Seite betrachtet.

Die Problemsicht orientiert sich aber nur in den 'späteren Plänen' (besonders Freiburg 1969 und Saarbrücken 1967) ganz an den Vorgaben des Bundessozialhilfegesetzes von 1961 mit dem § 75 Altenhilfe, nach dem alle alten Menschen potentiell von Einsamkeit und Sinnlosigkeit des Daseins bedroht und daher ohne Betrachtung ihres wirtschaftlichen Status als Zielgruppe der Altenhilfe anzusehen ist. Das BSHG wird angenommen, seine Umsetzung in Maßnahmen bringt jedoch verhältnismäßig anspruchslose Ergebnisse hervor, wobei oftmals die Tendenz festzustellen ist, durch den Präfix "Alten-" Angeboten wie Rundfunk- und Fernsehrepa-

---

[170] Stadt Bonn 1969.
[171] Stadt Bonn 1969:8f.
[172] Stadt Aachen 1969.
[173] Stadt Aachen 1969:19.
[174] Stadt Aachen 1969:56.
[175] Stadt Aachen 1969:41.

raturen einen speziellen 'Offene-Altenhilfe-Touch' zu geben. In den meisten Fällen drängt sich der Eindruck auf, daß es sich hier um Lippenbekenntnisse handelt und die 'Planungen' von Maßnahmen der offenen Altenhilfe eine vorwiegend *symbolische Funktion* erfüllen und den 'älteren Mitbürgern' demonstrieren sollen, daß sie 'nicht vergessen' sind. Der Großteil der Planungen bezieht sich, auch wenn das im Textteil der Pläne anders dargestellt wird, auf die stationäre Altenhilfe: *Wunsch und Wirklichkeit* klaffen in den Altenplänen der sechziger Jahre weit auseinander.

Schreibt man allgemein einem Altenplan die Funktion zu, er solle der Politik den jeweils anstehenden konkreten Entscheidungsbedarf aufzeigen, so sind dazu ausformulierte, in verschiedene Dringlichkeitsstufen aufgegliederte Ziele im Plan nötig, die in konkrete Maßnahmen operationalisiert werden. Weiter kann davon ausgegangen werden, daß die im Idealfall flexibel gehaltene Planung der in Bezug auf die ins Auge gefaßten Maßnahmen notwendigen Ressourcen die Umsetzung des Altenplanes beträchtlich verbessert. Zumeist ist dies eine verbindliche, einen längeren Zeitraum umfassende Finanzplanung, die zuerst einmal einen bestimmten 'Topf' an Mitteln sichert. Als letzter Punkt sollte der Altenplan, der sowohl von der Verwaltung als auch von den stark an der Umsetzung beteiligten freien Trägern mitgetragen werden und als Grundlage für konkrete Verhandlungen dienen soll, vom Stadtrat verbindlich verabschiedet und nicht nur 'zur Kenntnis genommen' worden sein. Dazu ist festzustellen, daß die analysierten Altenpläne, 'Denkschriften' oder 'Berichte' aus den sechziger Jahren über unverbindliche Absichtserklärungen nicht hinauskommen. Sie beschränken sich auf eine Aufzählung von Maßnahmen, während eine Explizierung konkreter Ziele, zu denen die Planung führen soll, ebenso wie eine zukunftsbezogene Finanzplanung und Ressourcenbereitstellung nicht erfolgt.

Ein Vergleich mit der in *Fachzeitschriften* geführten Diskussion zeigt, daß zwar die dort vorgeschlagenen Maßnahmen wie Altentagesstätten und Altenerholung in den Plänen als Standard auftauchen, deren Diskussion in den Fachzeitschriften jedoch wesentlich differenzierter erfolgt, wobei noch ein Gefälle zwischen Sozialzeitschriften und Verwaltungszeitschriften festzustellen ist. Letztere neigen zu einer vereinfachteren Betrachtung der Dinge. Differenziertere Maßnahmen der offenen Altenhilfe wie z.B. die Einrichtung von Altenzentren in Stadtteilen finden in die Altenplanung keinen Eingang, ebenso der in den Fachzeitschriften propagierte neue Maßnahmenbereich der Altenbildung.

Wissenschaftlicher Diskurs und Altenpläne berühren sich in den sechziger Jahren über sozialwissenschaftliche Ergebnisse, die aber nur teilweise Eingang in die Pläne finden, so z.B. in Karlsruhe (1962), wo der Altenplan dann auch andere Akzente setzt. Zumeist werden die Probleme in der Altenplanung mit dem 'Gewissen' oder dem 'gesunden Menschenverstand' 'erkannt', wobei ein defizitorientiertes Altersbild weiterhin im Vordergrund steht, sofern es nicht um die Vermeidung teurer Heimunterbringung geht. Insgesamt zeichnen sich die Altenpläne bis zum Ende des Jahrzehnts durch eine Problemsicht aus, die - wenn auch oft nur oberflächlich - auf das neue Bundessozialhilfegesetz reagiert, im wesentlichen aber dem stationären Bereich als dem aufgrund fehlender Heimplätze akut drückenden Problembereich in der Altenhilfe verhaftet bleibt.

6.4   Zusammenfassung

Die auffälligste Entwicklung in den sechziger Jahren ist der Wandel der Problemsicht des Alters weg von der normativen Familienintegration hin dazu, dem alten Menschen die 'Emanzipation' von der Familie zuzugestehen und 'Eigenständigkeit' als neues Leitbild für die Altersexistenz einzuführen. Die Betrachtung von Alter als einem Lebensstand mit eigenen Aufgaben ist bis auf vereinzelte Appelle, den alten Menschen die ihnen zustehende 'Würde' zurückzugeben, weitgehend passé. Ebenso brauchen die Beschäftigungen und Hobbies der Alten sich nun nicht mehr dem Kriterium der Sinnhaftigkeit zu beugen, der pädagogische Impetus ist zu Ende des Jahrzehnts im Rückgang begriffen. Eher schon ruft das Motto der Entwicklungspsychologen 'Wer rastet, der rostet' die Alten zu unablässiger, aber nicht unbedingt zielgerichteter Aktivität und zum Genießen des Lebens auf.

Das vorherrschende Altersbild orientiert sich an empirisch erhobenen sozialwissenschaftlichen Ergebnissen und betrachtet Alter als ein soziales Phänomen. Eine 'Synthese' zwischen dem in den fünfziger Jahren sehr einflußreichen idealistischen Altersbild mit seiner Auffassung, Alter sei eine individuelle Aufgabe, und der Einbeziehung sozialer Umweltfaktoren deutet sich in den Arbeiten der entwicklungspsychologisch orientierten Gerontologen wie Lehr und Thomae an, die sich gegen ein negatives, an Defiziten orientiertes Bild vom Alter wenden. Analog dazu wird der Blick eher auf das gerichtet, was die Alten noch 'können', auf ihre Potentiale und Selbständigkeit. Idealtypisch sind es die *normalen Alten,* die vordergründig im Blickfeld der Diskussion in den sechziger Jahren stehen. Dazu paßt der aus dem Bundessozialhilfegesetz abgeleitete Anspruch, alle alten Menschen als Zielgruppe der Altenhilfe zu betrachten und ihnen kulturelle, offene Altenhilfe in der Hoffnung, dadurch Hilfsbedürftigkeit präventiv verhindern oder zumindest hinausschieben zu können, anzubieten. Problematisch daran ist, daß die angedachten Altenhilfemaßnahmen in keinem kausalen Verhältnis zu dem stehen, was sie im Vorfeld verhindern sollen: von der Erhöhung des Lebensmuts durch Altenerholung hin zu einer Verhinderung von Pflegebedürftigkeit ist es ein weiter Weg. In den Altenplänen wird dieser Anspruch weitgehend auf seine symbolische Funktion verkürzt, öffentlichkeitswirksam zu demonstrieren, daß 'etwas' für 'unsere älteren Mitbürger' getan wird. So bleibt die lakonische Feststellung, daß die offene Altenhilfe eben besser als die geschlossene sei, während letztere allerdings dann doch in den Altenplänen ganz vorrangig geplant wird.

Als weiteres Beispiel hierfür haben sich auf der institutionellen Ebene als Lösung für die in den fünfziger Jahren diskutierten Probleme 'Einsamkeit' und 'Sinnlosigkeit' eingeführte Einrichtungen wie Altentagesstätten etabliert und sollen nun - ein weiteres Beispiel institutioneller Beharrlichkeit - die neue Aufgabe, 'Selbständigkeit' zu fördern, übernehmen. Die Ergebnisse diverser empirischer Untersuchungen, die Altentagesstätten dienten den besser gebildeten, aktiveren alten Menschen als zusätzliches Betätigungsfeld und erreichten eben nicht die Problemgruppe der gesellschaftlich Isolierten und Vereinsamten, werden in der Folge argumentativ gewendet. Die Angebote der Altentagesstätten werden vornehmlich von alten Menschen mit höherem Bildungsstand angenommen, also, so die implizite Hoffnung, müßte eine Erhöhung des Bildungsniveaus durch Bildungsangebote an Ältere in diesen Institutionen erfolgen. Diese Argumentation wird von den Professionellen im Sozialbereich vorangetrieben und wird, wie zu zeigen ist, die Diskussion um Altenhilfe zu Anfang der siebziger Jahre bestimmen.

7. Alter in den siebziger Jahren: Bildung und Emanzipation

Mit der Regierungsübernahme der sozialliberalen Koalition im Jahr 1969, einer "Regierung der Reformen"[1], erhielten Ansätze zu einer *aktiven Sozialpolitik* erheblichen Auftrieb, während sich zudem die Staatsfinanzen durch einen erneuten wirtschaftlichen Aufschwung konsolidierten. Eine 'Demokratisierung der Gesellschaft' sollte nun durch den Ausbau der Sozialpolitik zu einem "vorbeugenden Instrument aktiver Gesellschaftsgestaltung" befördert werden[2]. Seit dem Ende der sechziger Jahre beschleunigte sich - vorangetrieben durch die Studentenbewegung - auch der Wandel der gesellschaftlichen Werte, der sich in einem Begehren nach Aufbruch und Emanzipation äußerte und eine Re-Ideologisierung des geistigen Klimas in der Bundesrepublik bewirkte[3]. Ronald Inglehart hat den Wertwandel in den siebziger Jahren als einen Übergang von 'materialistischen' zu 'postmaterialistischen' Werten beschrieben[4], was auch als eine Entwicklung von Werten, die sich auf Selbstdisziplinierung beziehen, hin zu Selbstentfaltungswerten beschrieben werden kann. Dem Trend der Zeit entsprechend ging der unmittelbare Einfluß der Kirchen auf die Politik in den siebziger Jahren erkennbar zurück[5].

Die *Bildungspolitik* hatte schon mit der Bildungsreform zu Ende der sechziger Jahre erstmals Priorität gewonnen, der Bildungsetat wurde beträchtlich aufgestockt und das Hochschulwesen ausgebaut. Im Zuge der Umwandlung der höheren Fachschulen in Fachhochschulen Ende der sechziger und Anfang der siebziger Jahre wurde die Ausbildung der Sozialarbeiter und Sozialpädagogen auf eine höhere Ebene gehoben - Sozialarbeiter und Sozialpädagogen hatten begonnen, in vollständiger Professionalisierung ein erstrebenswertes Ziel für ihren Beruf zu sehen[6]. Die Welle der sozialreformerischen Grundstimmung trug auch die Sozialarbeit nach oben.

Der Ausbau der aktiven Sozialpolitik wurde durch die Wirtschaftsrezession im Rahmen der Ölkrise gestoppt, in deren Folge besonders nach dem Regierungsantritt von Bundeskanzler Helmut Schmidt zahlreiche Sozialleistungen gekürzt wurden[7]. Der Reformoptimismus zu Anfang des Jahrzehnts, der ein Maximum an Chancengleichheit für alle Bürger zum Ziel hatte, verlor sich unter den gewandelten Rahmenbedingungen ab Mitte der siebziger Jahre wieder. Der Sozialstaat geriet in eine Krise, als sich zudem zeigte, daß die Gestaltung gesellschaftlicher Rahmenbedingungen sich durch Planung nicht erfolgversprechend steuern ließ.

Dabei waren die siebziger Jahre ein Jahrzehnt, das von einer regelrechten *Planungseuphorie* gekennzeichnet war. Nachdem, wie schon angesprochen, politische und gesellschaftliche Planung lange Zeit regelrecht verpönt war, begann man nach der Wirtschaftskrise 1966/67 in Regierung und Verwaltung die Notwendigkeit zu erkennen, planerisch vorzugehen. Die Ausbreitung von Planung wurde durch

---

[1] Ellwein 1989:7.
[2] Alber 1989:63.
[3] Klages 1988:50.
[4] Inglehart 1979.
[5] Ellwein 1989:119.
[6] André 1994: 139.
[7] Alber 1989:63.

den sog. 'Krüger-Bericht'[8] wissenschaftlich abgesichert. Sozialplanung sollte die Funktion umfassender Gesellschaftsplanung erfüllen, die alle gesellschaftlichen Gruppen und nicht nur Problemgruppen umfaßt und die Veränderung gesellschaftlicher Zustände anstrebt[9]. Eine solche aktiv gestaltende Planung, so Mehl, darf nicht Planung zur Anpassung des Menschen sein, sondern muß dessen Entwicklung fördern[10]. Mit diesem Planungsverständnis geht die Vorstellung einher, soziale Probleme und Schäden *präventiv* weitgehend verhindern zu können. Als Ziele einer aktiven gestaltenden Planung werden von Kühn "freie Persönlichkeitsentfaltung, Chancengleichheit, Nichtprivilegierung und Nichtdiskriminierung, Emanzipation und Mündigkeit" angeführt[11]. Um eine solche Planung verwirklichen zu können, müssen normative Leitbilder und Zielsysteme für den sozialen Bereich bestehen[12].

Unter dem Postulat der Prävention und als Teil der angesprochenen normativen Leitbilder nehmen Altersbilder in den siebziger Jahren deutlichen Einfluß auf die Altenhilfe, besonders in Zusammenhang mit dem nachfolgend zu beschreibenden Bemühen, ein positiveres gesellschaftliches Altersbild zu lancieren.

7.1   Alter im wissenschaftlichen Diskurs in den siebziger Jahren

In den siebziger Jahren erfährt das Thema Alter in der wissenschaftlichen Literatur einen deutlichen Aufmerksamkeitsgewinn. Hans-Peter Tews veröffentlicht in Jahr 1971 seine umfassende "Soziologie des Alterns", die erste seit Tartler (1961). Tews betont die zunehmende Differenziertheit des Alters und der Altersrollen gegenüber einem einheitlichen, negativ geprägten gesellschaftlichen Altersstereotyp und versucht diesen Wandel in seiner These vom *Strukturwandel des Alters* zu fassen[13]. Dieser Strukturwandel zeigt sich in einer *Feminisierung* des Alter, in der Zunahme der *Hochaltrigkeit* und in einer *Verjüngung* des Alters in positiver wie in negativer Hinsicht: Durch frühe Berufsaufgabe bzw. Ende der Erziehungsphase der Kinder erfolgt eine frühere Konfrontation mit Altersproblemen, obgleich diese Menschen deshalb noch nicht als alt zu bezeichnen sind. Helga und Horst Reimann bringen - mit Beiträgen von Tews, Rosenmayr, Lehr, Ammann und anderen - eine Einführung in die Gerontologie heraus[14]. Von Leopold und Hilde Rosenmayr erscheint 1978 "Der alte Mensch in der Gesellschaft", woraus besonders das Schlagwort der *Intimität auf Abstand* zur Beschreibung des Verhältnisses zwischen den Alten und ihren Kindern großen Einfluß gewinnt, das an Tartlers 'innere Nähe durch äußere Distanz' erinnert[15]. Die Diskussion zu Anfang der siebziger Jahre beschäftigt sich jedoch nicht, wie in den beiden vorhergegangenen Jahrzehnten, mit den Problemen des Alters und den Möglichkeiten, dafür Hilfen anzubieten. Im Mittelpunkt stehen nun die Fähigkeiten und Kompetenzen 'emanzipierter' alter Menschen, betreuerische Maßnahmen herkömmlicher Altenhilfe werden abgelehnt.

Nachdem die Altersforschung zu Ende der sechziger Jahre einhellig zu dem Schluß gekommen war, daß das Gelingen der Alterssituation zu einem großen Teil durch den sozialen Status und den jeweiligen Bildungsstand bestimmt ist, propa-

---

[8] "Erster Bericht zur Reform der Struktur von Bundesregierung und Bundesverwaltung", Projektgruppe für Regierungs- und Verwaltungsreform, Bonn 1969 (unveröffentlicht), zitiert nach: Lau 1975: 35.
[9] Kühn 1975, 11ff.
[10] Mehl 1970: 77.
[11] Kühn 1975:44.
[12] Kühn 1975:46.
[13] Tews 1971.
[14] Reimann/Reimann (Hg.) 1974.
[15] Rosenmayer/Rosenmayer (Hg.) 1978.

giert der wissenschaftliche Diskurs auf dieser Erkenntnis und auf der allgemeinen politischen Höherbewertung von Bildungsfragen im Rahmen der 'Bildungsrevolution' aufbauend nun als Problemlösung eine spezielle *Bildung für das Alter*. Es scheint jedoch, als würde dabei tendenziell Ursache und Wirkung ausgetauscht. Bildung, die eigentlich als Voraussetzung für eine positive Alterssituation identifiziert wurde, soll nun gleichsam nachgeliefert werden, worüber auch die Betonung der Wichtigkeit einer bildungsmäßigen, aber auch pädagogisch geprägten *Vorbereitung auf das Alter* nicht hinwegtäuschen kann.

Die Verbindung mit dem Angehen gegen die Defizittheorie von Alter, die Altern vornehmlich als einen Abbauprozeß mit Verlusten an Intelligenz und Lernfähigkeiten beschreibt, ist offensichtlich: eine spezielle Altenbildung ordnet sich so nicht nur in den Mainstream der sozialpolitischen Diskussion ein und trägt zur besseren Lebensbewältigung der Einzelnen bei, sondern dient darüber hinaus als ein Maßnahmenfeld bezüglich Alter, das geeignet ist, Leistungsfähigkeit und Kompetenz Älterer zu unterstreichen und damit zu einem positiveren gesellschaftlichen Altersstereotyp beizutragen.

7.1.1 Altersbilder: Der Kampf gegen das Defizitmodell

Der Kampf gegen das negative Altersbild geht in den siebziger Jahren sozusagen in die 'heiße Phase': Der Mainstream der Argumentationen wendet sich gegen das Defizitmodell vom Alter, das manchmal nahezu als Ursache allen Übels identifiziert wird[16]. Führend in der Diskussion sind die Entwicklungspsychologen Hans Thomae und Ursula Lehr. Thomae war der federführende Autor der im Jahr 1965 begonnenen Bonner Gerontologischen Längsschnittstudie[17].

Lehrs "Psychologie des Alterns", in der sie heftige Kritik am Defizitmodell vom Alter übt, erschien erstmals 1972 und wurde seither immer wieder neu aufgelegt[18]. Schneider faßt 1974 die Ergebnisse sozialpsychologischer Alternsforschung zusammen und befaßt sich ausführlich mit dem negativen Altersstereotyp und seinen Auswirkungen auf das Selbstbild und die Lebenslage alter Menschen. Alte Leute, so der Autor, leben aufgrund des negativen gesellschaftlichen Altersbildes "in einem sozialen Klima, das Gefühle der Nützlichkeit und Sicherheit nicht begünstigt und das einer guten Anpassung im Alter entgegensteht"[19]. Die Problemlösung kann in dieser Argumentation nur die Entwicklung eines gesamtgesellschaftlich wirksamen *positiven Altersbildes* sein:

"Denn wenn es gelingt, das Bild des u. a. wegen der geringen gesellschaftlichen Anerkennung bedauernswerten älteren Menschen zu ersetzen durch die Vorstellung von einem relativ geachteten und leistungsfähigen Menschen, wird auch das Selbstbewußtsein der Betroffenen wegen des besseren Images, aber auch wegen der sich ändernden Komplementärrollen der jüngeren Generation wachsen"[20]. Alte Menschen werden hier als generell von der Diskriminierung des negativen Altersbildes 'Betroffene' gesehen, Alter als ein soziales 'Stigma' betrachtet[21]. Eine "mehr oder minder umfassende Umorientierung unserer Gesellschaft" wird als nötig gesehen, insbesondere das "Aufgeben ganz bestimmter stereotyper Vor-

---

[16] Z.B. als einige von vielen zu Anfang der 70er Jahre: Bleuel 1972; Konrad-Adenauer-Stiftung (Hg.) 1973; Tews 1971, Band 1.
[17] Zur Zusammenfassung über die Vorgehensweise bei der Bonner Gerontologischen Längsschnittstudie vgl. Thomae 1983, 205-211.
[18] Lehr (Hg.) 1972. Im Jahr 1991 erschien die 7. Auflage dieses Werks.
[19] Schneider 1974: 79.
[20] Schneider 1974:86f.
[21] Hohmeier (Hg.) 1978.

stellungen vom 'alten Menschen'" würde die Anpassung an die Situation des Älterwerdens in unserer Gesellschaft erleichtern, so Lehr[22].

Um dieses positive Altersbild durchzusetzen, scheint *Bildung* das probate Mittel, wobei Bildung nicht als bloße Wissensvermittlung, sondern als eine Art 'Lebenshilfe' für die optimale Bewältigung der Alterssituation gesehen wird, deren Anforderungen nicht gerade gering sind. So heißt es in einem Sammelband lapidar: "Das Lernziel ist die optimale Bewältigung der Alterssituation. Hierzu muß sich der Alternde kognitive Einsichten, affektive Bestrebungen und psychomotorische Fertigkeiten aneignen". Über die Vermittlung allgemeiner Wissensinhalte soll der Betroffene lernen, "seine eigene Situation und seine eigenen Probleme zu objektivieren"[23]. Lernziel ist das "erfolgreiche Altern"[24]. Als Einstieg in diese *Vorbereitung auf das Alter* schlägt z. B. Sitzmann schon das 5. Lebensjahrzehnt vor, in dem Bildung als "Lebenshilfe in kritischen Situationen" einsetzen soll[25]. Die Ähnlichkeit zu den zur 'richtigen Bewältigung der Aufgabe Alter' vorgeschlagenen individuellen Aktivitäten ist offensichtlich, nur die normative Festlegung auf 'kulturell wertvolle' Bildungsinhalte ist einer Betonung eher anwendungsbezogener Wissensvermittlung gewichen. Die 'Bewältigung der Aufgabe Alter' wird nun als 'optimale Anpassung an die Alterssituation' bezeichnet, das idealistische, elitäre Altersbild sozusagen demokratisiert.

Das positive Altersbild betont nun ausschließlich die Kompetenz und Lebenstüchtigkeit alter Menschen, Probleme werden ausgespart. Damit verbunden ist immer auch der Verweis auf die *Aktivität* alter Menschen als Beweis für 'Jugendlichkeit'. So schreibt z.B. Roegele, "daß die alten Menschen noch nie so jung waren wie heute, so aktiv und lebenstüchtig"[26]. Fehlende Aktivität und mangelnde Entfaltung von Eigeninitiativen bei alten Menschen ist nun kein Zeichen mehr dafür, daß hier jemand seinen Lebensabend in Muße beschließen möchte, sondern ein 'Hauptproblem', wie es in einer Veröffentlichung zum Thema kirchliche Altenarbeit heißt[27].

Alter wird zwar weiterhin als eine Lebensphase betrachtet, aber es taucht der neue Begriff des *dritten Alters* auf. Dieses dritte Alter umfaßt diejenigen Menschen, die nach abgeschlossenem Erwerbsleben eine Neubestimmung ihrer Existenz suchen können und steht so direkt für ein Potentiale betonendes Altersbild. Die Bezeichnung drittes Alter "ist zweifellos eine sehr gute Wortwahl, da sie alles Diskriminierende ausschließt und eher die Gedankenverbindung zu einem Aufstieg, eben in den dritten Kreis des Lebens, nahelegt"[28] - auch hier sind Anklänge an ein idealistisches Altersbild nicht zu überhören.

Die Menschen im dritten Alter unterscheiden sich in dieser Argumentation hauptsächlich durch ein Mehr an Möglichkeiten und freier Zeit von den produktiv eingebundenen Erwachsenen. Als neue Rolle alter Menschen wird, da die Ausgliederung aus produktiven Funktionen und aus speziellen Altersaufgaben in der Familie inzwischen allgemein akzeptiert wird und das Augenmerk auf Selbstständigkeit und Selbstverwirklichung liegt, die Rolle des Konsumenten betont. Über den Konsum können die Alten Macht und Einfluß ausüben.

Aufgrund der in diesem Altersbild ausschließlich wahrgenommenen Potentiale sind es idealtypisch die *aktiven Senioren*, an denen sich die Diskussion in den

[22] Lehr 1970, in: Sitzmann (Hg.), 38.
[23] Sitzmann 1970, 108-109.
[24] Z.B. Vath 1973:116ff.
[25] Sitzmann 1970:99.
[26] Roegele 1974, 9.
[27] ARG 1971, 47.
[28] Roegele 1974:15.

siebziger Jahren vorrangig orientiert[29]. Da Probleme des Alters weitgehend ausgeblendet bleiben und sich dieses Bild des Alters auf individuelle Möglichkeiten und Kompetenzen bezieht, wird Alter in diesen Zusammenhang auch weniger als soziales Phänomen - in der für die beiden vergangenen Jahrzehnte eingeführten Terminologie - beschrieben, sondern das Bild des 'aktiven Seniors' steht in der Nachfolge des idealistischen Altersbildes der fünfziger und sechziger Jahre. Abweichend von diesem werden aber nicht mehr die Würde und Weisheit als spezifische Eigenschaften des Alters betont, sondern erstrebenswert ist Aktivität wie in jungen Jahren - oft auch um ihrer selbst willen.

Gegen Ende des Jahrzehnts schiebt sich die Sichtweise des Alters als soziales Phänomen wieder mehr in den Vordergrund, und die Skepsis gegenüber der Reichweite der Interventionen der Altenbildung beginnt zuzunehmen. Über weite Strecken bestimmt das Bild vom aktiven Senioren und das damit verbundene Bildungs-Paradigma jedoch die Argumentationen.

7.1.2 Statt Probleme: Potentiale

Analog zur festgestellten Dominanz eines positiven Altersbildes ist der wissenschaftliche Diskurs zumindest in der ersten Hälfte der siebziger Jahre auf die Kompetenzen und Potentiale des Alters fixiert, Probleme und Defizite werden weitgehend ausgespart. Die Teilhabe alter Menschen an allen gesellschaftlichen Bereichen soll erreicht werden. Der vorherrschenden Definition nach sind die Menschen im 'dritten Lebensabschnitt' gesund, fit und leistungswillig; sie sind nur nicht mehr zur Erwerbstätigkeit gezwungen, was ihnen mehr Freiheit verleiht.

Eine Problemsicht, die Einsamkeit[30], Isolation und Verlust der Würde des Alters betont[31] oder sich mit dem nahenden Tod[32] auseinandersetzt, paßt nicht in die Strömung der Zeit, die auf Selbstverwirklichung und Emanzipation setzt. Der Mythos von der Einsamkeit alter Menschen scheint wissenschaftlich widerlegt, wenn auch die gesellschaftliche Integration alter Menschen weitgehend durch 'Insulation' in altershomogenen Zusammenhängen und damit in einer Subkultur der Alten erfolgt[33].

Die Auffassung, Alter und Alterssituation seien zu einem großen Teil aufgrund fehlender rationaler Lebensplanung und fehlender Vorbereitung auf das Alter problematisch und daher - da der Bildungsstand der Individuen mit beidem zusammenhängt - durch *Bildung* zu beeinflussen, ist das beherrschende Thema in der ersten Hälfte der siebziger Jahre. Interessant ist, daß aber nicht explizit ein Defizit an Bildung als manifestes Problem für die Lebensführung alter Menschen ausgemacht wird. Die Forderung nach Altenbildung resultiert eher aus Ergebnissen empirischer Untersuchungen, nach denen gelingende - sprich aktive - Bewältigung des 'dritten Alters' mit höherem Bildungsstand korreliert.

Das Ideal des ruhigen Lebensabends im Kreise der Familie ist passé, wie überhaupt *Familie* in den siebziger Jahren für die Diskussion um Alter kein großes Thema mehr ist und die Integration der Alten in Drei-Generationenfamilien auch kein ausschließlich wünschenswertes Leitbild mehr darstellt. Eine 'Intimität auf Abstand' und 'Trennung auf Widerruf' identifizieren Rosenmayr/Rosenmayr als

---

29 Vgl. Kap. 4.4.5 dieser Arbeit.
30 Schneider betont, daß nur wenige alte Leute unter Einsamkeit im Alter leiden und daß unter diesen noch viele sind, bei denen die Einsamkeit eher auf psychischen Problemen als auf real fehlenden Sozialkontakten beruht, vgl. Schneider 1974:114-118.
31 Nitsche 1972.
32 Bittner 1974.
33 Schulz (Hg.) 1979.

charakteristisch für die modernen Beziehungen der alten Menschen zu den Familien ihrer Kinder. Das ist auch ein Indiz dafür, daß sich die Betrachtung der gesellschaftlichen Stellung des Alters als ein empirisch zu ergründendes soziales Phänomen in weiten Teilen der Diskussion gegenüber der in den fünfziger Jahren dominierenden sozialromantischen und idealistischen Betrachtungsweise endgültig durchgesetzt hat[34].

Insgesamt ist dabei das, was unter *Bildung* subsumiert wird, durchaus heterogen und reicht von pädagogischen Interventionen, durch die alte Menschen zur besseren Lebensführung erzogen werden sollen, bis hin zur einfachen Informationsvermittlung. Die pädagogische Richtung überwiegt jedoch und hebt darauf ab, daß die Individuen sich auch zum Wohle der Gemeinschaft 'bilden' sollen oder erzogen werden müssen, so z.B. Sitzmann, der die Lebensführung alter Menschen zum Problem des Staates werden sieht: "Es kann dem Staat heute nicht mehr gleichgültig sein, ob die Menschen in einem Maß unvernünftig leben, daß sie schließlich gesellschaftliche Einrichtungen überlasten"[35]. Bildung führt zu einer besseren Lebensführung und muß daher möglichst allen Alten nahegebracht werden. Als Sozialisation für die nachberufliche Lebensphase versteht Reingard Vath die Bildung für das Alter, die unter dem Postulat des 'lebenslangen Lernens' stehen soll: "Für jede andere Lebensphase gibt es gesellschaftlich definierte und dirigierte Sozialisationsvorgänge, nur eben nicht für die nachberufliche. Diesem Zustand muß sehr bald abgeholfen werden, wenn wir nicht die amerikanischen Zustände nachahmen wollen, die die Alten gewissermaßen in Gettos verbannt und es versäumt hat, der medizinischen Leistung der Verlängerung des biologischen Lebens die pädagogische einer befriedigenden Anpassung an die Altersrolle folgen zu lassen"[36].

Altern ist hier kein vorwiegend biologischer, schicksalhafter Vorgang mehr, sondern er ist individuell und gesellschaftlich gestaltbar: 'Lernen für das Alter'[37] oder 'Das Altern lernen'[38] sind die Titel einschlägiger Veröffentlichungen.

Auffällig ist die direkte Verbindung zwischen der Betonung der 'Bildsamkeit älterer Leute' und dem Bemühen um ein positiveres Image des Alters[39]. Durch 'lebenslanges Lernen' oder wenigstens ein 'Grundstudienprogramm für ältere Menschen' sollen Alte weiterhin 'jung', das heißt ins gesellschaftliche Ganze integriert bleiben[40]. Bildung alter Menschen trägt direkt zur Prävention sozialer Schwierigkeiten bei, wie Petzold/Bubolz betonen[41] und worauf unter dem Stichwort Altenhilfe im folgenden noch einzugehen sein wird.

Emanzipation auch der Alten ist ein weiteres Schlagwort in den siebziger Jahren. In diesem Begriff ist enthalten, daß alte Menschen sich nun "als Teil der allgemeinen Emanzipationsbewegung" aus ihrer gesellschaftlichen Randstellung herausbewegen, daß also "Nöte und Integrationsschwierigkeiten" alter Menschen vorhanden sind[42].

Der allzu positiven Sicht der Dinge entgegensteuern will Hans-Peter Bleuel. Er warnt vor einer 'Subkultur der Alten' und wendet sich gegen die These des Gießener Soziologen Boetticher, der die Alten immer rüstiger werden und eine "Emanzipation der Alten" kommen sieht, "in der sie selbst entschieden und selbst-

---

[34] Rosenmayer/Rosenmayer 1978, in: dies. (Hg.), 159-230, besonders 184ff.
[35] Sitzmann 1970: Vorwort.
[36] Vath 1973:136.
[37] Sitzmann (Hg.) 1970.
[38] Vath 1973.
[39] z.B. Lübben 1972, in: Schulz (Hg.), 53-68.
[40] Lübben 1972:65.
[41] Petzold/Bubolz (Hg.) 1976.
[42] Wollschläger 1972, in: Schulz (Hg.), 33-52, hier: 34.

bewußt ihre Interessen gegen die Nachrückenden verteidigen werden, da der Jugendlichkeitswahn abklingt und die Macht der Greise zunimmt"[43]. Bleuel fragt dagegen, ob die Macht der Greise in Politik und Wirtschaft nicht eine Realität ist. Die Emanzipation der Alten betrifft in dieser Argumentation nur eine Elite: wenn diese Gesellschaft von Überalterung bedroht ist, so Bleuel, dann am ehesten in ihrer Führungsschicht[44].

Ins Blickfeld gerät, nachdem die Suche nach spezifischen Altersaufgaben innerhalb oder außerhalb der Familie vorerst passé und der Ruhestand als Lohn für das Erwerbsleben gesellschaftlich weitgehenst akzeptiert ist, die *Freizeit* der selbstständigen und emanzipierten alten Menschen. Das Alter soll als 'dritter Lebensabschnitt', nicht als Lebensausklang gesehen und analog zu dieser Auffassung unter anderem durch 'gerontagogische' Freizeitmaßnahmen 'sinnvoll erfüllt' werden[45]. Schmitz-Scherzer kommt in seiner Arbeit zu 'Alter und Freizeit' zu dem Ergebnis, daß gebildete und aktive alte Menschen vielfältigere Freizeitaktivitäten entfalten als ihre in Bildungsstand und Aktivitätsniveau niedriger liegenden Altersgenossen[46]. Er spricht sich jedoch gegen spezielle Freizeitmaßnahmen für alte Menschen aus, da Geschlecht, Gesundheits- und Bildungsstand wichtiger für das Freizeitverhalten sind als das Alter und da im Alter keine neue 'Hobbies' mehr angefangen werden[47]. Insgesamt ist festzustellen, daß auch die Freizeit für Alte nicht als Problem für die alten Menschen selbst identifiziert, sondern als ein weiterer Bereich zur Gestaltung gesellschaftlicher Rahmenbedingungen gesehen wird.

Die *Wohnsituation* alter Menschen außerhalb geschlossener Einrichtungen wird, ganz im Gegensatz zum vergangenen Jahrzehnt, wenig als Problem diskutiert. Die Altersheime - bislang eher als pragmatische Lösung für hilfsbedürftige Alte oder als Familienersatz angesehen - werden als Wohnform alter Menschen in der wissenschaftlichen Diskussion nun negativ bewertet bzw. ausgespart: Die Institutionalisierung alter Menschen gerät im wissenschaftlichen Diskurs in den siebziger Jahren im Zuge der positiven, problemabgewandten Betrachtung der Alterssituation weitgehend aus dem Blickfeld. Ingrid Schick stellt in ihrer empirischen Untersuchung über "Alte Menschen in Heimen" fest, daß auch das psychische Wohlbefinden im Heim sich mit steigendem Bildungsniveau und höherem sozioökonomischem Status verbessert[48]. Fischer kritisiert, daß aufgrund der mangelhaften ambulanten Versorgungsmöglichkeiten noch rüstige Alte in Heimen 'fehlplaziert' werden. Zudem betont er die negativen Auswirkungen der 'totalen Institution' Heim auf das Selbstbild der alten Menschen[49].

Es besteht weiterhin ein Bemühen um die empirische sozialwissenschaftliche Erfassung des Alters als soziales Phänomen, so z. B. die im Auftrag des Bundesministers für Jugend, Familie und Gesundheit durchgeführten Untersuchungen zur "Psychosozialen Situation alter Menschen", in der die Alterssituation als Ergebnis des gesamten Lebens begriffen wird[50], und zur gesundheitlichen und sozialen Situation älterer Menschen in der Großstadt[51]. Die Wichtigkeit von Faktoren wie sozio-ökonomischem Status und Bildungsstand wird in den meisten Veröffentlichungen betont. Auf die Ergebnisse empirischer Forschung zur Problemerklärung zurückzugreifen, gehört inzwischen zum Standard.

---

[43] Bleuel 1972:171.
[44] Bleuel 1972:177.
[45] Stenger 1977:276.
[46] Schmitz-Scherzer 1975:79.
[47] Schmitz-Scherzer 1975:89f.
[48] Schick 1978.
[49] Fischer 1976, 149ff.
[50] Tismer/Lange u.a. 1975.
[51] Bergener/Husser u.a. 1979.

Die *Situation älterer Arbeitnehmer* und die Problematik des Übergangs in den *Ruhestand* finden in gewerkschaftsnahen Veröffentlichungen wie der zur "Lebenslage älterer Menschen in der Bundesrepublik"[52] oder unter dem Stichwort der "Sozialpolitik für ältere Menschen"[53] Beachtung. Dabei wird - gerade in der letztgenannten Veröffentlichung - eine zu den Gerontopsychologen konträre Problemsicht deutlich, die die Benachteiligung alter Menschen nicht so sehr an einem negativen gesellschaftlichen Altersbild, sondern mehr an struktureller sozialer Ungleichheit, die sich im Alter verstärkt und zu sozialer Depravierung führt, festmacht[54].

Insgesamt werden gegen Ende des Jahrzehnt wieder andere Akzente in der eine zeitlang auf die auf das Individuum bezogenen Bereiche Aktivität, Emanzipation und Altenbildung fixierten wissenschaftlichen Diskussion gesetzt.

Bujard/Lange verweisen auf die Tradition der *Armut im Alter* und betonen, daß dieses Problem auch im Rahmen der 'Neuen sozialen Frage' noch lange nicht gelöst ist, obwohl es totgeschwiegen wird[55]. Die 'verschämte' Altersarmut wird im Gegenteil nur nicht gesellschaftlich sichtbar und setzt sich nicht in die Inanspruchnahme von Sozialhilfe um[56]. Altersarmut ist hauptsächlich ein Problem alter, durch eigene Rentenversicherung oder über abgeleitete Ansprüche nicht hinreichend abgesicherter Frauen, bei denen sich Benachteiligungen kumulieren[57]. Armut im Alter ist der Endpunkt lebenslanger Benachteiligung und so ein Ausfluß sozialer Ungleichheit, so Bäcker, der unter diesem Gesichtspunkt Lehr und Thomae kritisiert, die denen, die auf inhumane und gesundheitsschädigende Arbeitsbedingungen für ältere Arbeitnehmer verweisen, die Diskriminierung alter Menschen durch Bestätigung des negativen Altersbildes vorwerfen. Eine "Psychologisierung der Situation führt zu einer sozialpolitischen Entproblematisierung", so der Autor[58].

Nachdem bisher, wenn man vom alten Menschen sprach, oftmals der alte Mann gemeint war, beleuchtet der von Ursula Lehr 1978 herausgegebene Band nun speziell die Situation der *alten Frauen*, der Seniorinnen[59]. Das gesellschaftliche Altersbild, so die Herausgeberin, diskriminiert die ältere Frau noch stärker als den älteren Mann[60]. Alte Frauen, die die Mehrzahl der alten Menschen stellen[61], sind demnach doppelt benachteiligt, durch ihr Alter und durch ihr Geschlecht. Besonders schwer haben es im Alter Nur-Hausfrauen, die nach der Verwitwung besonders unselbstständig und isoliert sind, weshalb Lehr Berufstätigkeit als 'Geroprophylaxe' empfiehlt. Durch die Emanzipation der Frau, so stellt Helga Pross im gleichen Band fest, verändern sich die Generationenbeziehungen: "Möglich ist, daß die direkten, über das Eltern-Kind-Verhältnis und den Großeltern-Enkel-Kontakt hergestellten Beziehungen zwischen den Generationen schwächer werden"[62] - ein weiteres Indiz dafür, daß nicht mehr auf Familie als Problemlöser gesetzt werden kann.

Die Fixierung auf Familie ist auch bei der Wohnsituation alter Menschen weitgehend passé. So fordert z.B. das WSI: "Kein aufgezwungenes Zusammenle-

---

[52] WSI (Hg.) 1976.
[53] Dieck/Naegele (Hg.) 1978.
[54] Dieck/Naegele 1978:11.
[55] Bujard/Lange 1978; zur 'Neuen sozialen Frage': Geißler 1976.
[56] Bujard/Lange 1978:9f.
[57] Rosenmayer/Majce 1978, in: Rosenmayer/Rosenmayer (Hg.), 250f.
[58] Bäcker 1978, in: Dieck/Naegele (Hg.), 49.
[59] Lehr (Hg.) 1978.
[60] Lehr 1978, in: dies. (Hg.), 8ff.
[61] WSI (Hg.). 1976:139.
[62] Pross 1978, in: Lehr (Hg.), 67.

ben der Generationen nach dem Motto: Das beste Altenheim ist nach wie vor die Familie"[63].

Zusammenfassend kann festgestellt werden, daß in den 'problemabgewandten' siebziger Jahren Alter weder ausschließlich im Rahmen eines idealistischen Altersbildes gesehen wird, in dessen Tradition die Kämpfer gegen ein negatives Altersstereotyp stehen, noch als ein vorrangig soziales Phänomen thematisiert wird. Beide idealtypischen Erklärungsmuster gehen sozusagen eine Verbindung ein, indem betont wird, daß gerade die individuelle Erfüllung im aktiven 'dritten Alter' - die im Ergebnis gleichbedeutend ist mit dem positiven Altersbild des *Seniors* - durch gesellschaftsgestaltende sozialpolitische Maßnahmen gefördert werden kann, die bisher nur härtere soziale Faktoren wie Wohn- oder Einkommenssituation alter Menschen zu beeinflussen trachteten. Zu erwarten ist, daß diese Voraussetzungen der Altenhilfe einigen Auftrieb geben.

7.1.3 Anforderungen an Altenhilfe:
Prävention durch Bildung und Aktivierung

Die siebziger Jahre lassen sich, was ihre Einstellung zu den Möglichkeiten und Grenzen von Sozialpolitik angeht, in zwei Phasen einteilen. Zu Anfang des Jahrzehnts herrscht die optimistische Auffassung von einer aktiven Sozialpolitik vor, die Probleme nicht nur über die Gestaltung gesellschaftlicher Rahmenbedingungen lösen, sondern ihre Entstehung dadurch im Vorfeld verhindern will: *Prävention* wird zu einem Zauberwort. Mit der richtigen Politik sollen alte Menschen aus ihrem Dasein als Randgruppe herausgeholt und eine altenfreundliche Gesellschaft soll gestaltet werden können.In der zweiten Hälfte der siebziger Jahre werden dann die Stimmen immer lauter, die zum einen diese präventiven, gesellschaftsgestaltenden Wirkungsmöglichkeiten des Wohlfahrtsstaats bezweifeln, zum anderen dessen einschränkende Wirkungen auf die persönliche Freiheit der Individuen betonen: der *Wohlfahrtsstaat gerät in die Krise*.

Die beste Maßnahme zur Prävention von Altersschwierigkeiten, so die Auffassung von Lehr und Thomae, ist die Vermittlung von aufklärerischen Informationen mit dem Ziel, dem negativen Altersbild entgegenzuwirken. Maßnahmen gegen die Altersarmut, die soziale Isolierung im Alter oder Behinderungen älterer Menschen nehmen dagegen nur einen zweiten Platz ein. Das hat direkte Auswirkungen auf die Maßnahmen der Altenhilfe: "Insbesondere aber dürfte die Entscheidung über 'Soziale Dienste' für den älteren Mitbürger ganz anders ausfallen, wenn man diesen primär als aktiv, kompetent und anpassungsfähig sieht und nur in Ausnahmefällen als abhängig, passiv und nur des Mitleids würdig erlebt"[64]. Oberstes Ziel jeder Altenhilfe hat in dieser Argumentation die Durchsetzung eines positiven Altersbildes zu sein[65]. Maßnahmen für manifeste 'harte' Problemlagen geraten so weitgehend aus dem Blickfeld. Der Hilfe bedarf der alte Mensch "im allgemeinen nur gegen die soziale Diskriminierung, der jeder von einem bestimmten Lebensalter an ausgesetzt ist"[66].

Aktivierung ist ein weiteres 'Zauberwort' der Debatte um eine neue Altenhilfe in den siebziger Jahren, das von ganz verschiedenen Richtungen gleichermaßen dankbar übernommen wird, erlaubt es doch, von der defizitären Vorstellung vom

[63] WSI 1976:173.
[64] Lehr/Thomae 1976, 17.
[65] Vgl. auch Wagner 1976, in: Konrad-Adenauer-Stiftung (Hg.), 171.
[66] Lehr/Thomae 1976:111.

betreuungsbedürftigen alten Menschen wegzukommen[67]. Dabei wird einfach argumentiert, daß mit steigender Aktivität und einer Vielzahl von Hobbies alter Menschen auch deren Wohlbefinden steigt[68]. Alle Angebote der *offenen Altenhilfe* sind deshalb dahingehend zu prüfen, ob sie etwa nur Unterhaltung und Zerstreuung oder eine Vielzahl von Betätigungsmöglichkeiten wie Basteln, Handarbeiten, Malen, Töpfern und Gedichte verfassen anbieten. Aktivität wirkt durch 'Befähigung der Einzelnen' sozialer Isolierung entgegen, womit "jenes Maß an Lebenszufriedenheit erreicht" wird, "auf das der Ältere in einem Sozialstaat Anspruch hat"[69]. Deutlich wird hier, daß der Sozialstaat auch für das psychische Wohlbefinden der Älteren, für Sinnstiftung im Alter als zuständig angesehen wird und damit sozusagen das Recht erhält, auch in private Lebensbereiche hineinzuwirken und zu -'erziehen'.

Ein Mangel an Bildung bei alten Menschen, so wurde bisher festgestellt, wird nicht als ein von den Betroffenen manifest empfundenes und beklagtes Problem diskutiert, sondern als ein Faktor, dessen Verbesserung im Sinne rationaler und planvoller Gesellschaftsgestaltung zu einer Verbesserung der Lebenschancen der älteren Gesellschaftsmitglieder führt. Bildung kann dabei aber, da eine Status- und Einkommensverbesserung durch einen höheren Bildungsstand nur in der erwerbstätigen Phase möglich ist, nur noch 'gerontagogische' Lebenshilfe sein[70].

Altenbildung sprengt aber den Rahmen der Altenhilfe, so argumentieren Petzhold/Bubolz, da es in der Altenhilfe um Bearbeitung von Einzelfällen geht, Altenbildung aber zum einen den ganzen alten Menschen *ganzheitlich* im Blickfeld hat, sich zudem aber auf alle Alten als Zielgruppe richtet. Bildung von möglichst allen alten Menschen soll deren Selbständigkeit und Fähigkeit zur Selbstregulation fördern und dadurch "die von öffentlichen Haushalten getragenen Sozialdienste" entlasten: Bildung wirkt somit präventiv und ist dazu noch billig[71]. Das Niveau der Kulturarbeit im Rahmen der Altenhilfe soll angehoben und inhaltlich neue Akzente gesetzt werden[72].

Es werden große Hoffnungen auf die präventiven Wirkungen von Altenbildung gelegt: "Einrichtungen und Programme der Altenbildung können im Zusammenwirken mit anderen Sozialagenturen dazu beitragen, die äußeren Faktoren zu beeinflussen und Hilfen zu ihrer Bewältigung bereitzustellen. Es kann damit die persönliche Stellung des alten Menschen und seine Stellung in der Gesellschaft verändert werden"[73]. Im Gegensatz zu den oft hochgesteckten Zielen ist die Altenbildung jedoch oft zu niveaulos und deren praktische Durchführung defizitär[74].

Mit der Diskussion von Altenbildung zusammenhängend wird auch in der Altenhilfe die Notwendigkeit von präventivem Vorgehen, das alle alten Menschen als Zielgruppe erreichen muß, im Gegensatz zur individualisierenden und nur auf vorhandene Probleme reagierenden Einzelfallhilfe[75] betont: "Altenhilfe knüpft immer schon an eine Defizitsituation an und ist allein von daher mit der Hypothek der Vergeblichkeit oder wenigstens des Zuspätkommens belastet"[76]. Altenhilfe soll aber mehr als ein sozialer Notbehelf oder gar als eine 'fürsorgerische Maßnahme' sein, sondern jede Maßnahme soll das Gesellschaftganze mit in den Blick nehmen

---

[67] Z.B. ARG (Hg.) 1971; Lehr/Thomae 1976.
[68] Lehr/Thomae 1976:21.
[69] Lehr/Thomae 1976:49.
[70] Specht 1976, in: Petzold/Bubolz (Hg.), 212.
[71] Petzold/Bubolz 1976a, in: dies. (Hg.), 38.
[72] Petzold/Bubolz 1976:74ff.
[73] Petzold/Bubolz 1976b, 144.
[74] Specht 1976: 217, 220.
[75] Freesemann 1977, 153.
[76] Bauer 1978, in: Hohmeier (Hg.), 181.

und durch Aufklärung der Öffentlichkeit zur Bewußtseinsveränderung, zur Veränderung des sozialen Stereotyps vom Alter und damit zur Prävention beitragen[77].

Auch das neue, positive Altersbild des emanzipierten alten Menschen führt zu neuen Anforderungen an die Altenhilfe. Deren Einbettung in die Sozialhilfe in der Tradition der Fürsorge wird nun als diskriminierend angesehen[78]. Hilfen der Altenhilfe, so Weyer, sollen weder als Dauerzustand noch als Almosen gewährt werden, "weil damit der alte Mensch entmündigt und seiner Personalität beraubt würde. Hilfen können nur als begründete und selbstverständlich vorauszusetzende 'Dienstleistungen' der Gesellschaft geschehen"[79]. Diese *Dienstleistungen* setzen eben auch einen anderen Klienten der Altenhilfe voraus, der ein "aktives Altern statt Rentnermentalität" pflegt[80].

Durch eine neue Richtung, die von Lehr 'Interventionsgerontologie' genannt wird, soll eine Prävention von Altersabbau und Altersschwierigkeiten möglich sein. Die Gero-Intervention erstreckt sich von der Veränderung des Images des Alters bis hin zur finanziellen Unterstützung im Rahmen der Sozialhilfe[81]. Wie nicht anders zu erwarten, ist Veränderung des negativen gesellschaftlichen Altersbildes, das erst Alter zum 'sozialen Schicksal' macht, das höchste Ziel der Interventionen. Als praktische Interventionsmaßnahmen "im Sinne einer Optimierung und Prävention", werden von Lehr innerhalb des körperlichen Bereichs "Sauberkeitserziehung und Hygiene, Gesundheitspflege, Teilnahme an Vorsorgeuntersuchungen, körperliche Aktivitäten, Turnen, Gymnastik, richtige Ernährungsweise" genannnt. Im psychischen Bereich richten sich die doch recht elitär anmutenden Ziele der Intenvention auf: "Entwicklung geistiger Fähigkeiten und deren lebenslanges Training; lebenslanges Lernen, Erfahrungen sammeln, um Anregungen bemüht sein, für Stimulation sorgen; Entwicklung und Erhaltung von Selbständigkeit und Kompetenz; Gewinnung von Selbstsicherheit, positives Selbstbild; Entwicklung und Pflege weitreichender Interessen; Schaffung und Pflege sozialer Kontakte (auch außerhalb des familiären Bereichs); Suche nach Aufgaben, die dem Leben einen Sinn geben; Antizipation zukünftiger Lebenssituationen, die dann die Auseinandersetzung mit diesen erleichtern"[82].

Zur Bekämpfung jedweder Art von Verlust oder Altersabbau werden eine Reihe von Therapien vorgeschlagen, deren Bezeichnungen jeweils mit "Re-" beginnen. Angesichts solch hehrer Ziele muten Beispiele praktischer Maßnahmen der Gero-Intervention z.B. im Rahmen einer Milieu-Therapie doch sehr profan an. So erhielt "z.B. ein älterer männlicher Patient, der sich nicht ankleiden wollte, für jedes Kleidungsstück, das er richtig angezogen hatte, zunächst ein kleines Glas Bier, später nur für vollständiges richtiges Anziehen eine Flasche Bier"[83]. Inkontinenz bei dementen Männern soll wie folgt behandelt werden: "1. Phase: Behandlung wie üblich, Wäschewechsel alle zwei Stunden, 2. Phase: Wäschewechsel nur auf Anforderung und 3. Phase: wenn der Patient bei der 'checktime' trocken war, bekam er Bonbons oder Zigaretten und zusätzlich einige Minuten persönliches Gespräch"[84]. Die Differenz zwischen formuliertem reformistisch-elitären Lebensführungsanspruch und den Maßnahmen der praktischen Durchführung der Gero-Interventionen ist - besonders im Hinblick auf das angestrebte positive Altersbild - offensichtlich.

---

[77] Bauer 1978:164f.
[78] Weyer 1972, in: Schulz (Hg.), 107-145.
[79] Weyer 1972:140.
[80] Boetticher 1972, in: Schulz (Hg.), 147-154.
[81] Lehr 1979, in: dies. (Hg.), 3.
[82] Lehr 1979:14.
[83] Lehr 1979:37.
[84] Lehr 1979:39.

Auf dem Gebiet der ambulanten Versorgung alter Menschen außerhalb geschlossener Einrichtungen werden als neue Maßnahmen *Sozialstationen* und *Servicezentren* vorgeschlagen, die dem Wunsch der Alten nach Selbständigkeit und Selbstverwirklichung Rechnung tragen sollen[85]. Ebenso werden Maßnahmen zur *Rehabilitation* auch alter und behinderter Menschen gefordert, nachdem rehabilitative Maßnahmen bis dahin auf junge und berufstätige Menschen beschränkt blieben[86].

Im *Heimbereich* bemüht man sich ebenfalls um neue Konzepte, in denen das Alten- oder Pflegeheim nach außen geöffnet wird und - man beachte die veränderten Bezeichnungen - aus einem 'Betreuungstrakt', Kommunikations-räumen, einem Rehabilitationszentrum und einer Sozialstation bestehen soll[87]. Der gesamte Bereich der stationären Unterbringung wird nun in den siebziger Jahren als Mechanismus zur gesellschaftlichen Ausgrenzung der Alten[88] negativ bewertet: die Einsamkeit alter Menschen hat ihren Platz jetzt im Altersheim, das vordem oft als ein Ersatz für Familie betrachtet wurde.

Als Maßnahmen für die Freizeit alter Menschen sind weiterhin die *Altentagesstätten* im Gespräch, und wieder wird festgestellt, daß diese nur von den ohnehin aktiven älteren Mitbürgern genutzt werden[89]. In Altentagesstätten soll nun ebenfalls 'gerontagogische' Arbeit durchgeführt werden, die der Konservierung der Fähigkeiten alter Menschen und der Prophylaxe für die Zukunft dienen[90]. Die Potentiale alter Menschen sollen zum Vorschein gebracht, es soll nicht mehr betreut, sondern aktiviert werden, und Folgen sozialen Kontaktverlusts sind zu kompensieren[91] - diese Ziele sind unter anderer Bezeichnung schon seit den fünfziger Jahren bekannt und weisen wieder auf das enorme Beharrungsvermögen dieser Altenhilfemaßnahme trotz nachweislich geringen Wirkungsgrades hin[92].

So kritisieren auch die Autoren des WSI: "Nicht selten gewinnt man den Eindruck, daß caritative Organisationen die Einrichtung von Altenclubs als Prestigefrage betrachten. Jeder Verein hat seinen eigenen Club. Ob er von 5 oder 50 alten Menschen besucht wird, zählt kaum. Allein durch sein Vorhandensein wird der guten Sache Genüge getan. Wann wurde je ein Altenclub mangels Zuspruch geschlossen?"[93].

Als neuer Trend nicht nur in der *Altenplanung* wird inzwischen ganz im Sinne der Emanzipation alter Menschen und der ihnen zugestandenen Selbständigkeit eine 'Betroffenenbeteiligung' gefordert: Alte sollen nicht mehr Objekte der Betreuung sein, sondern Partner und deshalb zur Mitberatung herangezogen werden[94]. Ihre konkreten Bedürfnisse sollen erfaßt und die Altenplanung als *aktive Gestaltungsplanung* zielgruppen- und bedürfnisorientiert betrieben werden, wobei versucht werden soll, die Ursachen für die Benachteiligung von gesellschaftlichen Gruppen möglichst frühzeitig *präventiv* auszuräumen. Das soll durch eine umfassende Ursachenforschung möglich werden[95].

Auf der auf den einzelnen alten Menschen bezogenen Ebene wird Planung als die Voraussetzung dafür gesehen, dessen Probleme *ganzheitlich* zu lösen. Diese in den

---

[85] Konrad-Adenauer-Stiftung 1973:XI.
[86] Behrends 1973, in: Konrad-Adenauer-Stiftung (Hg.), 160-162.
[87] Geißler 1973, in: Konrad-Adenauer-Stiftung (Hg.), 122-128.
[88] Majce 1978, in: Rosenmayer/Rosenmayer (Hg.), 261-297.
[89] Schmitz-Scherzer 1975:87.
[90] Stenger 1977.
[91] WSI 1976:141.
[92] Zum Wirkungsgrad von Altentagesstätten vgl. auch Tews 1978, in: Dieck/Naegele (Hg.), 221-243, besonders 238ff. Das Integrationsziel der Altentagesstätten wird laut Tews nicht erreicht, da nur die aktiven Alten diese Einrichtungen aufsuchen.
[93] WSI 1976:149.
[94] Pöggeler 1976, in: Petzold/Bubolz (Hg.), 114.
[95] Schmitz-Scherzer/Schick/Kühn u.a. 1977, 11ff.

siebziger Jahren vielbeschworene Ganzheitlichkeit soll durch ein "Gesamtversorgungssystem" erreicht werden, in dem dann alle Lebensbereiche sozusagen durchgeplant sind, so z.B. Dieck/Naegele[96]. Zielgruppe dieser umfassenden Altenplanung sollen nicht mehr nur Bedürftige sein: "Soll sich die Sozialplanung nicht nur wie bisher als Anpassungsplanung den Älteren zuwenden, denen die Umstellung aus den verschiedensten Gründen nicht gelungen ist und nicht nur versuchen, die Defizite von Randgruppen zu kompensieren, sondern auch vorbeugende Maßnahmen ergreifen, so muß sie sich an den heute noch Erwerbstätigen ... orientieren"[97]. Prävention, nicht Kompensation soll durch Altenplanung erreicht werden. Die - möglichst das ganze Leben lang, spätestens aber ab dem 50. Lebensjahr zu betreibende - *Vorbereitung auf das Alter* als eine persönliche Lebenshilfe ist dabei der neuralgische Punkt[98], wobei Altenbildung hierfür wieder als eminent wichtig angesehen wird. Jede Nur-Altenhilfe, so die Überzeugung vieler Autoren, ist sinnlos, sondern es müssen in der gesamten Lebensphase Bildung und Hilfen angeboten werden. Dahinter steht das unausgesprochene Ziel, das Bildungs-, Gesundheits- und Aktivitätsniveau der alten Menschen soweit zu heben, daß möglichst viele von ihnen dem *aktiven, kompetenten Senior*, dem Altenhilfe-Leitbild der siebziger Jahre, nahekommen.

Wichtig, um ein ganzheitliche Verbesserung der Lebenssituation alter Menschen zu erreichen, sind die *Organisation und Koordination der sozialen Dienste*, die jetzt als Ziel der Planung einen wichtigen Platz einnehmen[99]. Die Problemsicht entwickelt sich gewissermaßen weg von der Betrachtung des Alters hin zur Betonung der Durchführung von Altenhilfe als dem Hauptproblem. Großer Optimismus über die Möglichkeiten der Gesellschaftsgestaltung durch Planung wird hier sichtbar: ganzheitliche Hilfe, die Befriedigung der Bedürfnisse und die Lösung der "Problemsyndrome"[100] jedes Einzelnen sowie der gesamten älteren Generation, die ja die Zielgruppe der Maßnahmen sein soll, sind in dieser Argumentation nur eine Frage guter Organisation. In den Altenplänen wird diese Sichtweise bisher, so Friedrich-Wussow, noch zu wenig berücksichtigt und noch immer das Kriterium der Hilfsbedürftigkeit statt das der präventiven Problemursachenbeseitigung angelegt[101]. Die Durchführung der Altenhilfe durch die Sozialämter wird kritisiert, da diese in ihrer Problemwahrnehmung und Aufgabendefinition selektiv vorgehen und dadurch eine ganzheitliche Lösung der Probleme jedes einzelnen alten Menschen verunmöglichen.

Das Planungsmodell, mit dem diese Ziele erreicht werden sollen, schlägt *soziale Leitbilder* als Zielsysteme der Planung vor, die in Unterziele aufgeteilt und dann in Maßnahmen operationalisiert werden sollen[102] - die Relevanz der jeweils favorisierten Altersbilder liegt auf der Hand. Grunow beklagt, daß sich die Planer in vielen Altenplänen nur an den gesetzlichen Vorgaben des BSHG, an Landesaltenplänen oder an Empfehlungen des Deutschen Städtetags orientieren, eine Zieldiskussion sowie eine Aufstellung differenzierter Zielsysteme aber vernachlässigen. Gesellschaftliche Ursachen der Altersprobleme geraten so aus dem Blickfeld[103].

Altenplanung soll ihren Platz innerhalb der *Stadtplanung* haben, die ein Prozeß zur Integration verschiedener sozialer Gruppen darstellt. Typisch für die siebziger Jah-

---

[96] Dieck/Naegele 1978, in: dies. (Hg.), 35f.
[97] Schmitz-Scherzer u.a. 1977:15.
[98] Schmitz-Scherzer u.a. 1977:28ff, 115ff.
[99] WSI 1976:291ff.
[100] Grunow 1978, in: Dieck/Naegele (Hg.), 244-266.
[101] Friedrich-Wussow 1978, in: Dieck/Naegele (Hg.), 267-282.
[102] Kühn 1975, 17ff., 44ff.
[103] Grunow 1978:245.

re sollen eine Lösung sozialer Probleme durch bauliche Maßnahmen mit dem Ziel einer 'humanen Stadt' erreicht werden[104] und die Altenplanung als Teilplanung in eine gesamtstädtische *Entwicklungsplanung* eingebettet und mit ihr abgestimmt sein[105].

In der zweiten Hälfte der siebziger Jahre ebbt die Planungseuphorie schon etwas ab und erste Zweifel einerseits an der Gestaltbarkeit gesellschaftlicher Rahmenbedingungen durch Planung, andererseits an der Wünschbarkeit solcher umfassenden Gestaltung werden laut. Der *Wohlfahrtsstaat*, dessen Einschränkungen der Freiheitsrechte und dessen - durch umfassende Versorgung und Betreuung - negative Auswirkungen auf die Selbsthilfefähigkeit der Gesellschaftsmitglieder nun kritisiert werden, gerät in die *Krise*. Die Beschäftigung mit Selbsthilfe wird modern: unter dem Motto "Niemand ist zu alt" geben Gronemeyer und Bahr erstmals einen Überblick über Selbsthilfe und Alten-Initiativen in der Bundesrepublik[106]. Der Wohlfahrtsstaat, so stellt z.B. Rosenmayr fest, ist überfordert mit der allgemeinen Verbesserung der Lebenschancen und kann zudem für Kultur und den Sinn im Leben nicht zuständig sein. Zudem ist Selbsterfüllung nicht zu finden "in einer simplen Absättigung mit Hobby-Beschäftigungstherapie"[107].

Anton Amann sieht eine Tendenzwende in der Diskussion um den Wohlfahrtsstaat. Er kritisiert die Verrechtlichung, Bürokratisierung und Ökonomisierung der Sozialpolitik und weist auf die Gefahren eines Versorgungsstaates und der Anspruchsexplosion seiner Bürger hin. Die öffentliche Hand, so wird festgestellt, beschränkt sich nicht mehr auf Verteilungs- und Interventionsaufgaben, sondern greift - zum Beispiel durch die offene Altenhilfe - in immer mehr Lebensbereiche ein. Im Rahmen der offenen Altenhilfe gewinnt der ideologische Part an Gewicht, und Amman fragt sich, ob "die Vorbereitung auf das Alter als pädagogisch und sozial geleitetes Verhalten und als ideologisches Programm fürs Kindesalter" nun auf dem Weg ist, zum beherrschenden Thema zu werden[108]. Die Altenhilfe, so Amman, wurde seit den zwanziger Jahren zur *Mode*: "Städte und Länder entwickelten und publizierten Altenpläne, Altenbeiräte wurden eingesetzt; Enqueten wurden abgehalten, Parteien kreierten ihre Altensprecher, Stadtverwaltungen verstehen es als Ansporn, daß andere Städte vergleichbarer Größe bereits mehr Betreuer einsetzen, mehr Mittel zur Verfügung stellen, anspruchsvollere Pläne haben"[109]. Auch wendet sich der weitsichtige Autor gegen die überschießenden Hoffnungen, die sich auf die Problemlösungsfähigkeit ambulanter Dienste richten, die unter dem Postulat der quasi offiziellen Wertentscheidung für die Selbständigkeit alter Menschen oft nur als billiger als Heimunterbringung angesehen werden[110].

Bujard/Lange thematisieren in ähnlichem Sinn kommunale Maßnahmen zur Aufklärung und Information älterer Mitbürger als *symbolische Politik*, da die Öffentlichkeitsarbeit einen großen Teil der alten Menschen nicht erreicht, und zitieren einen Sozialamtsleiter: "Es wird sehr viel Geld ausgegeben für Altenratgeber und Ähnliches, aber ich habe so manchmal den Verdacht, das geschieht ja eigentlich nur in einer Art Alibifunktion. Man will sich quasi selbst beweisen, daß man dieser Gruppe von Menschen doch positiv gegenüber eingestellt ist. Man weist Initiativen nach, man setzt Mittel ein, doch die Effizienz ist gering"[111].

---

[104] Hildenbrand 1973, in: Konrad-Adenauer-Stiftung (Hg.): 136-142.
[105] Zum Trend der kommunalen Entwicklungsplanung vgl. Hesse 1976.
[106] Gronemeyer/Bahr (Hg.) 1979.
[107] Rosenmayer 1978, in: Rosenmayer./Rosenmayer (Hg.), 64.
[108] Amman 1978, in: Rosenmayer/Rosenmayer (Hg.), 301.
[109] Amman 1978:302.
[110] Amman 1978:323.
[111] Bujard/Lange 1978:142.

Zusammenfassend kann als wichtigstes Ergebnis der Analyse des wissenschaftlichen Diskurses zu Alter und Altenhilfe festgehalten werden, das Alter in den siebziger Jahren als öffentliche Aufgabe voll akzeptiert ist und im Gegenteil zu Ende des Jahrzehnts schon die negativen Auswirkungen zu umfassender Versorgung und Betreuung kritisiert werden. Dominierend ist das positive Altersbild des aktiven, kompetenten *Seniors*, an dessen Potentialen sich die Altenhilfe durch Angebote wie Bildung und Vorbereitung auf das Alter im Rahmen offener Altenhilfe, so wird gefordert, auszurichten haben, statt - im Hinblick auf das propagierte positive Altersbild - 'diskriminierende' Betreuung für problembehaftete, hilfsbedürftige Alte vorzusehen. Selbständigkeit und 'Emanzipation' alter Menschen auch von der Familie, die als primärer Problemlöser kein Thema mehr zu sein scheint, ist inzwischen das allseits akzeptierte Leitbild des Alters. In den problemabgewandten siebziger Jahren wird nicht mehr Alter an sich, sondern die Durchführung von alterssozialpolitischen Interventionen problematisch: die Lösung des sozialen Problems Alter wird zu einer technischen Frage der Organisation und Koordination von sozialen Dienstleistungen. Durch die Planung der 'richtigen' Maßnahmen soll Gesellschaftsgestaltung betrieben, damit präventiv Probleme verhindert und so möglichst viele Alte auf das angestrebte 'Seniorenniveau' gehoben werden.

7.2 Alter und Altenhilfe in Fachzeitschriften in den siebziger Jahren

Die Fachzeitschriften in den siebziger Jahren zeigen zwar, verglichen mit dem vergangenen Jahrzehnt, ein rückläufiges Interesse am Thema Alter, wie die quantitative Untersuchung der Aufmerksamkeit für Altersthemen ergeben hat. Auffällig ist aber das große Interesse, das die Verwaltungszeitschriften für Altenhilfethemen an den Tag legen und das die siebziger Jahre zu einem *Jahrzehnt der Altenhilfe für die Verwaltung* macht[112]. Zu fragen ist, wie sich diese große Aufmerksamkeit für Altenhilfe inhaltlich ausgestaltet, wie die Diskussion in Bezug zu den in der wissenschaftlichen Literatur dominierenden Themen steht und ob die sozialpädagogischen Zeitschriften weiterhin die Funktion der 'opinion leader' einnehmen.

7.2.1 Die sozialpädagogischen und sozialpolitischen Zeitschriften: Kooperation, Koordination und neue Maßnahmen

Alter ist in den siebziger Jahren in den Sozialzeitschriften als öffentliche Aufgabe voll akzeptiert. Planung und Koordinierung der Hilfen sind Begriffe, die sehr oft in Beiträgen zur Altenhilfe zu finden sind: das Bemühen zur Problemlösung durch *bessere Organisation* ist deutlich zu erkennen. Auf dem Gebiet der offenen und ambulanten Hilfen kommt es zu innovativen Maßnahmenvorschlägen, die bis zum Ende des Jahrzehnts zumindest in der Diskussion zum Altenhilfe-Standard avancieren. Grundlage dafür ist eine durch empirische Untersuchungen vorbereitete realistischere Sichtweise der Lebensbedingungen der alten Menschen und die Abkehr vom Mythos der ihre älteren Mitglieder umhegenden Generationenfamilie. Vermehrte Chancen der Lebenshaltung alter Menschen, also das Erreichen eines hohen Alters und die den Alten inzwischen fraglos zugestandene Selbständigkeit außerhalb der Familie, führen zu neuen Problemen, da die Zahl 'gebrechlicher Greise' zunimmt[113]. Nicht nur in der Stadt, sondern auch auf dem Land hat sich inzwischen "das Problem der Betreuung der getrennt von den Kindern wohnenden älteren Personen verschärft"[114].

Das den wissenschaftlichen Diskurs dominierende Programm der *Aktivierung* der nun als *Senioren* bezeichneten alten Menschen und die damit verbundene Abkehr vom *negativen Altersbild* ist zu Anfang der siebziger Jahre schon vorzufinden. Auch Verwaltungsfachleute äußern sich zu diesem Thema in den Sozialzeitschriften. So leitet der Gießener Oberbürgermeister Schneider seinen Beitrag über 'Perspektiven zum Altenproblem' mit der Feststellung ein, es gelte Vorurteile zu revidieren: "Als erstes - so scheint mir - müssen wir lernen, radikal umzudenken, um die in uns allen und damit in der Gesellschaft herrschenden Vorurteile abzubauen. Und ich behaupte, es ist nichts weiter als ein Vorurteil, wenn wir der stark verbreiteten Meinung nachgeben, die das Alter als das 'Abstellgleis des Lebens' bezeichnet"[115]. Alter ist nichts 'Natürliches' mehr, sondern muß von Jugend an geplant werden, fordert der Autor. Als Maßnahmen dazu müssen auch "neue Wege in der Aktivierung der Senioren" beschritten werden, denn wer rastet, der rostet. Ort dieser Maßnahmen sind Altenclubs und -tagesstätten, die künftig besser koordiniert werden und sich jeweils auf bestimmte Aktivitäten spezialisieren sollen - Laienspiel, Musizieren, Basteln oder Handarbeit[116]. Diese Vorschläge, so kann mit Blick

---

[112] Vgl. Kap. 2.3 dieser Arbeit.
[113] Brückel 1970, in: BldW, 377-380.
[114] Rosenmayer 1970, in: BldW, 381.
[115] Schneider 1972, in: BldW, 287.
[116] Schneider 1972, in: BldW, 288.

auf die bisher skizzierte Diskussion konstatiert werden, sind nun bis auf die Bezeichnungen 'Senioren' und 'Aktivierung' keinesfalls neu, sondern schon seit den fünfziger Jahren Standardrepertoire der Altenhilfe. Altentagesstätten werden so unter neuer Terminologie, aber mit altem Inhalt angepriesen.

Vorbereitung auf den Ruhestand durch Kurse und Seminare und *Information und Beratung* durch Informationsschriften und Beratungsstellen fordert der Stuttgarter Stadtdirektor Felix Mayer und zieht eine Verbindung zum nun oft erwähnten Stadtteilbezug der Maßnahmen: "Information und Beratung sind auch ein wichtiger Bestandteil der in den einzelnen Stadtbezirken und Stadtteilen geplanten Dienstleistungszentren"[117].

Diese *Dienstleistungszentren* sollen der Koordinierung und Intensivierung der offenen Altenhilfe dienen. Neben der schon genannten Information und Beratung sollen im Dienstleistungszentrum Möglichkeiten zur *Begegnung* und *Bildung* geschaffen werden, wobei wieder an Malen und Zeichnen, Musizieren und Tanzen, Briefmarkensammeln, gemeinsame Unternehmungen usw. zu denken ist. Dazu kommen Maßnahmen der Gesundheitsvorsorge wie medizinische Bäder oder Gymnastik[118]. Zudem soll im Dienstleistungszentrum der Aufbau und die Koordination ambulanter Hilfsdienste erfolgen. Durch gezielte Organisation und Sozialplanung soll, so schlägt Rosenmayr vor, die Nachbarschaft als Erweiterung des familiären Hilfesystems aktiviert werden[119]. Die Aktivitäten in den Dienstleistungszentren sollen "entscheidend durch die Eigeninitiative und Selbstorganisation der älteren Bürger getragen werden. Die Räume des Zentrums bieten dafür nur den äußeren Rahmen. Hinzu kommt die Anregung und Begleitung solcher Gruppenprozesse durch eine sozialpädagogische Fachkraft. Es geht also auch hier wie überall in der Sozialarbeit um Hilfe zur Selbsthilfe"[120].

Allenthalben wird auf den ungedeckten Bedarf an *ambulanten Hilfediensten* verwiesen, der sich aus der Neuorientierung der Altenhilfe weg von der Heimunterbringung hin zur Unterstützung alter Menschen in der eigenen Häuslichkeit, die präventiv eine Heimunterbringung verhindern soll, ergibt: "Es ist wohl heute eine der zwingensten Aufgaben im sozialen Bereich, Lebenshilfen für die ältere Generation außerhalb von Anstalten zu organisieren und überall dort wirksam werden zu lassen, wo sie die Lage von Betagten verbessern und einer Heimbedürftigkeit vorbeugen kann"[121]. Dazu ist aber eine genaue Identifizierung des Bedarfs und eine bessere Planung nötig.

Zudem sollen die Hauspflegedienste und ambulanten Hilfsdienste besser koordiniert werden, damit nicht ein doppeltes Angebot einmal für die 'Normalbevölkerung' und zusätzlich für alte Menschen geschaffen würde. Wert wird inzwischen auch darauf gelegt, daß nicht Sorge und Betreuung, sondern Dienste und Dienstleistungen für alte Menschen angeboten werden[122]. In Baden-Württemberg wird zu Anfang der siebziger Jahre das Modellvorhaben *Sozialstationen* in Angriff genommen, die als Ergänzung zu den stationären Einrichtungen der Alten- und Krankenpflege ambulante, medizinische und pflegerische Hilfsdienste anbieten sollen[123].

In Hessen sollen als Modelleinrichtungen *geriatrische Tageskliniken* geschaffen werden, in denen Pflege und medizinische Betreuung möglich sein soll, ohne daß der Betreffende im Krankenhaus oder Pflegeheim liegen muß. Der Trend

---

[117] Mayer 1972, in: BldW, 297.
[118] Rilling 1972, in: BldW, 144.
[119] Rilling 1970, in: BldW, 377f.
[120] Ebd.
[121] Haag 1972, in: BldW, 32.
[122] "Hauspflegedienste und Altenpflegen", in: NDV 4/1972, 101-103.
[123] "Förderungsvoraussetzungen für Modelle von Sozialstationen", in: SA 1973, 307

weg vom geschlossenen Bereich hin zu offenen und ambulanten Hilfen ist unübersehbar: "Man sucht nach Wegen, nicht immer gleich vom Alten- oder Pflegeheim zu sprechen, wenn ein alter Mensch auf zusätzliche soziale Hilfen angewiesen ist, ..."[124]. Differenzierte ambulante Maßnahmen zur Ermöglichung eines eigenständigen Lebens im Alter gehören nun zum Standard der Diskussion um Altenhilfe[125].

Aber auch im *Heimbereich* bewegt sich etwas. Der Mangel an Altenwohnplätzen und Wartezeiten bis zu vier Jahren auf einen Heimplatz stehen im Zentrum der Kritik[126]. Der 'innere Betrieb der Heime' soll sich ändern, besonders die immer noch von sozialer Isolation und Reizarmut geprägte Umwelt im Heim. Die Merkmale des Heims als 'totaler Institution'[127], die ihre Insassen entmündigt und jeder Sorge um die eigene Existenzsicherung enthebt, müssen abgebaut werden, verlangt Haag in seinen Thesen für eine Diskussionsgruppe des Fürsorgetags 1973[128]. Ist das Altersheim ein Zuhause oder ein Notquartier, fragt sich Fisseni in der Darstellung seiner Befragung von Frauen in Alterheimen[129]. Auch in Heimen sollen alte Menschen nun aktiviert und zur Mitwirkung angeregt statt betreut und versorgt werden[130]. Durch zu große Fürsorge im Heim werde die Neigung alter Menschen zu Disengagement gefördert[131].

Ein neues Heimgesetz wird gefordert, das über ein Kontroll- und Aufsichtsgesetz hinausgeht und dem angestrebten Ziel einer Besserstellung der Situation von Heimbewohnern dient[132]. Das Heimgesetz, das 1974 erlassen wurde, ist dann aufgrund seiner inhaltlich ungenauen Ausgestaltung Gegenstand der Kritik[133].

In der ersten Hälfte der siebziger Jahre, so wird deutlich, konkretisieren sich in den Sozialzeitschriften die Forderungen nach einem Ausbau der ambulanten Hilfen in einer Vielzahl innovativer Maßnahmen wie Dienstleistungszentren, Tageskliniken und Tagesheime, Sozialstationen und Maßnahmen zur Altersrehabilitation. Die Unübersichtlichkeit des Angebots an ambulanten Hilfen, die aus der Trägervielfalt herrührt, soll durch die Schaffung von zentralen Anlaufstellen und durch die Einrichtung der Dienstleistungszentren überwunden werden. Zwischen den öffentlichen und freien Trägern sollen sich neue Kooperationsformen entwickeln[134]. Es fehlt, so Haag, weder an der Eingrenzung des Bedarfs an neuen Maßnahmen - dieser ist aus Altenbefragungen hinreichend bekannt - noch an einer klaren Aufgabenbestimmung, die in der Fachwelt inzwischen unumstritten ist, sondern an den Taten aller für Planung und Finanzierung auf kommunaler und Bundesebene zuständigen Stellen: "Ein Verharren in bloßen Wunschvorstellungen und Forderungen über die Gestaltung der Zukunft ist nutzlos. Es ist notwendig, für künftige Konzeptionen praktikable Strategien zu entwickeln und Instrumente für deren Realisierung zu finden"[135]. Es besteht, so die Diagnose des Autors, ein *Planungs- und Umsetzungsdefizit in der Altenhilfe*.Ein weiteres Problem sind die nicht in ausreichender Zahl zur Verfügung stehenden professionellen Helfer [136].

Die Tendenz, die Grenzen der Lösung der Probleme älterer Menschen in der Selektivität und mangelnden Koordination der sozialen Dienste zu verorten, zeigt

---

[124] "Neue Wege in der Altenhilfe", in: SA 1972, 461.
[125] "Eigenständiges Leben im Alter", in: NDV 1/1977, 27-29.
[126] Köhrer 1972, in: AuS, 75-78.
[127] Anthes 1976, in: SA, 491-498.
[128] Haag 1978, in: ThuP, 303-315.
[129] Fisseni 1977, in: AWP, 196-221.
[130] "Mitwirkung und Aktivierung alter Menschen in Heimen", in: NDV 1/1977, 29-31
[131] Weber 1978, in: NDV, 180.
[132] Haag 1973, in: NDV, 345-351
[133] Paul 1977, in: BldW, 51-53; Giese 1977, in: BldW, 62-63.
[134] Zum Überblick vgl. die Thesen von Haag 1973, in: NDV, 345-351.
[135] Haag 1973, in: NDV, 350.
[136] Scholl 1974, in: BldW, 306-310.

sich im Beitrag von Grunow, der das Angebot organisierter Hilfe analysiert und zu dem Schluß kommt, daß die Problemsyndrome älterer Menschen durch die verwaltungsmäßig angebotene Hilfe nicht genügend treffgenau bearbeitet werden können: "Die Organisationsform offener Hilfe gestattet es jedem Sachbearbeiter und Sozialarbeiter, 'ordentlich' seine Aufgaben zu erfüllen, ohne damit den Problemen alter Menschen angemessen Rechnung zu tragen". Maßstab für die Hilfe soll aber nicht "die Problembearbeitungskapazität der nunmal existierenden Hilfeinstanzen", sondern "die Integrationsfähigkeit der alten Menschen" sein[137].

Der Bereich der *Altenbildung* wird in der ersten Hälfte der siebziger Jahre in den sozialpädagogischen Zeitschriften zwar beachtet, aber nicht so stark, wie es der wissenschaftliche Diskurs vermuten lassen würde. Es wird festgestellt, daß auch Betagte Anspruch auf allgemeine Bildungschancen haben[138]. Das Schwergewicht liegt jedoch auf einer konkreten *Vorbereitung auf das Alter*, Zielgruppe sind die Arbeitnehmer, die vor der Pensionierung stehen. Dem oft zu findenden Hinweis auf das unzutreffende negative Altersbild folgen auf dem Gebiet der Vorbereitung auf das Alter dann oft Empfehlungen bezüglich altersgemäßer Kleidung, bequemen Schuhwerks und der richtigen Ernährung[139].

In der zweiten Hälfte der siebziger Jahre ist eine Weiterentwicklung dieser Diskussion zu verzeichnen: Altenbildung, im wissenschaftlichen Diskurs schon zu Anfang des Jahrzehnts stark beachtet, findet nun vermehrt Eingang in die sozialpädagogischen und sozialpolitischen Fachzeitschriften - und damit verbunden auch die Abkehr von einem negativen, defizitorientierten Stereotyp vom Alter, die jetzt zum Standardrepertoire einschlägiger Artikel über das 'dritte Alter' gehört[140]. Die Berichte über 'Seniorenakademien' u.ä. mehren sich[141]. "Tagungsfreudige, geistig rege Senioren" sind die Zielgruppe der Bildungsarbeit der Akademie der Diözese Rottenburg, mit denen "fördern durch fordern" praktiziert werden soll. Die individuellen Unterschiede in den Alterspersönlichkeiten werden betont, dabei diese Erkenntnis aber als etwas ganz Neues apostrophiert[142]. Es wird für einen "Lebensabend ohne Lethargie und Isolierung" plädiert[143], der Weg dahin führt über eine rationale Lebensplanung und öffentlich gesteuerte Altersvorbereitung, deren Kapazitäten stark ausgeweitet werden müssen, um möglichst viele Alte zu erreichen: Altenbildung als allgemeine Lebenshilfe[144]. Dabei werden ohne weiteres auch Altengymnastik und Ernährungsberatung unter Altenbildung subsumiert.

Oesterreich u.a. kritisieren den inflationären Gebrauch des Begriffs Altenbildung: "Vermittlung peripheren Wissens, Erhaltung und Anregung der Lernfähigkeit, Erhaltung oder Erweiterung der Interessen, Unterhaltung für Gebildete und Lernwillige sowie 'strukturierter' Ablauf der Freizeit werden im allgemeinen schon als 'Bildung' verstanden"[145]. Echte Altenbildung, so die Autoren, stellt dagegen "eine der wenigen echten präventiven Maßnahmen dar"[146], sie soll als motivationsfördernde und sozialisationsfördernde Maßnahme nicht in der Wissensvermittlung steckenbleiben, sondern letztlich Selbsteinschätzung und Fremdeinschätzung der alten Menschen verbessern: "Optimale Zielsetzung der Altenbildung wäre eine

---

[137] Grunow 1977, in: AWP, 195.
[138] Z.B. Sterzenbach 1971, in: BldW, 169-171; Rieger 1971, in: BldW, 172-175.
[139] Z.B. Hodapp 1975, in: NDV, 284-288.
[140] Henke-Berndt 1976, in: ThuP, 57-75.
[141] Z.B. Hofmeister 1977, in: BldW, 54-55.
[142] "Versuche und Erfahrungen in der Akademie der Diözese Rottenburg", in: BldW 12/1975, 310-311.
[143] "Plädoyer für einen Lebensabend ohne Lethargie und Isolierung", in: BldW 12/1975, 305.
[144] Kosmale 1976, in: SA, 315-321; Schneider 1977, in: AWP, 127-146.
[145] Oesterreich/Wöhrl/Tews 1976, in: AWP, 243.
[146] Ebd., 248.

Rollenaufnahme durch Erlernen und Vermittlung neuer Aktivitäten"[147]. Die Nähe dessen, was hier unter Altenbildung verstanden wird, zu den pädagogischen Zielsetzungen früherer Jahrzehnte ist offensichtlich. Vorbereitung auf das Alter durch Maßnahmen der Altenbildung gehört gegen Ende der siebziger Jahre zum Standard dessen, was an Altenhilfe gefordert wird[148].

Ebenfalls gegen Ende des Jahrzehnts wird *Pflegebedürftigkeit* wieder in der sozialen Fachöffentlichkeit vermehrt beachtet. Die steigenden Pflegesätze bieten Anlaß zur Sorge[149]. Der Bedarf an Hilfe zur Pflege nach dem Bundessozialhilfegesetz nimmt immer mehr zu, weswegen nach neuen Lösungswegen gesucht werden muß[150]. Altenpflegeheime werden aufgrund ihrer Struktur, des Mangels an Pflegepersonal und der Unmöglichkeit, in ihnen 'aktivierend zu pflegen', als in der Krise gesehen[151].

Neue Maßnahmenvorschläge für ambulante Dienste und geriatrische Rehabilitation prägen die erste, Vorbereitung auf das Alter die zweite Hälfte der siebziger Jahre in den sozialpädagogischen Zeitschriften, während in den sozialpolitischen Blättern die Lage der Rentenfinanzen problematisiert wird[152]. Gegenüber der wissenschaftlichen Literatur, die die Altenbildung schon zu Beginn des Jahrzehnts stark thematisiert, ist eine Verzögerung der Diskussion festzustellen.

7.2.2 Die Verwaltungszeitschriften: Das 'Jahrzehnt der Altenhilfe'

Die Verwaltungszeitschriften zeigen in den siebziger Jahren insgesamt ein zwar quantitativ rückläufiges Interesse am Thema Alter, jedoch ein stark gesteigertes Interesse an *Altenhilfe* und besonders an *Altenplanung*. Daß das Wort 'Plan' in Bezug auf Altenhilfe einen schlechten Beigeschmack hat - "Sollen etwa unsere Alten 'verplant' werden?" - wird nur noch sehr vereinzelt festgestellt[153]. Der Wert der Altenplanung wird nunmehr praktisch überall anerkannt und es beginnt für eine Kommune zum Leitbild zu werden, auch einen Altenplan zu haben, der eine 'Altenpolitik aus einem Guß' ermöglicht: nach der Altersthemen-Konjunktur in Verwaltungszeitschriften in den sechziger Jahren folgt in den Kommunen nun offensichtlich eine Altenplanungskonjunktur[154].

Altenhilfe wird prestigeträchtig, und zwar besonders dann, wenn sie sich durch *wissenschaftliche Untersuchungen* und Ergebnisse legitimiert, da die "Grundtendenzen moderner Altenhilfe empirisch zu suchen" sind, "statt sie abstrakt abzuleiten"[155]. Die Frankfurter Stadtverordnete Beckmann fordert als ersten der Punkte eines 'Zehn-Punkte-Programms', das als zweiter kommunaler Altenplan der Stadt Frankfurt veröffentlicht wurde, die Einrichtung von Lehrstühlen für Gerontologie und Geriatrie[156].

Die in den sechziger Jahren gängigen 'Denkschriften' und kommunalen Altenerhebungen werden nun als zu 'unprofessionell' kritisiert: "Vor einigen Jahren

---

[147] Ebd., 249.
[148] Vgl. Dieck 1977, in: SA, 178-183; Schneider 1978, in: BldW, 27-39; Fisseni/Radebold/Schmitz-Scherzer 1978, in: SA, 1-8.
[149] "Sorgen wegen der steigenden Pflegesätze", in: BldW 3/1977, 58-60.
[150] Dahlem 1978, in: NDV, 53-60.
[151] Hummel 1978, in: BldW, 40-43; Schmücker 1978, in: BldW, 44-46; Steiner/Hummel 1978, in: BldW, 46-48.
[152] Ruf 1978, in: AuS, 188-191; "FDP-Thesen zur Alterssicherung", in: AuS 1/1979, 9; Molitor 1977, in: AuS, 4-6.
[153] "Einheitliche Nomenklatur in der Altenhilfe", in: DG 1970, 931.
[154] Vgl. Kap. 2.3 dieser Arbeit.
[155] "Neue Tendenzen in der Altenhilfe", in. KpBl 1/1970, 18.
[156] Beckmann 1970, in: KpBl, 461.

war die Forderung nach Altenerhebungen in überschaubaren kommunalen Bezirken gang und gäbe, wobei man sehr wohl einsah, daß es mit guten und gutgemeinten 'Denkschriften' aus den örtlichen Verwaltungen nicht getan war. Entsprechende soziologische Untersuchungen können sachgemäß offenbar nur durch soziologische Institute durchgeführt werden"[157]. Diese Untersuchungen sollen gewährleisten, daß nicht "haarscharf an den Bedürfnissen derer vorbeigeplant werden, denen es nutzen soll"[158] - eine *bedürfnisgerechte Planung* wird angestrebt. Die in den sechziger Jahren begonnene Koalition zwischen Verwaltung und Auftragsforschung beginnt sich zu verfestigen.

Schon 1970 werden gehobene Standards für Altenplanung formuliert: so soll sie auf einer Altenbefragung beruhen und unbedingt auf die örtlichen Gegebenheiten bezogen sein. Das Ideal ist: "Jede Gemeinde und jeder Gemeindeverband stellen alljährlich 'ihren' Altenplan auf", denn "die Tendenz zum Aufstellen von Altenplänen ist ein Charakteristikum moderner Altenhilfe"[159]. Die Bürgerschaft soll mehr an der Planung beteiligt werden[160]. Ebenso ist es notwendig, daß ein Altenplan nicht nur die Angelegenheit von Sozialverwaltung und Sozialausschuß ist, sondern in die gesamte Stadtplanung einbezogen und von Verwaltung und Rat mitgetragen wird[161].

Auch inhaltlich zeigen sich Veränderungen, die man z.B. an den Leitsätzen des rheinland-pfälzischen Landesaltenplans ersehen kann: Altenpolitik, so wird festgestellt, ist *Gesellschaftspolitik* und "nicht für eine besonders hilfsbedürftige Minderheit gedacht, sondern will die Lage der älteren Generation schlechthin verbessern"[162]. Der zweite bayrische Landesaltenplan stellt ebenfalls fest, daß sich Altenpolitik um alle alten Menschen bemühen muß, fügt aber hinzu, Altenpolitik sei die Aufgabe aller und besonders die offene Altenhilfe Teil der Familienpolitik[163]. Dieser Hinweis auf die Aufgaben der Familie bei der Altenbetreuung ist jedoch eher selten. Häufiger ist dagegen die Betonung der Differenziertheit der Lebenslagen und Persönlichkeiten alter Menschen sowie deren Wunsch nach Eigenständigkeit und Unabhängigkeit und der Anspruch auf einen individuell gestalteten Lebensabend. So stellt z.B. Schmiese fest, daß Eltern heute die Gewißheit haben, "im Alter durch alle staatlich gelenkten Vorsorgemaßnahmen nicht mehr auf die Fürsorge der nachfolgenden Generation angewiesen zu sein"[164].

Im Verwaltungsdiskurs ist zu Beginn der siebziger Jahre aber weiterhin - befestigt wohl auch durch das Bundessozialhilfegesetz - im 'Mythos' der *Einsamkeit* und Isolation alter Menschen verhaftet: "Der alte Mensch klagt über nichts so sehr wie über die Einsamkeit, wie man weiß. Der Kontaktpflege dient eine der Hauptbemühungen moderner Altenhilfe"[165], stellt ein Beitrag fest. Es muß "ein Abgleiten in die noch größere Isolation verhindert werden, wie sie heute leider schon vielfach zu beobachten ist"[166]. Damit verbunden ist zu Anfang des Jahrzehnts öfters noch ein Verhaftetsein in einem *defizitorientierten Altersbild*. Der alte Mensch, so wird argumentiert, "steht zu allermeist nicht mehr auf der Höhe seiner Zeit. ... Das macht ihn umso öffentlichkeitsscheuer und kontaktärmer"[167]. Es meh-

157 "Neue Tendenzen in der Altenhilfe", in. KpBl 1/1970, 18.
158 Hummel 1971, in: LK, 124.
159 "Neue Tendenzen in der Altenhilfe", in: KpBl 1/1970, 18.
160 "Bürgerschaft muß mehr an der Planung beteiligt werden", in: KpBl 24/1971:1656.
161 Happe 1971, in: Stg, 499.
162 "Altenpolitik aus einem Guß", in. KpBl 15/1970, 960.
163 "Zweiter bayrischer Altenplan", in: KpBl 22/1972, 1422.
164 Schmiese 1972, in: KpBl, 1202.
165 "Neue Tendenzen in der Altenhilfe", in: KpBl 1/1970, 19.
166 Beckmann 1970, in: KpBl, 463.
167 "Neue Tendenzen in der Altenhilfe", in. KpBl 1/1970, 18.

ren sich aber schon zu Anfang des Jahrzehnts Stimmen, die dieser Auffassung widersprechen. So fragt der Frankfurter Sozialdezernent Gerhardt: "Müssen wir die These anerkennen, Funktionsverlust, Einsamkeit und Kontaktlosigkeit seien die Bürde des Alters? Müssen wir Alter gleichsetzen mit Krankheit, Hinfälligkeit, Pflegebedürftigkeit? Meine Antwort lautet nein!"[168]. Statt dessen sieht der Autor in seinem 'Plädoyer für eine offene Altenhilfe' die Emanzipation der Alten kommen. Als wichtigsten Schritt zu einer neuen Politik für ältere Menschen fordert der hessische Sozialminister Schmidt eine notwendige Bewußtseinsänderung in der Bevölkerung gegenüber dem älteren Bürger[169].

Die Lösung für die Einsamkeit alter Menschen wird weiterhin wie im vergangenen Jahrzehnt in den Maßnahmen der *offenen Altenhilfe*, besonders in Altentagesstätten gesucht. Diese "erfüllen in hohem Maße die Aufgabe: Zusammenführung der alten Menschen und Vermeidung ihrer Vereinsamung"[170]. So kämpft z.B. der Altenchor der Stadt Lüdenscheid "singend gegen die Einsamkeit"[171].

Besonders offene Altenhilfe, das wird weiter betont, ohne gegenläufige wissenschaftliche Ergebnisse zur Kenntnis zu nehmen, soll der *Prävention* gerade von Vereinsamung dienen. Eine wesentliche Aufgabe der Sozialplanung wird in dieser Vorsorge, der Prophylaxe sozialer und gesundheitlicher Schwierigkeiten gesehen. Obwohl der geschlossenen Bereich einigen Raum in der Diskussion einnimmt, wird gefordert, daß Altenhilfe sich nicht darin erschöpfen darf, sondern daß vielmehr die offene Altenhilfe in ihren verschiedenen Variationen besonders zu entwickeln ist[172]. Die offene Altenhilfe, so wird argumentiert, ist "nicht zuletzt ganz einfach billiger und leichter durchführbar"[173].

Der *stationäre Bereich* wird als reformbedürftig eingeschätzt, die Gefahr des Abschiebens alter Menschen ins 'Getto Altersheim' gesehen[174]. Der Heimbereich dürfe nicht länger der öffentlichen Kontrolle entzogen bleiben, seine Standards müßten verbessert werden. In der Diskussion um das geplante *Heimgesetz* wird auch die demokratische Beteiligung der Heimbewohner an Entscheidungen empfohlen: "Das Altenparlament könnte den Heimbewohnern die Möglichkeit geben, bei der Lösung aller Fragen, die das Altenheim betreffen, mitzuwirken"[175].

Gegenüber den in den sozialpädagogischen Zeitschriften zu diesem Zeitpunkt schon vorgeschlagenen innovativen Maßnahmen nimmt sich der Katalog der offenen Altenhilfe in den Verwaltungszeitschriften jedoch spärlicher aus. Die Weiterentwicklung von Altentagesstätten zu Altenzentren[176] und die Neuorganisation der ambulanten Pflegedienste in Sozialstationen[177] werden erwähnt, über Modelleinrichtungen in verschiedenen Städten wie über die Stuttgarter Dienstleistungszentren[178], die geplanten Bremer Dienstleistungszentren[179] und die Altenservicezentren in den Münchner Stadtteilen berichtet, was zudem - ganz im Gegensatz zur bisher immer beschworenen Kostengünstigkeit der offenen Altenhilfe - wie folgt kommentiert wird: "So bestechend das 'Münchner Alten-Modell' auch erscheinen mag, es hat einen nicht zu übersehenden Nachteil: es wird eine Kostenlawine

---

168 Gerhardt 1972, in: KpBl, 725.
169 Schmidt 1974, in: DG, 547.
170 Kauermann 1973, in: DG, 1398.
171 "Das ist die rechte Therapie: Singend gegen die Einsamkeit", in: KpBl 3/1972, 122.
172 Happe 1971, in: Stg, 496.
173 "Neue Tendenzen in der Altenhilfe", in. KpBl 1/1970, 19.
174 "Bürgerschaft muß mehr an der Planung beteiligt werden", in: KpBl 24/1971:1656.
175 Munzert 1972, in: DG, 403.
176 Z.B. "Offene Altenbegegnungsstätte in Hannover", in: Stg 11/1971, 621.
177 Wagner: "Neue Wege praktischer Altenhilfe", in: DG 1973, 19f.
178 "Altenhilfe - Altenpläne", in: DG 1973, 20.
179 "Bremer Altenplan", in: Stg 3/1974, 136.

auslösen, die sicherlich noch manches Kopfzerbrechen verursachen wird"[180]. Offene Altenhilfe, so wird hier deutlich, soll möglichst nichts kosten, wobei sich die Frage aufdrängt, wie ernst es den Kommunen mit der Prävention durch offene Altenhilfe ist oder ob nicht die symbolischen Funktionen der Maßnahmen im Vordergrund stehen.

Eine wichtige Forderung ist die nach *Beratung alter Menschen* in öffentlichen Belangen, da die Vielzahl der Vorschriften und Regelungen gerade für Alte kaum noch zu übersehen sei[181]. Das Netz von Altenberatungsstellen will der hessische Sozialminister Schmidt gar so dicht knüpfen, daß bis 1985 für je 100 Betagte eine Beratungsstelle zur Verfügung stehen soll[182].

Es soll eine bürgernahe und bürgerfreundliche Verwaltung geschaffen werden[183]. Diesem Zweck sollen auch *Ratgeber* und *Informationsschriften* dienen, die unter Titeln wie 'Altenfibel', 'Sonniger Herbst' oder 'Sorge für alte Menschen' von Kommunen nun in größerer Zahl herausgegeben werden[184].Weiterhin kommt eine Beteiligung alter Menschen am öffentlichen Leben über *Seniorenbeiräte* mit beratender Funktion beim Stadtrat in die Diskussion[185]. Im Jahr 1975 gibt es in Hannover, Erlangen und Wolfsburg einen solchen Seniorenbeirat[186]. Die Arbeit dieser Beiräte wird aber schon nach kurzer Zeit als in der Regel wirkungslos kritisiert[187]. Auch Seniorenpässe, mit denen die alten Menschen bestimmte Vergünstigungen erhalten, werden vorgeschlagen[188].

In der zweiten Hälfte der siebziger Jahre mehren sich die Maßnahmenvielfalt, aber auch die Hinweise auf finanzielle Engpässe bei den Kommunen[189]. Die Standards der 1976 im Bundestag beratenen Heimmindestverordnungen seien überhöht und finanziell nicht realisierbar, findet 'Der Städtetag'[190]. Der Fachausschuß Soziales und Gesundheit der Kommunalpolitischen Vereinigung der CDU stellt 1977 fest, "daß man bei Haushaltsberatungen in den kommunalen Räten gegen die Auffassung ankämpfen müsse, daß die Altenarbeit kein Geld kosten dürfe. Nicht selten werde argumentiert, daß angesichts der Rentensteigerungen der letzten Jahre alte Menschen über eine bessere finanzielle Ausstattung verfügten als zahlreiche kinderreiche Familien mit nur einem Verdiener"[191]. Der Widerspruch zwischen einem positiven, nicht an Bedürftigkeit orientierten Altersbild und der Bereitstellung sozialpolitischer Ressourcen wird hier angesichts finanzieller Engpässe deutlich. Das ist wohl auch der Grund dafür, daß Teile der Verwaltung auch zu Ende der siebziger Jahre im Einsamkeitsmythos verhaftet bleiben: liefert er doch - auch unter dem neuen Etikett 'Konzept für die dritte Lebensphase' - die Rechtfertigung für Maßnahmen, mit denen die "alten Menschen aus der Isolation" geführt werden sollen[192], ihnen ein "besseres Leben" ermöglicht werden soll[193]: auch Alte müssen - gerade als Wähler - umworben werden.

Das *Aktivitätsmodell* vom Alter hat in den Verwaltungszeitschriften deutlichen Einfluß: Senioren sind, so die Definition, "aktiver Teil und nicht Randgruppe

---

[180] "München geht neue Wege in der Sozialarbeit", In: DG 1973, 152.
[181] Beckmann 1970, in: KpBl, 462.
[182] Schmidt 1974, in: DG, 547.
[183] Z.B. "Bürokratie unbürokratisch", in: DG 1970:656.
[184] Z.B. "Altenhilfe" in: Stg 1/1971:23.
[185] Z.B. Munzert 1972, in. DG, 401-403.
[186] "Hannover wählt Seniorenbeirat", in: DG 1975, 216.
[187] "Ettikettenschwindel?", in: DG 1977, 398.
[188] Gröttrup 1972, in: Stg, 613-615.
[189] Z.B. "Trotz finanzieller Enge baut Köln die offene Altenhilfe aus", in: DG 1976, 224-225.
[190] "Nachholbedarf bei Alteneinrichtungen", in: Stg 1976:84-85.
[191] "Chancen für alte Menschen", in: KpBl 4/1977, 318.
[192] "Konzept für die dritte Lebensphase", in: DG 1977, 1093-1094.
[193] "Besseres Leben für alte Menschen", in: KpBl 6/1979, 493-494.

der Bürgerschaft"[194], was sich in Aktiviäten wie Seniorenschwimmen, Senioren-Malwerkstatt oder monatlichen Dia-Vorträgen für Senioren manifestiert. Altenplanung dient hier offensichtlich als Motor: so stellt der Hannoveraner Bürgermeister Schmalstieg fest, daß die Zahl der Veranstaltungen der offenen Altenhilfe seit der Verabschiedung des Altenplanes rapide zugenommen hat, was von ihm offensichtlich als Erfolgskriterium gewertet wird[195].

Insgesamt kann auch für die siebziger Jahre die Meinungsführerrolle der sozialpädagogischen Zeitschriften bestätigt werden, die schon zu Beginn des Jahrzehnts auf breiter Front innovative Altenhilfemaßnahmen fordern, während die Verwaltungszeitschriften doch eine antiquiertere Problemsicht erkennen lassen, die sich mehr in der Terminologie als in den Inhalten von der der sechziger Jahre unterscheidet. Die wichtigste Entwicklung ist die inzwischen vollständige Abkehr von der Familie als primärer Problemlöser. Die Vorliebe der Verwaltung für die offene Altenhilfe erscheint aber inzwischen teilweise in einem anderen Licht, wenn anspruchsvollere Maßnahmen wie Dienstleistungszentren als zu teuer abgelehnt werden: die Propagierung der offenen Altenhilfe hat, so wird hier deutlich, symbolische Anteile. Kooperation und Koordination der Anbieter in der Altenhilfe sind für die Verwaltungszeitschriften noch kein Thema. Ein Blick in die Altenpläne der siebziger Jahre wird zeigen, ob hier überhaupt schon innovative Maßnahmen zu finden sind.

7.3   Altenplanung in den siebziger Jahren

Zu Beginn der siebziger Jahre gibt es - nach der Konjunktur für Altersthemen in Fachzeitschriften im Jahrzehnt zuvor - einen regelrechten 'Boom' an neuen Altenplänen: allein 1970 bringen zehn bundesdeutsche Großstädte einen Altenplan heraus, insgesamt gibt es zwischen 1970 und 1979 28 'erste Altenpläne' in Großstädten[196], hinzu kommen die ersten Fortschreibungen von Altenplänen aus den sechziger Jahren, die oft nach zehn Jahren erfolgen. Die Zeit der 'Denkschriften' ist nun vorbei, es findet sich keine Veröffentlichung mehr mit diesem Titel. Wohl kann aber unterschieden werden zwischen regelrechten und von den Kommunen auch als solche überschriebenen umfassenden Altenplänen, zwischen Teilplänen, die sich nur auf einen bestimmten Maßnahmenbereich beziehen und zwischen Situationsberichten mit planerischem Anspruch.

Nicht nur die Planungstätigkeit der Kommunen, sondern auch die wissenschaftlichen Veröffentlichungen, die sich mit Altenplanung beschäftigen, nehmen zu[197]. So stellt z.B. Friedrich-Wussow für den Zeitraum zwischen 1959 und 1975 fest, daß insgesamt nur 55 Veröffentlichungen als Altenpläne im strengen Sinne zu bezeichnen sind, an die sie folgende Kriterien anlegt: Die Pläne "müßten eine Bestandsaufnahme der Lage alter Menschen in der betreffenden Region, eine Ist-Analyse der bestehenden Altenhilfemaßnahmen aufweisen, ferner Zielformulierungen und Maßnahmen zur Zielerreichung ... sowie Angaben über Finanzierung und Durchführung enthalten"[198]. Weyer kritisiert das Fehlen von neuen Perspektiven für die kommunale Altenarbeit in Altenplänen. Stattdessen würden die Konzeptionen

---

[194] Gramke 1978, in: StGr, 343-345.
[195] Schmalstieg 1978, in: DG, 406-407.
[196] Diese Zahl wurde anhand des vom DZA herausgegebenen "Verzeichnis der Altenpläne", Berlin 1991, ermittelt.
[197] Umfassend zu Sozialplanung: Kühn 1975.
[198] Friedrich-Wussow 1978, in: Dieck/Naegele (Hg.), 267.

dem Betreuungsgedanken verhaftet bleiben, ohne die Selbständigkeit alter Menschen anzuerkennen[199].

Die Differenziertheit und Qualität der Altenpläne hat zwar seit den sechziger Jahren teilweise deutlich zugenommen, doch erfüllen, so kann vorausgeschickt werden, nur wenige der analysierten Pläne die aufgestellten Kriterien[200]. Die weit überwiegende Zahl der Altenpläne ist zudem nach einem nahezu identischen Schema aufgebaut, das nach einem Vorwort des Sozialdezernenten oder Oberbürgermeisters, einer allgemeinen Einleitung zur Abklärung der 'Problemsicht', demographischen Zahlen zur Bevölkerungsstruktur und -entwicklung und eventuell einer Beschreibung der rechtlichen Grundlagen der Altenhilfe zuerst eine Bestandsaufnahme der vorhandenen Altenhilfeeinrichtungen und -maßnahmen enthält. Danach folgt als Planung typischerweise eine Maßnahmenauflistung der geschlossenen und offenen Hilfen, die zwischen den einzelnen Plänen fast austauschbar ist[201]. Eine ausführliche Bestimmung der Ziele, die mit der geplanten Altenhilfe erreicht werden sollen, fehlt oft ebenso wie ein differenzierter, über den Standort der Heime hinausgehender Stadtteilbezug der Maßnahmen. Allgemein beklagt wird jedoch der Mangel an gut ausgebildeten professionellen Helfern. Und im Vergleich zu den sechziger Jahren fällt zudem auf, daß die Pläne sich nicht mehr auf Altenbefragungen stützen bzw. solche fordern, sondern sich auf die technische Durchführbarkeit der Planungen und besonders der baulichen Maßnahmen konzentrieren: die inhaltliche Fixierung auf das Thema Wohnen in den Verwaltungszeitschriften in den sechziger Jahren bildet sich in den Planungen ab.

Positiv hebt sich der recht gut gegliederte Altenplan von *Mönchengladbach* aus dem Jahr 1970 ab, der mit der Unterstützung des Deutschen Vereins zustandekam. Bestand und Bedarf an Altenhilfemaßnahmen werden unter Rückgriff auf Untersuchungen des Deutschen Vereins und des Deutschen Städtetages festgestellt, sowohl Ziele als auch der Zeitraum, in dem diese erreicht werden sollen, werden festgelegt, Durchführung und detaillierte Finanzplanung sind ebenfalls Gegenstand des Plans. Der Beschluß des Altenplans wird dem Stadtrat empfohlen. Der Altenplan wurde mit den Verbänden der freien Wohlfahrtspflege mehrfach beraten und abgestimmt.

Inhaltlich kann - wie überhaupt für fast alle Altenpläne - festgestellt werden, daß Alter als Aufgabe der Verwaltung inzwischen voll akzeptiert wird. Nur noch sehr selten ist der früher obligatorische Hinweis auf die Erstverpflichtung der Familie zu finden. So wird festgestellt, daß Mobilität der Arbeitnehmer und die Berufsarbeit der Frau inzwischen zu den Grundlagen der Wirtschaft gehören und es daher oft gar nicht mehr möglich ist, daß die alten Menschen in den Familien ihrer Kinder leben[202]. Eine Großfamilienwohnung ist also nur eine Lösung für wenige, besser ist es, wenn verschiedene Wohnformen sich ergänzen: "Nur ein sich ergänzendes Netz von Altenwohnungen, Altenheimen und Pflegeabteilungen oder Krankenheimen bietet die Gewähr wirksamer Hilfe für ein altersgerechtes Wohnen"[203].

Bezüglich der offenen Altenhilfe findet sich aber nach wie vor die Argumentation, Einsamkeit sei ein Hauptproblem alter Menschen, weswegen Altenta-

---

[199] Weyer 1972, in: Schulz (Hg.), 107-145.
[200] Zu den Analysekriterien für Altenplanung vgl. Kap. 4.4.4 dieser Arbeit.
[201] So beschäftigt sich der "Zweite kommunale Altenplan" der Stadt Frankfurt a.M. aus dem Jahr 1970 - in dieser Reihenfolge - mit unterschiedlichen Formen der offenen Altenhilfe wie "Hauspflege und ambulante Krankenhilfe, Altentagesstätten und Kultur, Beratungsdienst - Besucherdienst, Informationsschrift, altersgerechte Mittagsverpflegung, Tageserholung, Altenerholungshilfe", vgl. Inhaltsverzeichnis. Ein weiterer typischer Vertreter ist: Hansestadt Lübeck (1973): "Altenplan. Erster Bericht zur Lage der älteren Mitbürger in der Hansestadt Lübeck", Lübeck.
[202] Stadt Mönchengladbach 1970, 2.
[203] Stadt Mönchengladbach 1970, 17.

gesstätten als Problemlösung notwendig seien. Dort sollten auch "verborgene Fähigkeiten" der alten Menschen durch Bildung und Beschäftigung aktiviert werden[204]. Offene Altenhilfe, so stellt der Plan nebulös fest, "besagt letztlich nichts anderes, als daß wir den eigenen Platz der älteren Generation in unserer Mitte anerkennen" [205]. Mit dieser Anerkennung ist es dann auch getan: diese mit 'Hilfen für ein sinnerfülltes Leben' betitelten Maßnahmen, so kann der Finanzplanung entnommen werden, fallen im Verhältnis zum Gesamtfinanzvolumen kaum ins Gewicht!

Die Stadt *Frankfurt a.M.* legt 1970 schon den zweiten Altenplan nach dem ersten Plan aus dem Jahr 1960 vor, welcher sich aber weitgehend auf die Auflistung beabsichtigter Baumaßnahmen von Heimen und Altenwohnungen konzentriert und die Notwendigkeit 'offener' Maßnahmen nur nebenbei erwähnt hatte[206]. Der Frankfurter Altenplan von 1970 wurde vom Stadtrat abgesegnet und enthält eine Aufstellung der für seine Umsetzung entstehenden Kosten, bezieht sich insgesamt aber stark auf den stationären Bereich. In der Problemsicht dominieren Einsamkeit und Not als Begründung der Notwendigkeit von Altenhilfe - Problemlösung auch hier wieder: Altentagesstätten[207] - und die Feststellung, die Familie sei mit diesen Aufgaben überfordert. Planungsziele werden jedoch nicht formuliert, und der Maßnahmenkatalog zählt eine Fülle konventioneller Maßnahmen auf, wobei besonders die Hauspflege sehr kurz abgehandelt wird. Die Forderung nach Altenberatung gehört inzwischen zum Standard, allein der Ruf nach mehr Rehabilitation für alte Menschen und nach - kommunale Kassen nicht belastenden - Lehrstühlen für Gerontologie und Geriatrie ist neuer. Insgesamt wird das Pflegeproblem, besonders der Mangel an professionellen Pflegekräften, im Frankfurter Plan hoch bewertet.

Auch in *München* soll, so hat der Stadtrat 1970 beschlossen, als Teil eines Gesamt-Sozialplans ein Altenplan erstellt werden. In einem ungewöhnlich durchdachten und auf Zielentwicklung abgestellten Vorentwurf wird die Randgruppensituation der alten Menschen und die negative Grundhaltung der Gesellschaft dem Alter gegenüber als Problem gesehen[208]. Der künftige Altenplan soll darauf verzichten, schon praktizierte Hilfsmaßnahmen in der Altenhilfe durch verstärkten Einsatz von finanziellen Mitteln auszubauen: "Es ist vielmehr zu überlegen, wie durch eine Umstrukturierung der sozialen Hilfen auf diesem Sektor den Betroffenen mehr und besser geholfen werden kann"[209]. Den gegenwärtigen Strukturen der Altenhilfe wird ein "ideologisch untermauerter Selbsterhaltungstrieb sowie die Angst vor Kompetenzverlust in den betroffenen Stellen" unterstellt - für Verwaltungsveröffentlichungen der damaligen Zeit sind das ganz ungewohnt kritische Töne[210]. Weg von der Betreuung von, hin zur Dienstleistung für alte Menschen ist der Tenor. Innovationen in der Altenhilfe muß die Sozialarbeit aus sich selbst heraus entwickeln, da sie von der Gesellschaft nicht und von den alten Menschen nur in begrenztem Umfang zu erwarten sind. Seiner Zeit weit voraus, fordert das Papier: "Ohne Reformen in der Organisation bleibt ein Altenplan eine Forderung, die sich in hochgerechneten Prozentzahlen und Prestigeobjekten für einzelne Institutionen erschöpft"[211]. München tritt dann bald, wie aus den Fachzeitschriften zu

---

[204] Stadt Mönchengladbach 1970, 57f., 62.
[205] Stadt Mönchengladbach 1970, 68.
[206] Vgl. Stadt Frankfurt a.M. (1960): "Protokoll-Auszug der Stadverordneten-Versammlung Frankfurt a.M. vom 19.5.1960, Betr. Kommunaler Altenplan.
[207] Stadt Frankfurt a.M. 1970, 3.
[208] Stadt München (1970): "Bekannntgabe in der Sitzung des Sozialausschusses" vom 2.12.1970, 5.
[209] Stadt München 1970, 1.
[210] Stadt München 1970, 6.
[211] Stadt München 1970, 8.

entnehmen ist, mit dem Maßnahmenvorschlag der Dienstleistungszentren an die Öffentlichkeit.

Der Altenhilfeplan der Stadt *Leverkusen* von 1971, der vom Rat beschlossen wurde, legt ein wesentlich deutlicheres Bekenntnis zur *offenen Altenhilfe* außerhalb von Anstalten ab, der in einer Zielliste die oberste Priorität eingeräumt wird: Vorbereitung auf das Alter, Beratung alter Menschen, Altentagesstätten und ambulante Hilfe sind vorrangig zu fördern. Betont werden die präventiven - und damit kostensparenden - Wirkungen der offenen Altenhilfe: "Alle dafür angesetzten Maßnahmen sparen zudem volkswirtschaftlich höhere Kosten und Personal für stationäre Einrichtungen"[212]. Der Leverkusener Plan wurde von zwei Referenten des Deutschen Städtetages in Zusammenarbeit mit der Sozialverwaltung erarbeitet und zeigt auch dadurch eine modernere Orientierung, daß der Einsamkeitsmythos als wissenschaftlich widerlegt angesehen wird[213]. Die Zusammenfassung verschiedener Dienste und Maßnahmen in sogenannten Begegnungs-, Bildungs- und Dienstleistungszentren, die die herkömmlichen Altentagesstätten ablösen sollen, wird vorgeschlagen - etwa gleichzeitig zur Diskussion dieser neuen Einrichtungen in den Fachzeitschriften, was wie auch das oben genannte Beispiel Münchens darauf hindeutet, daß die Verwaltungszeitschriften über kommunale Innovationen berichten, diese aber eher durch die Sozialzeitschriften angestoßen werden. Der Leverkusener Plan hebt sich auch durch eine größere Stadtteilorientierung der Maßnahmen ab. Er beinhaltet zwar keine exakte Finanzplanung, wurde aber vom Stadtrat beschlossen und sieht eine finanzielle Förderung durch die Stadt vor[214].

Eine planerische Neuerung bringt der Altenplan der Stadt *Nürnberg* von 1973: Er ist von einer speziellen städtischen Planungsabteilung der Stadtverwaltung, der Arbeitsgruppe Nürnberg-Plan, und innerhalb dieser von der Projektgruppe Sozialplanung erarbeitet worden. Als ein Beitrag zur gesamten Stadtentwicklungsplanung ist der Altenplan als Teil des Rahmenplans Sozialwesen typischerweise eine sehr 'technische' Planung, die für die siebziger Jahre aber nicht ungewöhnlich ist. Programmatisch hat sich der Plan der Förderung der Selbständigkeit alter Menschen und der offenen Altenhilfe verschrieben, die aber faktisch auf den Bau von Altenwohnungen reduziert wird. In der Investitionsplanung ziehen doch wieder die geschlossenen Einrichtungen die Finanzmittel ab: die Hinwendung zum offenen Bereich geschieht nur vordergründig.

Ganz auf den stationären Sektor bezogen ist der Altenplan von *Lübeck* aus dem Jahr 1973, der sich an der Zielgruppe der gebrechlichen und kranken Alten orientiert und, obwohl ein Amt für Entwicklungsplanung an seiner Abfassung beteiligt war, sehr konventionell gemacht ist[215]. Die Fortschreibung dieses Planes besteht aus einer umfangreichen Altenbefragung, einer 1%igen Stichprobe der Altenbevölkerung, insgesamt scheinen die Zeiten der großangelegten Befragungen jedoch vorbei. Der Paradigmenwechsel zur ambulanten Betreuung wird in der Fortschreibung zumindest expressis verbis vollzogen[216].

Die Stadt *Kiel* setzt ihre "Berichte über die Ausführung des Plans der Altenhilfe in Kiel" weiter fort[217], die allerdings reine Zahlenfriedhöfe und Maßnahmenauflistungen sind.

Nur ein Situationsbericht sein will die *Düsseldorfer* Veröffentlichung zur Altenhilfe von 1974, die aber eine Finanzplanung für den offenen und geschlosse-

---

[212] Stadt Leverkusen 1971, Vorwort.
[213] Stadt Leverkusen 1971, 67.
[214] Stadt Leverkusen 1971, 101.
[215] Stadt Lübeck 1973.
[216] Stadt Lübeck 1977.
[217] Stadt Kiel: "Bericht über die Ausführung des Plans der Altenhilfe in Kiel", vorliegende Berichtsjahre 1970, 1971, 1972.

nen Bereich beinhaltet und im Zusammenhang der weiteren Stadtentwicklung gesehen wird. Vom Aufbau her bietet er die übliche Struktur mit Maßnahmenaufzählung. Es wird ein Altersbild vertreten, das sich sowohl an negativen - Gefahr der gesellschaftlichen Ausgliederung - als auch an positiven Faktoren orientiert: "Im Verlaufe dieser Arbeit wird häufig von sozialen Defiziten und auch von der Not der alten Mitbürger die Rede sein. Bei distanzierter Betrachtungsweise darf aber nicht übersehen werden, daß sich positive Fakten mit negativen mischen". Altenhilfe soll dem Alter Sinn vermitteln: "Der dritte Lebensabschnitt - das Alter muß Inhalt und Sinn haben, sollen die gewonnenen Jahre Gewinn wirklichen Lebens bedeuten. Er muß möglichst lebenswert sein, auch und gerade aus der subjektiven Sicht des alten Menschen. Dies ist ein allgemeingültiger Deutungsversuch von Altenhilfe"[218].

Der *Dortmunder* Altenplan aus dem Jahr 1974 hebt sich von anderen Plänen ab: er ist aufwendig mit eingelegten Faltkarten und vielen Photos von alten Menschen und modernen Altenheimen gestaltet und macht so mit Bildunterschriften wie "Auch Geselligkeit kommt in den Altenheimen nicht zu kurz"[219] Werbung für sich selbst. In der Finanzplanung ist ein Satz festgelegt, mit dem sich die Stadt an den Investitions- und Betriebskosten der offenen und geschlossenen Altenhilfeeinrichtungen beteiligt. Es besteht eine starke Affinität zu baulichen Maßnahmen, die stadtteilorientiert geplant werden - auch Dienstleistungszentren sind vorgesehen. Ausgangspunkt der Problemwahrnehmung zum Thema Alter ist aber auch hier eine drohende Isolation alter Menschen, die es zu verhindern gilt. In Grafiken wird die z.B. quantitative Zunahme von Maßnahmen der Altenerholung als 'Erfolg' dargestellt[220]. Wenn auch die vorgesehenen Maßnahmen der Altenhilfe nach wie vor die gleichen sind, die sich in den sechziger Jahren als Umsetzung des BSHG § 75 Altenhilfe fast einheitlich herausgebildet haben, so ist der Dortmunder Plan doch modern und informativ aufgemacht. Bezüglich der Umsetzung des Altenplanes wird jedoch in den 'Schlußbetrachtungen festgestellt: "Der vorliegende Altenplan ist eine Zusammenfassung dessen, was ist und was geschaffen werden soll. Er soll dem Rat, der Verwaltung und den Verbänden eine Orientierungshilfe geben. Aus ihm können Rechtsansprüche nicht hergeleitet werden. Reihenfolge und Zeitpunkt der Verwirklichung der im Altenplan genannnten Maßnahmen und Einrichtungen hängen von der Finanzkraft der Stadt Dortmund und von dem finanziellen Leistungsvermögen der freien Träger ab"[221], was die Verbindlichkeit doch etwas in Frage stellt.

Auf eine Bedarfsschätzung für den geschlossenen Bereich ohne zugehörige Finanzplanung beschränkt sich der "Rahmenplan für die Altenhilfe in *Krefeld*" von 1974[222], der als Fortschreibung des 1. Krefelder Altenplans von 1961 zu verstehen ist. Im Bereich der offenen Altenhilfe ist in Krefeld zur "Aktivierung in kultureller und körperlicher Hinsicht" eine Seniorenfahrkarte für den Nahverkehr eingeführt worden[223]. Aus dem Rahmen fällt der Krefelder Plan dadurch, daß weitere Altenclubs und Altenbegegnungsstätten für entbehrlich gehalten werden[224].

Die Stadt *Hagen* hat 1977 ganz im Gegenteil dazu einen eigenen Teilplan als "Bedarfsplan für Altenbegegnungsstätten" herausgegeben[225]. Die Aufgabe von Altenbegegnungsstätten sie es, der Isolierung und Vereinsamung alter Menschen entgegenzuwirken. Das negative Altersbild wird angesprochen: "Häufig erfolgt mit

---

[218] Stadt Düsseldorf 1974.
[219] Zu einem Bild, das den Besuch von Figuren von Walt Disney bei den Betagten darstellt.
[220] Stadt Dortmund (1970): "Altenplan", Dortmund, 35.
[221] Stadt Dortmund 1970, 45.
[222] Stadt Krefeld 1974.
[223] Stadt Krefeld 1974, 30.
[224] Stadt Krefeld 1974, 32.
[225] Stadt Hagen 1977.

diesem Begriff (dem Alter, Anm. d. Verf.) eine Gleichsetzung von Krankheit, Armut, Schwäche, Vereinsamung und Nutzlosigkeit. Dieses Vorurteil geht nicht ungehört an manchen alten Menschen vorbei, und sie werden dadurch verunsichert und in ihrem Selbstgefühl beeinträchtigt. ... Durch eine gezielte Altenhilfe gilt es, die Integration der alten Menschen mit der Gesellschaft zu erhalten bzw. wiederherzustellen"[226]. Hier wird das Kunststück geschafft, sich vordergründig gegen das Defizitmodell vom Alter zu wenden und es gleichzeitig zur Begründung der Altenhilfemaßnahmen zu machen.

Als eine Information und Diskussionsgrundlage zum Verlauf der Altenplanung in *Essen* bezeichnet sich der Bericht über Altentagesstätten der Stadt Essen aus dem Jahr 1972. Die herkömmliche Altenhilfe wird kritisiert, der Sinn und Zweck von Altentagesstätten in der Anregung von Aktivitäten innerhalb und außerhalb der Einrichtung und der Verhinderung von Isolation und Vereinsamung gesehen[227]. Die enorme quantitative Zunahme der Altentagesstätten in Essen wird als Erfolg gefeiert, es kommt darauf an, alle älteren Bürger mit solchen Einrichtungen zu versorgen: "Jede neue Einrichtung hilft deswegen, auch wenn sie nur einmal in der Woche geöffnet ist, die bestehende Versorgungslücke zu schließen. Bisher unversorgte Interessenten werden dankbar sein, wenn sie in der Woche wenigstens einmal eine Begegnungsstätte aufsuchen können"[228].

Nur eine Bestandsbeschreibung und Bedarfsschätzung, aber keine Planung beinhaltet der vom Stadtrat verabschiedete Altenplan der Stadt *Bielefeld* von 1979, der sich auch nicht mit den für die Durchführung der vorgeschlagenen Maßnahmen nötigen Finanzen beschäftigt[229]. Der Umschlag dieses Planes stellt - offensichtlich aufgrund einer völlig falschen Schätzung - eine zwischen 1980 und 1990 stark abfallende Kurve der Wohnbevölkerung der 65jährigen und Älteren in Bielefeld dar. Schon 1967 hatte das Emnid-Institut in Bielefeld eine Repräsentativumfrage über die Situation der alten Menschen vorgenommen.

Der Bielefelder Altenplan von 1979 stellt einen Entwurf dar, der dem Rat Entscheidungshilfen liefern soll und ist konventionell aufgebaut (Einleitung, Statistik, Recht, Maßnahmenliste). Eine Zielbestimmung fehlt völlig. Jedoch wird die Wichtigkeit der Koordinierung der Maßnahmen angesprochen, die zu einer Verbesserung und Intensivierung der Altenhilfe führen soll[230]. Als neue Maßnahmen werden ein Seniorenbeirat, Heimbeiräte und Verkehrserziehung für alte Menschen vorgeschlagen.

Zusammenfassend kann zu den Altenplänen in den siebziger Jahren festgestellt werden, daß sie gegenüber den 'Denkschriften' ein Jahrzehnt davor umfangreicher und besser gegliedert sind. Als Grundlage für die Pläne hat sich der Rekurs auf Altenbefragungen bewährt und ist daher inzwischen aus der Mode gekommen. Inhaltlich fehlt der früher regelmäßig anzutreffende Hinweis auf die Erstverpflichtung der Familie und die subsidiäre Zurückhaltung der Verwaltung in puncto Alter: Alter ist als öffentliche Aufgabe voll akzeptiert und Altenhilfe ist ein Thema in der Verwaltung, das in den siebziger Jahren Konjunktur hat.

Jedoch lassen fast alle Pläne eine inhaltliche Zielbestimmung dessen, was mit der Altenhilfe erreicht werden soll, vermissen, wie es auch an Maßnahmen in der Planung - bis auf die vorgeschlagenen Dienstleistungszentren - wenig Neues gibt. Es hat den Anschein, als habe sich in der Folge des BSHG von 1961 ein Katalog an immergleichen Maßnahmen als dessen mögliche Umsetzung etabliert, der

---

[226] Stadt Hagen 1977: Vorwort.
[227] Stadt Essen 1972, 6.
[228] Stadt Essen 1972, 14.
[229] Stadt Bielefeld 1979.
[230] Stadt Bielefeld 1979, 13.

jetzt von Kommune zu Kommune unhinterfragt fortgeschrieben wird: ein besonders deutliches Beispiel sind hier die Altentagesstätten, die nicht nur den Wandel in der Problemsicht von Einsamkeit zur Selbständigkeit alter Menschen mitgemacht haben, sondern nun auch als Hort der Altenbildung gelten. Insgesamt sind die analysierten Altenpläne nach einem fast einheitlichen 'Strickmuster' gemacht, das die 'Imitation' der Kommunen untereinander eindrucksvoll unterstreicht: Nach einem 'Bürgermeistervorwort' und einer allgemeinen, die Problemsicht umreißenden Einleitung folgt ein Kapitel mit statistischen Daten und rechtlichen Grundlagen, danach eine Bestandsauflistung und Bedarfsschätzung der Altenhilfemaßnahmen, die getrennt nach offenem und geschlossenem Bereich aufgeführt sind. Die Maßnahmenlisten sind zwischen den Plänen nahezu austauschbar. Es wird besonders bei der offenen Altenhilfe jede noch so unwichtige Maßnahme für erwähnenswert gehalten, wohl um Tatendrang seitens der Kommune zu demonstrieren. Hinter der nun zu den Standardmaßnahmen gehörenden 'Vorbereitung auf das Alter' verbirgt sich oft wenig Weltbewegendes: sie soll, ganz im bekannten simplen Argumentationsmuster, die präventiven Wirkungen der offenen Altenhilfe unterstreichen.

Eine detaillierte Finanzplanung, die den Umsetzungswillen der schönen Altenhilfe eindrucksvoll bekunden würde, ist nur in wenigen Plänen zu finden: in weniger als der Hälfte der Altenpläne ist die Finanzierung überhaupt ein Thema, und wo sie es ist, fließt der Löwenanteil anders, als das allseits abgelegte Bekenntnis zur offenen Altenhilfe es nahelegen würden, in den stationären Bereich.

Abweichend vom wissenschaftlichen Diskurs orientieren sich die Altenpläne in den siebziger Jahren jedoch an den *normalen Alten*. Am Einsamkeitsmythos wird zur Begründung von Altenhilfemaßnahmen weiterhin festgehalten, dabei aber manchmal das Kunststück geschafft, ein positives Altersbild damit zu verbinden. Die im wissenschaftlichen Diskurs dominierenden Themen Bildung und das Durchsetzen eines positiven Altersbildes werden in der Altenplanung nur wenig aufgegriffen, ebenso wie die in den sozialpädagogischen Zeitschriften diskutierten innovativen Maßnahmen der Altenhilfe wie Dienstleistungszentren. Eine Ausnahme bilden hier nur die Sozialstationen. Der Stadtteilbezug der geplanten Maßnahmen ist oft nur insoweit gewährleistet, daß Bestand und Bedarf an Altenheimen oder Altentagesstätten an dem Versorgungsgrad der Stadtbezirke festgemacht wird.

Insgesamt kann zur Altenplanung in den siebziger Jahren festgestellt werden, daß es zwar inzwischen den Kommunen erstrebenswert erscheint, als Zeugnis ihrer modernen Altenhilfe einen Altenplan zu haben, der nach Form und Erscheinungsbild die einschlägigen Denkschriften des vergangenen Jahrzehnts übertrifft. In Bezug auf das, was inhaltlich an Altenhilfe vorgeschlagen wird, sind diese Pläne untereinander jedoch fast austauschbar. Eine Neubestimmung der Altenhilfe, wie sie sich in der wissenschaftlichen Literatur und den sozialpädagogischen Zeitschriften deutlich abzeichnet, ist in der Altenplanung noch nicht zu bemerken. Ein defizit- und problemorientiertes Altersbild herrscht hier im Verein mit den dazu passenden Altenhilfemaßnahmen explizit oder implizit vor. Die Betonung der offenen Altenhilfe mit ihren wundersam präventiven Wirkungen kann auf diesem Hintergrund nur als symbolische Bemühung gesehen werden, kommunale Altenhilfeaktivität zu demonstrieren.

7.4 Zusammenfassung

Eine christlich-traditionelle Sichtweise des Alters bestimmte die fünfziger Jahre, in denen das Alter eingebettet in die Generationenfamilie gesehen wurde, der einzige Platz, an dem Einsamkeit verhütet und für sinnvolle Beschäftigung gesorgt sei. In den sechziger Jahren begann sich, vorangetrieben durch empirische sozialwissenschaftliche Untersuchungen zur Lebenssituation älterer Menschen, die Erkenntnis durchzusetzen, daß die Familie einerseits die ihr zugeschriebenen Aufgaben gegenüber den Alten nicht erfüllt, die alten Menschen andererseits auch auf die totale Abhängigkeit von ihren Nachkommen keinen Wert legen, sondern Eigenständigkeit bevorzugen. Ein *Paradigmenwechsel* hin zur Selbständigkeit alter Menschen und damit zum Grundsatz 'offene vor geschlossener Altenhilfe' hatte stattgefunden, die *normalen Alten*, die Probleme, aber auch Potentiale haben, standen statt der *einsamen, hinfälligen Alten* der fünfziger Jahre nun im Mittelpunkt des Interesses. Das programmatische Bekenntnis zu einem positiven Altersbild führte zum - im wissenschaftlichen Diskurs dominierenden - Leitbild des *aktiven Seniors*.

Parallel dazu hatte sich in der Verwaltung als Ausfluß des §75 BSHG von 1961 ein Katalog von Standardmaßnahmen der kommunalen Altenhilfe entwickelt, der die Problemsicht des einsamen alten Menschen der fünfziger Jahre reflektiert, dem durch Altenerholung, Kaffeenachmittage und Altentagesstätten aus seiner Isolation herausgeholfen und sinnvolle Beschäftigung angeboten werden müsse. Der offenen Altenhilfe, besonders den sich hartnäckig behauptenden Altentagesstätten und solch offensichtlich auch symbolischen Maßnahmen wie Informationsschriften für alte Menschen, werden so im Verwaltungsdiskurs der siebziger Jahre präventive Wirkungen zugeschrieben, denen sie mit den traditionellen - wenig kostenintensiven - Maßnahmen nicht gerecht werden kann. Der Ausbau der Altentagesstätten zu stadtteilorientierten Dienstleistungszentren - als Altenzentren schon in den Sozialzeitschriften in den sechziger Jahren im Gespräch - wird zwar auch in den Verwaltungszeitschriften vorgeschlagen, in den Altenplänen ist davon jedoch noch nichts zu sehen.

Diese Problematik ist in den siebziger Jahren im verhältnismäßig 'abgehobenen', auf die Kompetenzen alter Menschen fixierten wissenschaftlichen Diskurs, der auf Prävention durch Bildung setzt, und auch in den schon problemorientierteren Sozialzeitschriften, die innovative Altenhilfemaßnahmen vorschlagen, erkannt, bis in die Verwaltung jedoch noch nicht durchgedrungen. Ebenfalls in der Verwaltung noch nicht aufgenommen wird die Diskussion um die positiven Aspekte einer besseren Organisation der Altenhilfe. Eine große Lücke klafft auch zwischen dem wissenschaftlich formulierten Anspruch an Sozialplanung als einem Mittel der Gesellschaftsgestaltung und der Wirklichkeit der analysierten Altenpläne. Umfang, Begründung und Layout der Altenpläne haben sich seit den Denkschriften der sechziger Jahre deutlich verbessert. Die geplanten Altenhilfemaßnahmen sind jedoch weniger innovativ. Die *Problemsicht der Verwaltung*, wie sie sich in den Altenplänen zeigt, bleibt so trotz der Lippenbekenntnisse zum aktiven alten Menschen implizit zu einem großen Teil an der Zielgruppe der einsamen, hinfälligen Alten orientiert, die die Klientel der geschlossenen Altenhilfe darstellt. Explizit werden zudem mit der 'Demonstration' offener Altenhilfe die aktiven Senioren und die normalen Alten umworben, wodurch auch dem Anspruch des BSHG Genüge getan wird, alle alten Menschen als Zielgruppe der Altenhilfe zu sehen: niemand wird daran gehindert, sich einen Seniorenratgeber zu besorgen oder eine Altentagesstätte aufzusuchen.

8. Alter in den achtziger Jahren: Differenzierung und Rückwendung zur Familie

Der Beginn der achtziger Jahre war gekennzeichnet durch einen wirtschaftlichen Einbruch, in dessen Folge die Arbeitslosenzahlen steil anstiegen. Als Reaktion auf diese wirtschaftlichen Krisenerscheinungen kam es zum Bruch der Koalition zwischen der FDP und der von Schmidt geführten SPD und in der Folge zur Wahl Kohls zum Bundeskanzler. Die Bundestagswahl 1983 sollte der Auftakt zu einer wirtschafts- und gesellschaftspolitischen Wende sein und mit einem Umbau des 'ausufernden Sozialstaates' einhergehen. Die Sozialausgabenquote, die zwischen 1950 und 1975 stetig angestiegen war, stagnierte danach oder war leicht rückläufig[1].

Das konservative Programm zur Behebung sozialer Mißstände in der Krise des Sozialstaats läßt sich, ganz im Gegensatz zur beabsichtigten staatlichen Gesellschaftsgestaltung der siebziger Jahre mit ihrer Abwendung von der Familie, mit "weniger Staat, mehr Eigeninitiative, Förderung familiärer, nachbarschaftlicher und freier gemeinnütziger lokaler Hilfen" beschreiben[2]. Die Gesellschaft veränderte sich aber dahin, daß trotz der programmatischen Bemühungen der CDU/FDP-Regierung, die Familie als primäre Sicherungsressource wieder mehr zu aktivieren, diese de facto die ihr zugedachten Funktionen immer weniger ausfüllte. Vormals "soziale Selbstverständlichkeiten", so wird beklagt, seien in der Folge des Wertwandels infragegestellt. Im Hinblick auf die Pflege alter Menschen habe der Wertwandlungsschub die Hilfsbereitschaft zwar nicht grundsätzlich beseitigt, aber das Empfinden dafür geweckt, ein bis an die Grenze des Zumutbaren gehendes Opfer zu bringen[3].

Während staatlicherseits eine traditionelle Rückwendung zur Familie herbeigeredet werden sollte, was ja in den siebziger Jahren kein Thema mehr war, mußten die *Kommunen*, die näher an den Problemen alter Menschen waren und die begrenzte Leistungsfähigkeit der Familie eher erkannten, die unvermeidbaren Angebotslücken schließen. Ellwein betont, daß die großen Gemeinden seit den achtziger Jahren manches von dem ausgeglichen haben, was die Gesellschaft an Übereinkünften nicht hervorzubringen imstande war und was durch Gesellschaftspolitik nicht gelöst werden konnte[4]. Viele der ambitionierten Reformvorhaben der siebziger Jahre hatten sich als zu anspruchsvoll oder undurchführbar erwiesen, es folgte trotz des Programms der 'moralischen Erneuerung' nach der Wende sozialpolitisch eine Phase der Ernüchterung.

Die Krise des Sozialstaats erfaßt in den achtziger Jahren auch die erst zu Anfang des vergangenen Jahrzehnts auf Fachhochschulniveau gehobene *Sozialarbeit*. Zum einen geht nach dem Aufstieg in den siebziger Jahren der Wert der Professionalisierung wieder zurück und die Sozialarbeit stürzt in eine regelrechte 'Berufskrise'. Als gegenläufiger Trend treibt die Ausbildung durch Professoren an der Fachhochschule dagegen eine Höherqualifizierung voran[5]. Die Sozialarbeit ist in

---

[1] Vgl. die Grafik 2 in Alber 1989:51.
[2] André 1994, 153.
[3] Klages 1988:104.
[4] Ellwein 1989:108.
[5] André 1994:160.

den Achtzigern grundsätzlicher Kritik an ihrer Art und Wirkungsweise ausgesetzt, die in dem Vorwurf gipfelt, die Klienten würden von den sozialen Experten entmündigt. Inhaltlich soll sie das Kunststück fertigbringen, dem Einzelfall 'ganzheitlich' gerecht zu werden und gleichzeitig - als Reaktion auf die starke Propagierung von Selbsthilfezusammenschlüssen - feldorientiert zu arbeiten und besagte nachbarschaftlich-familiären Netzwerke 'ökologisch' zu aktivieren und zu fördern. Einen Professionalisierungsschub gibt es auch in der Altenpflege, die durch eine Höherqualifizierung des in ihr beschäftigten Personals eine Verbesserung ihrer Standards erfuhr[6].

Kommunale *Altenplanung* gehört inzwischen in Großstädten zum Standard. Gerade in den achtziger Jahren wird dieses Thema viel beachtet, wobei wissenschaftliche Erkenntnisse und Planungsvorstellungen über hauptamtliche Sozialplaner oder externe Planungsberater Eingang in die kommunale Praxis finden und die Wissenschaft im Gegenzug praktische Erfahrungen aufgreift[7]. Nach der Planung kommt auch deren Umsetzung ins Blickfeld des Interesses, es entsteht eigens die wissenschaftliche Richtung der Implementationsforschung[8].

Insgesamt läßt sich für die achtziger Jahre ein weiterer allgemeiner Aufmerksamkeitsschub für das Thema Alter feststellen, in dessen Folge Alter einerseits immer mehr als Normalität gesehen und nicht mehr so sehr als ein neues, gesellschaftlich krisenauslösendes Problem thematisiert wird, die Diskussion in Bezug auf Problembereiche und Maßnahmen der Altenhilfe dagegen immer differenzierter wird.

8.1 Differenzierung von Alter im wissenschaftlichen Diskurs

Zwischen 1980 und 1989 kommt eine große Zahl von wissenschaftlichen Veröffentlichungen zu Altersthemen auf den Markt: Alter, so kann konstatiert werden, hat sich endgültig zu einem 'Modethema' entwickelt. Nach der vorrangigen Propagierung eines positiven Altersbildes und den überschießenden Hoffnungen, die im Jahrzehnt zuvor auf die Altenbildung gelegt wurden, findet die Diskussion wieder mehr auf den Boden der Tatsachen zurück: eine neue *Differenzierung* sowohl der Altersbilder als auch der Themen im wissenschaftlichen Diskurs kennzeichnet die achtziger Jahre. Gleichzeitig soll Alter aber unter den Fahnen einer 'neuen Subsidiarität' im Gegensatz zu den siebziger Jahren wieder mehr an die Familie gekoppelt werden.

8.1.1 *Altersbilder: Chancen im dritten und Probleme im vierten Alter*

Im Zuge der größeren Differenzierung der Diskussion um Alter beginnt sich auch die Dichotomie von negativem und positivem Altersbild partiell aufzulösen. Beide Seiten des Alters, die von Chancen und die von Verlust geprägte, werden in den achtziger Jahren anerkannt, wenn auch oft nicht integriert, sondern in zwei aufeinanderfolgenden Altersphasen angesiedelt. Dabei trägt das *dritte Alter* die positiven Aspekte, während das *vierte Alter* Hochaltrigkeit und mögliche Pflegebedürftigkeit und Demenz beschreibt. Die einflußreichen Bonner Gerontologen halten zwar unter der Meinungsführerschaft von Thomae und Lehr an ihrem Erklärungsmuster fest, das das Gros der Probleme an einem negativen gesellschaftlichen Al-

---

[6] André 1993:242.
[7] Z.B. Spiegelberg/Levkowicz (Hg.) 1984; Asam/Heck/Specht (Hg.) 1989.
[8] Z.B. Mayntz (Hg.) 1980.

tersbild festmacht, durch das sich das Selbstbild der alten Menschen verschlechtert[9]. Lehr kann diesem Ansatz in ihrer von 1988 bis 1991 andauernden Amtszeit als Nachfolgerin von Süßmuth als Ministerin für Jugend, Familie, Frauen und Gesundheit weiteren Nachdruck verleihen[10]. Kognitive Leistungseinbußen in höherem Alter werden zwar nicht ernstlich bestritten. Das positive Altersbild wird aber dadurch zu retten versucht, daß nun der Aspekt der Anpassung an diesen Alternsprozeß und der Kompensation von Verlusten in den Vordergrund gerückt wird. Aufgabe sozialer Hilfen ist es danach hauptsächlich, Kapazitäten und Kompetenzen alter Menschen freizulegen und ihnen Hilfen anzubieten, ihre Leistungen zu optimieren[11]: ein Programm, das sich sehr gut in den sozialpolitischen Kurs der Wenderegierung einpaßt. Ziel soll eine möglichst gute Anpassung an die Alternssituation im Sinne eines *erfolgreichen Alterns* sein, ein Konzept, welches die persönliche 'Verantwortlichkeit' für das eigene Alter unterstreicht[12]. Der Begriff des 'erfolgreichen Alterns' wurde schon 1953 von Havinghurst und Albrecht geprägt, von der gerontologischen Diskussion aber erst in den achtziger Jahren richtig entdeckt[13]. Erfolg ist in dieser Diskussion nicht als materieller Erfolg, sondern als persönliche erfolgreiche Bewältigung der - durch die sozialen Rahmenbedingungen beeinflußten - 'Aufgabe Alter' zu sehen, was zur individuellen Lebenszufriedenheit führt. So kann in der Terminologie von Thomae aus einem Altersschicksal ein Altersstil werden[14]. Zum Zweck der Bestimmung des erfolgreichen Alterns wird zwischen normalem, optimalem und krankem Alter unterschieden. Dabei bezeichnet normales Altern ein Altern "ohne biologische oder mentale Pathologie", krankes Altern ein Alter, das "wesentlich durch Krankheitsprozesse mitgeprägt ist. Das klassische Beispiel dafür ist die senile Demenz". Optimales Alter bezieht sich auf eine "Utopie: Altern unter entwicklungs- und altersfreundlichen Umweltbedingungen"[15]. Krankheit und Alter, so will dieses Konzept verdeutlichen, gehören nicht zusammen: In der Zuspitzung dieses Gedankens führt nicht das Alter zum Tode, sondern irgendeine Krankheit. Ein negatives Altersstereotyp, das Alter mit Krankheit gleichsetzt, "ist schwerlich geeignet, das 'beste' Altern für die einzelnen und die Gesellschaft zu ermöglichen"[16].

Abweichend von dieser Position, die sich weiterhin an der Schimäre des als übermächtig dargestellten negativen Altersbildes orientiert und Gegenmaßnahmen der Altenhilfe fordert[17], stellt Thürkow fest, daß neuere Untersuchungsergebnisse der Einstellungsforschung - auch aufgrund des immer präziser gewordenen Untersuchungsinstrumentariums - ein positiveres gesellschaftliches Altersbild belegen[18], während die Verbreitung negativer Altersstereotype selten geworden ist[19]. Der Autor betont eine Ausdifferenzierung des gesellschaftlichen Altersbildes, das nicht mehr als vorwiegend positiv oder negativ angesehen werden kann. Eine ausschließlich positive Besetzung des Alters, wie z.B. im Seniorenjournal 'autark', das

---

[9] Z.B. Lehr/Schneider 1984, in: Oswald/Hermann/Kanowski u.a. (Hg.), 31-37.
[10] Lehr wurde als Ministerin von Kritikerinnen in der eigenen Partei vorgeworfen, zuwenig für frauenspezifische Belange und zuviel in der Alternsforschung zu tun. Nach der ersten gesamtdeutschen Wahl wurde das Ministerium für Jugend, Familie, Frauen und Gesundheit in die drei Ministerien 'Familie und Senioren', 'Frauen und Jugend' und 'Gesundheit' aufgeteilt, vgl. Munziger-Archiv/Internat. Biograph.Archiv 32/91.
[11] Rudinger 1983, in: Lehr (Hg.), 103-121.
[12] Howe 1988, in: ders. (Hg.), 215-227.
[13] Lehr 1989, in: Baltes/Kohli/Sames (Hg.), 2-4.
[14] Thomae 1983a; Thomae 1983b in: Lehr (Hg.), 147-160.
[15] Baltes/Baltes 1989, in: Baltes/Kohli/Sames (Hg.), 5-18, hier: 7.
[16] Ebd., 5.
[17] Vgl. Articus/Braun 1986, in: Articus/Karolus (Hg.), 9-23, hier: 11f.
[18] Thürkow 1985, 7.
[19] Ebd., 58.

feststellt: "Die Jungen werden immer älter, sprich langweiliger - die Alten immer jünger, sprich interessanter", findet immer mehr Kritik[20].

Ebel und andere Autoren plädieren für ein *ganzheitliches*, positive wie negative Aspekte integrierendes *Altersbild*: "Im Mittelpunkt des ganzheitlichen Altersbildes steht der alte Mensch als eigenständige Person, die zwar bisweilen verschiedener Hilfen und Unterstützung bedarf, die aber frei wählen und bestimmen kann"[21]. Weiterentwicklung und Wachstum sollen in dieses Altersbild ebenso wie Sterben und Vergehen eingeschlossen sein. Alte Menschen sollen danach in der Altenhilfe weder als zu Betreuende noch als zu Aktivierende gesehen werden.

Göckenjan und Kondratowitz thematisieren die Diskussionen um Alter und Altersbilder als einen "Kampf um Deutungen und Lebensformen". Die Altersphase differenziert sich aus, und mit den positiven Eigenschaften, die den *neuen Alten* im 'dritten Alter' zugeschrieben werden, wird man den hochbetagten *alten Alten* im 'vierten Alter' nicht gerecht und umgekehrt[22]. Hinter Altersbildern, darauf läuft die Argumentation sowohl von Göckenjan/Kondratowitz als auch die in dieser Arbeit heraus, stehen oft konkrete Interessen und Interessenskonflikte. Die Autoren verdeutlichen dies mit einem Beispiel aus der aktuellen Debatte um Altenhilfe: "Die Finanzkrise der Kommunen kann in gewisser Weise als Beschleunigungsfaktor für die gesellschaftliche Thematisierung des Alters angesehen werden. Denn die Kommunen haben über die Sozialhilfe einen wesentlichen und - wenn nicht andere Lösungsformen gefunden werden - zukünftig steigenden Anteil der Aufwendungen für das pflegebedürftige Alter zu tragen. Die durch Mittelknappheit hervorgerufene Debatte um Pflegebedürftigkeit, ihre Ursachen und die gesellschaftlichen Leistungsangebote hat zweifellos die Wahrnehmung des Alters in der Öffentlichkeit geprägt. Alterspflegebedürftigkeit scheint aber, wenn überhaupt, vor allem für die sogenannten Hochbetagten ein bedeutsames Lebensrisiko zu sein. Die Erwartungen und Bedürfnisse der 'neuen Alten', wie sie gegenwärtig in der offenen Altenhilfe diskutiert werden, sind jedoch nicht nur anders gelagert, sondern sollen auch noch aus den gleichen Töpfen finanziert werden"[23]. Gerade die Begriffskonstruktion des 'Seniors' kann nach Narr als ein Ausdruck der zu beobachtenden Differenzierung des Altersprozesses verstanden werden[24], die Rede von den 'neuen Alten', die als gesund und vital von den kranken 'alten Alten' zu unterscheiden sind, stammt von Neugarten[25].

Wurde ein einheitliches Altersbild, wie in den fünfziger Jahren noch anzutreffen, ohnehin nie der Wirklichkeit gerecht, so hat in den achtziger Jahren die Ausdifferenzierung der Altersbilder ein bisher nicht gekanntes Ausmaß erreicht, bei dem die Unterschiede mehr als die Gemeinsamkeiten betont werden. Alter ist zwar als von öffentlichen Stellen zu bearbeitendes Problem trotz aller Beschwörung der Familie inzwischen quer durch alle Lager anerkannt. Allerdings hat sich das Problem Alter neu ausdifferenziert: Die Unterscheidung zwischen gesundem und krankem Alter, zwischen drittem und viertem Alter hat dabei der Differenzierung durch den sozio-ökonomischen Status den Rang abgelaufen, was als ein Zeichen für den Einfluß der entwicklungspsychologischen Sichtweise des Alters gewertet werden kann. Alte mit niedrigem sozialen Status, die die positiven Senioren-Eigenschaften des dritten Alters aufgrund niedrigen Bildungsstandes und durch ein

---

[20] autark 1988, 4; zitiert nach Schäuble 1989, 1.
[21] Ebel 1987, 111.
[22] Göckenjan/Kondratowitz 1988, in: dies. (Hg.), 7-34, hier: 9.
[23] Ebd., 9.
[24] Narr 1981, zitiert nach: AG Fachbericht, 893.
[25] Z.B. Neugarten 1981, 156-162.

anstrengendes Arbeitsleben ruinierter Gesundheit nicht entwickeln, können umstandslos dem vierten Alter zugeordnet werden.

Idealtypisch gesehen existieren in den achtziger Jahren zwei Altersbilder des *Seniors* - keine Probleme, aber Potentiale - und des *hinfälligen Alten* - Probleme, aber keine Potentiale - nebeneinander, wobei die Tendenz festzustellen ist, auch bei den hinfälligen Alten noch Potentiale zu identifizieren und z.B. aktivierend zu pflegen. Die normalen Alten sollen möglichst als ganze Gruppe durch aktivierende und Bildungsmaßnahmen auf Seniorenniveau 'gehoben' werden.

Interessant ist dabei der Wandel, den der Begriff der 'neuen Alten' erfahren hat: zu Anfang des Jahrzehnts aus der Taufe gehoben, um auf die Probleme von Vorruheständlern aufmerksam zu machen, wurden die neuen Alten sehr schnell zum Leitbild des 'erfolgreichen Alters' hinaufstilisiert. In den Vereinigten Staaten wurde schon eine dritte Phase der Diskussion eingeläutet, in der von den neuen Alten als gut abgesicherten Schmarotzern der Gesellschaft die Rede ist, die ihren politischen Einfluß als Wähler nutzen, um Rentenerhöhungen und öffentliche Hilfsangebote einzufordern. Tokarski/Karl führen diese letzte Entwicklung auf die "nur einseitige Propagierung von Kompetenz und Aktivität im Alter" zurück[26].

Für die Altenhilfe bedeutet das, daß sie sich in den achtziger Jahren wegen der zunehmenden Knappheit der zu verteilenden Ressourcen und dem teilweisen Verlust ihrer traditionellen, an den Defiziten des Alters anknüpfenden 'Ethik' in zunehmenden Begründungsnöten befindet. Da sie darauf angewiesen ist, ein normatives Leitbild oder Altersbild zur Grundlage ihrer Programme zu machen, muß sie den Schwerpunkt entweder auf eine positives Altersbild - das bedeutet: mehr offene Altenhilfe - oder ein negatives, auf das 'vierte Alter' abgestelltes Altersbild - das bedeutet mehr geschlossene bzw. bestenfalls ambulante Dienste - legen. Die symbolischen Effekte eines positiven Altersbildes und damit der weniger finanzintensiven offenen Altenhilfe im Sinne einer 'Umdefinition des sozialen Problems Alter' könnten, so Tokarski/Karl, dazu führen, da bei sich in Zukunft verschärfenden Verteilungskämpfen zwischen der erwerbstätigen und der Rentnergeneration es immer schwerer werden wird, "wohlfahrtsstaatliche Dienstleistungen für die weiterhin existierenden Teilgruppen sozial und gesundheitlich benachteiligter alter Menschen weiterhin aufrechtzuerhalten, geschweige denn auszubauen"[27].

8.1.2 Problemsichten: Selbsthilfe und die Rückkehr der Familie

Ebenso differenziert wie die Altersbilder stellt sich in den wissenschaftlichen Veröffentlichungen auch die Problemsicht dar, die nicht wie in den vergangenen Jahrzehnten hauptsächlich auf einzelne Themen, wie die Familie in den fünfziger Jahren, die Wohnsituation in den sechziger Jahren und Bildung zu Anfang der siebziger Jahre fixiert ist. Die Zeit der allzu einfachen Problemerklärungen scheint vorbei zu sein.

Alter erfährt im wissenschaftlichen Diskurs allgemein noch einen weiteren Aufmerksamkeitsgewinn. Sowohl auf Länder-[28] als auf Bundesebene werden wissenschaftliche Analysen in Auftrag gegeben: der 'Vierte Familienbericht' von 1986 beschäftigt sich mit der Situation der älteren Menschen in der Familie[29]. Weitere

---

[26] Tokarski/Karl 1989, in: dies. (Hg.), 11.
[27] Ebd.
[28] Z.B. der Bericht der Kommission "Altern als Chance und Herausforderung", erstellt im Auftrag der Landesregierung von Baden-Württemberg, Stuttgart 1988; Ministerium für Arbeit, Gesundheit und Soziales Nordrhein-Westfalen 1989.
[29] Bundesministerium für Jugend, Familie, Frauen und Gesundheit 1986.

Reader zur Gerontologie, in denen Aspekte und Problembereiche des Alterns umfassend abgehandelt und wissenschaftliche Erkenntnisse für die Praxis angeboten werden, erscheinen oder werden neu aufgelegt[30]. Dem "Altwerden in der Bundesrepublik Deutschland" widmet das Deutsche Zentrum für Altersfragen in Berlin eine ausführliche dreibändige Veröffentlichung[31].

Zwar sind sich die Wissenschaftler nicht sicher, wie die zukünftigen Folgen einer "ergrauten Gesellschaft" aussehen werden[32]. Doch kommt nach der 'Krise des Wohlfahrtsstaates' eine durch umfassende Planung die Gesellschaft gestaltende Sozialpolitik als Problemlöser nicht mehr in Frage. Die Rolle der Sozialpolitik verändert sich von dem präventiven Instrument der siebziger Jahren hin zu einer Art Feuerwehr, die nur noch in Notfällen ausrücken will, wenn die vielbeschworenen 'kleinen sozialen Netze' offensichtlich zerissen sind. Dieser Wandel in der Diskussion um Alter und Altenhilfe zeigt sich am deutlichsten daran, daß unter dem Schlagwort der 'neuen Subsidiarität' wieder auf die Familie gesetzt wird. Denn wo von Nachbarschaftshilfe, kleinen Netzen und Stadtteilorientierung gesprochen wird, ist oft wieder implizit die Selbsthilfe der Familie gemeint.

Wissenschaftliche Untersuchungen der Lebenslage und Befindlichkeit älterer Menschen haben nach wie vor Konjunktur. Allerdings verlagert sich der Focus von der vorrangig quantitativen Durchleuchtung von Sozialstruktur und sozioökonomischer Lebenslage hin zur mehr qualitativen Analysen der Motivationen und Lebenswelten alter Menschen.

Selbsthilfe ist ohnedies ein Schlagwort besonders zu Beginn der achtziger Jahre, das nun nicht mehr nur das individuelle, durch 'Hilfe zur Selbsthilfe' zu fördernde Engagement der Einzelnen zur Lebensbewältigung meint. *Altenselbsthilfegruppen* schließen sich zusammen, um eigene Lebensprobleme gemeinschaftlich und unter Abwesenheit entmündigender professioneller Experten zu bearbeiten. Die Hoffnung, in der Selbsthilfe einen Ersatz für sozialstaatliche Maßnahmen zu finden, zerstreut sich jedoch rasch: besonders Altenselbsthilfegruppen sind zumeist exklusive Zusammenschlüsse der als 'Senioren' identifizierten Mittelschichts-Alten, die zuallermeist Wirkungen nur für ihre Mitglieder entfalten und sich fast nie in der Hilfe für andere Alte engagieren. Typische Namen von Altenselbsthilfegruppen sind z.B. "Aktive Senioren, Junge Alte, Graue Panther, Tätiger Lebensabend"[33]. Besonders der Seniorenschutzbund 'Graue Panther', im öffentlichen Bewußtsein das Synonym für Altenselbsthilfe schlechthin[34], ist jedoch nicht typisch, da er hauptsächlich politisch tätig wird: inhaltlich steht hier die Angst der Älteren vor Diskriminierung und Abgeschobenwerden im Alter im Vordergrund, an die angeknüpft wird, "um auf dieser Basis das Prinzip der Gegenwehr als logische Konsequenz zu postulieren"[35]. Die kämpferischen, selbstbewußten 'Grauen Panther' mit ihrer Androhung einer 'Altersrevolution' tragen, so Dürscheid, "zur 'Aufweichung' des eindimensionalen Altersstereotyps und somit zur positiven Umwertung des Alters bei"[36]. Die 'grauen Panther' sind so ein Beispiel für eine Subkultur des Alters[37]. Insgesamt überwiegt in den Altenselbsthilfegruppen aber eine ähnliche Klientel wie in den Altenbegegnungsstätten und Altenclubs mit einem hohen Anteil älterer Frauen und einem relativ niedrigen Anteil benachteiligter und sozial gefähr-

---

30 Kruse./Lehr/Oswald/Rott (Hg.) 1988; Lehr (Hg.) 1983; Reimann/Reimann (Hg.) 1983
31 AG Fachbericht 1982.
32 DZA (Hg.) 1987.
33 Zeman 1985, 10.
34 Reis 1986, in: Articus/Karolus (Hg.), 63.
35 Zeman 1985:27.
36 Dürscheid 1984, 202.
37 Dürscheid 1984, 58ff., vgl. auch den Ansatz der 'Integration durch Insulation' von Schulz 1972; vgl. auch Dornicht-Fluck 1984.

deter alter Menschen. So unterscheiden sich die innere Struktur vieler Gruppen mit einer Herrschaft von 'Sozialaktiven' und dem Bemühen, die einfachen Mitglieder zu 'aktivieren'[38], ebenso wie die Angebote und Aktivitäten sich nicht wesentlich von denen 'normaler' Altenclubs[39]. Ebenso wie diese tragen also auch Selbsthilfegruppen nicht zur Verringerung von sozialer Gefährdung bei: die 'einsamen Alten' werden nicht erreicht. Selbsthilfe funktioniert, so kann zusammengefaßt werden, nur als Ergänzung, nicht aber Ersatz für Altenhilfe[40]. Zeman stellt fest: "Gemeinschaftliche Altenselbsthilfe deckt die Probleme alter Menschen keineswegs ab und ihre Sicherheitsgarantien sind höchst unvollständig. Eine weitere Einschränkung ihrer Bedeutung als sozialpolitische Alternative erfährt die Altenselbsthilfe dadurch, daß sie bei weitem nicht die Gesamtheit der Älteren berührt und am allerwenigsten die Klientel des öffentlichen Hilfesystems"[41].

Altenbildung, besonders aber die Freizeit alter Menschen, also die Bereiche, in denen die offene Altenhilfe interveniert, werden in den achtziger Jahren ebenfalls stärker beachtet, während traditionelle Themen wie Armut im Alter nicht ins gewünschte positive Altersbild passen. Lehr schreibt: "Armut ist nunmal kein Charakteristikum alter Menschen unserer Zeit, auch nicht ein Charakteristikum alter Frauen"[42].

Vorbereitung auf das Alter im Sinne informierter, individueller Lebensplanung ist inzwischen ein Standard rationaler Lebensgestaltung[43] und findet in Altenclubs, Volkshochschulen und 'Universitäten des Dritten Lebensalters' statt. Das negative Altersbild soll korrigiert werden, aber nun auch mit dem Ziel eines realistischen, positive und negative Aspekte integrierenden Altersbildes[44]. Es werden jedoch keine überschäumenden Hoffnungen mehr auf die Maßnahmen der Altenbildung gelegt wie in den siebziger Jahren. Der Übergang in den Ruhestand wird nach wie vor thematisiert und darauf vorbereitende Maßnahmen gefordert[45].

Bei der Veränderung der Lebensweise beim Übergang zur Pensionsphase stellen empirische Untersuchungen - trotz der allgemein starken Beachtung der jungen Alten und aktiven Senioren - fest, daß Ältere sich an *Freizeitaktivitäten* durchweg weniger beteiligen als Jüngere, wenn man von Fernsehen und Gartenarbeit einmal absieht[46]. Der Freizeitforscher Opaschowski kommt zu dem Schluß, daß sich zwischen den für die nachberufliche Phase geplanten Freizeitaktivitäten und den dann verwirklichten große Lücken auftun. So zeichnet sich der typische Ruhestandstag nicht durch mannigfaltige Aktivitäten, sondern durch "Regelmäßigkeit und gemeinsame Rituale" aus[47]. Die Liste der praktizierten Freizeitaktivitäten wird angeführt durch Zeitung lesen, Fernsehen, ausgiebig Frühstücken und Radio/Musik hören[48]: der wohlverdiente 'Ruhestand' scheint, empirisch gesehen, doch noch nicht einem 'Unruhestand' gewichen zu sein. Die Einstellungen zu speziellen Freizeitprogrammen für 'Senioren' sind unter den Befragten höchst ambivalent, wobei die Frauen diese Programme positiver beurteilen als die Männer: "Gibt es noch ein beachtliches Zustimmungs- (und Interessen-)Potential gegenüber allgemeinen Freizeitangeboten, so sinkt die Zustimmungsbereitschaft rapide, wenn es um spezielle

---

[38] Zeman 1985:213.
[39] Dürscheid 1984:28.
[40] Freier 1986, in: Articus/Karolus (Hg.), 78-86.
[41] Zeman 1985, 4.
[42] Lehr 1987, 98.
[43] Lang/Arnold (Hg.) 1986.
[44] Seidel 1986, in: Articus/Karolus (Hg.), 59.
[45] Lang/Arnold (Hg.) 1989.
[46] Attias-Donfut 1988, in: Rosenmayer/Kolland (Hg.), 64.
[47] Opaschowski/Neubauer 1984, 16.
[48] Ebd., 28.

Angebote für 'Senioren' geht. Für die Mehrzahl der Frührentner und Pensionäre ist offenbar die Bezeichnung 'Senioren' ein Reizwort, auf das sie persönlich allergisch und abwehrend reagieren"[49].

Auch nach der Befragung von Blaschke und Franke haben Ältere kein Bedürfnis, sich in einem Altenclub aktivieren zu lassen, sondern lehnen den Besuch dort als "Tratscherei" und "Cliquenwirtschaft" ab: "Das vorhandene Bild ist so düster, daß sogar behauptet wird, von Altenclubbesuchern gehe eine deprimierende Wirkung auf vitale Gleichaltrige aus"[50]. Altenclubs haben unter Älteren ein sehr negatives Image; ihren Besuchern wird zugeschrieben, sie seien einsam, krank, passiv und beschäftigungslos: "Äußerungen wie 'so alt bin ich noch nicht' ... dokumentieren dieses starke Bedürfnis nach Abgrenzung"[51]. Dieses Befragungsergebnis zeigt, daß die Problemsicht, die die Altenclubs und Altentagesstätten für das 'einsame Alter' in den sechziger Jahren ins Leben gerufen hat, offensichtlich noch deren Image bestimmt und Versuche, diese Einrichtungen zu Tummelplätzen aktiver Senioren umzufunktionieren, noch nicht von großer Breitenwirkung gekrönt sind. Die Autoren kommen zu dem Schluß, "daß die meisten der jetzt älteren Menschen das negative Altersbild gleichzeitig teilen und fürchten"[52]. Kurz gesagt herrschte bei den Befragten die Auffassung vor, daß Alte immer die anderen sind - und daß es auch unwichtig ist, daß man sie jetzt Senioren nennt. Lehr muntert dagegen, durch solche Ergebnisse unbeeindruckt, zum "neuen Start nach 60" auf[53].

Die *Familie*, in den siebziger Jahren unbeachtet, kehrt in den achtziger Jahren im Rahmen der 'neuen Subsidiarität' in die Diskussion zurück. Im Vierten Familienbericht werden die familien- und altenpolitischen Grundsätze der Bundesregierung deutlich gemacht, die "angetreten" ist, "den Wert der Familie für die einzelnen und für unsere Gesellschaft wieder deutlich werden zu lassen"[54]. Ein vergessen geglaubtes konservatives, an die fünfziger Jahre erinnerndes Familienbild mit selbstverständlicher Integration der Alten wird vertreten: "Mit der Verlängerung der Lebenserwartung der älteren Generation kommen in immer größerem Umfang Versorgungs- und Pflegeleistungen für die ältere Generation auf die Familien zu. Die Familien übernehmen diese zusätzlichen Leistungen, obwohl sich die Rahmenbedingungen erheblich verändert haben"[55]. Aufgabe des Staates ist es nur, "durch seine Familien- und Altenpolitik dazu beizutragen, daß das Zusammenleben der Generationen erleichtert wird"[56] und damit die pflegenden Frauen nicht so stark belastet werden, daß es sich negativ auf deren eigenen Altersprozeß auswirkt. Die vorrangigen Probleme alter Menschen, "Einsamkeit, Mangel an Geborgenheit und mitmenschlicher Nähe" können am ehesten in der Mehrgenerationen-Familie aufgefangen werden[57] - die Parallelen zur Problemsicht der fünfziger Jahre sind offensichtlich. Bei den alten Menschen, denen keine Familie mehr zur Seite steht, sollen Selbsthilfeaktivitäten gefördert werden[58].

Der Vierte Familienbericht verdeutlicht aber nicht nur die Rückkunft eines konservativen Familienbildes, er markiert einen Punkt, an dem sich die Problemsicht bezüglich Alter umzukehren beginnt: Maßnahmen zur Absicherung des Pflegerisikos und zum Ausbau ambulanter Dienste stehen an erster Stelle, die offener

---

[49] Ebd., 24.
[50] Blaschke/Franke (Hg.) 1982, 217ff.
[51] Ebd., 223.
[52] Ebd., 225.
[53] Lehr 1988, in: Kruse/Lehr/Oswald/Rott (Hg.), 197-209.
[54] Bundesministerium für Jugend, Familie, Frauen und Gesundheit 1986, II.
[55] Ebd., IV.
[56] Ebd., IV.
[57] Ebd., V.
[58] Ebd., VI.

Altenhilfe erst an zweiter, das Altersbild bezieht negative Aspekte mit ein[59]. Ambulante Dienste sollen die familiäre Hilfeleistung nun nicht ersetzen, sondern vorrangig ergänzen[60]. Hoffnungen werden auch auf organisierte Nachbarschaftshilfe gelegt[61]. Noch 1980, vor der Wende, hatte eine Untersuchung im Auftrag des Bundesministeriums für Jugend, Familie und Gesundheit noch ein recht nüchternes Bild der familiären Pflege gezeichnet[62], die Überlastung der pflegenden Frauen wird durch Untersuchungen beleuchtet[63].

Das Problem der *Pflege* alter Menschen taucht in der zweiten Hälfte der achtziger Jahre verstärkt auf und wirkt auch als Korrektur allzu positiv getönter Altersbilder, die, so Dörner, unerfüllbare Utopien darstellen: "Die meisten alten Menschen fühlen sich zunehmend in der Annäherung an diese Leitbilder überfordert"[64]. Pflegebedürftigkeit - und damit auch ein defizitorientiertes Bild vom Alter - wird wieder als trotz aller Chancen des Alters die Lebenslage alter Menschen bedrohendes Risiko vermehrt wahrgenommen[65]. Statistische Ergebnisse werden relativiert. So beträgt z.B. bezogen auf die Gesamtheit der über 65jährigen Menschen die Häufigkeit der Demenz nur 5% - bei den über 85jährigen jedoch 30%: "Also jeder dritte, der dieses Alter erreicht, wird schwerwiegende Einbußen seiner geistigen Leistungsfähigkeit und verschiedener Wesenszüge aufweisen"[66]. Gerade die letzgenannte Entwicklung verweist auf die sich wieder wandelnde, nachfolgend darzustellende Orientierung in der Altenhilfe.

8.1.3 Problemlösungen:
"Ambulant vor stationär" als Paradigma der Altenhilfe

Wie für Altersbild und Problemsichten schon festgestellt, differenzieren sich die Anforderungen an Altenhilfe und Alterssozialpolitik in den achtziger Jahren aus: präventive offene Altenhilfe, Bildung, Freizeitmaßnahmen und Selbsthilfe für gesunde *Senioren* und ambulante Dienste zusätzlich zur primären Familienbetreuung für die *hinfälligen* Alten in der letzten Lebensphase existieren nebeneinander.

In der Folge der Diskussion um die Krise des Wohlfahrtsstaates werden die professionellen Maßnahmen der Altenhilfe nun stärker kritisiert. Besonders die offene Altenhilfe, in den letzten Jahrzehnten immer unhinterfragt als erstrebenswerte Altenhilfe-Form und der Königsweg zur Lösung der meisten Altersprobleme, wird nun in ihrer Wirkungsweise genauer betrachtet. Nur für die psychologisch orientierten Gerontologen Lehr und Thomae ist die Problemlösung seit den sechziger Jahren die gleiche geblieben: Anregung zu mehr Aktivität und Korrektur des negativen Altersbildes[67] sind die Anforderungen an jede Altenpolitik. Oberstes Ziel jeder Form der Altenhilfe ist es, Eigenaktivität anzuregen und nicht etwa Passivität alter Menschen durch "Bemutterung" zu begünstigen. Die meisten Altenpläne gehen daher an den Bedürfnissen der Älteren vorbei[68]. Emphatisch formuliert Lehr ihre Aktivitäts-Botschaft: "Älter werden!- aktiv bleiben! - eine Aufforderung zu lebenslangem Training an Jungen und Mädchen, Männern und Frauen aller Alters-

---

[59] Ebd., XIV.
[60] Articus 1986, in. ders/Karolus (Hg.), 110.
[61] Braun 1986, in: Articus/Karolus (Hg.), 120-132.
[62] Brög/Häberle u.a. 1980.
[63] Tegethoff 1989, in: Tokarski/Karl (Hg.), 209-217.
[64] Dörner 1988, in: ders. (Hg.), Einführung.
[65] Hummel 1988, in: Dörner (Hg.), 109.
[66] Bruder 1988, in: Dörner (Hg.), 48f.
[67] Z.B. Lehr 1983, in: dies. (Hg.), 1-32.
[68] Ebd., 20.

stufen zum Wohle der Menschheit, der gesamten Gesellschaft, vor allem aber zum Wohle der älteren Generation selbst, der älteren Generation von heute, morgen und übermorgen"[69].

Insgesamt aber mehren sich inzwischen die kritischen Stimmen zu einer solch eindimensionalen Betrachtung des Alters als einer erfolgreich zu bewältigenden, positiv besetzten Lebensphase und der Auswirkungen, die diese auf die Konzeption von Alterssozialpolitik und Altenhilfe hat. Gronemeyer kritisiert das Ideal des aktiven, erfolgreich alternden Menschen als ein "Leben unter dem Zwang von Happiness", das ihn "an so etwas wie Prämiensparen" erinnert, an dessen Ende aber keine Sonderzahlung, sondern der Tod steht[70]. Durch den Ausbau der offenen Altenhilfe werde genau das erzeugt, was behoben werden soll: "Die Alten werden durch ein immer breiteres Angebot von Sondermaßnahmen 'seniorisiert', als Sondergruppe segregiert, worauf sie dann durch eben diese Maßnahmen wieder in die Gesellschaft integriert werden"[71]. Offensichtlich sind diese Maßnahmen am Ideal des rational völlig durchgeplanten Alters orientiert, an einem "Retorten-Alten, der sich ein Altern ohne Inanspruchnahme eines Instrumentariums von abgestuften Sonder-Service-Leistungen nur noch als einen Alptraum der Verlorenheit vorstellen mag"[72]. Die Ausweitung der offenen Altenhilfe auf immer mehr Bereiche setzt ganz grundlegend einen Mechanismus von Angebot und entstehender Nachfrage wie im Gesundheitssektor in Gang, der, so der Autor, zur Klientelisierung immer größerer Gruppen in der Altenpopulation führen wird.

Zudem ist das Ziel der *offenen* und *ambulanten Hilfen*, so die Arbeitsgruppe Fachbericht, die Produktion und Stabilisierung der Gruppe der alten Menschen auf *Seniorenniveau*, während "Alter" demgegenüber die Unvermeidlichkeit des biologisch-medizinischen Verfalls meint, der auch mit Mitteln der Pädagogik und Sozialarbeit nicht aufzuhalten ist. Der "Seniorenstand" stellt jedoch gesellschaftspolitisch gesehen heute einen finanziellen "Luxus" dar, "der allgemein geleistet wird durch die Systeme der Sozial- und Rentenversicherung und im besonderen durch stützende Maßnahmen der Altenhilfe/Altenbildung in der 'Eingangsstufe' und durch die ambulanten Dienste der Altenhilfe beim Übergang ins Alter". Die Seniorenproduktion stellt also in weiten Bereichen eine gesellschaftlich subven-tionierte dar: "Es besteht dann die Gefahr, daß jeder sozialpolitische Akt der Veränderung, der aus volkswirtschaftlicher Perspektive geboten erscheinen mag, nicht mehr kalkulierbare psychosoziale Folgen für die Adressaten zeitigt"[73].

Die Hoffnung auf Problemlösung durch das Nachliefern der Komponenten, die im Leben der nun Älteren bisher zu kurz gekommen sind - wie z.B. *Bildung* - wird ebenfalls nun aufgegeben. Müller sieht die alten Menschen als eine differenzierte Altersgruppe, in der die Privilegierungen und Depravierungen des gesamten individuellen und kollektiven Lebens wie in einem Brennglas zusammengefaßt werden: "Aber anders als in der Jugendphase scheinen die defizitären Elemente des Lebens nicht mehr durch den aktiven Eingriff in den weiteren Lebenslauf korrigierbar zu sein. ... Dieser Lupen-Effekt des Alterns macht es so schwierig, die menschenfreundliche Forderung zu realisieren, von der defizitären Beschreibung des Alterns wegzukommen und neue Qualitäten an diese Lebensphase zu binden - das Alter also zu entstigmatisieren"[74]. Gerade die Wissenschaftler, die die Alterszuschreibung von Hilfsbedürftigkeit und Defiziten kritisieren, so Müller, geraten in

---

[69] Lehr 1985, in: "Das Alter aus wissenschaftlicher Sicht", 52.
[70] Gronemeyer 1989, in: Baltes/Kohli/Sames (Hg.), 113.
[71] Ebd., 115.
[72] Ebd., 115f.
[73] AG Fachbericht (1982), 898.
[74] Müller 1987, in: AG Fachbericht, 451.

Gefahr, im Zuge des Gegensteuerns gegen das negative Altersbild "den realistischen Blick für die Verformungsprozesse zu verlieren, die bestimmte soziale Teilgruppen der Gesamtbevölkerung im Alter tatsächlich erleiden"[75]. De facto, so Schmidt, hat sich der Altenbildungsmarkt aber besonders in der zweiten Hälfte der achtziger Jahre rasant ausgeweitet - vom "Mauerblümchen-Dasein zur gerontologischen Springflut"[76].

In den achtziger Jahren wird deutlich, daß nicht nur die einfachen Erklärungsmuster der Problementstehung, sondern auch die der Problemlösung an ihren Grenzen angelangt sind. Das betrifft auch die Maßnahmen der offenen Altenhilfe, die, wie gezeigt, in den vergangenen Jahrzehnten als einfache Antworten auf ebenso vereinfachende Problemursachen entwickelt wurden. Bei der Beschreibung des "Alltags in einer Seniorenfreizeitstätte" identifizieren die Autoren die Aktivitätsangebote in *Altentagesstätten* als Spielfeld leistungsorientierter Senioren, neben denen eine weitere Gruppe von eher an gemütlichem Kaffee-Klatsch interessierten Nicht-Aktiven existiert. Idee und Praxis des "aktiven Seniorentums", so schließen die Forscher, drängen die älteren und "genügsameren" Besuchergruppen immer weiter zurück[77]. Die Ausgrenzung überwiegt den Integrationseffekt bei weitem. Die Aktivierung des selbstbestimmten, aber eher bequemen Teils der Besucher der Altentagesstätte durch die Professionellen schlägt dabei regelmäßig fehl: "Zumeist erweisen sich die Besucher als für 'anspruchvollere Aktivitäten' kaum motivierbar"[78]. Beide beschriebenen Gruppen erwecken jedoch insgesamt nicht den Eindruck, daß sie der kulturellen Hilfe unbedingt bedürfen[79].

Die offene Altenhilfe ist nun vermehrt in der Kritik und taugt nicht mehr zum obersten Leitbild der Altenhilfeaktivitäten. Dafür werden nun die Möglichkeiten, durch den Einsatz *ambulanter Hilfsdienste* eine Heimunterbringung zu vermeiden, als nahezu grenzenlos eingeschätzt: nach der Propagierung 'kultureller Hilfen' besonders in den siebziger Jahren hat sich hier ein neues *Altenhilfe-Paradigma* herausgebildet, das sich zudem gut in das konservative Programm der Reaktivierung von Familie und Nachbarschaft einfügt. Nicht mehr 'ambulante Dienste statt Familie' wie in den Siebzigern, sondern kooperationsorientierte Hilfen 'zusätzlich zur Familie' heißt nun das Programm. Die Idee der Familienaktivierung wird nicht zuletzt aufgrund der schon zu Beginn der achtziger Jahre zu verzeichnenden Kostenexplosion im Bereich der sozialen Dienste aufgegriffen[80], es wird jedoch betont, daß die Hilfeleistungen der Familie freiwillig erfolgen müssen. Die Nähe zur Diskussion um die Selbsthilfe ist offensichtlich, da nur noch vorhandene Selbsthilfefähigkeit der Einzelnen und das Vorhandensein sozialer Netze den Einsatz ambulanter Hilfen sinnvoll macht: "Primäre Netzwerke erbringen hier[81] ein Maximum an Leistungen, aber sie existieren nicht für jeden und sind überfordert, wenn sie alle auftauchenden Probleme meistern sollen. Professionelle Dienste haben ihrerseits einen aus vielen Gründen begrenzten Wirkungsradius ..."[82].

Eine Sozialarbeiterin im sozialpsychiatrischen Dienst berichtet: "Mit der Anzahl der Möglichkeiten, praktische Hilfestellungen zu delegieren, wächst unsere Chance, auch schwierigste und hinfällige alte Menschen im ambulanten Bereich zu halten"[83]. Für die betroffenen alten Menschen bedeutet das, daß *Aktivierung* für sie

---

[75] Ebd., 452.
[76] Schmidt 1989, 15.
[77] AG Interpretative Sozialforschung 1983, 145.
[78] AG Interpretative Sozialforschung 1983, 91.
[79] Vgl. Langehenning 1987a.
[80] AG Fachbericht 1982, 357.
[81] Im Bereich personenorientierter Hilfe und sozialer Unterstützung, Anm. d. Verf.
[82] Zeman 1988, in: ders. (Hg.), 2.
[83] Eichenbrunner 1989, in: Zeman (Hg.), 51.

nun nicht mehr nur ein Freizeitprogramm für den 'Seniorenstand' darstellt, sondern der Weg zum alltäglichen Überleben. Würden sie nicht permanent gefordert, sondern etwa in herkömmlicher Altenhilfe-Manier betreut, würde das, so die Argumentation, ihren 'Verfall' nur beschleunigen. Auch Karolus/Letsche sehen die Grenzen und Gefahren ambulanter Dienste in einer Überbehütung und Überversorgung, die private Initiative beschneidet und bei der sich die professionelle Hilfe ihren eigenen Bedarf schafft[84]. Kardoff fordert Dienstleistungszentren mit einem umfassenden sozialgerontologischen Angebot, in denen es fast nichts 'nicht' gibt[85]. Die Nutzer dieses Angebots sollen über Partizipationsmodelle mit einbezogen werden. Auch im ambulanten Dienst soll in den achtziger Jahren 'ganzheitlich' gepflegt werden[86]. Die gesamte Diskussion um den Ausbau der ambulanten Dienste zeigt eine wachsende Orientierung am *Gemeinwesen*. Einige der in den siebziger Jahren vorgeschlagenen Dienstleistungszentren sind z.B. als "stadtteilbezogenes Gesamtversorgungssystem" teilweise verwirklicht[87]. Im 'Dienstleistungszentrum für Ältere' in Ulm wird versucht, die Selbsthilfe der älteren Nutzer über ein Partizipationsmodell in den Betrieb der Einrichtung einzubeziehen[88]. Durch eine *Neuorganisation sozialer Dienste*[89] soll die "Unübersichtlichkeit der Hilfsangebote, -anlässe und -zuständigkeiten"[90] bekämpft werden. Das Problem ist weniger die Vielfalt der Dienste, so Hummel, sondern deren unkoordinierter und widersprüchlicher Einsatz[91].

Altenpflege und deren Finanzierung finden - nach völliger Abstinenz im vergangenen Jahrzehnt - in den achtziger Jahren ständig wachsendes Interesse. Es wird ins gesellschaftliche Bewußtsein gerückt, daß durch die ansteigenden Pflegekosten die Chancen alter Menschen groß sind, auch bei einer durchschnittlichen oder guten Rente ihr Leben als Sozialhilfefall zu beschließen[92]. Articus diagnostiziert aus diesem Grund eine "globale Schieflage der Altenhilfe, in der mangels einer grundständigen sozialen Sicherung des Risikos der Pflegebedürftigkeit die Nutzer ambulanter und stationärer Hilfen in wachsender Zahl von der Sozialhilfe abhängig werden"[93]. Der Druck aufgrund knapper Finanzen kann als Motor neuer Entwicklungen in der Altenhilfe angesehen werden. Verschiedene alternative Modelle zu einer finanziellen Absicherung der Pflegekosten werden diskutiert[94]. Es besteht aber auch die Gefahr, so Articus, daß sich unter dem Kostendruck der stationären Pflege "eine Sichtweise von Selbständigkeit im Alter durchsetzt, nach der alte Menschen selbständig sind, die ohne fremde Hilfen ihren Alltag bewerkstelligen können, oder die, falls hilfebedürftig, mit der Hilfe ambulanter Dienste auskommen"[95]. Selbständigkeit im Alter darf aber nicht nur Vorrang ambulanter vor stationärer Hilfen heißen, sondern muß die Interventionen offener Altenhilfe mit einschließen, so der Autor.

Hummel kritisiert als einer von wenigen den Altenhilfe-Standard des Vorrangs der ambulanten vor den stationären Hilfen. Durch den Verbleib leichtbehin-

---

84 Karolus/Letsche 1986, in: Articus/Karolus (Hg.), 95-106, hier: 105.
85 Kardoff 1989, in: ders./Oppl (Hg.), 113-131.
86 Vgl. hierzu und zum Überblick: Brechmann/Wallrafen-Dreisow 1988.
87 Zu neuen Angeboten bei den sozialen Diensten für alte Menschen vgl. AG Fachbericht 1982, 681-869.
88 Vgl. Radebold 1986, in: Articus/Karolus (Hg.), 87-94; Bundesminister für Jugend, Familie und Gesundheit (Hg.) 1985.
89 Japp/Olk 1981, in: Projektgruppe soziale Berufe (Hg.), 82-115.
90 Gitschmann 1985, in: Bullmann/Gitschmann (Hg.), 86-101, hier: 88.
91 Hummel 1985, in: Wendt (Hg.), 168-178, hier: 174.
92 Regus/Trenk-Hinterberger 1985, in: Leibfried/Tennstedt (Hg.), 336-356.
93 Articus 1986, in: ders./Karolus (Hg.), 1-7, hier: 1.
94 Zum Überblick: Schüller 1989, in: Hradil (Hg.), 24-50.
95 Articus 1986, 1.

derter, weniger der Pflege bedürftiger Menschen zuhause bestehe die Gefahr, daß diese Menschen dem Normalitätsdruck und den Lebensverhältnissen nicht standhalten können und in der Folge nicht 'selbständiger' sondern sogar noch abhängiger von ihren ambulanten Helfern sind als die Insassen stationärer Einrichtungen[96]. Heime, so Hummel, sind aber aufgrund einer antiinstitutionellen Grundströmung, der der abrufbare Experte, nicht aber die fürsorgende und reglementierende Heiminstitution entspricht, ganz allgemein in der Kritik.

Dem soll das neue Konzept der *ganzheitlichen und gemeinwesenorientierten Heimpflege* abhelfen[97]. Dabei soll der alte Mensch in das Heim als Gemeinwesen integriert bleiben oder reintegriert werden. Ansprüche alter Menschen, versorgt und in Ruhe gelassen zu werden, stehen diesen Bemühungen aber entgegen.

Die Altenpflege steht auch inhaltlich in der Kritik. Eine "warm-satt-sauber-Pflege" soll, so wird gefordert, durch eine re-aktivierende, re-sozialisierende und re-vitalisierende Pflege ersetzt werden[98]. Überlieferte Formulierungen für Ziele der Altenhilfe und Altenpflege wie die Absicht, die alten Menschen 'liebevoll zu betreuen', damit sie 'sich wohlfühlen' und 'haben, was sie brauchen', werden abgelehnt: "Daß 'unsere Alten' im Heim 'das' (die z.B. die Therapie, die Aktivierung, die Reha-Chance, den Heimbeirat) nicht wollen und nicht brauchen, fügt sich als Folgebehauptung nahtlos an"[99].

Hummel plädiert dafür, die Altenheime nach dem Modell der italienischen Psychiatrie mehr nach außen zu öffnen, statt die Heiminsassen von der Restbevölkerung fernzuhalten. Auch soll der nahende Tod mit den Heimbewohnern im Rahmen der ganzheitlichen Altenpflege thematisiert und zu bewältigen versucht und nicht verdrängt werden[100].

Das moderne Altenhilfe-Programm der Aktivierung und Selbständigkeit hat, so kann zusammengefaßt werden, in den achtziger Jahren auch die Heime erreicht. Sie werden nunmehr als allerletzte Möglichkeit angesehen, wenn auch mit ambulanten Hilfen, rehabilitativen[101] oder teilstationären Maßnahmen wie Tagespflegeheimen die Selbständigkeit alter Menschen, die immernoch wie in den sechziger Jahren auf die private Wohnsituation verkürzt gesehen wird, nicht mehr aufrechtzuerhalten ist. Auch hieran wird deutlich, daß sich die programmatische Funktion ambulanter Dienste vom Familienersatz hin zur *Familienergänzung* entwickelt.

Daß diese Herausforderungen an die Altenhilfe nur durch rationale *Altenplanung* bewältigt werden können, ist unumstritten. Die großen Hoffnungen, die in den siebziger Jahren auf Planung gelegt wurden, haben sich jedoch in der kommunalen Praxis nicht umsetzen lassen. Die in der Fachdiskussion immer wieder geforderte 'integrierte Fachplanung', nach der die Altenplanung in eine umfassende Sozialentwicklungsplanung eingebunden sein soll, wurde in der Praxis kaum je in Ansätzen umgesetzt[102]. Sozialplanung als Gesellschaftsplanung ist ein akademischer, auf kommunaler Ebene nicht zu vermittelnder Anspruch geblieben[103]. Dennoch sieht Gitschmann Altenplanung als noch nicht ausgeschöpfte "kommunale Innovations- und Reformressource"[104], da sie immer noch dem nichtplanenden, routinisierten Verwaltungshandeln überlegen ist.

---

[96] Hummel 1985, in: Wendt (Hg.), 172.
[97] Vgl. Hummel/Steiner-Hummel 1986.
[98] Erwin Böhm 1988, in: Dörner (Hg.), 198.
[99] Gößling 1986, in: Articus/Karolus 1986, 136.
[100] Hummel 1982.
[101] Meyer zu Schwabedissen 1986, in: Articus/Karolus (Hg.), 157-176.
[102] Gitschmann 1989, 197.
[103] Ebd., 35.
[104] Ebd., 194.

Schulz zur Wiesch bemerkt nach einer durch Resignation und Rückzug geprägten Phase in der zweiten Hälfte der siebziger Jahre nun in den achtziger Jahren Realismus und neue Themen in der Sozialplanungsdebatte, die sich auf einem bescheidenen Entwicklungsstand konsolidiert hat. Die der Sozialplanung zuarbeitenden Sozialwissenschaften besinnen sich nach teurer Großforschung mehr auf qualitative Methoden, Fallstudien und Problemanalysen. Altenplanung ansich ist auf kommunaler Ebene eng mit der etablierten Stadtplanung einerseits und mit der Sozialarbeit andererseits verflochten, was zu einer Spannung zwischen sozialer und räumlicher Orientierung führt[105].

Beispiele praktisch durchgeführter, aber auch wissenschaftlich untermauerter Altenplanung und hier besonders der Planungsverläufe zeigen, daß die kommunale Altenplanung in den achtziger Jahren erhebliche Fortschritte gemacht hat und auch einem außerordentlichen Professionalisierungsprozeß unterworfen war[106]. Die Möglichkeiten bedürfnisorientierter Sozialplanung, der Einbeziehung von Betroffenen in den Planungsprozeß und die Rolle externer Planungsberater werden erörtert. Der Focus verlagert sich in den achtziger Jahren jedoch auf die Betrachtung der Umsetzung der Planung, der Implementation bzw. deren Chancen vor Ort, die nun immer in die Erörterung von Altenplanung miteinbezogen werden. Ein guter Plan, so Asam, kann ausschließlich an seinen Auswirkungen auf die Sozialpolitik vor Ort gemessen werden[107] - ein weiterer Beweis dafür, daß die Planungseuphorie deutlich abgeflaut ist.

Zusammenfassend kann für den wissenschaftlichen Diskurs zu Alter und Altenhilfe in den achtziger Jahren festgestellt werden, daß einfache Problemerklärungen und Lösungsvorschläge immer weniger greifen. Die Dichotomie zwischen positivem und negativem Altersbild scheint sich vordergründig ein Stück weit aufzulösen und einer differenzierten Betrachtung des Alters Platz zu machen. Die positiven Zuschreibungen des Alters werden aber de facto nur in der dritten Altersphase - dem Seniorenstand - angesiedelt, während negative Elemente das vierte Alter der Hochaltrigkeit und Pflegebedürftigkeit meinen. Nur noch *hinfällige Alte* ohne Potentiale gibt es per definitionem aber inzwischen praktisch nicht mehr, da nun selbst 'aktivierend gepflegt' werden soll. Im wissenschaftlichen Diskurs mehrt sich die Kritik an einer allzu positiven verkürzten Sichtweise des Alters.

Die vorgeschlagenen Problemlösungen lauten offene Altenhilfe, aber auch Selbsthilfe für das dritte Alter, ambulante Dienste zum möglichst langen Erhalt der Selbständigkeit im vierten Alter. Selbständigkeit wird in dieser Argumentation immer noch verkürzt mit dem Verbleib in den eigenen vier Wänden gleichgesetzt. Wurden in den siebziger Jahren ambulante Hilfen noch als Ersatz für die Hilfeleistungen der Familie und als Weg zur Unabhängigkeit der alten Menschen von ihren Nachkommen diskutiert, so meinen ambulante Dienste in den achtziger Jahren nur noch eine Unterstützung des 'Zusammenlebens der Generationen' und eine Ergänzung der familiären, grundlegenden Hilfeleistungen. Das Alter, so der Kurs nach der 'Wende', soll in die Familie oder in die kleinen sozialen Hilfenetze der Nachbarschaft im Stadtteil wieder 'integriert' werden.

---

105 Schulz zur Wiesch 1988, in: Asam/Heck/Specht (Hg.), 25ff.
106 Schmid-Urban/Tress 1984, in: Spiegelberg/Lewkowicz (Hg.), 9. Andere Beispiele sind: Strang 1984, in: Spiegelberg/Lewkowicz (Hg.), 106-119; Altschiller/Geisler 1983, in: Mundt (Hg.), 163-198.
107 Asam 1984, in: Spiegelberg/Lewkowicz (Hg.), 76.

Die Reichweite der ambulanten Dienste wird nun - anders als noch ein Jahrzehnt zuvor - als nahezu unbegrenzt angesehen, während die Unterbringung in Institutionen als Problemlösung für das hilfsbedürftige Alter praktisch nicht mehr diskutiert wird: "Ambulant vor stationär" möglichst durch Integration in die Familie heißt das Paradigma der Altenhilfe für das vierte Alter. Aktivierung der Alten ist jetzt nicht mehr nur zur Erreichung eines sinnerfüllten dritten Alters vorgesehen, sondern ist - bei Abwesenheit von 'Betreuung' - eine unverzichtbare Voraussetzung zur Alltagsbewältigung

8.2 Alter und Altenhilfe in Fachzeitschriften in den achtziger Jahren: Zurück zu einer problemorientierten Sichtweise

Die allgemeine quantitative Aufmerksamkeit für Altersthemen in den untersuchten Fachzeitschriften ist seit einem Höhepunkt um 1970 bis zur Mitte der siebziger Jahre zurückgegangen und hat sich danach auf einem Niveau eingependelt, das auch in den achtziger Jahren unverändert bleibt[108]. Nachdem in den siebziger Jahren Fragen der Altenhilfe die Diskussion dominiert haben, geht das Interesse dafür zwischen 1980 und 1989 stark zurück, während - neben unverändert beachteten sozialpolitischen Themen - das Thema *Pflege* stark zuzulegen beginnt: früher und stärker als im wissenschaftlichen Diskurs kündigt sich ein Bruch in der Diskussion um Altenhilfe an[109].

Die wichtigsten Entwicklungen der siebziger Jahre, die starke Hinwendung zur offenen Altenhilfe und die Abkehr von der Familie als Problemlöser, werden analog zum wissenschaftlichen Diskurs in den Fachzeitschriften in den achtziger Jahren wieder zurückgenommen: die Familie kehrt in die Diskussion zurück und das Pflegeproblem im Alter und damit die ambulanten Dienste und der stationäre Bereich der Altenhilfe geraten stark ins Blickfeld. Das Bemühen, durch organisatorische Verbesserungen in der Altenhilfe die Probleme des Alters besser in den Griff zu bekommen, besteht kontinuierlich fort.

8.2.1 *Die sozialpädagogischen und sozialpolitischen Fachzeitschriften: Abschied vom dritten Alter als Zielgruppe der Altenhilfe*

Wirft man einen Blick in die sozialpädagogischen Zeitschriften zu Anfang der achtziger Jahre, so fällt sofort der große Stellenwert ins Auge, der der Hilfsbedürftigkeit alter Menschen eingeräumt wird. Nicht mehr der aktive Senior, sondern der *hinfällige, sozial schlecht gestellte alte Mensch* dominiert das Bild. Rentnerarmut ist ebenso wieder ein Thema wie Pflegebedürftigkeit, Altenheime und Sterben[110]. Damit geht einher, daß thematisiert wird, was die Zielgruppe der Altenhilfe zu sein hat. Schmidt fragt sich, ob es die *aktiven Senioren* und *neuen Alten*, an denen sich die offenen Angebote der Altenhilfe, wie oft betont wird, auszurichten hätten, überhaupt gibt oder ob es sich bei ihnen nur um eine "mittelschichtsorientierte Teilpopulation der Älteren" handelt: "Gibt es nicht auch Gegenläufiges, z.B. die Armut alter Frauen, die gesellschaftliche Partizipation weitgehend verunmöglicht? Würde ihre Randständigkeit nicht dadurch noch verdoppelt, daß man sich auf diejenigen Älteren kapriziert, um deren Lebenschancen es besser gestellt ist?"[111]. Die Stimmen mehren sich, die dem bildungsbeflissenen Kampf gegen ein negatives Altersbild den Effekt zuschreiben, Ressourcen von den wirklich bedürftigen alten Menschen abzuziehen.

In der politischen Diskussion um Alter und Altenhilfe macht sich Ratlosigkeit breit. Konrad Hummel sieht die Gefahr, "daß die Ratlosigkeit mit ideologischen Versatzstücken gefüllt wird (z.B. Familien, Respekt vor dem Alter, Vorrang der Ambulanz, Harmonie, totale Institutionen), die ältere Menschen in ihrer Identitätsfindung eher entmutigen als fördern"[112]. Eine Trendwende in der Begründung von Altenhilfe zeichnet sich ab.

---

[108] Vgl. Kap. 2.3, Abb. 4 dieser Arbeit.
[109] Vgl. Kap. 2.3, Abb. 10 dieser Arbeit.
[110] Vgl. z.B. die BldW 3/1980, 55-79.
[111] Schmidt 1985, in: BldW, 276.
[112] Hummel 1985, in: BldW, 269.

Das Problem *Pflegebedürftigkeit* zieht immer mehr Aufmerksamkeit auf sich. Einem Bericht nach erregten "alte Damen und Herren aus den Heimen des Wohlfahrtswerks für Baden-Württemberg" im Landtag dadurch Aufsehen, daß sie einer Abgeordneten, die den Ausdruck Senioren als beschönigend bezeichnete, lebhaften Beifall spendeten und dafür vom Parlamentspräsidenten zur Ordnung gerufen wurden. Die Betagten hinterließen dem Landtag eine Resolution "zum Kardinalproblem der Finanzierung von Pflegeheimplätzen", in der es für den Fall der Pflegebedürftigkeit heißt: "Es sollte niemandem zugemutet werden, die Hilfe des Sozialamts bzw. der Sozialhilfe in Anspruch zu nehmen"[113].

Erstaunlich ist die starke Rückkunft der *Familie* als Hilferessource für alte Menschen in die Diskussion. Die 'sanfte Macht der Familie' wird schon 1981 in Leitsätzen der CDU-Sozialausschüsse beschworen, denen der "faktische Rückfall in die fünfziger Jahre" folgte[114]. Als 'primäres Netzwerk' soll die Familie auch in Verbindung mit der Diskussion um Selbsthilfe wieder gestärkt werden. Nicht als Ersatz für familiäre Hilfeleistungen, sondern nur als deren Unterstützung wird *ambulante Altenhilfe* jetzt thematisiert[115]. Damit die Familie diese belastenden Aufgaben als "natürlicher Partner der Altenhilfe"[116] besser erfüllen kann, soll sie nun durch ambulante Altenhilfe entlastet werden: nicht mehr der selbständige alte Mensch nimmt ambulante Hilfsdienste in Anspruch, sondern seine Familie pflegt ihn unter Zuhilfenahme ambulanter Dienste. Man solle, so eine Autorin, nicht immer von den Leistungsdefiziten der Familie reden. "Die Wertschätzung und offizielle Anerkennung innerfamiliärer Hilfeleistungen tragen sicher mehr zur Stärkung des Verantwortungsbewußtseins bei ..."[117]. Der Familienhaushalt, so von Ferber, ist "der Welt größter Pflegedienst"[118]. Sogar die aus den sechziger Jahren bekannte Forderung nach der großfamiliengerechten Wohnung wird wieder aufgewärmt[119].

Solche Thesen rufen Gegenstimmen aus dem *stationären Bereich* auf den Plan, der zwar als reformbedürftig, nicht aber als entbehrlich angesehen wird[120]. Die Verbindung zwischen wissenschaftlichem Diskurs und Sozialzeitschriften wird enger, wie z.B. Beiträge von Hummel[121] und Dieck zeigen, die ein Verbundsystem zwischen ambulanten und stationären Diensten vorschlägt[122]. Stationäre Altenarbeit soll sich mit Dienstleistungszentren in den Stadtteilen verbinden[123], eine Verbesserung der Durchlässigkeit zwischen den Angeboten ambulanter und stationärer Altenhilfe ist nötig[124]. Als weitere Maßnahmen zur Differenzierung der Angebote werden Tagesheime und Tageskliniken vorgeschlagen[125]. Das Heim soll von seinem Charakter als totaler Institution wegkommen und ebenfalls wie die ambulanten Dienste differenzierte Dienstleistungen anbieten, die dann als "Leistungspäckchen" auch gestaffelte Entgelte für die Heimbewohner zu Folge hätten[126]. Um die Situation in Heimen zu verbessern und mehr Möglichkeiten für aktivierende Pflege und

[113] "Pflege verlangt Solidarität", in: BldW 3/1980, 75.
[114] Brand 1983, in: ThuP, 252ff.
[115] Z.B. Kröger 1982, in: BldW, 159-160.
[116] Lüders 1981, in: ThuP, 124.
[117] Ebd., 127.
[118] Ferber 1983, in: BldW, 142-143.
[119] "Wohnen im Alter", in: BldW 5/1983, 125.
[120] Vgl. das Themenheft "Pflege und Heim" der BldW 10/1984.
[121] Z.B. Hummel 1984, in: AWP, 22-44.
[122] Dieck 1984, in: BldW, 227-210.
[123] Lampe/Matuschak 1984, in: BldW, 237-239.
[124] Pilz 1983, in: BldW, 114-115.
[125] Schütz 1983, in: BldW, 123-127.
[126] Freier 1984", in: BldW, 236-237.

persönliche Zuwendung zu schaffen, wird gefordert, den Personalschlüssel für Pflegepersonal zu verbessern[127].

Zudem wird der ambulanten Hilfe nun nicht mehr nachgesagt, sie sei besser, weil billiger als eine stationäre Unterbringung. Im Gegenteil sollen, wenn den ambulanten Hilfen der Vorrang gegeben wird, weil sie 'humaner' sind, auch die höheren Kosten der ambulanten Hilfen akzeptiert werden: "Nach allem, was bekannt ist, wird häusliche Pflege zukünftig nicht kostenneutral und auch nicht billig zu haben sein", so z.B. Dieck[128]. Probleme der familiären Pflege wie Gewaltanwendung gegen alte Menschen werden inzwischen thematisiert und nicht mehr nur ein rosarotes Bild der Generationenfamilie gezeichnet. Die Be- und Überlastungssituationen der pflegenden, selbst meist schon älteren Töchter und Schwiegertöchter - die die Pflege fast ausschließlich leisten - stehen ebenfalls im Blickfeld[129].

Das Dogma der Altenhilfe "ambulant vor stationär" kritisiert Naegele grundlegend wie folgt: "Nicht nur, daß die häusliche Pflege, würde sie bedarfsgerecht und voll umfänglich geleistet - vermutlich gar nicht viel billiger wäre. Auch aus der Perspektive des Pflegenden sind Zweifel an der Absolutheit, mit der bei uns die häusliche Pflege favorisiert und die Heimunterbringung beinahe schon 'verteufelt' wird, angebracht. Z.B: Ist es denn noch human, wenn Schwerstpflegebedürftige zwar 'in ihrer häuslichen Umgebung leben', aber total isoliert und von der Umwelt abgekapselt (was dann nicht selten auch auf die Pflegepersonen zutrifft), darauf wartend, das ein- bis zweimal am Tag für kurze Zeit ein/e Pfleger/in ... der nächsten Sozialstation vorbeikommt ..."[130]. *Rehabilitation* alter Menschen können ambulante Dienste in ihrer jetzigen Form und Ausstattung gar nicht leisten, sie bleibt stationären Einrichtungen vorbehalten[131]. Eine Reintegration in soziale Kontakte bei der Betreuung durch ambulante Dienste ist sehr schwierig - unter bestimmten sozialen Rahmenbedingungen kann trotz des Verbleibens im sozialen Umfeld "eine 'neue' Form der aus dem Heimbereich bekannnten, sozialen Isolation und Vereinsamung entstehen"[132].

Bezüglich der *Wohnformen* alter Menschen wird festgestellt, daß eine größere Differenzierung wie betreute Altenwohnungen usw. in der Praxis bisher nicht angenommen wurde, sondern daß die beiden wichtigsten Alternativen die Autonomie sichernde Privatwohnung - mit Unterstützung von Familie und ambulanten Diensten - und das Gegenteil, das die persönliche Freiheit am meisten einschränkende, dafür aber ein Höchstmaß an Hilfe bietende Pflegeheim sind. Altenwohngemeinschaften werden zwar als alternative Wohnform immer wieder ins Gespräch gebracht, bilden aber de facto eine ganz große Ausnahme[133].

Ab der Mitte der achtziger Jahre werden verstärkt *Reformen der sozialen Sicherung* wie die Einführung einer Pflegeversicherung[134] und eine Reform der Rentenversicherung, z.B. mit einer Grundrente, diskutiert[135].

Maßnahmen und Problemstellungen der *offenen Altenhilfe* wie *Altenbildung* und *Vorbereitung auf den Ruhestand* nehmen zwar weiterhin einen Platz in der

---

[127] Z.B. Rückert 1987, in: BldW, 15-16.

[128] Dieck 1985, in: BldW, 281.

[129] Z.B. Lehr 1987, in: BldW, 10-13.

[130] Naegele 1987, in: SA, 455.

[131] Görres 1988, in: SA, 184-189.

[132] Mencke/Wissert 1988, in: SA, 108.

[133] Gerngroß-Haas 1986, in: SA, 88-97.

[134] Z.B. Schönbach/Wasem 1985, in: SF, 197-204; Schönbach 1985, in: SF, 40-41; Schewe 1985, in: SF , 41-42.

[135] Z.B. Buttler 1985, in: SF, 11-14; Hermann 1989, in: AuS, 84-89; Kaltenbach 1985, in: AuS, 322-326.

Diskussion ein, jedoch einen wesentlich kleineren als in den siebziger Jahren[136]. Es wird inzwischen mehr betont, daß auch sozial- und bildungsbenachteiligte Gruppen von der Altenbildung "animiert" werden sollten[137]. Der Status quo der Altenbildung steht in dem Verdacht, elitär ausgerichtet zu sein und vorhandene soziale Ungleichheiten zu verschärfen statt sie abzubauen[138]. Auch die Bildungsangebote in Altentagesstätten werden als ineffizient kritisiert, da Anspruch und Wirklichkeit weit auseinanderklaffen und die Angebote regelmäßig am "Verhalten und den Voraussetzungen dieser alten Menschen"[139] scheitern. Nur eine kleine Minderheit der Autoren hofft noch auf eine "Emanzipation im Alter" - die Debatte um Hilfs- und Pflegebedürftigkeit drängt in den sozialen Fachzeitschriften in den achtziger Jahren alle anderen Themen an den Rand[140].

Altenselbsthilfe wird nur als Ergänzung, nicht als Ersatz für herkömmliche soziale Dienstleistungen gesehen[141]. Nur wenige Initiativen widmen sich wie z.B. die organisierte Nachbarschaftshilfe im Großraum München dem Dienst am Nächsten[142], die meisten Selbsthilfegruppen kreisen um die individuellen Probleme ihrer Mitglieder.

Die *organisatorische Durchführung* der Altenhilfe soll verbessert werden: die Tendenz, die Probleme des Alters durch bessere *Koordination* der Hilfsdienste und *Kooperation* der Hilfeanbieter lösen zu wollen, verstärkt sich. Eine weitere Forderung ist die bekannte nach Dezentralisierung und Stadtteilorientierung der Hilfsangebote. Beispielhaft für viele Bereiche fordert Schenk "die Kooperation der Träger der Beratungsstellen und die Koordination der Angebote mit dem Ziel einer möglichst umfassenden Hilfe" ebenso wie die "Dezentralisierung der Beratungsangebote"[143]. Durchgängig dezentral bzw. stadtteilorientiert organisiert werden soll auch die "Bündelung von häuslicher Krankenpflege, Altenpflege, Haus- und Familienpflege sowie Nachbarschaftshilfe" und teilstationäre Hilfen wie Kurzzeitpflege und Tagespflege[144]: *Stadtteilorientierung* und *Vernetzung* sind die Schlagworte im Zusammenhang mit sozialen Diensten in den achtziger Jahren[145]. Ob in der kommunalen Altenhilfe "Zusammenarbeit oder Chaos" herrscht, entscheidet darüber, wie die neuen und verbesserten Formen der Altenhilfe zum Tragen kommen können[146]: auch dieser Diskussionsstrang orientiert sich stark an den ambulanten Diensten und setzt große Hoffnungen auf eine Erhöhung von deren Effektivität.

In der *Altenplanung* - die nun quasi als bestehend vorausgesetzt wird - wird zu Ende der achtziger Jahre wieder gefordert, den Bedarf im stationären Bereich nicht zu vernachlässigen - und das, nachdem eine Zeitlang die Tendenz bestand, Heimunterbringung alter Menschen als nahezu entbehrlich und die Hilfsmöglichkeiten der ambulanten Dienste sehr hoch einzuschätzen[147].

Die Diskussion scheint in den achtziger Jahren den Themen im wissenschaftlichen Diskurs nicht mehr in dem Maße zu folgen wie im Jahrzehnt zuvor. Inwieweit "gerontologisches Wissen" überhaupt in Ämtern und Verbänden zur Kenntnis genommen wird, wollte Kondratowitz herausfinden. Er kommt zu dem

---

[136] Z.B. BldW 5/1981, 103-123.
[137] Knopf 1981, in: ThuP, 97-102.
[138] Berg 1983, in: BldW 5/1983, 122.
[139] Schützendorf 1984, in: SA 1/1984, 5.
[140] Weber 1987, in: ThuP 10/1987, 352-356.
[141] Zeman 1982, in: BldW, 169-171.
[142] Dangl-Kreyenbühl 1985, in: BldW 3/1985, 68-72.
[143] Schenk 1980, in: AWP 11/80, 55.
[144] Gerngroß-Haas 1986, in: SA, 93.
[145] Z.B. Kleemannn 1989, in: BldW, 191-192.
[146] Konrad Hummel 1989, in: Das Altenheim 1/1989, 12-16.
[147] Dieck 1987, in: BldW, 19-21.

Schluß, daß die Imitation von Kommunen untereinander eine wesentlich größere Rolle spielt als wissenschaftliche Erkenntnisse. So werden neue Maßnahmen oder neue Projekte oft durch den Erfolg eines ähnlichen Versuchs in einem anderen Bundesland bzw. in einer anderen Kommune angeregt: die Kommunen "lernen" voneinander[148].

Zusammenfassend läßt sich feststellen, daß die Diskussion um Alter in den Sozialzeitschriften in den achtziger Jahren ganz auf die *hinfälligen Alten* fixiert ist. Ambulante und stationäre Möglichkeiten, ihnen zu helfen oder sie wieder zu aktivieren und zu rehabilitieren, stehen ganz im Mittelpunkt des Interesses. Die Ausschließlichkeit, mit der das Thema Pflege in allen Facetten besonders zu Ende der achtziger Jahre diskutiert wird, überrascht und kann nur so interpretiert werden, daß die Orientierung an einem positiven Altersbild wie in den siebziger Jahren dringende Probleme außen vor gelassen hat. Die Themen der siebziger Jahre, offene Altenarbeit und Altenbildung, sind fast nicht mehr anzutreffen. Und über Altentagesstätten spricht praktisch niemand mehr! In den achtziger Jahren werden anspruchsvollere Konzepte für die ambulante und stationäre Altenarbeit vertreten, die eine qualitativ gute Versorgung für alte Menschen gewährleisten können. Ob diese neuen Konzepte von der *Verwaltung* aufgenommen werden und ob sie sich in einer Situation in *Altenplanung* umsetzen lassen, in der das Angebot der Altenhilfe weitestgehend durch freie Träger und deren meist traditionelle sozialpolitische Zielsetzungen bestimmt wird[149], ist die im folgenden interessierende Frage.

8.2.2   Die Verwaltungszeitschriften

Analog zu den sozialpädagogischen und sozialpolitischen Zeitschriften ist auch in den Verwaltungszeitschriften viel Aufmerksamkeit für ambulante Hilfen und stationäre Unterbringung hilfsbedürftiger alter Menschen zu verzeichnen. Das Programm für den Vorrang der *ambulanten Dienste* lautet nach wie vor "Selbstbestimmung bis zum letzten Tag"[150]. Ambulante Hilfen werden nicht mehr als Ersatz, sondern als Unterstützung und Ergänzung der vorrangig zur Altenbetreuung 'verpflichteten' Familie gesehen. Die Entlastung der Familie ist aber notwendig, da die Pflegepersonen oft bis an die Grenze des Zumutbaren belastet sind und nach dem Zusammenbruch der häuslichen "Versorgungskette" die stationäre Unterbringung droht[151]. Die Grenzen der ambulanten Hilfen liegen in der 'Funktionstüchtigkeit' der Familie und werden auch sonst deutlicher gesehen: so ist von alten Mitbürgern die Rede, die trotz ambulanter Hilfen "völlig vereinsamt" in ihrer Wohnung leben und denen - kein neuer Vorschlag - durch einen "Besuchsdienst"[152] oder durch "Telefonringe gegen die Einsamkeit"[153] geholfen werden soll. Vorschläge eines Dortmunder Modells 'Altenpflege in Familien', "Pflegefälle" umgetauft als "Pflegesenioren" in geeigneten Familien unterzubringen, die dafür eine Vergütung erhalten, dürften wohl keine Breitenwirkung entfalten[154]. Die Reichweite der ambulanten Dienste wird ebenso wie in den Sozialzeitschriften als nicht allzu groß eingeschätzt. Die Zustände in der stationären *Altenpflege* sind Gegenstand der Kritik, den Heimen mangelt es an Personal und Geld, so daß nur eine

---

[148] Kondratowitz 1985, in: BldW, 276-279.
[149] Vgl. Berg 1983, in: BldW, 121.
[150] Blüm 1988, in: LK, 150-151.
[151] "Ambulante Dienste für Pflegebedürftige: Modellprogramm des Bundesministeriums für Jugend, Familie und Gesundheit", in: Städte- und Gemeindebund, 375-376.
[152] "Besuchsdienst gegen Einsamkeit in Alter", in: DG 6/1985, 35.
[153] "Senioren-Union startet Aktion 'Gute Nachbarschaft'", in: KpBl 9/1986, 722.
[154] "Altenpflege in Familien", in: DG 7/1987, 77.

"satt und sauber"-Pflege möglich ist, und das bei einer zu 70% psychisch veränderten Pflegeheim-Klientel[155].

Eine wichtige Forderung in Verwaltungszeitschriften bezüglich des
"Pflegenotstands" in der Altenpflege[156] ist die nach einer Reform der Finanzierung
der Pflegeleistungen: der Ruf nach einer *sozialen Pflegeversicherung* ist deutlich zu
vernehmen[157]. Es regen sich auch hier Zweifel an der oft behaupteten Kostengünstigkeit der ambulanten Pflege. Es sei "eine Illusion zu glauben, die Kosten der
stationären Pflege seien um vieles höher als bei der häuslichen Pflege und von daher sei die verstärkte Förderung der häuslichen Pflege ausschließlich sinnvoll"[158].
Auch der Grundsatz 'ambulant vor stationär' könne nichts daran ändern, daß Pflegebedürftige im Alter in die Abhängigkeit der Sozialhilfe geraten. Eine Pflegeversicherung würde sie davor bewahren, zu "Taschengeldempfängern" zu werden[159].

Daneben existiert hauptsächlich in den christlich-demokratisch orientierten
'Kommunalpolitischen Blättern' das Bild vom *aktiven Senior*, dem die Politik sich
zuzuwenden habe, weiter. So heißt es in einem in sehr optimistischem Ton gehaltenen Bericht über den 'Senioren-Kongress der CDU' 1986, auf dem die Gründung
einer 'Senioren-Union' vorgeschlagen wurde: "Der Kongress beschränkte sich nicht
auf die 'klassischen Themen' der Alterssicherung in ihren vielfältigen Formen. Es
zeigt das ganze Spektrum der Möglichkeiten 'für ein glückliches Leben im Alter'
und bewies, daß die Senioren aktiv am gesellschaftlichen Leben beteiligt sein wollen". Wichtig hierbei sei - parallel zu den fünfziger Jahren - das "Stellen und Erfüllen von Aufgaben"[160] und der unverzichtbare Erfahrungsschatz der Älteren, das
"Alterskapital"[161].

Ein weiterer Themenbereich mit großem Gewicht in den Verwaltungszeitschriften ist die politische Partizipation Älterer auf kommunaler Ebene durch *Seniorenbeiräte*. Hier finden sich neben optimistischen Positionen, die in kommunalen Seniorenvertretungen "mehr als bloße Beiräte", nämlich Institutionen von 'Altenmacht' sehen[162], deren vornehmliche Aufgaben der Kampf gegen ein negatives
Altersbild und die Verhütung von Randständigkeit alter Menschen sind[163], auch
kritische Positionen. So stellt das Kölner Institut für Sozialforschung und Gesell-
schaftpolitik fest, daß nur wenige der in der Bundesrepublik vorhandenen Seniorenbeiräte als Vertretungsorgane der älteren Bürger wirklich ernst zu nehmen sind.
Es fehle vielfach an der notwendigen Ausstattung, die Arbeit stünde oftmals unter
dem Einfluß von Stadtverwaltungen und Gemeinderäten und Engagement und
Kompetenz der gewählten Beiratsmitglieder lasse zu wünschen übrig[164]. Kirchner
merkt an, daß durch den Ruf nach mehr Bürgerbeteiligung in Form von Beiräten
Hoffnungen geweckt werden, die aufgrund des geltenden Kommunalverfassungs-
rechtes und anderer Rechtsnormen sehr oft nicht erfüllt werden können[165].

Altenplanung ist in den achtziger Jahren der allseits akzeptierte Weg zu einer 'guten' Altenhilfe. Kommunale Altenpläne werden in Berichten vorgestellt und
somit zu einem Vorbild, an dem sich dann wieder andere Kommunen orientie-

---

[155] "Wir pflegen sie nur satt und sauber", in: DG 12/1989, 12-13.
[156] "Notstand in der Altenpflege", in: DG 1/1989, 5.
[157] "Pflege im Alter mitversichern", in: DG 7/1984, 41.
[158] Reck 1984, in: Städte- und Gemeindebund 10/1984, 490.
[159] "Für alle Fälle vorgesorgt", in: DG 9/1982, 636.
[160] "Eine 'Senioren-Union" als neues Glied der CDU", in: KpBl 4/1986, 270.
[161] Ebd., 271.
[162] Groot 1986, in: StGr 4/1986, 120-123.
[163] Groot 1986, in: Stg, 279-281.
[164] "Den Seniorenbeiräten fehlt es an Ausstattung und Kompetenz", in: DG 11/1981, 1005.
[165] Kirchner 1980, in: DG, 314.

ren[166]. Die Notwendigkeit, kommunale *Altenhilfe* zu betreiben, wird als nahezu schicksalsbestimmende Zukunftsaufgabe betont: sie sei eine "soziale Schwerpunktaufgabe der 90er Jahre"[167], die Veränderungen im Altersaufbau der Bevölkerung eine "herausragende gesellschaftspolitische Aufgabe"[168].

Eher ungewöhnlich für Verwaltungszeitschriften ist, daß sie sich inzwischen auch mit Themen aus dem wissenschaftlichen Diskurs wie dem "dritten Alter"[169] oder der Frage, ob es "neue Alte"[170] gibt, beschäftigen. Der Deutsche Landkreistag fordert eine zukunftsorientierte Altenpolitik und unterscheidet zwischen den Zielgruppen der "jungen Alten (60 bis 70 Jahre), den älteren Alten (70 bis 80 Jahre) und den ganz Alten (über 80 Jahre)". Die älteren Menschen, so wird festgestellt, "wollen nicht länger nur betreut werden", daher müsse eine zukunftsorientierte Altenpolitik darauf ausgerichtet sein, "die älteren Menschen zu aktiver Mitarbeit in der Gesellschaft anzuregen"[171]. Zu dieser Altenpolitik gehört auch der nun immer häufiger zu vernehmende Grundsatz *Rehabilitation vor Pflege*, der sozusagen nach dem sattsam bekannten Leitbild 'ambulant vor stationär' anzuordnen ist und diesem aufgrund des immer weiter steigenden Anteils an Hochbetagten im Verbund mit dem stetigen Rückgang verfügbarer familiärer Pflegepersonen den Rang streitig zu machen verspricht.

Die *offene Altenhilfe* hat, nachdem sich hochfliegende Hoffnungen auf ihre präventiven Wirkungen zerstreut haben, nunmehr nicht mehr viele Fürsprecher. Von der Gruppe der 'neuen Alten' werden die Angebote der offenen Altenhilfe nicht akzeptiert, so Tews, der meint: "Die etablierte Altenhilfe und ihre Verbände sollten sich weitere Mühen hier sparen"[172]. Auch Strang weist darauf hin, daß nur 15% aller alten Bürger überhaupt Altenhilfeangebote in Anspruch nehmen[173].

Insgesamt läßt sich in der Diskussion um Alter und Altenhilfe in den achtziger Jahren eine große, bisher in dieser Form nicht anzutreffende Parallelität zwischen Verwaltungs- und Sozialzeitschriften feststellen: Die Verwaltungszeitschriften haben sich des Problems Alter angenommen. Auch in den Verwaltungszeitschriften artikulieren sich jetzt Wissenschaftler, wobei die Problemsichten und die vorgeschlagenen Lösungen der Altenhilfe immer differenzierter werden: Altersreichtum existiert neben Altersarmut, 'neue Alte' neben pflegebedürftigen Hochbetagten, und auch zum Wohnen im Alter wird inzwischen nur noch angemerkt: "Alte Menschen wollen höchst unterschiedlich wohnen, im Generationen-Mix ebenso wie in der reinen Alterssiedlung"[174]. Aus solchen und ähnlich gelagerten Statements drängt sich der Eindruck auf, einzig bestimmender Faktor für die Alterssituation seien die Selbstbestimmung und die Wünsche der alten Menschen. Hochgelobt werden die aktiven 'neuen Alten', die - weit weg von der Großeltern-Rolle - sich nicht mehr durch familiäre Pflichten wie Enkelkinderbetreuung vereinnahmen lassen. An sie ergeht von Seiten der Verwaltungszeitschriften auch der - vermutlich ungehört verhallende - Appell, ihre Potentiale und Kompetenzen im sozialen Ehrenamt für ihre nicht mehr so aktiven Altersgenossen einzusetzen. Das Bemühen, via Altenhilfe bzw. Altenbildung diese Zielgruppe zu bedienen, ist aber fast ver-

---

[166] Z.B. Bericht über den Altenplan Augsburg in: DG 1/1987, 15-17; "Der Altenplan für den Landkreis Mainz-Bingen", in: LK 12/1988, 553-554.
[167] Franck 1988, in: LK, 154-157.
[168] Chory 1989, in: LK, 574-576.
[169] Strang 1987, in: Städte- und Gemeindebund, 356-359.
[170] Tews 1987, in: Städte- und Gemeindebund, 351-355.
[171] "Leben im Alter - zu Hause oder im Heim? Aussagen des Deutschen Landkreistages zu einer zukunftsorientierten Altenpolitik über das Jahr 2000 hinaus", in: LK 12/1989, 572-574.
[172] Tews 1987, in: Städte- und Gemeindebund, 354.
[173] Strang 1987, in: Städte- und Gemeindebund, 359.
[174] "Seniorengesellschaft fordert Kommunen und Parteien heraus", in: DG 12/1989, 11.

schwunden. Die hohe Aufmerksamkeit, die dem Thema Pflege und deren Finanzierung zuteil wird, spricht demgegenüber aber eine deutliche Sprache. Das Bemühen, die alten Menschen so lange als möglich zu aktivieren und an ihnen bisher unausgeschöpfte Selbstbestimmungspotentiale und Hilfenetze der Familie und des sozialen Umfelds zu entdecken, läßt sich auch als der kommunale Versuch interpretieren, sich möglichst lange 'subsidiär' aus der völligen Verantwortung für das Problem Alter herauszuhalten.

Die Frage nach der Reichweite der ambulanten Dienste, dem die achtziger Jahre bestimmenden Thema, und damit nach der Tragfähigkeit des Grundsatzes ambulant vor stationär wird in den Fachzeitschriften bis zum Ende der achtziger Jahre dahingehend beantwortet, daß ambulante Pflege nur mit Unterstützung von in weit überwiegendem Maße weiblichen familiären Pflegepersonen, d.h. Töchtern, Schwiegertöchtern und Ehefrauen möglich, sinnvoll und bezahlbar ist. Die Entwicklung geht eindeutig dahin, sich auf die hilfsbedürftigen Menschen im 'vierten Alter' als Zielgruppe der Altenhilfe zu konzentrieren und dabei pragmatisch anzuerkennen, daß es ohne Pflegeheime nicht geht. Die offene Altenhilfe dagegen findet nur noch wenige Fürsprecher. Lediglich werden in den Verwaltungszeitschriften neue Einrichtungen und Maßnahmen einzelner Städte 'vorgezeigt'. Hier tut sich eine Lücke zum wissenschaftlichen Diskurs auf, der die Möglichkeiten der ambulanten Dienste als viel größer einschätzt, die stationäre Unterbringung nahezu 'verteufelt', weiterhin den aktiven Senioren im 'dritten Alter' viel Aufmerksamkeit widmet und ihnen Maßnahmen der offenen Altenhilfe und Altenbildung anbieten möchte.

8.3 Altenplanung in den achtziger Jahren

Altenplanung, so kann festgestellt werden, hat sich in den achtziger Jahren in Großstädten weitgehend als Instrument zur Steuerung der kommunalen und freien Altenhilfeaktivitäten durchgesetzt, wenn auch die Planungseuphorie der siebziger Jahre eher einer Emüchterung gewichen ist. Nur noch 7 bundesrepublikanische Großstädte hatten bis dahin keinen Altenplan und geben zwischen 1980 und 1989 ihren ersten Altenplan heraus. Der Rückgang kommunaler Altenplanungstätigkeit könnte aber auch auf das Scheitern der ursprünglich entwickelten Ansätze der Altenplanung zurückzuführen sein, die sich, wie auch in dieser Analyse gezeigt werden konnte, oft an die vom BSHG gesetzten Pflichtaufgaben halten.

War die erste Generation bundesrepublikanischer Planung am Typus der "technologischen Planung"[175] orientiert gewesen, deren Ergebnis oft eine "letztlich eindimensionale Richtwertplanung" mit Status-Quo-Orientierung und Überbewertung quantifizierender Sachverhalte war[176], setzte in der Mitte der siebziger Jahre eine kritische Auseinandersetzung mit diesem Planungstypus ein, die sich aber in den Altenplänen dieses Zeitraums noch nicht abbildete. Die Planungstheorie der 'zweiten Generation' legte das Augenmerk auf die Kooperation der Akteure im Planungsprozeß und die Beteiligung der Planadressaten und betonte die Möglichkeit von Lernprozessen aller Beteiligten, die quer zu dem Phasenmodell Zielfixierung - Planaufstellung - Implementation liegen[177]. Umfangreiche Vorstudien sollten Aufschluß über Bedürfnisse und defizitäre Lebenslagen der Planungszielgruppe geben, die Planung sollte sich auf kleine sozialräumliche Einheiten beziehen und sich an

---

[175] Ortmannn 1983, 5ff.
[176] Gitschmann 1989, 204.
[177] Vgl. Ortmann 1983:5ff.

den spezifischen sozio-infrastrukturellen Gegebenheiten orientieren[178]. Gitschmann bemängelt an den bundesrepublikanischen Altenplänen besonders die fehlende Zieldiskussion und die fehlende theoretische Fundierung[179]. Nach der Untersuchung von Halfar sind in 66% der Altenpläne keinerlei theoretische Bestimmungen und Debatten enthalten, in den übrigen Fällen werden zwar gerontologische Theorien referiert, die dann aber keinen Einfluß auf die Planung haben[180]. Dabei kann davon ausgegangen werden, daß die Ziele in der Altenplanung im allgemeinen ohnehin nicht so starr gesetzt werden, daß dadurch die Flexibilität stark eingeschränkt wird, sondern daß im Gegenteil das bloße Vorhandensein ausformulierter Zielvorstellungen schon die Ausnahme darstellt.

Insgesamt ist der Standard der Altenpläne in den achtziger Jahren weiterhin heterogen, aber deutlich höher als im vergangenen Jahrzehnt. Es wird zu fragen sein, inwieweit die oben beschriebenen Anforderungen an Planung überhaupt ihren Niederschlag in den Verwaltungsprogrammen finden. Dabei muß im Auge behalten werden, daß ein 'gut gemachter' Altenplan noch lange keine gute Altenhilfe in der jeweiligen Kommune zu erzeugen imstande ist. Kommunen ohne einen Altenplan können durchaus gute Altenhilfe betreiben. Jedoch kann das Vorhandensein eines Altenplan, dessen Verbindlichkeit und die Bereitstellung von Ressourcen zu seiner Umsetzung als Ausdruck vorhandenen politischen Willens gesehen werden, dem Politikbereich Altenhilfe verstärkte Aufmerksamkeit zu widmen. Politisch ungünstige Situationen können in die Beurteilung der Planung nicht mit einbezogen, sondern nur zu bewerten versucht werden, inwieweit sich das jeweilige kommunale Programm als Entscheidungsgrundlage für die Politik eignet und ihr Entscheidungsbedarf aufzeigt.

Ein wirklicher Beitrag zur Stadtentwicklungsplanung, der dem Charakter der Altenhilfe als Querschnittaufgabe gerecht wird, liegt unter den hier analysierten Altenplänen nicht vor, die durchweg der sozialen Fachplanung zuzuordnen sind. Die Pläne unterscheiden sich in ihrer fachlichen Fundierung jedoch stark, wobei zuerst auf diejenigen Altenpläne eingegangen werden soll, die ohne wissenschaftliche Kompetenz oder Beteiligung *innerhalb der Verwaltung* erstellt wurden: sie können den aufgestellten Kriterien[181] nach weniger überzeugen.

Der Altenhilfeplan der Stadt *Ulm* von 1981[182], der erste Altenplan dieser Stadt, orientiert sich stark an der Altenhilfe nach dem BSHG und sieht - ganz im Sinne der sechziger Jahre - das Wohnungsproblem als vorrangig an. Er soll eine "Rahmenkonzeption als Orientierungshilfe"[183] für Gemeinderat und Freie Träger sein, enthält keine Finanzplanung und wurde innerhalb der Verwaltung von Sozialdezernat und Baudezernat ohne Vorstudien oder wissenschaftliche Beteiligung erarbeitet. Die Zielformulierung beschränkt sich auf 'Selbständigkeit erhalten, solange möglich', die Bestandsaufnahme erfolgt rein quantitativ ohne qualitative Beschreibung, als Maßnahmen wird der übliche Katalog 'stationär - offen - ambulant' vorgeschlagen: insgesamt ein typischer Altenplan der Verwaltung, ohne Bezug auf wissenschaftliche Grundlagen, innovative Maßnahmen oder Organisationsveränderungen. Die Fortschreibung von 1987 trägt dasselbe Gesicht[184].

Der Altenplan der Stadt *Köln* (1. Fortschreibung) von 1985[185] wurde in der Verwaltung ohne wissenschaftliche Beteiligung erarbeitet und nimmt keinen Bezug

---

[178] Vgl. den 'soziökologischen Ansatz', dazu z.B.Mundt (Hg.) (1983).
[179] Gitschmann 1989:215.
[180] Halfar 1985, in: AWP, 32-47.
[181] Vgl. Kap. 4.4.4 dieser Arbeit.
[182] Stadt Ulm 1981.
[183] Ebd., 3.
[184] Stadt Ulm 1987.
[185] Stadt Köln 1985.

auf Theorie, differenziert aber zwischen jüngeren und älteren, eher pflegebedürftigen Alten. Eine Umfrage beschreibt die Lebenssituation der Kölner Altersbevölkerung[186]. Die Vermeidung stationärer Pflege ist auch hier das oberste Ziel, die städtischen mobilen Hilfsdienste sollen auf Stadtteilorientierung umgestellt werden. Das Maßnahmenprogramm zum Altenplan von 1985 wurde erst 1987 veröffentlicht, ist sehr konkret und enthält eine differenzierte Finanzplanung, die geeignet ist, die Umsetzung zu gewährleisten[187].

Auch der von der Verwaltung ohne wissenschaftliche Beteiligung erstellte Altenplan der Stadt *Mainz* von 1986[188] arbeitet ohne explizites theoretisches Konzept, jedoch werden die offenen Hilfen unter den Stichworten Aktivität / Integration stark hervorgehoben: ambulant vor stationär ist auch hier wieder die Marschrichtung der Altenhilfe. Der stationäre Bereich wird dagegen mit einer quantitativen Bestandsaufnahme knapp abgehandelt. Implizit ist Selbständigkeit durch Verbleib in den eigenen vier Wänden das Ziel der Mainzer Altenhilfe, eine explizite Zielbestimmung erfolgt nicht. Der Mainzer Altenplan ist ein typischer Vertreter der Status-Quo-Orientierung, bei dem die Bestandsaufnahme im Mittelpunkt steht, eine systematische Bedarfsermittlung jedoch nicht erfolgt. Die überbewerteten offenen Hilfen werden programmatisch im Hinblick auf Prophylaxe, sprich Kosteneinsparung gesehen, wie auch die Restriktion 'Finanzen' verhältnismäßig häufig auftaucht[189]. Ein Zwischenbericht von 1991/92 zum Mainzer Altenplan[190] bezieht sich ausschließlich auf die Neuordnung der ambulanten Dienste. Mainz ist damit eine Kommune, die in ihrer Altenplanung ganz auf 'ambulant vor stationär' und der Präventionswirkung der offenen Hilfen setzt, was noch stark an die dominante Diskussion in den siebziger Jahren erinnert.

Ein weiteres Beispiel für eine solche Überbewertung der offenen Hilfen ist *Hannover*: Hier wurde der erste Altenplan 1968 vorgelegt und die zweite, sehr umfassende Fortschreibung als soziale Fachplanung 1988 veröffentlicht[191]. Der Plan wurde innerhalb der Verwaltung erarbeitet und beinhaltet keine Finanzplanung. Wie in Plänen aus den sechziger Jahren anzutreffen, referiert der Hannoveraner Altenplan die relevanten Paragraphen des BSHG[192]. Der Plan verzichtet auf eine allgemein-theoretische Einführung und begnügt sich mit Versatzstücken wie 'Selbständigkeit erhalten' und 'Selbsthilfefähigkeit unterstützen'. Alten Menschen soll eine aktive gesellschaftliche Rolle zugewiesen und "das falsche Bild des Defizitmodells" abgebaut werden[193]: der Plan bemüht sich, sich von der Defizittheorie des Alters abzugrenzen und ein positives Altersbild zu vermitteln. Junge Alte werden als Zielgruppe der Altenhilfe gesehen: "Insbesondere für die Zielgruppe der 'Jungen Alten' sollen neue Formen und Modelle sinngebender Aktivität entwickelt werden, bei denen älter werdende Bürger ihre Kompetenzen und Lebenserfahrungen einbringen und einsetzen können"[194]. In logischer Folge dieser Problemsicht wird bei den stationären Einrichtungen nur ein minimaler Bedarf gesehen. Seniorenbeirat und Freie Träger konnten eine Stellungnahme zur geplanten Fort-schreibung des Altenplans abgeben, eine weitere Planungsbeteiligung fand nicht statt.

---

[186] Stadt Köln 1985:2ff.
[187] Stadt Köln (1987): "Maßnahmenprogramm zum Altenplan der Stadt Köln 1985 (1. Fortschreibung)", Vorlage zur Stadtratssitzung vom 7.5.87, Ds-Nr. 2050/086.
[188] Stadt Mainz 1986.
[189] Z.B. Stadt Mainz 1986:127, 112, 53.
[190] Stadt Mainz (1991/92).
[191] Stadt Hannover 1988.
[192] Stadt Hannover 1988:10.
[193] Stadt Hannover 1988:26.
[194] Stadt Hannover 1988:78.

Zur Koordinantion der Umsetzung existieren jedoch mehrere Arbeitskreise[195]. Insgesamt dient die Fortschreibung nur zur Korrektur und Neubewertung des Vorhandenen, nicht zur Planung von Innovationen: Ausgangspunkt ist der Status quo der bestehenden Einrichtungen, deren Bestandsaufnahme nach Stadtteilen erfolgt. Auffällig am Hannoveraner Altenplan ist die ausschließliche programmatische Betonung der offenen und ambulanten Hilfen bei Ablehnung von stationären Alternativen.

Keinerlei theoretische Überlegungen enthält der Altenplan von *Karlsruhe* aus dem Jahr 1987, der von der Verwaltung erarbeitet wurde[196]. Weder die Freien Träger noch andere Akteure wurden an der Planung beteiligt, die Planung kommt zudem ohne irgendwelche Ziele aus, die über die Erfüllung von Richtwerten hinausgehen. Die Karlsruher Planung ist mehr beschreibend als analytisch, enthält keine Finanzplanung und beschränkt sich auf den anerkannten Kernbereich der Altenhilfe. Die Maßnahmen ergeben sich aus der Verknüpfung von interpretativen Überlegungen mit Richtwerten. Nach der Vorlage des Altenplanes wurde jedoch vom Institut für Soziologie der Universität Karlsruhe im Auftrag der Verwaltung eine breit angelegte Altenbefragung durchgeführt[197].

Mit der örtlichen Fachhochschule hat die Verwaltung von *Darmstadt* 1989 bei der Erstellung des Altenplanes zusammengearbeitet[198], der mit präventiven Maßnahmen und Rehabilitation die Kontinuität des Lebenslaufs alter Menschen wahren will. Es handelt sich um die 4. Fortschreibung des Altenplanes, der eine Altenumfrage zugrunde liegt und die eine Finanzplanung enthält. Explizit wird auf die Altenhilfe als Teil der Sozialhilfe Bezug genommen, wobei die "Bedeutung der offenen Altenhilfe nicht hoch genug eingeschätzt werden" kann. Dabei wird die einfache Rechnung aufgemacht, daß "wer etwas unternimmt, wer Kontakt zu anderen hat, wer sich körperlich und geistig fit hält, wer Freude am Leben hat, der ist zufriedener, bleibt länger gesund und ist weniger auf die Hilfe angewiesen"[199]. Die offene Altenhilfe soll eben diese Kontakte fördern, Freude vermitteln und zu Hobbies anregen[200] - eine Problemsicht, die aus den sechziger Jahren bekannt ist. Ansonsten arbeitet der Altenplan stadtteilorientiert, wobei bei der Weiterentwicklung der einzelnen Maßnahmen versucht wird, auf neuere theoretische Grundlagen aufzubauen und sich an die gesetzten Ziele Kontinuität, Integration und Identität zu orientieren. Ein Manko ist die fehlende Prozeßorientierung und Einbeziehung der Altenhilfeakteure in die Planung.

Unter den innerhalb der Verwaltung erstellten Plänen fällt der Altenplan der Stadt *Hamm* von 1984[201] positiv auf. Trotz herausgestellter Einbindung in die Stadtentwicklungsplanung stellt der Plan, der ohne Finanzplanung vom Stadtrat verabschiedet wurde, faktisch eine soziale Fachplanung dar, deren Aufgabe es ist, auf "sichtbare, formulierte und angebare Mängel" zu reagieren und "rechtzeitig Maßnahmenprogramme für neu auftretende Probleme zu entwickeln"[202]. Altenplanung, so der Plan, ist als kompetente Steuerungsinstanz innerhalb des immer komplexer werdenden sozialen Sicherungssystems notwendig[203]. Es werden die gängigen gerontologischen Theorien im Plan diskutiert, Disengagement- und Defizit-

[195] Stadt Hannover 1988:11.
[196] Stadt Karlsruhe 1987.
[197] Stadt Karlsruhe 1990.
[198] Stadt Darmstadt 1989.
[199] Stadt Darmstadt 1989:9.
[200] Stadt Darmstadt 1989:10f.
[201] Stadt Hamm 1984.
[202] Stadt Hamm 1984:8.
[203] Stadt Hamm 1984:9.

theorie verworfen und die Heterogenität des Alters herausgestellt[204]. Als Hauptziel-
bereich wird neben Bestandsanalyse und Maßnahmenentwicklung die Information
der an der Altenhilfe Beteiligten über Grundlagen und Möglichkeiten der Altenhilfe und die Förderung des Problembewußtseins gegenüber alten Menschen
gesehen[205]. Die Ziele konkretisieren sich in den fünf Zielbereichen Freizeit und
Bildung, selbständige Lebensführung, stationäre Altenhilfe, Organisation / Planung
/ Kommunikation und Mitarbeiterfortbildung[206], denen direkt die etwas unpräzise
formulierten Maßnahmen zugeordnet sind. Über den Planungsprozeß und dessen
Beteiligte finden sich dagegen keine Informationen. Die Bedarfsorientierung erfolgt weniger nach quantitativen Daten, sondern deskriptiv-bilanzierend und wird
auch einmal einfach geschätzt. So heißt es z.B. "Der Bereich der häuslichen Hilfsdienste scheint hinreichend abgedeckt zu sein"[207]. Insgesamt sind die theoretische
Fundierung und die daraus entwickelten Ziele positiv hervorzuheben, während darüber aber die konkrete, ortsbezogene Planung der Altenhilfe für die Stadt Hamm zu
kurz kommt. Es besteht eine gewisse Scheu, Defizite offenzulegen und konkrete
Abhilfemaßnahmen zu fomulieren, während in diesem Zusammenhang lieber auf
die präventive Ausrichtung der Altenhilfe verwiesen und als vorrangige Maßnahmen mehr Vorbereitung auf das Alter und Information gefordert werden[208].

Qualitativ bessere Pläne werden dort erarbeitet, wo *wissenschaftlich vorgebildete Planungskompetenz* innerhalb der Verwaltung dauerhaft institutionalisiert
ist und somit Altenplanung als einen Prozeß betreiben kann. Dabei muß nicht ein
umfassender Altenplan erarbeitet werden, sondern die Planungen können auch
fortlaufend oder in Form von Teilplänen, wie z.B. in München, dokumentiert werden: Bei zunehmender Komplexität der Materie erhöht sich dadurch die Handhab-
barkeit der Planungen für die politische Entscheidung konkreter Fragestellungen.

Schon seit 1960 wird in *Frankfurt am Main* Altenplanung betrieben, so daß
1981 der 'Dritte Kommunale Altenplan' vorgelegt werden konnte[209]. Der Plan wurde als soziale Fachplanung innerhalb der Verwaltung erarbeitet, die in der Verwaltung institutionalisierten Planer der 'AG Sozialplanung' sind aber wissenschaftlich
und gerontologisch vorgebildet. Die Planerstellung wurde prozeßhaft gestaltet,
während des Planungsprozesses immer wieder Zwischenberichte vorgelegt, die
aber weniger der Korrektur der Planung als der Implementationskontrolle dienten.
Die Planung bezieht sich auf Stadtteile, zu denen sowohl zur Bewertung der pflegerischen Versorgung als auch des dortigen sozio-strukturellen Umfelds im Rahmen
kleinerer qualitativer Vorstudien ein Sozialindikatorensystem herangezogen wurde[210]. Die Bestandsorientierung erfolgt quanitativ-beschreibend als Leistungsbilanz
der bisherigen Altenhilfe und qualitativ durch die Erörterung der Defizite jedes
Stadtteils im Vergleich zu anderen Stadtteilen - nach den Aussagen der Planer ist
dieses Verfahren vorbildlich für Großstädte[211]. Im Plan wird mit einem Altersbild
gearbeitet, das die Belastungen der Altersphase zum Ausgangspunkt der Altenhilfe
nimmt, aber auch die Heterogenität des Alters anerkennt[212]. Am Frankfurter Plan
besticht die vorbildliche Stadtteilorientierung und die Bewertung derselben durch
selbst entwickelte Sozialindikatoren. In den Stadtteilen sollen Anlaufstationen, Be-

---

[204] Stadt Hamm 1984:25.
[205] Stadt Hamm 1984:9.
[206] Satdt Hamm 1984: 76ff.
[207] Stadt Hamm 1984:56.
[208] Stadt Hamm 1984:69.
[209] Stadt Frankfurt a.M. 1981. Bisherige Altenpläne datieren von 1960 und 1970, Zwischenberichte
von 1979 und 1986, außerdem ein Bericht über die ambulanten Dienste von 1981.
[210] Stadt Frankfurt 1981:41ff.
[211] Stadt Frankfurt 1981:73.
[212] Stadt Frankfurt 1981:10.

ratungszentren und Koordinationsstellen für die ambulanten Dienste geschaffen werden[213]. Spezialisierte Altensozialarbeiter werden in die Umsetzung des Planes explizit einbezogen[214]. Bedenkt man, daß es sich bei Frankfurt a.M. um eine 'große Großstadt' handelt, so überrascht besonders die Praxisorientierung und 'Brauchbarkeit' des Altenplanes. Planung und Umsetzung liegen in Frankfurt in einer Hand, seit 1960 wird regelmäßige Planungsfortschreibung mit Zwischenberichten betrieben. Die Bestandsaufnahme wird nicht nur erfaßt, sondern auch im Vergleich zu anderen Stadtteilen bewertet. Mit seiner konsequenten Stadtteilorientierung, die auch qualitative Faktoren nicht vernachlässigt, ist der Plan einzigartig unter den bundesrepublikanischen Altenplänen. Für Investitionsmaßnahmen im stationären Bereich ist eine Finanzplanung vorgesehen, die Zwischenbilanz zum Dritten Kommunalen Altenplan enthält Budgetansätze für den ambulanten und offenen Bereich[215].

Auch in *Nürnberg* besteht schon eine Altenplanungstradition: 1983 wird die 1. Fortschreibung des Altenplanes von 1973 vorgelegt[216], die aber eigentlich als eine Gesamtplanung anzusehen ist. Eine 'Arbeitsgruppe Nürnberg-Plan' ist als Stabsstelle bei der Kommunalverwaltung verortet, innerhalb derer die 'Arbeitsgruppe Sozialplanung' den Altenplan erarbeitet hat. In Nürnberg wird das Konzept einer gesamtheitlichen Stadtentwicklungsplanung vertreten, in der der Altenplan als Teil des 'Rahmenplans Sozialwesen' einzuordnen ist. Die nunmehr - im Gegensatz zum Altenplan von 1973 - bestehende Arbeitsgruppe für Sozialplanung deutet aber eine Rückwendung zur Fachsozialplanung an. Der Altenplan wurde mit einer Finanzplanung sowohl für den offenen wie auch für den stationären Bereich vom Stadtrat beschlossen, was ein hohes Maß an Verbindlichkeit gewährleistet.Inhaltlich-programmatisch wird großes Gewicht auf die Gestaltung des gesellschaftlichen Umfelds und Prävention von Altersschwierigkeiten gelegt und bezüglich des Altersbildes das Disengagement-Konzept abgelehnt. Im planerischen Teil hält der Altenplan dagegen nicht ganz, was er verspricht. Die Altenplanung ist nicht prozeßhaft gestaltet, eine quantitative Bestandsorientierung an den bestehenden Einrichtungen überwiegt, die sich als 'technische' Planung an Versorgungsquoten und Bedarfsdeckungsgraden orientiert. Ein Zielsystem legt kurz-, mittel- und langfristige Maßnahmen fest, es sind aber keine Rückkoppelungsmechanismen vorgesehen, um Ziele revidieren und die Implementation der Maßnahmen überprüfen zu können. Ein starker Ausbau der ambulanten und offenen Altenhilfe ist geplant. Als ein neues Konzept sollen in den Stadtteilen Arbeitsgruppen zur Koordination zwischen den einzelnen Anbietern der offenen und ambulanten Altenhilfe geschaffen werden. Der Großteil der geplanten Investitionen ist aber für die fehlenden Pflegeheimplätze vorgesehen, was schon für den Nürnberger Altenplan von 1973 festzustellen war. Insgesamt ist der Nürnberger Plan eine recht technisch orientierte Planung, die stark auf quantitative Faktoren gegenüber qualitativen abstellt.

Die Gesamtplanung der Stadt *Würzburg* von 1987 weist ein hohes Maß an Verbindlichkeit mit Finanzplanung und Stadtratsbeschluß auf. Obwohl soziale Fachplanung - in der Projektgruppe Sozialplanung waren ein Soziologe und ein Sozialpädagoge vertreten - wird die Querschnittfunktion der Altenplanung in Ansätzen erkannt[217]. Die Planung bezieht sich auf größere Stadtteile, ist aber sehr quantitativ-beschreibend angelegt, während qualitative Aspekte zu kurz kommen. Kooperation und Koordination bei der Planumsetzung sollen jedoch gefördert wer-

[213] Stadt Frankfurt 1981: 100-103.
[214] Stadt Frankfurt 1987:111.
[215] Stadt Frankfurt a.M. 1986.
[216] Stadt Nürnberg, Arbeitsgruppe Nürnberg-Plan (1983).
[217] Stadt Würzburg 1987.

den, wobei für einzelne Einrichtungen konkrete Vorschläge gemacht werden, mit welchen anderen sie zusammenarbeiten könnten. Die theoretische Decke ist dünn, die Heterogenität der älteren Generation wird - mit Anklängen an das Aktivitätsmodell - anerkannt und daraus eine Vielzahl von Maßnahmen abgeleitet. Wenn auch übergeordnete Ziele fehlen, so sind bei den einzelnen Einrichtungen und Maßnahmen sehr konkrete Ziele zu deren Weiterentwicklung angegeben. Der Schwerpunkt liegt auf den offenen und ambulanten Hilfen, stationäre Maßnahmen werden jedoch nicht abgelehnt. Insgesamt ist der Altenplan sehr kompakt und 'tabellenlastig', wenngleich er alle Bereiche berücksichtigt. Die unklare Zielkonzeption bedingt, daß der Plan bei neuen Maßnahmen unpräzise bleibt.

Das "Altenstrukturkonzept der Stadt *Heidelberg*" von 1988 stellt den ersten Altenplan für Heidelberg dar und enthält eine die nächsten zehn Jahre umfassende Finanzplanung[218]. Es soll eine "realitätsbezogene, koordinierte und kooperative mittelfristige Planung" vorgenommen werden[219]. Heidelberg verfügt wie einige andere Großstädte über professionelle Planer in der Verwaltung, es findet sich aber im Plan kein Hinweis auf eine Planungsbeteiligung der freien Träger oder anderer Akteure. Der Plan setzt zuerst als Ziel der Altenhilfe, "dem selbständigen, selbstverantwortlichen alten Menschen die soziale Teilhabe zu gewähren und zu erhalten"[220]. Leitbild der Heidelberger Altenhilfe ist es, "die eigenständige Lebensführung der älteren Mitmenschen durch organisierte, im unmittelbaren Lebensbereich vorgehaltenen Angebote und Hilfen zu fördern und zu wahren"[221]. Es soll ein flächendeckendes Angebot dezentraler Altenservicezentren geschaffen und bereits vorhandene Angebote verknüpft werden[222]. Dabei spielt auch die Aktivierung der Senioren durch offene Altenhilfe eine bedeutende Rolle, wie in der gesamten Planung der Schwerpunkt auf den offenen und ambulanten Hilfen liegt. Die Maßnahmen des Planes werden direkt und für jeden Stadtteil getrennt aus den Zielen abgeleitet. Die Bestandsaufnahme ist sehr gut strukturiert und erfolgte konsequent stadtteilbezogen. Es wurde ein Sozialatlas erstellt, aus dem 17 Indikatoren in den Altenhilfeplan einflossen[223]. Soziostrukturelle Daten liegen teilweise bis auf Straßenzüge genau vor. Neben der genauen quantitativen Bedarfsfeststellung kam eine qualitative Analyse der Dienste zu kurz: Defizite im genauen Leistungsspektrum der Dienste in den Stadtteilen werden nicht aufgezeigt. Die Vielfalt der Altenhilfe wird zugunsten einer klaren Gliederung nicht aufgezeigt, dafür liefert der Plan für die Akteure vor Ort konkrete, realistische Vorgaben und ist somit ein operationalisierbares Handlungsprogramm.

In *Braunschweig* wird der Prozeß der Altenplanung seit 1985 fortlaufend dokumentiert. Wie in Frankfurt gibt es eine verwaltungsinterne Sozialplanungsgruppe mit einem wissenschaftlich einschlägig vorgebildeten Planer im Sozialdezernat. Die Planung besteht aus mehreren Veröffentlichungen, so zuerst einer Befragung, die die Lebenssituation der älteren Braunschweiger Bürger beleuchten soll[224], einer Bestandsaufnahme[225], einem Ziel- und Maßnahmenkatalog[226] und einem Zwischenbericht[227] sowie einer Veröffentlichung mit Ansätzen zur Evaluation der Altenhilfe. Es handelt sich um einen zweiten Planungszyklus nach 1971-74,

---

[218] Stadt Heidelberg 1988.
[219] Stadt Heidelberg 1988:1.
[220] Stadt Heidelberg 1988:3.
[221] Stadt Heidelberg 1988:8.
[222] Stadt Heidelberg 1988:7.
[223] Stadt Heidelberg 1988:5.
[224] Stadt Braunschweig 1985.
[225] Stadt Braunschweig 1986.
[226] Stadt Braunschweig 1989.
[227] Stadt Braunschweig 1991.

der seit 1985 fortdauert. Durch die Etablierung eines festen Sozialplaners und die prozeßhafte Gestaltung des Planungsprozesses wurde Kontinuität hergestellt, die Planung soll vorrangig als Grundlage für die kommunale Altenhilfe dienen, während die Kooperation mit den freien Trägern als notwendig, aber schwierig zu verwirklichen angesehen wird[228]. Programmatisch soll der Verlust von Fähigkeiten alter Menschen vermieden werden[229], es wird auf das Kontinuitätsmodell Bezug genommen und vor Überbetreuung gewarnt. 'Die' Alten als Bezugsgruppe gibt es jedoch nicht, die Heterogenität der Altersbevölkerung wird anerkannt[230]. Die Ziele der Planung sind Autonomie, Integration und Erhaltung der Kompetenz der alten Menschen[231]. Sie sind eng an die Maßnahmen gekoppelt, was sich daraus ergibt, daß die Ziele nicht zu Beginn des Planungsprozesses feststanden, sondern erst nach der Bestandsaufnahme festgelegt wurden. Die Altenplanung wurde unter Einbeziehung aller relevanten Gruppen und Institutionen prozeßhaft organisiert, indem neben der Arbeitsgemeinschaft der Freien Träger 80 Experten in vier Arbeitsgruppen an der Planung beteiligt wurden. Die Veröffentlichungen in der städtischen Schriftenreihe waren die Dokumentation der einzelnen Arbeitsschritte der Planung (Befragung, Bestandsaufnahme, Ziele und Maßnahmen). Die Bestandsorientierung erfolgt durch eine quantitative und qualitative ausführliche Beschreibung der stationären, ambulanten und offenen Einrichtungen. Die Planung bezieht sich auf größere Stadtteile. Der Heterogenität der Zielgruppen wird durch ein breitgestreutes Maßnahmenprogramm Rechnung getragen, zwischen Bestandsaufnahme und Maßnahmenentwicklung gab es einen längeren Diskussionsprozeß. Den offenen Hilfen wird ein breiter Raum gewidmet, während die ambulanten Dienste eher kurz abgehandelt werden. Auffällig an der Braunschweiger Altenplanung ist die prozeßhafte Gestaltung unter Einbeziehung zahlreicher Planungsakteure, die stark auf die Kommune als Adressat gerichtet ist. Positiv orientiertes Altersbild, theoretisches Konzept und Maßnahmen sind stimmig aufeinander abgestellt, wobei die manifesten Probleme alter Menschen etwas in den Hintergrund geraten.

In *Stuttgart* wird mit organisatorisch in der Verwaltung verorteter, wissenschaftlich vorgebildeter 'Planungskapazität' das Konzept der Altenplanung sukzessive in *Einzelveröffentlichungen* dokumentiert, ein Vorgehen, daß ebenso in München verfolgt wird und in Bezug auf die konkrete Altenhilfe sehr sinnvoll sein kann[232].

Aus *München* lagen Teilpläne zu den Bereichen ambulante Dienste, Kurzzeitpflege, betreute Altenwohnungen und betreute Wohngemeinschaften und ein Evaluationsbericht der Wirkungsweise der Münchner Alten- und Servicezentren vor[233], die zu Ende der achtziger und Anfang der neunziger Jahre herausgegeben wurden. Die Teilpläne zur Münchner Altenplanung wurden - allerdings ohne Finanzplanung - vom Stadtrat beschlossen. Es handelt sich um eine fortlaufende Pla-

---

228 Stadt Braunschweig 1991:49.
229 Stadt Braunschweig 1986:6.
230 Z.B. Stadt Braunschweig 1989:19ff.
231 Stadt Braunschweig 1989:17ff.
232 Anhand des vorliegenden, aus Stuttgart zur Verfügung gestellten Papiers, das auch eine Finanzplanung enthält, kann aus diesem Grund auch keine Aussage über die Stuttgarter Altenplanung allgemein gemacht werden; vgl. Stadt Stuttgart, Gemeinderatsdrucksache Nr. 610 "Altenhilfe in Stuttgart", Stuttgart 1986.
233 Stadt München, Sozialreferat (1988): "Wohnen im Alter. Teilbereich Kurzzeitpflege"; dies. (1989): "Die ambulanten pflegerischen und häuslichen Dienste"; dies. (1989): "Betreute Wohngemeinschaften. Konzeption", Beiträge zur Sozialplanung 113; dies. (1991): "Örtliche Sozialplanung. Aufgaben Arbeitsweise, Strategien", bearbeitet von Petra Schmid-Urban, Beiträge zur Sozialplanung 005; dies. (1991): "Modellprojekt 'Betreute Altenwohnungen mit integriertem Wohnen'"; Beiträge zru Sozialplanung 120; dies. (1991): "Alten- und Service-Zentren in München. Die Wirkungsweise eines neuen Konzepts der offenen Altenhilfe", Münchener Altenplanung 104.

nung, die als soziale Fachplanung innerhalb der Verwaltung durch eine Abteilung Sozialplanung als Stabsabteilung beim Sozialreferat erarbeitet wurde. Ferner waren unterschiedliche Sozialforschungsinstitute an der Planung beteiligt[234]. Planung und Umsetzung werden in München von derselben Stelle in der Verwaltung koordiniert. Programmatisch soll die Sozial- und Altenplanung einen Beitrag zu einer präventiven, soziale Folgekosten vermeidenden Politik leisten[235]. Im Planungsprozeß erfolgte eine Rückkoppelung mit allen beteiligten Akteuren, eine gemeinsame Planerstellung und Koordination der Umsetzung. Die Maßnahmenentwicklung und prozeßhafte Umsetzung werden meist wissenschaftlich begleitet, um einen Lerneffekt bei den Beteiligten zu fördern. Interessant und außergewöhnlich ist, daß die Bezirkssozialarbeiter des Allgemeinen Sozialdienstes, der auf Stadtteilebene organisiert ist und Kristallisationspunkt für die gesamte Hilfepalette sein soll, als universelle Ansprechpartner vor Ort für die Umsetzung der Altenplanung explizit berücksichtigt werden. In der Altenhilfe ist der stadtteilorientierte Verbund der Maßnahmen in Altenservicezentren teilweise schon verwirklicht. Auch gibt es in München einen speziellen Fachbereich 'Selbsthilfeförderung' innerhalb der Abteilung Sozialplanung. Die Teilpläne der Altenplanung werden in regelmäßigen, kurzen Abständen überarbeitet. Zur Bedarfsfeststellung wurden Vorstudien und Befragungen unternommen, aber auch Fachliteratur und andere Altenpläne systematisch ausgewertet, sozialräumlich bezieht sich die Planung auf größere Stadtteile. Die Müncher Altenplanung geht tendenziell von einem selbständigen, zu Aktivität fähigen Menschen aus. Die Planung in Einzelbereichen bedingt differenzierte Ziele, die sich immer auf einen Ausschnitt der Altenhilfe beziehen, aber nicht Bezug auf übergeordnete Ziele nehmen. Ziele, Bedarf und Maßnahmen sind so nicht klar voneinander getrennt; meist wir nur auf den Bedarf und die Maßnahmen eingegangen. Insgesamt zeichnet sich die Planung durch eine konsequente Stadtteilorienterung und Zusammenarbeit aller Beteiligten bei Planung und Umsetzung aus, die auch, was ungewöhnlich ist, den Allgemeinen Sozialdienst sinnvoll mit einbezieht.

Von *externen Instituten* für die Verwaltung erarbeitet wurden die Altenpläne von Augsburg, Bielefeld und Leverkusen, wobei sich besonders die beiden erstgenannten dadurch auszeichnen, daß sie zwar den jeweils aktuellen Stand der wissenschaftlichen Diskussion reflektieren, aber weniger Bezug zur kommunalen Wirklichkeit und zur Binnenperspektive der kommunalen Verwaltung haben, was zu Problemen bei der Umsetzung führen könnte.

Der erste *Augsburger* Altenplan von 1984 ist ein ambitioniertes Programm, das stadtteilorientiert umfangreiche neue Konzepte für die Altenhilfe entwirft, deren Finanzierung jedoch nicht gewährleistet werden kann. Daher hat der Augsburger Stadtrat den Plan auch nur "als wesentlichen Teilaspekt für die weitere Stadtentwicklung zur Kenntnis genommen"[236]. Geplant wurde in Augsburg ein "integriertes Konzept für die Altenhilfe", bestehend aus Altenservicezentren und altengerechten Wohnungen in den Stadtteilen unter Abwendung von der traditionellen Heimversorgung[237]. Ziel ist die Gestaltung gesellschaftlicher Rahmenbedingungen. Dem Plan liegt eine theoretische Fundierung zugrunde, die auf Aktivität und Hebung des kulturellen Niveaus abzielt. Die neuen Chancen des Alters, die nur wahrzunehmen sind, werden betont[238], die Alten als von einem negativen Alters-

---

[234] So eine Gruppe für sozialwissenschaftliche Forschung (GSF), eine Arbeitsgruppe Alternforschung (AFA) und eine Institut für gerontologische Forschung.
[235] Stadt München (1991): "Örtliche Sozialplanung. Aufgaben Arbeitsweise, Strategien", bearbeitet von Petra Schmid-Urban, Beiträge zur Sozialplanung 005; 8ff.
[236] Stadt Augsburg 1984.
[237] Stadt Augsburg 1984:24.
[238] Stadt Augsburg 1984:41.

bild stigmatisiert angesehen[239]. Dagegen soll die Verwaltung angehen: "Alter läßt sich nicht nur von der Stigmatisierung befreien, sondern gleichzeitig kann eine angemessene, emanzipatorische Altersrolle entwickelt werden. Die alten Menschen können ihre Chancen leichter wahrnehmen. Inwieweit das gelingt, hängt auch von den öffentlichen Versorgungsangeboten ab"[240]. Die Planung wurde in Form eines Forschungsberichts des Sozialforschungsinstitutes inifes[241] erarbeitet, Bindeglied zwischen Verwaltung und den externen Planern war eine gemischte Projektgruppe 'Altenhilfeplan'. Eine Befragung älterer Augsburger, Workshops zum Planungsbeginn, Information der Öffentlichkeit, Betroffenenbeteiligung und Beteiligung der Freien Träger an der Planung lassen die Planung als einen 'kommunikativen Prozeß' erscheinen[242], Zwischenberichte und Endbericht wurden nochmals diskutiert. Die Orientierung an den Bedürfnissen der alten Menschen überwiegt unter den Planungsgrundlagen, die teilweise - im Bereich offene Altenhilfe - auch normativ bewertend erfolgt, da sich hier gewisse Widersprüche zu den Ergebnissen der Altenbefragung ergeben[243]. Als Ziele formuliert der Plan Selbständigkeit, ambulant vor stationär, Integration und Hilfe zur Selbsthilfe durch Aktivierung. Zur Umsetzung des 'integrierten, bedürfnisorientierten Augsburger Modells' - die aufgrund der ungeklärten Finanzierung mehr als fraglich ist - soll eine Koordinierungs- und Clearingstelle eingerichtet werden[244]. Insgesamt ist der Augsburger Plan, der sich an einem positiven Altersbild orientiert, ganz auf den Grundsatz 'ambulant vor stationär' fixiert, der kleinräumig orientiert mit Dienstleistungszentren in die Tat umgesetzt werden soll. Die stationäre Altenhilfe wird sowohl in der theoretischen Orientierung als auch in der Planung vernachlässigt: Heimunterbringung ist nur für schwerste Pflegefälle eine Alternative. Die Augsburger Planung ist somit ein Beispiel dafür, wie sich die dominante wissenschaftliche Orientierung - positives Altersbild, Ablehnung jeder Form von stationärer Unterbringung - durch den Einsatz externer Planer in einem Altenplan niederschlägt. Daß sich diese Marschrichtung in der kommunalen Praxis nicht durchhalten ließ, wird aus der Dokumentation "Älter werden in Augsburg" von 1987 ersichtlich. Bis dahin wurden drei Servicezentren in Augsburger Stadtteilen geschaffen, fünf weitere waren geplant, jedoch wurde "in der ambulanten und stationären Altenhilfe der drängende Pflegebedarf deutlich", so daß nun doch wieder das Augenmerk auf die Heime gelegt werden mußte[245]. Hummel erstellte dazu im Auftrag der Stadt Augsburg ein Gutachten, in dem er seinen Ansatz der gemeinwesenorientierten Altenarbeit darlegte[246]. Heimbereich und teilstationärer Bereich sollen nun mit dem ambulanten Bereich zusammengebracht werden. Insgesamt ist die ambitionierte Augsburger Planung ein Beispiel dafür, daß die bloße Orientierung an einem positiven Altersbild und der Ruf nach einer völlig neu konzipierten Altenhilfe an die Grenzen manifester Probleme des Alters stößt.

Bielefeld legt 1989 seinen 2. Altenhilfeplan vor, ein von einem sozialwissenschaftlichen Forschungsinstitut[247] erstelltes Werk von beträchtlichem Umfang[248]. Der Plan wurde vom Stadtrat beschlossen, enthält aber keine Finanzpla-

[239] Stadt Augsburg 1984:44.
[240] Stadt Augsburg 1984:45.
[241] Internationales Institut für empirische Sozialökonomie (inifes): Martin Pfaff, Wolfgang Asam, Walter Asam, Dieter Jaufmann, Peter Köppl.
[242] Stadt Augsburg 1984:17.
[243] Vgl. Stadt Augsburg 1984:72-74.
[244] Stadt Augsburg 1984:40.
[245] Stadt Augsburg 1987, 5f.
[246] Stadt Augsburg 1987:13.
[247] Zentrum für angewandte Sozialforschung und Praxisberatung ZASP, Bielefeld.
[248] Stadt Bielefeld 1989.

nung und unterscheidet sich, obwohl programmatisch Teil der Stadtentwicklungsplanung, nicht von sozialer Fachplanung. Besonders bei der Begründung der offenen Hilfen rekurriert der Altenhilfeplan auf die Aktivitätstheorie. Je nach Art der
Hilfen wird aber analog zu den jeweiligen Zielgruppen auf unterschiedliche Altersbilder verwiesen. Oberziele des Planes sind soziale Integration der alten Menschen,
Autonomieförderung und Aktivierung[249]. In den jeweiligen Interventionsbereichen
gibt es je noch einen Unterzielkatalog, aus dem die Maßnahmen abgeleitet werden.
Das externe Planungsinstitut legte die einzelnen Teile des Altenhilfeplanes den
Freien Trägern und anderen Akteuren zur Stellungnahme vor. Es ist ein jährlicher
Zwischenbericht vorgesehen, der Plan wurde als Loseblattsammlung herausgegeben, um ihn mit Änderungen aktualisieren zu können. Die Beschreibung des Bestands erfolgt sowohl qualitativ als auch quantitativ für die einzelnen Stadtteile
äußerst akribisch und detailliert. Die kleinräumige Stadtteilorientierung wird dann
auf die Spitze getrieben, wenn z.B. gefordert wird, keinem Bielefelder Senior sei
ein Fußweg von mehr als 1000 Metern zum nächsten Altenzentrum zuzumuten: die
Nicht-Implementation solcher Forderungen scheint vorprogrammiert. Die Umsetzung vor Ort soll von in den einzelnen Stadtteilen zu gründenden gemeinwesenbe-
zogenen Arbeitsgemeinschaften zusammen mit einer geplanten städtischen Koordi-
nationsstelle gesteuert werden. Insgesamt ist der Bielefelder Altenhilfeplan so ausführlich und umfangreich, daß er nicht mehr ohne weiteres handhabbar ist, was
seine Funktionsfähigkeit als politikvorbereitendes Programm schmälert.

Die Stadt *Leverkusen* veröffentlicht 1989 - ein Novum - einen *Altenpflegeplan*, der eine Gesamtplanung für den Bereich Pflege darstellt und mit Finanzplanung von Stadtrat beschlossen wurde[250]. Erarbeitet wurde der Plan extern von einem sozialwissenschaftlichen Forschungsinstitut[251], er bezieht sich nur auf die
Zielgruppe der hilfs- und pflegebedürftigen Hochbetagten. In die Planung wurden
die Freien Träger, die Mitarbeiter des Allgemeinen Sozialdiensts und vielfältige
andere Akteure miteinbezogen, wenn sie auch nicht direkt prozeßhaft gestaltet ist.
Koordinationsmaßnahmen zur Umsetzung der Planung wurden vorgesehen. Vom
Altersbild her vermeidet der Plan den Disengagement- und den Aktivitätsansatz
und stellt gar fest, daß "der Verlust der Orientierungsfähigkeit, der intellektuellen
Leistungskraft, die Minderung der Sinnesfunktionen etc. ... Vorgänge (sind), die für
das Alter typisch sind"[252]. Als Hauptdefizit der Leverkusener Altenhilfe werden die
fehlenden Pflegeplätze identifiziert, besonders für altersverwirrte Menschen. Die
Hoffnungen, die auf die Problemlösungskapazität der ambulanten Dienste gelegt
werden, sind nicht mehr hoch: Nur "manche Patienten könnten zu Hause unterge-
bracht werden, wenn die ambulanten Dienste besser ausgebaut wären"[253]. Die
Grenzen der häuslichen Pflege zeigten sich in der Abnahme der Pflegepersonen bei
Zunahme der Pflegebedürftigen[254]. Einer verbesserten Personalausstattung in den
Heimen erteilt der Plan aus finanziellen Gründen eine Absage. Zudem müßten die
Leistungsgrenzen des Pflegepersonals stärker als bisher berücksichtigt werden[255].
Insgesamt ist der Leverkusener Altenpflegeplan sehr pragmatisch orientiert und
könnte einen Paradigmenwechsel in der Altenplanung andeuten, der sich in den
Fachzeitschriften schon abgezeichnet hat: er beschränkt sich auf die Zielgruppe der
hinfälligen Alten.

---

[249] Stadt Bielefeld 1989:6.
[250] Stadt Leverkusen 1989.
[251] Forschungsgruppe Gesundheit und Soziales FOGS, Köln.
[252] Stadt Leverkusen 1989:57.
[253] Stadt Leverkusen 1989:59.
[254] Stadt Leverkusen 1989:99.
[255] Stadt Leverkusen 1989:107.

Die Analyse dieses größeren Teils der in den achtziger Jahren insgesamt veröffentlichten Altenpläne ergibt mehrere beachtenswerte Punkte. Es läßt sich feststellen, daß sich der Standard der Altenplanung insgesamt deutlich verbessert hat: es gibt eine Vielfalt an Gesamt- und Teilplänen und Fortschreibungen, die sich von Gliederung, Machart und inhaltlicher Aussage her deutlich von den innerhalb der Verwaltung erarbeiteten, oftmals untereinander austauschbaren Altenplänen der sechziger und siebziger Jahre abheben. In den achtziger Jahren macht sich die Planungsbegeisterung des vergangenen Jahrzehnts in der Weise bezahlt, als daß die in der Verwaltung installierten Sozialplaner trotz einer deutlich festzustellenden Rückwendung zur sozialen Fachplanung jetzt die Früchte ihrer Arbeit vorlegen können. Es überzeugen besonders diejenigen Pläne, die von diesen innerhalb der Verwaltung organisatorisch verorteten, wissenschaftlich vorgebildeten Planern erarbeitet wurden. Sie verbinden fachliche Kompetenz und Innovationsfähigkeit mit der Kenntnis der örtlichen Bedingungen, der jeweiligen Verwaltung und der weiteren beteiligten Akteure, was sich besonders positiv auf die Umsetzung auswirken dürfte. Zudem bietet sich hier die beste Möglichkeit, Planung und Umsetzung prozeßhaft zu gestalten und flexibel auf sich ändernde Anforderungen und Bedarfe in der Altenhilfe zu reagieren.

Eine weitere Möglichkeit, die Planung innerhalb der Verwaltung bei Vergabe von Teilaufgaben an externe wissenschaftliche Institute, bewährt sich dagegen nicht so gut wie ständige kommunale Planungskompetenz. Durch externe Planer, in der Regel Forschungsinstitute, erarbeitete Altenpläne bringen zwar den aktuellen Stand der wissenschaftlichen gerontologischen Diskussion in die Kommunen, doch mangelnde Kenntnis der örtlichen Gegebenheiten und der Verwaltung sowie oftmals sehr anspruchsvolle, wenn auch innovative Altenhilfekonzepte lassen deren Umsetzung fraglich erscheinen. Als Beispiel sei auf den Augsburger Altenplan von 1984, aber auch auf den allzu detailliert ausgeführten Altenplan von Bielefeld (1989) verwiesen. Zu umfangreiche, detaillierte oder unübersichtliche Pläne sind zudem in ihrer Funktion als Entscheidungsgrundlage für politische Instanzen beeinträchtigt. Gut bewähren sich hier Teilpläne nach Maßnahmenbereichen, wie sie z.B. in München vorgelegt werden.

Die Beteiligung der relevanten Altenhilfeakteure am Planungsprozeß, die als unabdingbar für eine gelingende Umsetzung angesehen werden kann, ist jedoch in den achtziger Jahren noch nicht selbstverständlich, wenn auch das Bemühen darum zugenommen hat. Auch verzichten immer noch viele Pläne auf eine Explikation der ihnen zugrundeliegenden Zielvorstellungen bezüglich der Altenhilfe und auf deren sinnvolle Verknüpfung mit den Maßnahmen, wenn auch bei den Maßnahmen Bemühungen um Innovation sichtbar werden. Hervorzuheben ist eine zunehmende sozialräumliche Orientierung der Planung an Stadtteilen - ein positives Beispiel ist hier Frankfurt a.M.- in denen einige Städte nach dem Vorbild Münchens Dienstleistungszentren oder Servicezentren zur Bündelung der Angebote der offenen und ambulanten Altenhilfe einrichten wollen. Ein wichtiger Punkt ist ebenfalls, daß die Koordination und Kooperation der Anbieter der Dienste auf Stadtteilebene verbessert werden soll.

Jedoch erscheint die Altenhilfe nicht mehr in dem Maße wie in den siebziger Jahren als ein Problem, das hauptsächlich mit guter Organisation gelöst werden kann: Qualitative Aspekte rücken wieder mehr in den Vordergrund. Eine eher technisch orientierte Richtwertplanung, wie sie z.B. im Nürnberger Altenplan von 1983 vorzufinden ist, verliert in den achtziger Jahren immer mehr an Boden.

Nicht mehr hinterfragter Grundsatz aller Bemühungen und somit Leitbild der Altenhilfe in den achtziger Jahren ist *ambulant vor stationär*, wobei die Hoffnungen, die in den siebziger Jahren auf die präventiven Wirkungen der offenen Altenhilfe (vorzufinden in den Altenplänen von Hamm und Hannover) - und damit auf das selbständige Individuum - gelegt wurden und sich nicht erfüllen konnten, jetzt auf ambulante Dienste - und damit auf die Hilfefähigkeit und -willigkeit der Familie und anderer 'sozialer Netze', ohne die ambulante Pflege nicht funktionieren kann - übertragen werden. Selbständigkeit, die Zielvorstellung aller Altenpläne, wird ausschließlich als Verbleib in der eigenen Wohnung definiert. Die Altenpläne lassen sich nur danach unterscheiden, ob sie neben der ambulanten Hilfe noch stationäre Alternativen gelten lassen oder diese völlig ausschließen bzw. regelrecht verteufeln (z.B. Augsburg 1984, Hannover 1988). Zwiespältig wirkt auf diesem Hintergrund der Blick in die Finanzplanung, wo vorhanden: die programmatisch völlig vernachlässigten Heime beanspruchen hier den mit Abstand größten Anteil der Ressourcen.

8.4   Zusammenfassung

Zu Ende des Jahrzehnts zeichnet sich ein grundlegender *Paradigmenwechsel* hin zu einer problemorientierten Sichtweise in der Diskussion um Altenhilfe und damit zur Zielgruppe der hilfsbedürftigen alten Menschen ab. Einige Gerontologen fragen sich, "ob dieses 'Zudecken' des alten, traditionellen, weniger positiven Alters durch die Promotion des 'neuen' Alters nicht beabsichtigt oder gar Methode ist"[256], in dem eine kleine, nicht repräsentative Gruppe stellvertretend für die Gesamtheit der Alten so stark beachtet wird, um dem Alter positive Eigenschaften zuzuschreiben. Dieck/Naegele werfen in diesem Zusammenhang der psychologischen Alternsforschung ideologische Absichten vor, da schon deren Fragestellungen die Ergebnisse implizieren: kein Alternspsychologe betreibe 'Inkompetenzforschung' oder 'Forschung bezogen auf nicht-erfolgreiches Altern'.

So muß danach gefragt werden, wem der Begriff der 'neuen Alten' nützt[257]. Wie der *wissenschaftliche Diskurs* gezeigt hat, ist ein unrealistisch positiv ausgerichtetes Bild vom Alter in den achtziger Jahren dazu verwendet worden, den Blick von manifesten Problemlagen alter Menschen abzulenken und deren Lösung unter Hinweis auf die 'Potentiale' der Alten wieder weg von öffentlichen Lösungsmechanismen deren Selbsthilfe und der vielbeschworenen Familie anzutragen, die jedoch durch ambulante Hilfen unterstützt werden soll.

Daß in den achtziger Jahren - im Gegensatz zu den vorhergegangenen Jahrzehnten - die Diskussion in den *Fachzeitschriften* dem wissenschaftlichen Diskurs vorauseilt, ist ein weiteres Zeichen für die Realitätsferne allzu schönfärberischer Betrachtung der Chancen des Alters. Die Fachzeitschriften bilden schon zu Anfang des Jahrzehnts ein Forum für eine wesentlich mehr an Problemen orientierte Sichtweise des Alters, wobei es zwischen den sozialpädagogischen und den Verwaltungszeitschriften ein bisher nicht gekanntes Maß an Übereinstimmung gibt: Pflege und Hilfsbedürftigkeit alter Menschen - vormals als Defizitbild vom Alter abqualifiziert - stehen hier wieder ganz im Mittelpunkt, die ausschließliche Propagierung der ambulanten Hilfen wird kritisiert und eine stärkere Beachtung des stationären Bereichs gefordert.

Ein Blick auf die *Planungen* in den achtziger Jahren zeigt, daß diese sich zwar nicht auf ein unrealistisch positives Altersbild, aber ohne Wenn und Aber auf das Altenhilfeleitbild 'ambulant vor stationär' eingelassen haben und Unterschiede nur darin auszumachen sind, ob der stationäre Bereich programmatisch mit einbezogen oder völlig abgelehnt wird - kostenintensiv für ihn geplant werden muß ohnedies. Durch Stadtteilorientierung der Planungen sollen vor Ort koordinierte Dien-

---

[256] Dieck/Naegele 1989, in: Tokarski/Karl (Hg.), 167.
[257] Radebold 1989, in: Tokarski/Karl (Hg.), 185.

ste in die Lage versetzt werden, die Familien bei der Altenbetreuung zu unterstützen, örtliche soziale Selbsthilfe anzuregen und Netzwerke zu fördern. Die begrenzte Reichweite dieses Programms, das ohne Familienintegration der alten
Menschen nur für Hilfsbedürftigkeit tauglich ist, aber keine hinreichende Lösung
bei schwerer Pflegebedürftigkeit bietet, wird in den Altenplänen der achtziger Jahre
(noch) nicht thematisiert.

Dennoch kann zusammenfassend festgestellt werden, daß sich zu Ende des
Jahrzehnts ein grundlegender *Paradigmenwechsel* bezüglich der Zielgruppe der
Altenhilfe abzeichnet, der die vielbeschworenen selbsthilfefähigen *Senioren* und
'neuen Alten', die in den siebziger Jahren mit offenen Hilfen bedient werden sollten, wieder ausschließt. Das könnte nach sich ziehen, daß die Altenhilfe im Sinne
des BSHG mit ihrem Anspruch, alle Alten einbeziehen zu können, im Vergleich zu
ihrer heutigen Expansion wieder eingeschränkt wird, die dem Sozialhilfesystem
fremden Leistungen aus ihr ausgegliedert werden und die Einzelfallhilfe und die
Zuständigkeit für besonders bedürftige Personengruppen wieder an Bedeutung gewinnen[258]. Die Einführung der Pflegeversicherung ist ein Schritt, der deutlich in die
Richtung weist, sich wieder wie in den fünfziger Jahren, auf die *hinfälligen Alten*
zu konzentrieren.

---

[258] Vgl. die Argumentation bei Behrend/Dieck/Kondratowitz/Schmidt 1988, in: BldW, 161-164.

9. Alter und Altenhilfe zu Anfang der neunziger Jahre

9.1 Der wissenschaftliche Diskurs: Vernetzung und Ganzheitlichkeit

Analog zum vergangenen Jahrzehnt ist ein auch in der ersten Hälfte der neunziger Jahre ein beträchtliches wissenschaftliches Interesse am Problem Alter festzustellen, das als unbewältigt und als "gesellschaftliche Herausforderung"[1] thematisiert wird. Im wissenschaftlichen Diskurs ist weiterhin eine große Themenbreite festzustellen, die sich nicht von der in den achtziger Jahren unterscheidet, so daß im folgenden nur einige markante Bereiche angesprochen werden. Es sind dies eine von allen Seiten geforderte, über die bisher angestrebte Koordination und Kooperation hinausgehende *Vernetzung* der Altenhilfedienste, die zu einer *ganzheitlichen* Hilfeerbringung führen soll.

Daneben gibt es weiterhin Forderungen nach Bildung für das Alter[2] und nach einer spezifischen Alterskultur, die sich gerade - und das ist neu - auf das hilfsbedürftige vierte Alter bezieht[3] bzw. 'Senioren-Kulturpolitik' für die aktiven Alten nach herkömmlichen Muster[4], wobei auch Altentagesstätten bzw. 'Senioren-Centren' weiterhin ebenso ein Thema sind[5] wie Schwierigkeiten älterer Arbeitnehmer und des Übergangs in den Ruhestand[6]. Krisenszenarien, die eine 'Altersexplosion' und den drohenden Krieg der Generationen sehen, sind jedoch eher selten[7]. Eher werden die gewandelten Interessen der älteren Generation thematisiert[8].

Die Diagnose eines "Pflegenotstands" in der Bundesrepublik[9] und die nachfolgend zu beschreibende Diskussion der Möglichkeiten, dafür unter der Maxime 'ambulant vor stationär' verbesserte Problemlösungen anzubieten, nimmt einen breiten Raum im wissenschaftlichen Diskurs ein.

9.1.1 Altersbilder:
Aktives Alter versus hinfälliges Alter

Auf der Ebene der Altersbilder ist wenig Veränderung festzustellen, Forderungen nach einem realistischen Altersbild verhallen weitgehend ungehört[10]. Die Fraktion der entwicklungspsychologisch orientierten Gerontologen ist vielleicht in der Gesamtdiskussion etwas zurückgedrängt worden, hat jedoch auf der Ebene der staatlichen Politikberatung erheblichen, über ihr sonstiges Gewicht hinausgehenden Ein-

---

[1] Braun 1992.
[2] Z.B. Mayer/Baltes u.a. 1992, in: Baltes/ Mittelstraß (Hg.), 748; Eierdanz 1992, in: Glaser/Röbke (Hg.), 167-197; Tews 1993a, in: Naegele/ders. (Hg.), 235-247.
[3] Z.B. Meyer 1993, in: Klose (Hg.) 1993a, 228-242.
[4] Z.B. Zeman 1992, in: Glaser/Röbke (Hg.), 30-41; Hummel 1992a, in: Glaser/Röbke (Hg.), 68-78; Glaser/Röbke (1992), in: dies. (Hg.), 11-28.
[5] Z.B. Kuß 1992, in: Glaser/Röbke (Hg.), 227-246.
[6] Z.B. Bäcker/Naegele 1992, in: Petzold/Petzold (Hg.), 66-85.
[7] Z.B. Mohl 1993; Gronemeyer 1989.
[8] Z.B.Mackroth/Ristau 1993, in: Klose (Hg.) 1993a, 280-307.
[9] Alber 1992a, in: Henke/Hesse u.a. (Hg.), 73-100.
[10] Braun 1992, 32.

fluß. Immer wieder werden die Kompetenzen des Alters betont, die Parallelen zum idealistischen Altersbild sind überdeutlich[11]. In einschlägigen Sammelbänden wird im Sinne des interventionsgerontologischen Ansatzes Sport für das höhere Lebensalter empfohlen[12] und 'Lehrreiches aus dem bewegten Leben westdeutscher Hundertjähriger' angeführt, deren 'bemerkenswerte Hobbies' wie "leichte Gartenarbeit, Schachspielen, Lesen erbauender Literatur aus früherer Zeit" und "lehrreiche Eßgewohnheiten" - alle Hochbetagten waren mäßige Esser und Genußmitteln abhold - ganz im Sinne der fünfziger Jahre als Vorbild für ein aktives, gesundes Alter dienen sollen[13].

Das *Kompetenz- und Aktivitätsmodell* vom Alter dominiert auf Bundesebene uneingeschränkt die politische Diskussion. Der Einfluß des positiven Altersbildes auf die Politik wird auch in den 'Expertisen zum ersten Altenbericht der Bundesregierung' deutlich, wo der weitaus größte Raum der offenen Altenhilfe und der Darlegung des Kompetenzmodells gewidmet ist[14]. Ein Förderkonzept des BMFT wendet sich gegen das negative Altersbild: "Die Alternsforschung hat - als Gegenbild dazu - den Begriff des erfolgreichen oder optimalen Alterns geprägt. Damit ist eine Forschungsperspektive gemeint, die auf den bisherigen Erkenntnissen der empirischen Alternsforschung hinsichtlich der Erhaltung und Förderung von Kompetenz im Alter, also geistiger Leistungsfähigkeit, Lernfähigkeit, Persönlichkeitsentwicklung und beruflicher Leistungsfähigkeit aufbaut. 'Optimales Altern' als forschungsinitiierender und -leitender Begriff setzt ein notwendiges Gegengewicht zu dem immer noch vorherrschenden, einseitig negativen Altersstereotyp"[15]. Dabei diagnostizieren neuere Umfrageergebnisse wie die von Noelle-Neumann und Rothenberg im Gegenteil schon ein "freundliches Alter" und stellen fest, "daß es in erstaunlichem Umfang gelungen ist, dem Alter in unserer Gesellschaft seinen Schrecken zu nehmen"[16].

Die einseitige Propagierung des aktiven Alters zieht aber immer mehr Kritik auf sich wie die von Neckel an dem "normativen Überhang", der vielen Untersuchungen zur Altenpolitik eigen und vermutlich durch die hohe Legitimität begründet ist, die die Aktivität von älteren Menschen in der Öffentlichkeit besitzt: "Den 'Advokaten des Alters', wie sie sich in der Wissenschaft, in altenpolitischen Vertretungsorganen oder auch in der Verwaltung versammeln, gelingt es zunehmend, ein Positivbild der 'Alterskompetenz' durchzusetzen, das das 'intakte Alter' gelten läßt, das 'hinfällige Alter' dagegen subtil diskriminiert"[17]. Lebenslange Aktivität werde zum Maßstab des gelungenen Lebens erklärt, eine dem protestantischen Arbeitsethos nachgebildete 'Ethik der Geschäftigkeit'[18] bringe den Ruhestand als 'Ruhigstellung' in Verruf.

Den neuen Alten, so besagen empirische Ergebnisse, sind jedoch nur 25% der 55-70jährigen Bundesbürger zuzurechnen, darunter überwiegend gut situierte alte Menschen aus gehobenen sozialen Milieus, oft Männer aus akademischen

---

[11] Lehr/Repgen (Hg.) 1994, Umschlagtext.
[12] Lang/Lang (1990), in: Schmitz-Scherzer/Kruse/Olbrich (Hg.), 139-146.
[13] Franke 1990, in: Schmitz-Scherzer/Kruse/Olbrich (Hg.), 127-137.
[14] DZA (Hg.) (1991): "Expertisen zum ersten Teilbericht der Sachverständigenkommission zur Erstellung des ersten Altenberichts der Bundesregierung", Berlin, darin besonders Kap. 2 "Institutionen der offenen Altenhilfe - aktueller Stand und Entwicklungstendenzen" (B. Bauer-Söllner), 57-234, und Kap. 3 "Erhaltung und Förderung von Kompetenz im höheren Lebensalter" (R. Rupprecht u.a.), 235-300.
[15] BMFT 1989, 13.
[16] Noelle-Neumannn/Rothenberger 1993, in: Klose (Hg.), 200.
[17] Neckel (1993), in: Leviathan, 4, 545.
[18] Ekerdt 1986, in: The Gerontologist, Vol. 26, 239-344, zit. nach. Neckel 1993, 546.

Berufen[19]. Naegele/Schmidt stellen in diesem Zusammenhang eine wachsende "Polarisierung" in negatives und positives Alter fest[20].

Durch offene Altenhilfe soll - ganz nach bekanntem Muster - aktiviert und Kompetenz gefördert werden: "Die Zielsetzung der Aktivierung entspricht einem Wandel im Selbst- und Fremdbild der älteren Generation. Das höhere Alter soll demnach nicht in erster Linie als eine von vielerlei Defiziten geprägte Phase gesehen werden. Das Augenmerk ist vielmehr auf die Kompetenzen zu richten, auf spezifische Fähigkeiten des alten Menschen, die dem jüngeren fehlen. Entsprechend soll nicht die Betreuung im Vordergrund stehen, sondern die Hilfe zur Selbsthilfe"[21]. Im Sinne einer Stärkung des Subsidiaritätsprinzips soll der Einzelne durch Angebote der offenen Altenhilfe 'befähigt' werden, sein Leben selbstverantwortlich zu führen. Daraus leitet sich fließend der Grundsatz ab, daß ambulante Versorgung Vorrang vor stationärer Versorgung hat. Bei ersterer blieben nicht nur die sozialen Bindungen erhalten, sondern sie sei auch kostengünstiger[22]. Aktivitäten jeder Art stehen im Vordergrund, wobei auch "sinnstiftende Betätigung" im sozialen Ehrenamt angeregt wird[23]. Zielgruppe der offenen Altenhilfe sind auch diejenigen alten Menschen, "die nicht im herkömmlichen Sinne hilfebedürftig sind"[24]. Offene Altenhilfe habe im Sinne einer "sozialen Verpflichtung, die nicht auf soziale Notlagen abzielt, sondern der Verwirklichung von generellen Bedürfnissen und Rechten dient", an alle Alten Angebote zu machen[25].

Ein Ausbau von Altenhilfemaßnahmen für *hinfällige Alte* oder die Einführung der Pflegeversicherung kann in diesem Kontext nur negativ bewertet werden, so Lehr und Thomae: "Eine neue Öffentlichkeitskampagne zugunsten der Einführung einer Pflegegeldversicherung, die mit (angeblich) objektiven Zahlen nicht nur über eine absolute, sondern auch eine relative Zunahme pflegebedürftiger Menschen arbeitet, kann bei großen Teilen der Bevölkerung wieder Alterssterotypen fördern, die Hinfälligkeit und Hilfsbedürftigkeit wecken. Die Erwartung aber, mit solchen Bildern Anteilnahme hervorrufen zu können, beruht auf falschen Voraussetzungen. Negative Bilder rufen eher negative Reaktionen hervor. Vor allem aber sollten noch so wohlmeinende Experten, die meinen, auf das Alter durch realistische bzw. drastische Bilder von Altersleiden vorbereiten zu können, die unheilvollen Auswirkungen solcher 'Informationsvorträge' auf die Erwartungshaltung von Männern und Frauen im mittleren Erwachsenenalter berücksichtigen"[26].

Noelle-Neumann und Rothenberg kommen im selben Sinn zu dem Schluß, daß in der gegenwärtigen Phase die Verantwortung von Politik und Wirtschaft "für das richtige Stellen der Wegweiser" groß ist. Genauer: "Jegliche Sicherung alter Menschen, auch wenn sie in bester Absicht erfolgt, ist schädlich, wenn sie die Aktivierung beeinträchtigt"[27]. Die Allianz zwischen positivem Altersbild und staatlichem sozialpolitischen Rückzug im Namen der Subsidiarität wird hier überdeutlich.

Tews entgegnet dem, daß eine drastische, negative Darstellung der Situation oft sogar nötig ist, um sozialpolitische Maßnahmen für Alte überhaupt durchzusetzen

---

[19] "Die Älteren. Zur Lebenssituation der 55-70jährigen"(1991), Eine Studie der Institute Infratest Sozialforschung, Sinus und Horst Becker, Bonn, 86.
[20] Naegele/Schmidt 1993, in: Kühnert/Naegele (Hg.), 9.
[21] Bauer-Söllner 1991, in: DZA (Hg.): "Expertisen zum ersten Teilbericht der Sachverständigenkommission zur Erstellung des ersten Altenberichts der Bundesregierung", Berlin, 61.
[22] Ebd., 62.
[23] Ebd., 117ff.
[24] Ebd., 59.
[25] Schuleri-Hartje 1992, 14.
[26] Lehr/Thomae 1991, 286.
[27] Noelle-Neumann/Rothenberger 1993:219.

und verweist damit auf eine notwendige 'Ethik' in der Altenhilfe[28]. Dieck und Naegele kritisieren die einseitige politische Instrumentalisierung des neuen und positiven Alters und fragen, "ob die gerontologische Forschung selbst zukünftig weiter mithilft, klassische Altersprobleme zuzudecken"[29].

Im selben Sinne argumentiert ein als solcher bezeichneter 'kleinerer Teil' der Enquete-Kommission 'Demographischer Wandel', während die Mehrheitsmeinung strikt der Durchsetzung eines positiven Altersbildes verpflichtet ist. Altenhilfe könne nicht umhin, so die Minderheitsmeinung, sich an Problemsituationen des Alters zu orientieren. Ziel der Altenhilfe solle nicht ein positives Altersbild sein, sondern die Verbesserung der Lebenslagen von Problemgruppen und sozial Schwachen[30]. Aktives Älterwerden sei zudem an Voraussetzungen von Bildung und sozio-ökonomischem Status gebunden.

Tews erwartet durch die relative Zunahme des Altenanteils an der Gesellschaft eine Aufwertung des Alters, die aber weiter zur Polarisierung des Altersbildes in positive, gesundes 'junges' und negative, krankes 'altes' Alter beitragen könnte und gibt zu bedenken, daß andere gesellschaftliche Gruppen die Kosten für diese Aufwertung des jungen Alters zu tragen haben, woraus seine Forderung nach stärkerem gesellschaftlichen Engagement der Alten nicht nur für ihre Eigeninteressen, sondern gerade für die jüngere Generation resultiert[31]. Das Problem der Verteilung von Chancen und Belastungen zwischen den Generationen dürfe nicht außer acht gelassen werden, wobei es nicht nur um materielle Güter, sondern auch um die Verteilung von Macht und Einfluß geht[32].

Nach Gronemeyer droht gar eine 'Entfernung' der Alten 'vom Wolfsrudel', ein Krieg der Jungen gegen die 'gierigen Grufties'[33]. Es beginnen sich andere als die beabsichtigten positiven Auswirkungen eines positiven Altersbildes zu zeigen: es senkt die Akzeptanz von sozialpolitischen Maßnahmen für Alte[34].

Nicht profitieren von der Debatte um das aktive Alter können die 15% der 55-70jährigen, die der Gruppe der 'resignierten Älteren' zugeordnet werden: "Angesichts der Lebenssituation der meisten Vertreter dieses Typs fällt es schwer, von 'Lebensstil' zu sprechen. Der Alltag dieses Teils der älteren Generation, immerhin 15%, ist zumeist von sozialen und materiellen Benachteiligungen geprägt"[35].

9.1.2 Problemsichten und Anforderungen an Altenhilfe: Vernetzung, Gemeinwesenorientierung und ganzheitliche Altenarbeit

Im Bereich der Altersbilder ist, wie gezeigt, wenig Bewegung zwischen den inzwischen weitgehend verhärteten Fronten festzustellen, und auch Problemsicht und angedachte Problemlösung sind in bekannten Argumentationen verhaftet, wenn auch in teilweise modifizierter Terminologie.

---

[28] Tews 1991.
[29] Dieck/Naegele 1993, in: Naegele/Tews (Hg.), 59.
[30] Deutscher Bundestag, 12. Wahlperiode (1994): "Zwischenbericht der Enquete-Kommission Demographischer Wandel - Herausforderungen unser älter werdenden Gesellschaft an den einzelnen und die Politik", Drucksache 12/7876, 202.
[31] Tews 1991:138.
[32] Deutscher Bundestag, 12. Wahlperiode (1994): "Zwischenbericht der Enquete-Kommission Demographischer Wandel - Herausforderungen unser älter werdenden Gesellschaft an den einzelnen und die Politik", Drucksache 12/7876, 214.
[33] Gronemeyer 1989.
[34] Braun 1992:32ff.
[35] "Die Älteren. Zur Lebenssituation der 55- bis 70jährigen", Eine Studie der Institute Infratest Sozialforschung, Sinus und Horst Becker, Bonn, 89.

Nachdem im vergangenen Jahrzehnt große Hoffnungen auf die Kapazitäten der *Familie* zur Altenbetreuung gelegt wurden, werden nun hier mehr Einschränkungen diskutiert. Die meisten Autoren gehen davon aus, daß, obwohl die Familie aktuell noch den weitaus größten Teil der Altenpflege leistet, dieser in absehbarer Zeit deutlich zurückgehen wird. Als Gründe werden zurückgehendes familiäres Verpflichtungsgefühl von selbstverständlicher Hilfeleistung hin zu einer Verhandlungsfamilie 'à la carte'[36] und die gestiegenen Ansprüche und Chancen vormals familienzentrierter Frauen auf gesellschaftliche, besonders berufliche Teilhabe angeführt: "Wo persönliche und berufliche Selbstverwirklichung in den Vordergrund tritt und die 'Ich-Generation' (Me-Generation) in das Alter kommt, die Alten von morgen zu pflegen, kann man nicht mehr voraussetzen, daß die Familie als Gruppe eine Gesamtsolidarität entwickelt"[37]. Nicht die potentiell Pflegefähigen nehmen ab, so Asam, sondern deren Pflegebereitschaft: "Man kann nicht den Emanzipationsbestrebungen von Frauen das Wort reden und gleichzeitig erwarten, daß sie weiterhin 'am Herd stehen und sich zusätzlich auch am Pflegebett mit Liebe abmühen'"[38].

Selbst auf dem *Land*, das lange Zeit als Ort großfamiliärer Harmonie gefeiert wurde, 'funktioniert' die traditionelle Familie nicht mehr in gewohntem Maße. Während früher wechselseitige Abhängigkeiten der Generationen auf dem Land voneinander die Regel waren und niemand auf die Idee kam, im Sinne des Individualitätsprinzips 'sein eigenes Leben' führen zu wollen, hat der Wandel in den Lebensorientierungen bei der jungen Generation nun auch ländliche Gebiete erreicht und die traditionelle Altenversorgung dort grundlegend in Frage gestellt[39]. Zwar wird auf dem Land noch mehr als im Durchschnitt innerfamiliäre Altenbetreuung geleistet, was mit einer geringen Unterbringungsquote in stationären Einrichtungen korrespondiert, aber unter großen Konflikten und mit rückläufiger Tendenz. Überraschend ist die Bedeutungslosigkeit informeller Nachbarschaftshilfe und ehrenamtlicher Hilfe in Landgemeinden[40].

Aus alldem resultiert, daß das in der Familie gelegene soziale Hilfepotential für die Älteren sowohl quantitativ als auch qualitativ abnehmen wird[41]. Zwar wird unter teilweise drastischen Schalgworten wie 'Entsorgung durch Versorgung' der Alten kritisiert, daß Altenhilfe, Altenarbeit und Altenpolitik "durch die Art und Struktur der von ihnen hervorgebrachten Angebote und der sie stützenden Ideologien den Prozeß der Entsolidarisierung der Generationen gestützt und verschleiert" haben[42]. Altenpflege wird aber, so stellen Hörl und Rosenmayr fest, inzwischen als ein untragbares Absicherungsrisiko empfunden: "Es mag diskutabel sein, ob es eine wünschenswerte Entwicklung ist, daß nun die bisher eindeutig innerfamiliär geprägte Hilfe sozusagen unter die Fittiche des Wohlfahrtsstaates genommen wird, aber um *eine* Einsicht kommen wir nicht herum: die frühere Selbstverständlichkeit, mit der solche Probleme gelöst wurden, ist nicht mehr gegeben"[43].

Noch ist der Anteil derjenigen Alten, die Hilfe von familiären Pflegepersonen erhalten, jedoch sehr hoch, so eine Studie über Pflegebedürftige in Privathaushalten: "77% aller Personen mit Pflegebedarf sowie 57% aller Personen mit Hilfebedarf verfügen über eine Hauptpflegeperson[44]. Bei den familiären Pflegepersonen

---

[36] Rosenmayer 1990:168.
[37] Rosenmayer 1990: 178.
[38] Asam 1992, in: ders. (Hg.), 137.
[39] Langen (1992), in: dies./ Schlichting (Hg.), 57-78.
[40] Tews 1992, in: Langen/ Schlichting (Hg.), 49.
[41] Rosenmayer 1990:188.
[42] Trilling 1992, in: Langen/Schlichting (Hg., 181.
[43] Hörl/Rosenmayer 1994, in: Reimann/Reimann (Hg.), 93.
[44] Schneekloth/Potthoff 1993:13.

handelt es sich zu einem großen Teil um Ehepartner, meist Ehefrauen, und nicht um Töchter oder Schwiegertöchter, die bei der Diskussion um die Leistungsfähigkeit der 'Familie' aber implizit gemeint sind. Pflege ist, auch wenn oft eine geschlechtsneutrale Ausdrucksweise gewählt wird, eindeutig ein Frauenproblem.

Welche Anforderungen ergeben sich aus der einhelligen Diagnose der begrenzten und künftig weiter schwindenden Leistungsfähigkeit der Familie nun an Altenhilfe? Die Schlagworte der neunziger Jahre, die Forderung nach *Ganzheitlichkeit* der sozialen Dienstleistung, nach *Gemeinwesenorientierung* und nach *Vernetzung* der Dienste verweisen auf ein Bemühen, die positiven Aspekte der normativ hoch bewerteten familiären Altenpflege und einer funktionierenden Nachbarschaft programmatisch auf die sozialstaatlichen Dienstleistungen zu übertragen.

Ganzheitliche Pflege, so heißt es in einer Studie des Bundesministeriums für Familie und Senioren, "die unter Einbeziehung der Angehörigen die Aktivierung und Mobilisierung des Patienten sowie neben den medizinisch-pflegerischen aus die psychosozialen Aspekte berücksichtigt, ist aber nur mit einem differenzierten Pflege- und Betreuungskonzept zu verwirklichen"[45]. Eine ganzheitliche Betrachtungsweise im Sinne eines pflegerischen und sozialarbeiterischen Standards, bei der die Interventionen nicht mehr nur auf einzelne, künstlich separierte Bedürfnisse zielen, tritt, so Amman, auch in der internationalen Entwicklung immer stärker hervor[46]. Ganzheitlich erbrachte soziale Dienstleistungen sollen so zu einer Humanisierung in der Altenbetreuung führen. Sie zeichnen sich dadurch aus, daß sie den alten Menschen nicht als 'Fall', sondern als Individuum sehen und behandeln. Möglichst nur ein professioneller Helfer, der zum Betreuten eine intensive soziale Bindung eingehen soll, 'ersetzt' die familiäre Betreuungsperson, für Hörl ein Zeichen für eine 'Psychologisierung' der Situation Hilfebedürftiger bei prinzipieller Aufrechterhaltung bürokratischer Versorgungsstrukturen[47].

Durch das Messen sozialer Dienstleistungen an der Forderung nach Ganzheitlichkeit kann implizit wieder die familiäre Hilfeleistung als Ideal propagiert werden, so z.B. am Praxisbeispiel des 'Essens auf Rädern': "Sozialdienstmitarbeiter, Hausärzte, gestreßte Schwiegertöchter können durch die Vermittlung einer warmen Mahlzeit frei Haus - wenn sie denn warm ist und wenn sie jeden Tag gebracht wird - zumindest vorübergehend Schuldgefühle eindämmen. ... Warum gehört zur Betreuung Pflegebedürftiger nicht auch das Bereiten der Mahlzeit und zur Steigerung von Appetit und Menschenwürde das Miteinanderessen von Betreuungsperson und Betreutem?"[48].

Nach der Lieferung von 'Sinn' durch offene Altenhilfe soll nach solchen Argumentationen offensichtlich auch 'familiäre Integration' - als wünschenswerteste Form des Lebens nicht unbedingt im Alter, aber bei eintretender Pflegebedürftigkeit - durch Altenhilfe 'simuliert' werden. Hörl weist darauf hin, daß in der Beziehung zwischen Betreuten und ambulanten Helferinnen, die als eine Art 'Pseudo-Töchter' gesehen werden, eine selbstverständliche Alltagssituation' gespielt wird, "in der Absicht des neuen 'Altenhilfeparadigmas', daß Institutionalisierung vermieden und die Normalität des Alltags als präventives und therapeutisches Mittel eingesetzt wird"[49].

Eine ähnliche Funktion erfüllt die allenthalben geforderte - und in Altenplänen inzwischen zum Standard gewordene - *Gemeinwesen- und Stadtteilorientierung*[50],

[45] Brandt u.a. 1992, 192f.
[46] Amman 1994, in: Reimann/Reimann (Hg.), 327.
[47] Hörl 1992, 19.
[48] Trilling 1992, in: Langen/Schlichting (Hg.), 183.
[49] Hörl 1992:38.
[50] Z.B. Hummel 1993, in: Klose (Hg.) 1993a, 213-227.

die schon begrifflich an 'funktionierende Nachbarschaften' und 'Heimat' gemahnt. Diese sozialräumliche Orientierung soll durch eine umfassende *Vernetzung* der sozialen Dienste im Stadtteil, ein Verbundsystem der Altenhilfe erreicht werden, durch das auch pflegebedürftige Alte 'selbständig' bleiben und in ihrer 'vertrauten Umgebung' umfassend betreut werden sollen. Es soll eine Versorgungsstruktur geschaffen werden, "die dem alten Menschen trotz Funktionseinbußen und Krankheit eine möglichst optimale soziale Integration ermöglicht"[51]. Der Weg und das Ziel der Altenhilfe, das der Begriff Verbundsystem intendiert, sind inzwischen unumstrittener Standard der Altenhilfebemühungen[52].

Nach den schon seit der Mitte der siebziger Jahre bekannten Forderungen nach Kooperation und Koordination unter den Anbietern von Altenhilfe wird der Mangel an verbindlicher Zusammenarbeit zu Beginn der neunziger Jahre als Hauptproblem des gegenwärtigen kommunalen Altenhilfesystems identifiziert, durch das sich die kommunale Altenarbeit selbst ihrer eigenen Ressourcen beraubt[53]. Nicht mehr nur die freien Träger sollen besser zusammenarbeiten und ihre Angebote aufeinander abstimmen, sondern der gesamte Altenhilfesektor soll vernetzt werden[54]. Diese Forderung nach Vernetzung bezieht dabei alle Anbieter von Altenhilfe, besonders auch die privatgewerblichen Träger, mit ein[55]. Vernetzung soll nicht nur zwischen verschiedenen stationären und teilstationären Altenhilfeformen stattfinden, sondern auch zwischen Altenhilfe- und Kultur-, Freizeit- und Bildungsbereich[56]. "Freiheit statt Fürsorge" ist die Leitmaxime auf dem Weg zum Altenhilfenetzwerk[57].

Durch die Einführung von mehr Marktmechanismen in den 'Dienstleistungssektor' Altenhilfe, wie transparente Kosten und die Selbstbeteiligung der 'Nutzer' als Steuerungsinstrument, soll diese bedarfsgerechtere Versorgung der alten Menschen erreicht werden. Allerdings besteht nicht die Absicht, die Altenhilfe künftig nur dem 'Markt' zu überlassen: "Der marktwirtschaftliche Regelmechanismus: der Preis reguliert Angebot und Nachfrage läßt sich auf die Altenhilfe auch künftig nur eingeschränkt übertragen, da u.a.
- betroffene ältere Menschen in vielen Bereichen Notwendigkeit, Umfang und Qualität von pflegerischen Leistungen nicht einschätzen können, und
- im aktuellen Bedarfsfall die Nachfrage nicht aufgehoben, um eventuell später einen günstigeren Preis zu bezahlen, werden kann"[58].

Im Gegenteil werden an die Steuerungsleistung der Kommunen hohe Anforderungen gestellt. Eine Steuerung nur über Zielvorstellungen und Absichtserklärungen in Altenplänen wird als nicht ausreichend angesehen, sondern über die öffentliche Finanzierung soll die Kommune nicht mehr nur einzelne Maßnahmen, sondern nur noch "auf regionale Gegebenheiten zugeschnittene Gesamtkonzepte von Altenhilfe" fördern[59]. Als Ergebnis verspricht man sich bessere Ressourcenausnutzung und wirksamere, der Situation gerechtere Interventionen: Vernetzung führt in diesem Sinne zu einer ganzheitlichen Altenhilfe[60], wenn auch die Hoffnungen hier, so kritische Stimmen, nicht zu hoch angesetzt werden sollten[61].

51 Mayer/Baltes u.a. 1992), in: Baltes/Mittelstraß (Hg.), 737f.
52 Brandt u.a. 1992: 2; vgl. auch Wendt (Hg.) 1993; Garms-Homolová/ Schaeffer 1992.
53 Pohlmann 1992, in: Braun/ Bruder/Dierl u.a. (Hg.), 136.
54 Z.B. Hedtke-Becker 1991, in: Deutscher Verein (Hg.), 49-55.
55 Helmut Braun 1992, in: Braun/Bruder/Dierl u.a. (Hg.), 19f.
56 Veelken 1992, in: Braun/Bruder/Dierl u.a. (Hg.), 74-82.
57 Hummel 1991.
58 Braun 1992, in: Braun/Bruder/Dierl u.a. (Hg.), 19.
59 Ebd., 20.
60 Hummel 1992, in: Braun/Bruder/Dierl u.a. (Hg.), 66.
61 Trilling 1992, in: Langen/ Schlichting (Hg.), 192f.

Allerdings zeigen sich die Klienten der Altenhilfe bisher nicht als selbstbewußte Nachfrager von Dienstleistungen: "Die Inanspruchnahme professioneller Hilfen hat wenig mit der Vorstellung zu tun, daß ein selbstbewußter Nachfrager auf den Markt der Unterstützung tritt und sich die nötigen Dienstleistungen einkauft"[62]. Vielmehr kommt der Kontakt zu den ambulanten Diensten zumeist durch überforderte Angehörige oder einfach zufällig über Bekannte zustande. Karl moniert die Erwartungshaltungen und den mangelnden Willen zur planvollen Altersgestaltung bei der künftigten Altenhilfeklientel: "Ältere ignorieren einerseits Angebote (Vorbereitung auf den Ruhestand, präventives Gesundheitstraining, rehabilitative Maßnahmen), andererseits erwarten sie Absicherung im Versorgungsfalle. Sicherheiten werden erwartet und eigene Lebensweisen nicht reflektiert"[63].

Durch die angestrebte Vernetzung werde, so Hummel, sich auch die kommunale *Altenplanung* in Richtung einer Verteilung von Planungsbereichen an subsidiäre Partner verändern[64]. Der Prozeßcharakter der Planung und die Beteiligung aller betroffenen Akteure[65] wird dadurch noch wichtiger. Für die Altenplanung wird eine Auseinandersetzung mit der bestehenden Struktur des Altenhilfesystems gefordert: nicht der Status Quo soll weiter fortgeschrieben werden, sondern die Grundfunktion kommunaler Altenplanung in den neunziger Jahren ist es gerade, so Asam, neue Versorgungssysteme zu schaffen[66]. Diese Forderung wurde bis dato noch nicht annähernd erfüllt. Zwar habe ein Umdenkensprozeß in Politik und Verwaltung in Bezug auf das soziale Problem Alter eingesetzt, deren sichtbares Zeichen eine Flut neuer Altenpläne ist. Aber, so fragt Pohlmann, "ist das auch ein Zeichen für einen innovativen Fortschritt in der Altenarbeit? Läuft man nicht nur einem gegenwärtigen populären Trend nach? Werden damit wirklich bestehende Strukturen hinterfragt und mit Hilfe der Planungen bedarfsgerecht verändert? Oder kreisen - wie in anderen Politikfeldern geschehen - 'Berge, die eine Maus gebären'?"[67].

Die 'Alibifunktion' von Sozialplanung für die Politik wird kritisiert, bei der die Planung die praktischen Taten in der Altenhilfe - zur Demonstration von Aktivität zur Problemlösung - ersetzt. Eine wirkliche Innovation in der Altenhilfe wird auch oft, so Klie u.a., dadurch vertan, indem durch die Beteiligung der Lokalpolitik an der Zielsetzung der Altenplanung vorwiegend an traditionellen gesellschafts- und familienpolitischen Positionen festgehalten und die Veränderung gesellschaftlicher Rahmenbedingungen teilweise negiert wird[68].

Zusammenfassend ist für die erste Hälfte der neunziger Jahre eine weitere Polarisierung der Altersbilder in positives, kompetentes und aktives und hinfälliges, negatives Alter festzustellen. Die Diskussion in der Alterssozialpolitik hat sich in zwei regelrechte 'Lager' aufgespalten: will die eine Richtung sozialpolitische Maßnahmen für hilfsbedürftige Alte wie die Pflegeversicherung durchsetzen, ist das für die andere nur ein Beitrag zu einem negativen gesellschaftlichen Altersbild, das es zu bekämpfen gilt. Auf bundespolitischer Ebene haben die Vertreter des Aktivitäts- und Kompetenzmodells erheblichen Einfluß, da dieser Ansatz bestens den Ruf nach - finanzpolitisch begrüßenswerter - Subsidiarität und Hilfe zur Selbsthilfe in der Alterssozialpolitik unterstützt, was ihnen die Kritik einträgt, ideologiebehaftet zu arbeiten[69].

---

62 Kronseder/Rasehorn 1992, in: Braun/Bruder/Dierl u.a. (Hg.), 153.
63 Karl 1993, in: Naegele/Tews (Hg.), 265f.
64 Ebd., 71.
65 Naegele/Schmidt 1993, in: Kühnert/Naegele (Hg.), Hannover, 1-26.
66 Asam 1992, in: ders. (Hg.), Freiburg, 132-150.
67 Pohlmann 1992, in: Braun/Bruder/Dierl u.a. (Hg.), 134.
68 Klie/Spiegelberg/Lörcher 1992), in: Braun/Bruder/Dierl u.a. (Hg.), 170.
69 Dieck/Naegele 1993:60.

Der wissenschaftliche Diskurs zu Altenhilfe bleibt in der ersten Hälfte der neunziger Jahre weitgehend darauf fixiert, durch eine ganzheitliche Hilfeerbringung die sozialen Dienstleistungen 'menschlicher' zu gestalten - und damit implizit dem Zielbild der familiären Betreuung anzunähern. Die Forderung nach einer Vernetzung der Dienste auf Gemeinwesenebene geht damit über die nach Kooperation und Koordination, die seit den siebziger Jahren bekannt ist, hinaus: nicht nur Effizienzsteigerung, sondern gerade der humanitäre Aspekt steht im Mittelpunkt. Diese angestrebte Ganzheitlichkeit - die nur durch die Bearbeitung auch 'weicher' Aufgaben erreicht werden kann - führt aber tendenziell zur Selbstüberforderung der Verwaltung und sprengt die Grenzen der sozialstaatlichen Wirkungsmöglichkeiten. Auch Braun wendet sich gegen die Auffassung, "der Sozialstaat sei in der Lage, über die Gewährung von Einkommensleistungen, das Vorhalten von Infrastruktur und die Ermöglichung von sozialen Dienstleistungen hinaus auch die Bedürfnisse des Menschen nach Zugehörigkeit, Geborgenheit und nach Antwort auf die Frage nach dem Sinn des Lebens zu befriedigen"[70].

9.2   Alter und Altenhilfe in Fachzeitschriften 1990 bis 1994

Die in den achtziger Jahren vorzufindende Übereinstimmung in der Thematisierung von Alter zwischen den Sozial- und den Verwaltungszeitschriften ist in der ersten Hälfte der neunziger Jahre nicht mehr in dem Maße festzustellen. Das Pflegeproblem ist inzwischen als dominierend anerkannt, die Allianz zwischen Sozial- und Verwaltungsdiskurs löst sich partiell wieder auf. Während die Sozialzeitschriften eine enge, aber pragmatische Anbindung an den wissenschaftlichen Diskurs zeigen und sozialpolitische Interventionen für die benachteiligten, hilfsbedürftigen Alten präferieren, kehrt der Verwaltungsdiskurs - nachdem mit dem Pflegeversicherungsgesetz das Problem Pflege als weitgehend 'gelöst' angesehen wird[71] - zu dem auf der Ebene der Bundespolitik ohnehin dominierenden positiven Altersbild zurück.

9.2.1   Die sozialpädagogischen und sozialpolitischen Zeitschriften

Pflege - und damit auch die Einführung der geplanten Pflegeversicherung[72] -, *Rehabilitation* und *Vernetzung* sind die beherrschenden Themen in den sozialpädagogischen Zeitschriften in den neunziger Jahren. Anschließend an die achtziger Jahre, in denen den ambulanten Hilfen - und damit implizit unterstützter Familienpflege - unbedingter Vorrang gegeben wurde, wird nun oftmals gesehen, daß Familienpflege einerseits besonders in Zukunft im erforderlichen Maß nicht mehr verfügbar sein wird, andererseits werden aber auch deren freiheitseinschränkende Wirkungen sowohl für die Gepflegten als auch für die Pflegepersonen thematisiert. "Die Idealisierung der Pflege alter Menschen verhält sich umgekehrt proportional zum Maß ihrer sozialstaatlichen Unterstützung"[73] - auch die neue soziale Pflegeversicherung baut auf ein Funktionieren von Familienpflege bei finanzieller

---

[70]Braun 1992:96.
[71] In der quantitativen Zeitschriftenanalyse dominiert das Thema Pflege zwischen 1990 und 1993 in den Verwaltungszeitschriften, vgl. Kap. 2.3 dieser Arbeit.
[72] Für viele Beiträge z.B. Bäcker 1991, in: SS, Heft 3, 69-80; Schewe 1994, in: SF, Heft 4, 1; Ruf 1990, in: AuS, 368-371; Witthenius 1994, in: ThuP, 202-206; Wienand 1994, in: NDV, 121-124; "Stellungnahme des Deutschen Vereins: Erste Schritte zur Umsetzung des Pflegeversicherungsgesetzes - SGB XI"(1994), in: NDV, 402-405; Kramer 1994, in: NDV, 413-418.
[73] Kopp 1994, in: ThuP, 33-35.

Unterstützung und Beratung der Angehörigen. Sie soll die familiäre, nachbarschaftliche oder sonstige ehrenamtliche Pflege und Betreuung nur ergänzen; wenn diese nicht gegeben ist, wird vielfach eine Finanzierung professioneller Hilfe über den Leistungsrahmen der Pflegeversicherung hinaus notwendig sein[74]. Qualitätsverbesserungen in der ambulanten Pflege sind bei einer 85%igen Inanspruchnahme der Geldleistung durch die Familien ohnehin nicht zu erwarten[75].

Die häusliche Pflege ist für die Familienangehörigen, so Olk, aber immer schwieriger zu realisieren, so daß die Aufrechterhaltung der häuslichen Versorgung immer stärker von "Versorgungsketten" abhängt[76] - auch hier wird *Vernetzung* in der Altenhilfe als Weg zur Lösung der konstatierten Probleme vorgeschlagen[77]. Dahinter steht die Absicht, eine ambulante Betreuung auch Pflegebedürftiger durch gute Abstimmung der Dienste auch ohne familiäre Pflegepersonen möglich werden zu lassen. Denn Familienpflege, so wird sogar aus den Reihen des Caritasverbandes festgestellt, reicht in vielen Fällen nicht aus: "Gerade bei der Aufgabe, familiäre Pflegebereitschaft und Pflegefähigkeit durch die Pflegeversicherung zu stärken, darf die psychosoziale Situation nicht ausgeklammert werden. Durch den Besuch eines Pflegekurses, auch bisher schon von freien Trägern in großer Zahl durchgeführt, ist sie allein nicht zu bewältigen. Vor allem aber angesichts der Tatsache, daß nahezu jede vierte pflegebedürftige Person alleine lebt und keinerlei Hilfen von Angehörigen und Nachbarn erhält, so das Ergebnis der vom BMFuS in Auftrag gegebenen Studie über Pflegebedürftigkeit in Privathaushalten, wird offenkundig, daß eine generelle Leistungszumessung nach den in § 14[78] genannten Verrichtungen mit dem tatsächlichen Unterstützungsbedarf nicht gleichgesetzt werden kann"[79]. Die Diskussion über Finanzierung von Leistungen bei Pflegebedürftigkeit, so kritisiert Dieck, verfolgt nicht das Ziel, Dienste adäquat zu gestalten, sondern nur Finanzierungslasten zu verschieben[80].

Hummel fordert in diesem Zusammenhang für beide Seiten, Pflegende und Gepflegte, Wahlfreiheit, die den gesellschaftlichen Entwicklungen zunehmender Autonomie von der Familie und Individualisierung Rechnung trägt, was er unter dem Motto "Freiheit statt Fürsorge" subsumiert[81]. Wer pflegt, soll die Chance erhalten, sich zur Pflege zu entscheiden - Altenpflege soll sich "von weiblicher Selbstaufopferung zur bürgerschaftlich getragenen Herausforderung" entwickeln[82].

Von einem abgestimmten *Versorgungssystem* - wie es übrigens schon in den siebziger Jahren gefordert wurde - ist die Altenhilfe noch immer weit entfernt: "Ein System bedarfsorientierter, abgestufter, jederzeit zu sozial verträglichen Bedingungen verfügbarer Hilfen für alte Menschen in wechselnden Lebenssituationen gibt es bei uns nicht" - den jeweiligen Hilfesuchenden bleibt es selbst überlassen, sich die notwendigen Teile eines Hilfepakets selbst zusammenzustellen, sofern sie dazu überhaupt in der Lage sind[83]. Nur vereinzelt werden die Grenzen von Vernetzung und Zusammenarbeit in der Altenhilfe angesprochen und gefragt, ob ein ganzheitliches Versorgungssystem nicht auch zu freiheitseinschränkenden und Eigeninitiative lähmenden Effekten führt: "Darf jemand noch 'in Ruhe verwahrlosen', oder steht zu befürchten, daß ein Netz von Hilfen über ihn geworfen wird,

---

[74] Hesse-Schiller 1994, in: NDV, 451.
[75] Witthenius 1994), in: ThuP, 204.
[76] Olk 1990", in: BldW, 174-176.
[77] Z.B. Hummel 1990, in: AWP, 19-51.
[78] Des Pflegeversicherungsgesetzes, Anm. d. Verf.
[79] Wetzel 1994, in: NDV, 447.
[80] Schmidt 1994, in: NDV, 103.
[81] Hummel 1990, in: BldW, 172.
[82] Steiner-Hummel 1994), in: BldW, 231.
[83] Ziller 1991, in: NDV, 160.

auch wenn er gar nicht zum Hilfeempfänger werden will? Lähmt Vernetzung unter Umständen nicht Eigenaktivität und Selbstverantwortung, vor allen Dingen da, wo Hilfeanbieter nicht ausgelastet sind und sich die Klientel erschließen müssen?"[84]

Eine weitere Spielart ist die Vorstellung einer Altenhilfe, die sich auf das Gemeinwesen bezieht, professionelle Institutionen eher ablehnt und auf ehrenamtliche Betreuerinnen setzt: "Die Abgabe von Menschen an professionelle Institutionen zur Versorgung bedeutet objektiv einen Verlust an Bewußtsein eigener und fremder Schwächen und Leiden. Sie zu verdrängen bedeutet Verlust an Leben und Lebensqualität"[85]. Das Gemeinwesen soll wieder "in seine ursprüngliche Funktion zurückgebracht" werden - der Verweis auf 'frühere Zeiten', in denen alte Menschen noch in Familie und Nachbarschaft gut aufgehoben waren, ist nicht zu überhören[86].

Eine weitere wichtige Forderung ist die nach *Rehabilitation* auch hinfälliger Menschen: Altenplanung soll Rehabilitation und Pflege stärker berücksichtigen[87], Rehabilitation soll auch ambulant möglich sein[88]. In durchschnittlichen stationären Einrichtungen, so wird beklagt, ist weder Rehabilitation noch aktivierende Pflege möglich[89].

Neben Verbesserungsvorschlägen für die präferierte ambulante Pflege ist aber auch eine Wiederaufwertung des *stationären Sektors* zu bemerken: "Der sogenannten stationären Altenarbeit muß in der Gegenwart und in der Zukunft besondere Aufmerksamkeit geschenkt werden"[90]. Das Mehr-Generationen-Wohnen hat wegen der demographischen Entwicklung nur eine begrenzte Zukunftschance, ebenso wollten viele alte Menschen nicht mit ihren Kindern zusammenwohnen, was zu einem wachsenden Bedarf an stationären Altenhilfeeinrichtungen führen wird. Diese seien, so z.B. Lehr, zumeist keine 'Verwahr- und Bewahranstalten' mehr, im Gegenteil würden sich viele Mitarbeiter dort sehr darum bemühen, "den Bewohnern ein Lebensumfeld zu bieten, das Zufriedenheit und Kompetenz fördert"[91]. Viele Träger, so Koßmann, sind auf dem Weg zu einer Konzeption ganzheitlicher und aktivierender Pflege in ihren Heimen, wodurch gerade die sozialpädagogische Intervention an Bedeutung gewinnt. Allerdings stellt sich die Bewohnerstruktur zunehmend problematisch dar, da psychische Erkrankungen, besonders Demenzerkrankungen, zunehmen[92].

Mit *Altenplanung* allein, so wird immer häufiger festgestellt, ist es in der Altenhilfe nicht getan: hinzukommen muß die Zusammenarbeit der Träger vor Ort. Stadtteilorientiert sollen "flexible, ambulante, teilstationäre und stationäre Altenhilfesysteme" installiert werden, wobei Grenzen überwunden werden müssen, um eine qualitativ bessere und - so die Hoffnung - auch kosteneffektivere Hilfe zu gewährleisten[93]. Dazu müssen neue Finanzierungsformen, neue Organisationsmodelle und auch ein neues Berufsverständnis der Sozialarbeit, die vor Ort das Bindeglied zwischen der Planung und der konkreten Umsetzung sein soll.

Offene Altenhilfe ist dagegen in der sozialpädagogischen Diskussion eher ein Thema am Rande. Nur die Bundesarbeitsgemeinschaft der freien Wohlfahrtspflege - die für die Träger der weitaus meisten Altentagesstätten spricht - bricht in einem Diskussionspapier eine Lanze für Altenbegegnungsstätten klassischen Zuschnitts,

---

84 Hedtke-Becker 1991, in: NDV, 165.
85 Karolus 1992, in: NDV, 53.
86 Karolus 1992, in: NDV, 56.
87 Gitschmann 1990, in: BldW, 177-179.
88 Wallrafen-Dreisow 1990, in: BldW, 183-185.
89 Nothofer 1990, in: BldW, 186-187.
90 "Altenhilfe auf der Suche nach Visionen" (1990), in: NDV, 426.
91 "Altenhilfe auf der Suche nach Visionen" (1990), in: NDV, 427.
92 Koßmann 1990, in: SA, 87-90.
93 Fröhlich 1991, in: SS, Heft 3, 86.

die besonders für einsame alte Menschen Entspannung und Lebensfreude, Begegnung und Geselligkeit liefern sollen. Zur Begründung dient der Hinweis, daß alte Menschen "leicht in ein negatives Altersbild ausweichen", wenn Belastungen und Hoffnungslosigkeit zu groß werden, "sie ziehen sich zurück, sie bauen ab, sie werden frühzeitig hinfällig und pflegebedürftig"[94]. Die einsamen Alten werden durch dieses Angebot aber nach wie vor nicht erreicht; dem soll nun mit einer aufsuchenden 'Bring-Struktur' abgeholfen werden. Ganz im Sinne des §75 BSHG sollen alle Alten, auch die aktiven jungen Alten, durch Angebote angesprochen werden, es wird in diesem Bereich sogar ein Ausbau gefordert.

Carls verteidigt eine traditionelle Vorstellung von Altenhilfe als Begegnungsraum und wendet sich gegen die Vielzahl "-agogischer", erzieherischer Angebote, die die einfache, zweckfreie Förderung sozialer Kontakte durch die Altenarbeit als bloße "Betreuung" völlig ins Hintertreffen geraten lassen: "Ideologisch gerüstet mit dem positiven Altersbild wird zum Sturm auf die traditionelle Altenhilfe geblasen, die dem falschen, negativen Altersbild anhängen soll". Alles, was den Normen des gehobenen Kulturkonsums nicht gehorcht, wird in dieser Sichtweise einfach als passiv abgelehnt[95]. Die jungen Alten - als Seniorenstudenten und -experten, als Theaterspieler und Seniorenredakteure, als Kulturkonsumenten und Selbsthilfeaktivisten - seien aber keine Avantgarde als Vorboten eines generell gesellschaftlich neuen Alters: "Ihre Aktivitäten kommen für viele andere Ältere auch bei noch so gutem Zureden a priori nicht in Frage"[96]. Die Konsequenz der geforderten 'neuen Altenarbeit', die der traditionellen Altenarbeit entgegengestellt wird, ist es daher, sozialpolitische Mittel einer benachteiligten Schicht zu nehmen und sie einer privilegierten Schicht mit anderen Bedarfen zu geben.

Insgesamt hat sich die naive Sicht der *Prävention* von Altersschwierigkeiten durch offene Altenhilfe deutlich gewandelt. Naegele stellt fest, daß trotz eines insgesamt positiver gewordenen Alters "die qualitativen und quantitativen Anforderungen an die Alterspolitik und -praxis bezogen auf das sog. 'negative Alter' gestiegen" sind, wodurch präventive Alterspolitik "umso wichtiger" wird[97]. Diese Prävention soll sich aber auf die Beseitigung struktureller Altersrisiken - und damit auf den Ausgleich sozialer Ungleichheit - beziehen und hebt sich deutlich von den individuumszentrierten gerontologischen Konzepten zur Vermeidung von Altersproblemen ab.

Die vielleicht wichtigste Auseinandersetzung in der sozialpädagogischen und sozialpolitischen Diskussion ist die mit *Grundsatzfragen* wie die nach der Zielgruppe der Altenhilfe und der Haltbarkeit des Generationenvertrags. Hummel sieht ein "Ende der Altenhilfe" kommen, da inzwischen eine - wünschenswerte - "Normalisierung" eingetreten ist: "Statt der Seniorenkulturarbeit öffnet sich der Kulturbereich den älteren Bürgerinnen und Bürgern, statt Sonderwohnungsbau wendet sich der Wohnungsbau älteren Mietern zu; statt Wachstum der Pflegedienste Ausbau der Rehabilitation und Prävention. Für die Altenhilfe bedeutet diese Entwicklung, daß sie für denjenigen Personenkreis unter den älteren Menschen verantwortlich gemacht wird, der durch die Maschen der Normalnetze fällt: die Einkommensschwachen, Dementen, Bildungsungewohnten, Alleinstehenden, Verwahrlosten und solche, für die gleich mehreres davon gilt"[98]. Das würde bedeuten, die Zielgruppe der Altenhilfe abweichend von den Absichten des §75

---

[94] "Altenbegegnung als soziale Lebenshilfe" (1992), in: NDV, 290.
[95] Carls 1994, in: ThuP, 76.
[96] Carls 1994, in: ThuP, 79.
[97] Naegele 1992, in: SA, 223.
[98] Konrad Hummel 1990, in: BldW, 172.

BSHG - der präventiv alle Alten ins Blickfeld nahm - wieder einzugrenzen auf die manifest Hilfsbedürftigen, die *hinfälligen Alten.*

Die *jungen Alten* geraten in der sozialpädagogischen Diskussion in den neunziger Jahren zunehmend unter Druck. Es wird immer häufiger mit dem Vorschlag an sie herangetreten, ihren sozialpolitischen Ressourcenverbrauch, der von anderen gesellschaftlichen Gruppen erarbeitet wird - das hieraus resultierende Konfliktpotential wird mit teilweise drastischen Worten wie "Generationenkrieg" beschrieben[99] - doch durch mehr 'freiwilliges gesellschaftliches Engagement' zu kompensieren. Diese - altbekannte - Forderung nach Altersaufgaben, die jetzt nicht mehr vorwiegend auf die Familie bezogen sind, kleidet sich oft in Umschreibungen. So sollen die aktiven jungen Alten, die z.B. schon mit 55 Jahren in den Vorruhestand gehen, "nicht sich selbst überlassen bleiben", sondern die "breitgefächerten Möglichkeiten" - natürlich systemisch vernetzt - abrufen können, "die vor ihnen liegenden Jahrzehnte ihres Lebens zu gestalten, eventuell mit neuen Inhalten zu füllen"[100]. Diese 'neuen Inhalte' beziehen sich darauf, die Kompetenzen der jungen Alten, diese Forderung ist immer öfter zu hören, doch in neuen 'gesellschaftlichen Handlungsfeldern' einzusetzen, womit oft Hilfeleistung für alte Alte gemeint ist.

Das aktive dritte Alter soll das passive vierte Alter unterstützen, als Rahmen dafür sollen z.B. Seniorengenossenschaften dienen[101]. Das einschlägige Modellprojekt "Initiative drittes Lebensalter" in Baden-Württemberg fordert, "freiwilliges Bürgerengagement" politisch zu ermöglichen. Leitgedanken der Seniorengenossenschaften sind unter anderem, Verantwortung zu übernehmen und sich im Gemeinwesen für die soziale Idee zu engagieren, "daß Älterwerden in unserer Gesellschaft eine Chance ist, nach dem Erwerbs- und Familienleben lebendige Formen des Zusammenwirkens in der Gesellschaft fortzusetzen, neu aufzubauen und zum Nutzen aller Generationen zu verwirklichen"[102]. Offensichtliches Ziel solcher Debatten ist es, die vielbeschworenen Kompetenzen und Kapitale des jungen Alters gesellschaftlich produktiv zu machen. Der Bedarf an Pflegeleistungen, so Wendt, könnte vermindert werden, "wenn die vielen älteren Menschen selbst mehr zupacken würden und bei gegenseitiger Unterstützung länger allein zurechtkämen"[103]. Das aus dem Arbeitsprozeß freigesetzte aktive Alter ohne 'Altersaufgaben', sozialpolitisch alimentiert, ist offensichtlich ein gesellschaftlicher 'Luxus', der in einer Zeit leerer werdender Kassen stärker hinterfragt wird.

Naegele weist in diesem Zusammenhang darauf hin, daß nicht nur das Potential brachliegender Kompetenzen, sondern auch das "Nutzlosigkeitspotential" der Älteren steigen wird[104]. Eine (Wieder)Verpflichtung des Alters als Antwort auf seine gestiegene gesellschaftliche Entpflichtung hält er in gewissen Grenzen für sinnvoll, gibt aber zu bedenken, daß diese gerade bei vielen Älteren auf Widerstand stoßen wird, unter denen oft ein "einseitiges Anspruchs- und Verdienstdenken" in Bezug auf den wohlverdienten Ruhestand dominiert: "Allerdings müssen sich solche Widerstände angesichts der wachsenden Ausgaben für das Alter auf dem Hintergrund einer sich zeitlich immer weiter ausdehnenden entpflichteten Altersphase dann auch die Frage nach ihrer Legitimation gefallen lassen"[105]. Dabei gibt Naegele zwar intragenerativen Hilfen ein Chance, nicht aber 'harten' Hilfen wie die Pflege von nicht verwandten Alten.

---

[99] Textor 1994, in: NDV, 58-63.
[100] "Gesellschaftlichen Handlungsfelder für ältere Bürgerinnen und Bürger", in: NDV, 295.
[101] Eastwood 1992, in: BldW, 24-26.
[102] Frenz 1994, in: BldW, 125.
[103] Wendt 1992, in: BldW, 19-21.
[104] Naegele 1994, in: SF, 233.
[105] Naegele 1994, in: SF, 234.

Implizit wird mit den beschriebenen Anforderungen an das Alter auch die Frage nach der "Zukunft des Versorgungsstaats" gestellt. Ein neuer Versorgungsstaat, so vermutet Engbersen, wird strenger gegen seinen Mißbrauch vorgehen, er wird aktivierender sein, einen lokalen Charakter haben und er wird "verstärkt an seinen Bürger appellieren", bisherige staatliche sozialpolitische Leistungen zu übernehmen[106].

Zusammenfassend nehmen das Problem Pflege und Möglichkeiten seiner Lösung durch Familie und/oder ambulante Dienste die zentrale Position im sozialpädagogischen Diskurs in den Fachzeitschriften ein. Darüber hinaus hat aber eine intensive Debatte über die *Zielgruppe* der Altenhilfe begonnen, wobei der Tenor nicht zu überhören ist, der ohnehin privilegierten Gruppe der Senioren nicht noch weitere sozialpolitische Wohltaten anzutun, sondern die Ressourcen auf das *hinfällige Alter* zu konzentrieren. Im Gegenteil wird die Forderung an die jungen Alten laut, sich statt bloßer Konzentration auf die individuellen Chancen des dritten Alters aktiv in der Gesellschaft nützlich zu machen. Präventionsvorstellungen durch Bildung und offene Altenhilfe sind praktisch aus der Diskussion. Das positive Kompetenzmodell vom Alter wird im sozialpädagogischen Fachdiskurs inzwischen zumeist als problemverschleiernd kritisiert. Auf Bundesebene dominiert in der Politikberatung aber gerade diese Linie: So war in der Sachverständigenkommission für die Erstellung des ersten Altenberichts - der in der Amtszeit von Lehr als Familienministerin in Auftrag gegeben wurde - der medizinisch-gerontologische Bereich deutlich stärker vertreten als der sozialpolitisch ausgerichtete. Die Geschäftsführung übernahm das - von Lehr gegründete und heute wieder geleitete - Institut für Gerontologie an der Universität Heidelberg[107].

Das auch in den neunziger Jahren von der Bundesregierung propagierte Bild von der *Familie* als Bezugs- und Unterstützungssystem für das Alter - festgelegt sowohl im Ressortzuschnitt des Ministeriums für Familie und Senioren als auch im neu eingeführten Pflegeversicherungsgesetz - hinkt, wie vielfältige Einwände belegen, der Entwicklung der Familienrealität ebenfalls hinterher. Das kompetenzorientierte Altersbild, so kann anhand des Fachdiskurses in der Sozialarbeit festgestellt werden, wird inzwischen vielfach als eine *Umdefinition des sozialen Problems* Alter entlarvt, deren Zielrichtung die Verschiebung der Altersprobleme auf das Individuum - Aktivierung - oder in den gesellschaftlichen Bereich - Familie/Nachbar-schaft/Ehrenamt - ist.

9.2.2 Die Verwaltungszeitschriften

Während, wie gezeigt, der sozialpädagogische Diskurs sich auf die 'harten' Problemlagen im Alter konzentriert, die Problemlösungskapazität der Familie kritisch beurteilt, wenig Hoffnungen auf Anleitung zu individueller Prophylaxe durch offene Altenhilfe setzt und deshalb einen koordinierten Ausbau der professionellen Altenhilfe zu einem Gesamtversorgungssystem fordert, sind im Verwaltungsdiskurs deutlich andere Schwerpunkte festzustellen. Das Aktivitätsmodell vom Alter und der Verweis auf die Kompetenzen und Potentiale alter Menschen stehen ganz im Vordergrund, und das nicht ohne Absicht: Das junge Alter soll für gesellschaftlich 'nützliche' Aktivitäten eingespannt werden.

Ein positives, *kompetenzorientiertes Altersbild* bestimmt die Sicht der Dinge in den Verwaltungszeitschriften, die Gruppe der 'jungen Alten' wird gar bis

---

[106] Engbersen 1994, in: NDV, 26.
[107] Bakkes/Clemens 1994, in: ThuP, 411-418.

zum 80. Lebensjahr ausgedehnt[108]. Die "Seniorenpolitik" zielt auf die "gesamte Vielfalt der Bedürfnisse älterer Menschen"[109]; ihre Aufgabe ist es, "das gesellschaftliche Altersbild nachhaltig zu verändern"[110]. Das *Aktivitätsmodell* vom Alter - eine 'selfulfilling prophecy'? - wird gebetsmühlenartig beschworen. Alter sei nunmal keine problembeladene Lebensphase - Leitbild sind die "munteren Alten, die im Süden Sonne tanken, die Sportabzeichen machen, die die Stütze eines Vereins sind und der Reiseveranstalter sowie der Modeboutiquen, die den Haushalt samt der quirligen Enkel für die junge Familie schmeißen und dem Schwiegersohn, härter als dieser, beim Bau des Häuschens zur Hand gehen und natürlich auch finanziell mit dabei sind"[111]. Sie engagieren sich in Senioren-Expertenservices, in Wissensbörsen und in Aktionen wie 'Alt hilft Jung' und haben erkannt: "Der Ruhestand ist nunmal nicht zum Ausruhen da: Was rastet, das rostet"[112]. Daher ist es für sie selbstverständlich, einen etwaigen Altersabbau durch Geroprophylaxe zu verhindern. Bei sovielen aktiven Alten droht auch nicht mehr die Gefahr, daß "Deutschland zum Altenheim" wird[113]. Der Bund unterstützt diesen Prozeß durch "Forschung für ein aktives Alter"[114].

Platz des aktiven alten Menschen ist in der Verwaltungsproblemsicht die *Familie*, der "Dreh- und Angelpunkt unseres sozialen Systems" - daher ist gute Familienpolitik die beste Seniorenpolitik: "Arme Senioren, die nicht in eine Familie eingebunden sind - und sie wird bis zum Lebensende immer wichtiger für sie. Da ist kein Altenplan und keine noch so gute Pflegeversicherung ein Ausgleich"[115]. Aber, so wird festgestellt, die familiären Beziehungen funktionieren ja im Grunde ausgezeichnet. Familiäre Pflege soll mit Sachleistungen 'verzahnt werden', "die nicht so einfach mißbraucht werden können wie Geldleistungen", und mit ambulanten Diensten. Daß Familienpflege ein Frauenproblem sein könnte, wird sogar zurückgewiesen: erwachsene Söhne seien in zunehmendem Maße bereit, Betreuungsaufgaben gegenüber ihren alten Eltern zu übernehmen[116]. Auch in die stationäre Pflege sollen Angehörige einbezogen werden, da es hier noch "brachliegendes Pflegepotential" gibt und zudem "Schuldgefühle" entstehen, den alten Menschen vorschnell ins Heim abgeschoben zu haben, was als Motivation zur Mitarbeit im Altenpflegeheim dienen soll[117].

Die Leitbilder der Altenhilfe sind weiterhin *ambulant vor stationär* und *Rehabilitation vor Pflege*. Die beschworenen 'neuen Wege in der Altenhilfe' sind so neu nicht: längstmögliche Autonomie der Alten und möglichst weitreichende Einbeziehung der Familie in die Altenbetreuung[118], außerdem betreute Altenwohnungen[119]. Durch "generationsübergreifendes Wohnen" in einer Wohnanlage für alleinerziehende Mütter und alte Menschen sollen intergenerationelle Beziehungen wieder hergestellt werden[120]. Nur ganz vereinzelt wird angemerkt, daß das Potential an verwandtschaftlichen Hilfen in Zukunft rückläufig ist[121].

---

[108] Diedrich 1994, in: StGr, 207.
[109] Rönsch 1993, in: LK, 343-344.
[110] Klose 1993, in: LK, 347.
[111] Koolmannn 1993, in: LK, 365.
[112] Lehr 1990, in: LK, 147-149.
[113] Durth 1991, in: LK, 641.
[114] "Forschung für ein aktives Alter", in: LK, 125.
[115] Koolmannn 1993, in: LK, 365.
[116] Wingen 1993, in: LK, 372.
[117] Lind 1991, in: LK, 343-345.
[118] Kappes 1991, in: Gem, 108-113.
[119] "Alte leben zusammen" (1992), in: DG, 28-29.
[120] "Auf das Miteinander kommt es an"(1994), in: DG, Heft 5, 35-36.
[121] Strohmeier/Kersting 1994), in: StGr, Heft 2, 43.

Außerhalb der Familie manifestiert sich das 'Alterskapital' auf kommunaler Ebene z.B. in *Seniorenbeiräten*[122]. Als sehr wichtig wird es angesehen, die Senioren zu aktiver Mitarbeit in der Gesellschaft anzuregen: "Alte Menschen sollen nicht in künstliche Schonräume entlassen werden, wenn in Zukunft z.b. im Dienstleistungssektor immer mehr Personal fehlen wird und die Gesellschaft auf die Mitarbeit der älteren Generation angewiesen sein wird. Sinnvoll ist deshalb eine Stärkung des ehrenamtlichen Engagements in der Haus- und Nachbarschaftshilfe"[123].

Klein plädiert für eine Neukonzeption der Altenhilfe, bei der die Prüfung einer möglichen Eigenbeteiligung der Betroffenen bei kommunalen Leistungen kein Tabu sein darf: "Man kann nicht nur ein Leitbild des älteren Menschen fordern, das die Fähigkeit und Kompetenz Älterer fördert, sondern man sollte diese vorhandenen Fähigkeiten und Kompetenzen auch in Anspruch nehmen. Es ließe sich denken, daß Sonderdienste von und für ältere Menschen angeboten werden, wo durch die Siedlungsinfrastruktur notwendige soziale Sonderdienste fehlen"[124]. Die aktiven Senioren sollen sich für andere gesellschaftliche Gruppen im sozialen Bereich engagieren.

Offene Altenhilfe wird wesentlich positiver bewertet als in den Sozialzeitschriften - so werden z.b. eine "entwicklungsorientierte Seniorenkulturarbeit" mit dem Ziel, ein aktives Bild vom Alter aufzubauen[125], Weiterbildungsangebote für ältere Menschen[126] und Prävention gefordert[127].

Organisationelle Veränderungen in der Altenhilfe und die Zusammenarbeit der Träger sind auch in den Verwaltungszeitschriften ein Thema[128]. Die Koordination und Kooperation zwischen den Trägern soll verstärkt werden - der neue Begriff 'Vernetzung' wird jedoch (noch) nicht benutzt[129]. Altenplanung, auch in den Sozialzeitschriften nicht besonders beachtet, wird in den Verwaltungszeitschriften fast nicht erwähnt.

Zusammenfassend zeigt sich im Gegensatz zu den achtziger Jahren, in denen auch die Verwaltungszeitschriften das Pflegeproblem betonten und Alter differenzierter sahen, wieder eine Orientierung der Verwaltung am Altersbild des *Seniors*, während in den sozialpädagogischen Zeitschriften eine Orientierung an den *hinfälligen Alten* mit ihren Problemen vorherrscht. Wollen die einen den Adressatenkreis der Altenhilfe eingrenzen auf hilfsbedürftige Alte, reklamiert die Verwaltungsseite die aktiven Senioren als Zielgruppe der Altenhilfe für sich, allerdings, wie deutlich wurde, nicht ohne Hintergedanken. Durch die Umdefinition hin zum aktiven Alter wird im Verwaltungsdiskurs die Absicht deutlich, sich auf verschiedenen Ebenen als für Altersprobleme 'subsidiär' nicht zuständig zu erklären. Aktive Alte betreiben individuelle Geroprophylaxe - und bleiben so selbständig und werden nicht zu Pflegefällen. Der alte Mensch gehört in die Familie, die argumentativ aufgewertet wird und von deren Funktionsverlust keine Rede sein kann - analog sollen die Familien einen Großteil der Betreuungsleistungen übernehmen. Schließlich erfolgt der Appell an die jungen Alten, ihre vielbeschworenen Potentiale in Selbsthilfe oder ehrenamtlich bzw. genossenschaftlich in der Hilfe für andere gesellschaftliche Gruppen, besonders aber für die Hochbetagten einzusetzen.

---

[122] Diedrich 1994, in: StGr, 207-208.
[123] Neukum/Becker-Birck 1993, in: LK, 342.
[124] Klein 1991, in: LK, 20.
[125] Löhr/Roemer 1993, in: LK, 421-423; Liebald 1990, in: LK, 155-157.
[126] Ortleb 1993, in: LK, 424-426.
[127] Kappes 1991, in: Gem, 108-113.
[128] Winkler 1994, in: LK, 504-505.
[129] Lind 1990, in: LK, 153-154.

Die These von der *Umdefinition des sozialen Problems Alter* durch die Verwaltung kann für die erste Hälfte der neunziger Jahre, blickt man in die einschlägigen Fachzeitschriften, voll und ganz bestätigt werden: als aktiv und kompetent definierte Alte brauchen und wollen keine Betreuung, bei eintretender Hilfsbedürftigkeit wird dann auf die Familie gesetzt. Wissenschaftlicher Diskurs und Sozialzeitschriften halten dem eine wesentlich kritischere, problemorientierte Sichtweise entgegen. In der sozialen Fachöffentlichkeit werden gegenüber der subsidiären Familienorientierung der Verwaltung für das hinfällige Alter zudem ganz klar *professionelle Lösungen* präferiert.

9.3   Altenplanung zu Anfang der neunziger Jahre

Eine umfassende Theorie oder ein Konzept der Sozialplanung existieren zwar, wie Asam feststellt, auch in den neuziger Jahren nicht[130]. Es werden aber auch zu Beginn der neunziger Jahre eine Fülle neuer Altenpläne veröffentlicht, wobei die Entwicklung zurück zur sozialen Fachplanung - statt Einbindung in eine Stadtentwicklungsplanung - nicht zu übersehen ist. Wie schon für die achtziger Jahre kann eine durchweg bessere 'Qualität' der Altenpläne festgestellt werden. Forderungen wie eine theoretische Fundierung der Planung, konkrete Zielformulierung, Akteursbeteiligung und Prozeßorientierung von Planung und Implementation werden jetzt häufig erfüllt. In den Plänen findet sich sogar vereinzelt Kritik am Aktivitätsmodell und an den jungen Alten als Zielgruppe der Altenhilfe.

Die Bedarfsanalyse zur Altenplanung der Stadt *Bottrop* von 1992 - die zusammen mit einer Bestandsanalyse von 1990 eine Gesamtplanung darstellt[131] - übt in einer theoretischen Einführung Kritik an gängigen Schlagworten wie dem von den 'jungen Alten': "Da ist nicht selten von den 'neuen' oder 'jungen' Alten die Rede, denen sich angeblich bisher unbekannte Chancen zur Selbstentfaltung und Mitwirkung am sozialen Leben öffnen"[132]. Die Planung orientiert sich am Kontinuitätsmodell und lehnt die Vorstellung vom Disengagement alter Menschen ab[133]. Oberstes Ziel der Planung ist es, den alten Menschen ein eigenständiges Wohnen so lange als möglich, auch bei intensiven Betreuungsbedarf, zu ermöglichen[134]: das Altenhilfeparadigma 'ambulant vor stationär' ist - zumindest programmatisch - Grundlage der Planung.

Ein Bedarf 'junger Alter' an offener Altenhilfe wird zwar bejaht, die Altentagesstätten sollen sich aber auf die alten Alten als Zielgruppe konzentrieren, besonders in Verbindung mit Tagespflege. Jedoch sollen altersgruppenneutrale Bezeichnungen gewählt werden, also z.B. statt 'Seniorentagesstätte' Bezeichnungen wie 'Bürgerhaus' oder 'Begegnungsstätte'[135]. In der stimmig auf die theoretische Fundierung abgestellten Maßnahmenliste tauchen nur die ambulanten Dienste, nicht aber die offenen Hilfen explizit auf. Die Bottroper Planung wurde durch mehrere, speziell eingestellte oder für die Planung freigestellte Mitarbeiter verwaltungsintern durchgeführt, eine Stelle für einen festen Sozialplaner wurde vorgesehen[136]. Die freien Träger und weitere Akteure wurden über eine 'Arbeitsgemeinschaft Altenarbeit', durch Interviews und Fragebögen an der Planung beteiligt[137].

---

[130] Asam 1992, in: ders. (Hg.), 133.
[131] Stadt Bottrop 1990; Stadt Bottrop 1992.
[132] Stadt Bottrop 1992:6.
[133] Stadt Bottrop 1992:14f.
[134] Stadt Bottrop 1992:15.
[135] Stadt Bottrop 1992:74.
[136] Stadt Bottrop 1992:63.
[137] Stadt Bottrop 1990:9.

Die Planung, die sich auf statistische Bezirke bezieht, wurde schrittweise unter Diskussion der einzelnen Schritte und Teilergebnisse erarbeitet, als Maßnahme zur Förderung der Koordination und Kooperation der Akteure bei der Umsetzung ist eine Weiterführung der 'Arbeitsgemeinschaft Altenhilfe' vorgesehen. Zugrunde lag eine detaillierte, auch qualitative Aspekte berücksichtigende Bestandsorientierung[138]. Insgesamt legte Bottrop eine Planung mit guter theoretischer Fundierung vor, deren Maßnahmen konkret ausgearbeitet sind, was sich positiv auf die Implementation auswirken dürfte. Lediglich die Betroffenenbeteiligung an der Planung war etwas schwach ausgeprägt und eine Finanzplanung ist - wie so oft - nicht enthalten.

Aus *Oberhausen* lag nur der Entwurf eines Altenplanes vor[139], in dem ebenfalls Kritik an einigen Schlagworten der Altersdiskussion geübt wird. Die Verabsolutierung des Aktivitätsgedankens und eines positiven Altersbildes wird kritisiert und demgegenüber die Bestimmung der Altersphase durch soziale Problemlagen betont[140]. Zudem ständen die Träger der offenen Altenhilfe in Oberhausen vor einer Zielgruppenproblematik: "Der typische Adressat von früher, der rüstige ältere Mensch, der die Angebote seiner Altentagesstätte dankbar entgegennahm, ist quantitativ auf dem Rückzug und wird von dem jungen Alten, der sich souverän und autonom versteht, in der Regel materiell konsolidiert, durch Auto- und Führerschein mobil (in der 'alten' Altengeneration die absolute Ausnahme), durch Sport und gesundheitsorientierte Lebensweise häufig körperlich noch enorm 'fit' und vor allem jeder Bevormundung von außen kritisch gegenüber eingestellt ist, verdrängt"[141]. In der offenen Altenhilfe, so stellt der verwaltungsintern erarbeitete Planentwurf fest, besteht heute der geringste Handlungsbedarf. Habe es im ersten Oberhauser Altenplan von 1963 noch geheißen: "Vordringlich: Offene Altenhilfe!"[142], so sei die offene Altenhilfe heute durch die bedrückenden Probleme der pflegebedürftigen (alleinlebenden) älteren Menschen völlig an den Rand gedrängt. Gerade die Altenkulturarbeit - zu Beginn der 70er Jahre wurde 'Kultur für alle' gefordert - sei schon aufgrund des eingeschränkten öffentlichen Etats einer realistischeren Betrachtungsweise gewichen[143]. Auch das Postulat 'ambulant vor stationär', die Standardthese der aktuellen altenpolitischen Diskussion, wird kritisiert. Es würde oft behauptet, die ambulanten Hilfen seien "sachgerechter, menschenwürdiger und zudem kostengünstiger"[144]. Besonders der humane Aspekt dieser These, so der Oberhausener Planentwurf, habe diesen Grundsatz über Jahre 'geheiligt', die Analyse der sozialen und ökonomischen Implikate dieser These bisher aber wenig zu ihrer rationalen Stützung beigetragen. Das Familienbild, das diesem Grundsatz zugrundeliegt, habe wenig mit der heutigen Wirklichkeit zu tun, da die Einverdienerfamilie mit Hausfrau "sich permanent auf dem Rückzug befindet"[145]. Ebenso ist die Kostengünstigkeit der ambulanten Betreuung gegenüber der stationären Unterbringung bei Pflegebedürftigkeit nur durch die unentgeltliche Familienbetreuung gegeben. Schon bei einer zweiten Stunde ambulanter Betreuung pro Tag werde die ambulante Pflege teurer als die stationäre.

Für den Altenplanentwurf von Oberhausen heißt das, daß der Grundsatz 'ambulant vor stationär' in seinem ideologischen Gehalt entlarvt wird: er sei zum Dogma geworden."Schon auf mittlere Sicht gesehen bedingt der Trend zur Singula-

---

[138] Die statistischen Bezirke entsprechen Stadtteilen mit durchschnittlich 10 000 Einwohnern.
[139] Stadt Oberhausen 1992.
[140] Stadt Oberhausen 1992, Teil a, Kap. 3. Der Plan enthält keine Seitenzahlen.
[141] Stadt Oberhausen 1992, Teil C, Kap. 1. Der Plan enthält keine Seitenzahlen.
[142] Stadt Oberhausen (1963): "Sorge für unsere älteren Mitbürger, Oberhausen, 53.
[143] Stadt Oberhausen 1992, Teil C, Kap. 1.
[144] BT-Drucksache 10/335 Anlage 2, Nr. 22 Bb, zit. nach Stadt Oberhausen 1992, Teil D, Exkurs.
[145] Stadt Oberhausen 1992, Teil D, Exkurs.

risierung der hochbetagten älteren Menschen im Falle der Schwerstpflegebedürftigkeit praktisch in jedem Fall eine vollstationäre Unterbringung, zumal dann, wenn Zustände der Altersverwirrtheit hinzukommen"[146]. Eine solche explizite Auseinandersetzung mit den gängigen Leitbildern der Altenhilfe wie in Oberhausen ist in der Altenplanung bisher die große Ausnahme.

Ebenfalls eine verwaltungsinterne Fachplanung, die mit Finanzplanung vom Stadtrat beschlossen wurde, kommt aus *Münster*[147]. Ein theoretisches Konzept liegt der Planung, die sich als Zwischenbericht zur Altenplanung von 1983 versteht, nicht zugrunde, bei den Planungsgrundlagen dominiert die Orientierung an bestehenden Einrichtungen, ferner wird auf eine schon 1980 durchgeführte qualitative Vorstudie verwiesen. In die Planung einbezogen wurden die freien Träger und der Seniorenschutzbund 'Graue Panther', der in Zusammenarbeit mit anderen Trägern die Tagespflege geplant hat. Die Ziele der Altenplanung sind konkret maßnahmenbezogen wie Erhalt selbständigen Wohnens, Ausbau intermediärer Altenhilfeformen, geronto-psychiatrische Rehabilitation und in der offenen Altenhilfe der Ausbau von Tagesstätten[148]. Insgesamt soll der Schwerpunkt der Altenhilfe hin zu offenen und teilstationären Hilfen verschoben werden.

Das "Erste Aktionsprogramm: Älter werden" der Stadt *Kiel* von 1990[149] wurde als soziale Fachplanung innerhalb der Verwaltung erarbeitet[150], vom Rat verabschiedet und enthält sehr konkrete Maßnahmenvorschläge inklusive Kosten und Personal. Der Plan wurde ohne wissenschaftliche Beteiligung erarbeitet, es besteht kein expliziter Theoriebezug, implizit gibt es Hinweise auf das Kontinuitäts-[151] und auf das Aktivitätsmodell, wenn empfohlen wird, die Angebote der Altenhilfe sollten "die Entwicklung neuer, aktiver Altersrollen (im Gegensatz zu Rückzug und Passivität) ermöglichen"[152].

Der Schwerpunkt der Planung liegt dagegen auf dem Bereich 'Wohnen und Pflegen', die Orientierung am Status Quo der Altenhilfe-Einrichtungen überwiegt. Als Ziel der Planung wird eine Verbesserung der Dienstleistungsangebote in der Altenhilfe genannt: eigentliches 'Ziel' des Planes ist ein konkreter Maßnahmenkatalog. Die ambulanten Hilfen sollen ausgebaut und die einzelnen Leistungen gebündelt, zudem sollen pflegende Angehörige durch ein Beratungsstelle unterstützt werden[153]. Der Plan regt die Einrichtung einer 'Leitstelle Älterwerden' nach Augsburger Vorbild mit den Aufgaben Planung, Koordination und Information an[154]. Insgesamt überwiegt im Kieler Plan die Handlungsorientierung bei weitem, auf eine systematische theoretische Fundierung wird verzichtet. Die sehr konkreten Maßnahmen wurden samt der zugehörigen Finanzplanung vom Stadtrat verabschiedet, was eine hohe Implementationswahrscheinlichkeit bedingt.

Noch auf Prävention durch offene Altenhilfe setzt dagegen die verwaltungsintern ohne wissenschaftliche Beteiligung erarbeitete Fortschreibung der Altenplanung aus *Kassel* (1990), die sich nur mit den offenen und ambulanten Formen der Altenhilfe beschäftigt: "Stadtteilorientierte Dienstleistungszentren wenden sich mit ihren Angeboten im Sinne der Prävention an die sogenannten 'jungen Alten', denen sie insbesondere durch weitergehende Möglichkeiten der Mitsprache

---

146 Stadt Oberhausen 1992, Teil D, Exkurs.
147 Stadt Münster 1990.
148 Stadt Münster 1990:3f.
149 Stadt Kiel 1990.
150 Im Sozialamt wurden zwei Kräfte ein Jahr lang für die Planung freigestellt.
151 Stadt Kiel 1990:28; 63f.
152 Stadt Kiel 1990:67.
153 Stadt Kiel 1990:60f.
154 Stadt Kiel 1990:84f.

und Mitwirkung Raum zu sinnvoller Betätigung öffnen"[155]. Weiter soll aber auch durch Methoden zugehender Arbeit versucht werden, einsame und bedürftige Alte zu erreichen. Die Dienstleistungszentren lehnen sich konzeptionell an die Münchner Alten- und Servicezentren an. Altenhilfe, so der Kasseler Plan, soll zu selbständiger Lebensführung und lebensgeschichtlicher Kontinuität beitragen[156]. Vorhandene Kompetenzen Älterer sollen gefördert, erhalten oder - wo möglich - wiederhergestellt werden, z.B. durch Kurzzeitpflege und Rehabilitation. Betreute Altenwohnungen sind der dritte große Maßnahmenbereich der Kasseler Planung, der sich damit innovativ um ein neues Betreuungskonzept bemüht. Die freien Träger waren in den Planungsprozeß einbezogen, eine prozeßhafte 'Rückkopplung' ist durch die Planung in Komponenten vorgesehen. Diese Planungsform erfüllt die Anforderungen an Flexibilität und Prozeßorientierung, allerdings können - bei der fehlenden Finanzplanung - einzelne Komponenten leicht 'unter den Tisch fallen'.

Eine umfangreiche, in der Verwaltung erarbeitete Fortschreibung des Altenplans von 1983 kommt aus *Essen*[157]. Zumindest formell wird die Einbindung in die Stadtentwicklungsplanung betont. Orientiert am Kontinuitätsmodell[158] sieht der Plan die Heterogenität der Altersphase und stellt mit Vernetzung[159] und abgestuften Interventionsformen darauf ab. Der Planentwurf wurde mit den freien Trägern kritisch diskutiert und einige Änderungen aufgenommen. Die Stadtteilorientierung ist - bis auf die Verstärkung der Stadtteilsozialarbeit[160] - nur bei der Bestandsaufnahme und nicht mehr bei den Maßnahmen vorzufinden, die eher allgemein bleiben, so daß offen bleibt, wie die stadtteilorientierte Sozialarbeit und Vernetzung funktionieren sollen. Der Schwerpunkt liegt auf den ambulanten Hilfen, allerdings bei gleichzeitigem Ausbau der stationären Pflege. Der Plan wurde vom Stadtrat zwar gebilligt, was aber nicht die Beschlüsse von Einzelmaßnahmen und deren Finanzierung durch die jeweils zuständigen Gremien ersetzen soll[161].

Duisburg arbeitet mit Teilplänen[162], wobei mit dem "Teilplan für die stationäre Altenhilfe" ein neuer Planungszyklus eröffnet werden sollte. Die Planung wurde als soziale Fachplanung innerhalb der Verwaltung mit dem Anspruch erarbeitet, damit über 'Sozialhilfe' hinausgehen zu wollen, was faktisch aber nicht eingelöst wird. Es wird zwar die Notwendigkeit von Zielen betont, aber im Teilplan für den stationären Bereich werden keine Ziele formuliert. Die freien Träger wurden - und das ist in den neunziger Jahren eine Ausnahme - nicht an der Planung beteiligt, sondern der Plan wurde ihnen lediglich vorgelegt. Das Problem der Teilpläne, das Fehlen einer übergreifenden Perspektive für die Altenhilfe, wird von den Duisburgern zwar gesehen, aber in Kauf genommen[163].

In *Aachen* wurde als Altenplan ein verwaltungsintern erstelltes "Gesamtkonzept Altenarbeit in Aachen" sozusagen als Basis für dann folgende Pläne für die einzelnen Stadtteile veröffentlicht[164]. Die Abkehr von Defizit- und Hinwendung zum Kompetenzmodell wird in dieser Planung noch betont. Alter sei mit Ängsten verbunden, die aus dem negativen Altersbild herrührten, der Alter "mit Begriffen

---

[155] Stadt Kassel 1990:1 (roter Teil).
[156] Stadt Kassel 1990:11 (blauer Teil).
[157] Stadt Essen 1991.
[158] Stadt Essen 1991:63.
[159] Stadt Essen 1991:72.
[160] Stadt Essen 1991:67, 71.
[161] Stadt Essen 1991:513.
[162] Stadt Duisburg 1990; Stadt Duisburg 1979.
[163] Stadt Duisburg 1990:6.
[164] Stadt Aachen (1991a): "Erster Bericht zur Altenplanung. Gesamtkonzept Altenarbeit in Aachen"; Stadt Aachen (1991b): "Zweiter Bericht zur Altenplanung. Grundlagen und Planungskonzepte für den bereich Liebigstraße - Haaren - Verlautenheide".

wie Passivität, Inkompetenz, körperlicher und geistiger Verfall, Hilfs- und Pflegebedürftigkeit belegt"[165]. Dem habe die Planung durch Betonung der Fähigkeiten älterer Menschen zumindest entgegenzuwirken. Als einschlägiges Vorbild werden Trude Unruh und die Partei der 'Grauen' genannt[166]. Die freien Träger sollen ebenso wie Sozialarbeiter in den stadtteilbezogenen Planungsprozeß integriert werden, wobei der Basisplan nur als Rahmen und Diskussionsgrundlage dienen soll. Der eigentliche Altenplan mit den konkreten Maßnahmen soll nach und nach Stadtteil für Stadtteil entstehen, wobei Senioren-Servicezentren die Ausgangspunkte für gemeinwesenorientierte Sozialarbeit sein sollen[167]. Planende und durchführende Akteure sind dabei identisch bzw. stehen in ständigem Austausch. In Aachen soll die übliche Form der Altenplanung aufgelöst werden zugunsten einer flexiblen und prozeßorientierten Vorgehensweise mit konkretem Stadtteilbezug.

Ein Gutachten von Strang über die Altenhilfe in *Salzgitter* von 1990 wurde durch Stadtratsbeschluß zum Altenplan 'erhoben'[168]. Der externe Planer arbeitete mit dem Sozialamt zusammen und führte Expertengespräche mit den freien Trägern, dem Seniorenbeirat, mit Heimbeiräten und mit der 'Lebensabendbewegung'. Die Planung, die sich sozialräumlich auf kleine Stadtteile bezieht, wurde jedoch nicht prozeßhaft gestaltet. Die Umsetzung soll durch eine städtische Arbeitsgemeinschaft, bestehend aus Verwaltung, Verbänden und Seniorenbeirat koordiniert werden. Es wird kein ausdifferenziertes theoretisches Konzept zugrunde gelegt, Zielgruppe der Altenplanung sind - und das ist ungewöhnlich - ausschließlich die hilfsbedürftigen 'alten Alten'. Die Zielformulierung ist ungenau, die Maßnahmen teilweise konkret, aber ohne ausreichende Verbindung zu den Zielen und hängen so, was ihre theoretische Fundierung betrifft, etwas 'in der Luft'. Derselbe Wissenschaftler erarbeitete 1992 auch für die Stadt *Wolfsburg* ein Gutachten[169], zu dem große Ähnlichkeiten festzustellen sind: Weite Teile des Gutachtens über Salzgitter sind wörtlich mit dem Wolfsburger Plan identisch, selbst wenn es sich um vordergründig spezifisch auf die örtlichen Gegebenheiten zugeschnittene Passagen handelt.

Eine weitere externe Planung wurde in *Herne* durchgeführt[170]. Trotz der Planung durch ein wissenschaftliches Institut - die freien Träger und ein Arbeitskreis 'Selbsthilfe und Gesundheit' wurden durch Gespräche einbezogen - liegt dem Plan kein explizites theoretisches Konzept zugrunde, implizit wird aber von Disengagement und Desozialisation Abstand genommen. Interessant ist die beabsichtigte Reichweite des Altenhilfekonzepts. Während in anderen Plänen oftmals von den 'Bedürfnissen' der Älteren die Rede ist, zu deren Befriedigung die Verwaltung vermittels Altenhilfe beizutragen habe, stellt der Altenplan von Herne klar fest: "Es besteht nicht die Auffassung, daß allen Defiziten sofort zu begegnen ist; dies würde die (finanziellen) Mittel nicht nur von Herne übersteigen und Initiativen auch lähmen. Der Aufweis und die Diskussion von Schwachstellen, von Lücken soll jedoch in eine Diskussion münden, welche Prioritäten im Rahmen eines Gemeinwesens wie Herne zu setzen sind"[171]. Der Blick in die Zukunft ist trotz steigenden Altenanteils an der Bevölkerung nicht nur düster: die weitere Entwicklung

---

[165] Stadt Aachen 1991a:31.
[166] Stadt Aachen 1991a:5.
[167] Stadt Aachen 1991a:57.
[168] Strang (1990): "Altenhilfe in Salzgitter - Bestandsaufnahme und Perspektiven. Gutachten", Salzgitter.
[169] Strang (1992): "Altenhilfe in Wolfsburg - Bestandsaufnahme und Perspektiven. Gutachten", Hg. von der Stadt Wolfsburg, Wolfsburg.
[170] FOGS Forschungsgruppe Gesundheit und Soziales 1991.
[171] FOGS 1991:5.

sei nicht nur von problemverschärfenden, sondern auch von den 'problemmindern-den' Merkmalen der künftigen Alten wie "von weniger alterstypischer Sparsamkeit, von mehr Mobilität, mehr Freizeiterfahrung, und mehr Berufserfahrung der Frauen, von höherem Bildungsniveau, von wachsenden kulturellen Ansprüchen sowie von mehr Aktivität, Selbstbewußtsein, Ansprüchen und Unabhängigkeitswünschen" geprägt[172]. Aus diesem positiver werdenden Altersbild werden konkret Entlastungswirkungen für die kommunale Altenhilfe erhofft. Die Ziele der Planung sind direkt auf die einzelnen Maßnahmen bezogen. So soll im stationären Bereich 'aktivierende Pflege' betrieben werden[173]. Die Umsetzung des Planes soll durch zwei zusätzliche Stellen für Koordination und Kooperation im Sozialamt befördert werden, ein Konzept wird aber nicht vorgeschlagen. Insgesamt herrscht der 'Gutachtencharakter' externer Altenplanung vor, besonders bei den recht unverbindlich gehaltenen Maßnahmenvorschlägen. Die Planung ist in Aufbau und Charakter ähnlich der vom gleichen Institut durchgeführten Altenpflegeplanung für Leverkusen[174], ohne diese jedoch zu kopieren.

Eine sehr umfangreiche Gesamtplanung in drei Bänden und auf 820 Seiten - inklusive einer ausführlichen Altenumfrage - liegt aus *Dortmund* vor[175]. Es handelt sich um eine der, so scheint es, weniger werdenden externen Planungen durch ein wissenschaftliches Institut in den neunziger Jahren[176]. Die Kooperation mit der Kommune erfolgte in diversen Gremien[177], zur Förderung der Implementation soll eine Leitstelle für Altenarbeit gegründet werden. Zur 'Eingrenzung' der Zielgruppe der Altenplanung wird festgestellt: "Der vorliegende Lagebericht konzentriert sich in erster Linie auf die folgenden beiden Altersgruppen: diejenigen, die heute 55 Jahre und älter sind und diejenigen, die heute zwischen 45 und 55 Jahre alt sind"[178]. Die Gruppe der 'jüngeren Alten' wird dabei zwischen 55 und 74 Jahren angesiedelt und festgestellt: "Übersehen wird dabei, daß ein Großteil der über 55jährigen und sogar ein erheblicher Teil der über 75jährigen zugleich Problembewältiger, Hilfe- oder Selbsthilfeleistender usw. ist, .."[179]. Ein defizitäres Altersbild hat, so wird hieraus schon deutlich, im Dortmunder Altenplan keinen Platz. Eigeninitiative und Selbstorganisation sind bei den beschriebenen 'jungen Alten' vorhanden, so daß sie nur begrenzte Unterstützung duch Altenhilfe brauchen. Weiter noch: das Personal der Sozialstationen und ambulanten Dienste soll den "hilfsbereiten Bürgern, also z.B. den rüstigen Älteren jene Fertigkeiten und Kenntnisse ... übermitteln, die sie brauchen, um die hilfsbedürftigen Älteren zu unterstützen"[180]. In Dortmund fördert das ZWAR-Projekt ('zwischen Arbeit und Ruhestand') schon seit 1979 mit staatlicher Unterstützung Selbsthilfeaktivitäten von Ruheständlern[181] - eine Wieder-Verpflichtung der entpflichteten Altersphase[182]? Es werden in der Planung sowohl allgemeine Zielvorstellungen als auch konkrete 'Unterziele' formuliert, die Maßnahmen werden dann nach Dringlichkeit bewertet. Zwar wird viel Augenmerk auf die ambulanten Hilfen - und der oben angedeuteten Unterstützung intermediärer Hilfe - gelegt, die stationären Einrichtungen aber trotzdem planerisch nicht ver-

---

172 FOGS 1991:25.
173 FOGS 1991:35.
174 Stadt Leverkusen 1989.
175 Stadt Dortmund 1991, Teil I, II und III.
176 Planung durch: Institut für Sozialplanung, Management und Verwaltung ISMV, Projektleitung Friedhart Hegner, Bielefeld und Berlin; Altenumfragen durch: FORSA.
177 Stadt Dortmund 1991: Teil III, 8.
178 Stadt Dortmund, Teil I, 1.
179 Stadt Dortmund, Teil I, E.
180 Stadt Dortmund, Teil I, F.
181 Alber 1994, in: Verheugen (Hg.), 145-168, hier: 167.
182 Naegele 1994, in: SF, 232-238.

nachlässigt. Jedoch - damit bildet der Dortmunder Plan eine Ausnahme - ist fast keine Stadtteilorientierung vorgesehen.

Aus *Wiesbaden* lagen eine Reihe von Veröffentlichungen zur Altenplanung vor[183]. Implizit steht das Aktivitätsmodell im Vordergrund, das Defizitmodell vom Alter wird abgelehnt. Wissenschaftlich vorgebildete Planer führten die Planungen durch, die freien Träger waren in zahlreichen Arbeitsgruppen an der prozeßhaft organisierten Planung beteiligt. Die explizit ausformulierten Ziele der Planung beziehen sich - unter der konsequent verfolgten Prämisse ambulant vor stationär - unter anderem darauf, die Grenze zwischen der offenen und der stationären Altenhilfe durchlässig zu machen und ein kommunales Steuerungspotential aufzubauen. Innovative Konzepte wie die Regionalisierung der Altenhilfe und des allgemeinen Sozialdiensts sollen in Wiesbaden als Modellprojekt erprobt werden.

Das Altenhilfeparadigma *ambulant vor stationär*, so läßt sich zusammenfassen, dominiert in Verbindung mit einem kompetenz- und aktivitätsorientierten Altersbild die untersuchten Altenpläne. Leitbild der Altenhilfe sind stadtteilorientierte Dienstleistungszentren nach dem Vorbild Münchens. Die Präferierung der ambulanten Versorgung hat sich zumindest programmatisch vollständig durchgesetzt und wird nur im Oberhausener Altenplan kritisiert. Mehr Einwände werden allerdings gegen ein zu positives, aktivitätsorientiertes Bild vom Alter und seine 'problemverschleiernden Wirkungen' erhoben.

Wenig Hoffnungen werden auf die präventiven Wirkungen der *offenen Altenhilfe* gelegt, was für eine schwindende Orientierung an den jungen Alten - dem Altersbild des *Seniors* - steht. Offene Altenhilfe - und ihre typische Zielgruppe - haben als Leitbild der Altenhilfe in den Altenplänen offensichtlich weitgehend ausgedient. Nur noch Dortmund, Kassel und Aachen wollen auf offene Altenhilfe setzen. In den anderen Plänen herrscht eine Konzentration auf die problembehafteten *hinfälligen Alten* vor, was sich an die Problemsicht im wissenschaftlichen Diskurs (vgl. die wissenschaftlichen Gutachten für Wofsburg und Salzgitter) und in sozialpädagogischen Fachzeitschriften anlehnt, während die Verwaltungszeitschriften auch in den neunziger Jahren ein positives Altersbild propagieren.

Insgesamt sehen wissenschaftlicher Diskurs und soziale Fachöffentlichkeit zu Beginn der neunziger Jahre Alter als ein durch *professionelle Dienstleistungen* zu lösendes Problem. Ein vernetztes Gesamtversorgungssystem der Altenhilfe soll - aber mit humanitärem, ganzheitlichem Anspruch - die Probleme hinfälliger alter Menschen lösen. Das junge Alter steht hier nicht mehr im Blickfeld. Im Unterschied dazu kann in den Verwaltungszeitschriften das Bemühen festgestellt werden, das Problem als nicht vorrangig durch die Verwaltung zu bearbeitendes zu definieren. Den *Senioren* in der dritten Lebensphase wird viel Aufmerksamkeit gewidmet: Prozesse der positiven Umdefinition des sozialen Problems Alter in Richtung Aktivität und Kompetenz sind nicht zu übersehen. Das aktive dritte Alter soll zudem, so eine Forderung, seine Potentiale für das hinfällige vierte Alter einsetzen. Im vierten Alter soll dann die Familie, deren Leistungsfähigkeit wenig in Zweifel gezogen wird, als primäre Hilfeinstanz, unterstützt von ambulanten Diensten, sich der alten Menschen annehmen.

---

[183] Stadt Wiesbaden, Sozialdezernat (1979/1982): "Altenplan", Wiesbaden; dies. (1990): "Offene Altenarbeit im Bürgerzentrum Adlerstraße 1976-1990", Beiträge zur Sozialplanung Nr. 15; dies., Referat Frauenbeauftragte (1991): "60 Jahre...und kein bißchen leise. Ratgeber für Seniorinnen", Wiesbaden; dies., Amt für Jugend, Soziales und Wohnen: "Bericht zur aktuellen Situation der mobilen Altenhilfe-Dienste in Wiesbaden", Wiebaden; dies.: folgende Berichte an die Stadtverordnetenversammlung, (1988): "Aktuelle Fragen und Perspektiven der Altenhilfe in Wiesbaden", (1990): "Pflegeheimplanung (Standort-Synopse); (1991): "Beratungsstelle für ein selbstständiges Leben im Alter".

10. Zusammenfassung der Ergebnisse

Durch die Analyse von Altersbildern, Problemwahrnehmungen und deren Auswirkungen auf die Leitbilder der Altenhilfe ist ausführlich belegt worden, daß der Ansatz, die Entwicklung der Altenhilfe in der Bundesrepublik nur durch einen irgendwie gearteten 'objektiven Problemdruck' erklären zu wollen, zu kurz greift. Ebenso wichtig für die Ausgestaltung der Altenhilfe seit 1950 waren kulturelle Faktoren wie stereotype Vorstellungen von Alter und Wahrnehmungen von Alter als sozialem Problem. Altersbilder und Problemsichten, so bestätigte sich die dem Forschungsprogramm zugrundeliegende Annahme, wurden im wissenschaftlichen Diskurs, in der sozialen Fachöffentlichkeit und in der Verwaltung tendenziell unterschiedlich definiert, wobei der wissenschaftliche Diskurs und die sozialen Professionellen als Vorreiter bei der Problemdefinition wirkten.

Die Verwaltung - betrachtet aus dem Blickwinkel von Verwaltungszeitschriften und kommunalen Altenplänen - nahm in diesem Prozeß ebenfalls keine passive Rolle ein, sondern beteiligte sich aktiv an den Definitionsprozessen des sozialen Problems Alter. Eine Konzentration der Verwaltung auf die Bearbeitung 'weicher', verhältnismäßig unklar umrissener Aufgaben wie immaterieller Problemlagen des Alters, so wurde eingangs problematisiert, führt aber zu deren Selbstüberforderung, da durch die sozialstaatlichen Mittel Recht, Geld und auch durch soziale Dienstleistungen diese Probleme, so die hier im Anschluß an Luhmann[1] vertretene These, nicht gelöst werden können. Demonstrierte Verwaltungsaktivität in diesem Bereich erfüllt daher oft die Funktion symbolischer Politik, besonders wenn die normative Grundlage der Problemdefinition positiv getönt ist. Besonders wichtig dabei ist das Altersbild: das positive, die Potentiale und Chancen des Alters betonende Bild des 'aktiven Seniors', so konnte gezeigt werden, ist im Verwaltungsdiskurs zentral.

Als allgemeines Ergebnis kann festgehalten werden, daß viele Entwicklungen in der Altenhilfe schon früh in Ansätzen oder unter anderer Begrifflichkeit sichtbar waren, sich aber oft lange nicht durchsetzen konnten. So wurden z.B. Altenzentren im Stadtteil schon in den sechziger Jahren vorgeschlagen, aber erst in den achtziger Jahren avancierten sie als stadtteilorientierte Dienstleistungszentren zum Leitbild der Altenhilfe. Viele Leitvorstellungen und Maßnahmen wurden zwar als neu propagiert, haben aber fast identische Vorläufer in der Diskussion. So wurde aus dem Postulat 'offen vor geschlossen' in den siebziger Jahren 'ambulant vor stationär', die Altentagesstätte zum Seniorenkulturzentrum. Insgesamt zeigt die Diskussion um Alter und Altenhilfe doch ein höheres Maß an Beständigkeit, als im Hinblick auf die aktuelle, die Neuerungen betonende Diskussion angenommen werden konnte. Modethemen und Leitbilder der Altenhilfe kommen und gehen zwar, aber es drängt sich der Eindruck auf, das trotz neuer Begrifflichkeiten doch noch vieles in der Altenhilfe beim Alten geblieben ist. Mehr Kontinuität als Wandel bestimmte die Szene, was sich zuerst einmal daran zeigt, daß die Grundorientierung in der Altenhilfe seit der Einführung des neuen BSHG gleichgeblieben ist. So konnte streng genommen nur ein Paradigmenwechsel in der Altenhilfe seit 1950 identifiziert werden: der Paradigmenwechsel hin zur Betonung immaterieller Problemlagen und zum Postulat 'offen vor geschlossen' als Leitmaxime der Altenhilfe

---

[1] Luhmann 1981.

bis heute. Alle weiteren Entwicklungen ordnen sich diesem Hauptentwicklungsstrang unter oder sind nur vorwiegend begriffliche Innovationen.

10.1 Hauptentwicklungslinien bei Altersbildern, Problemsichten und Leitbildern der Altenhilfe

Die quantitative Aufmerksamkeit für Altersthemen in Fachzeitschriften lag nach den gewonnenen Ergebnissen in den sechziger Jahren - Umsetzung des BSHG - und zu Anfang der siebziger Jahre am höchsten, um sich danach wieder auf einem niedrigen Niveau einzupendeln. Eine nennenswerte Anzahl von Veröffentlichungen zur Altenplanung ist erst im Anschluß daran, von der Mitte der siebziger Jahre bis zu Anfang der achtziger Jahre und nochmals zu Ende der achtziger Jahre zu verzeichnen, ein Indiz dafür, daß die Diskussion in Fachzeitschriften Altenplanung angeregt hat. Dominierende Themen über beide Zeitschriftengruppen sind Sozialpolitik in den fünfziger, siebziger und achtziger Jahren (Rentenreform 1957, Probleme bei der Rentenfinanzierung, Einführung der Pflegeversicherung), Wohnen im Alter in den sechziger Jahren (Bau von Altenheimen und Altenwohnungen) und Pflege in den neunziger Jahren. In den Verwaltungszeitschriften erhalten Altenhilfethemen dagegen schon in den sechziger und erst recht in den siebziger Jahren - die als das Jahrzehnt der Altenhilfe für die Verwaltung bezeichnet werden können - die meiste Aufmerksamkeit. Die Verwaltungsdiskussion intensiviert sich im Vergleich mit den Sozialzeitschriften in den neunziger Jahren, besonders bezogen auf das Thema Pflege. Schon in den achtziger Jahren hatte sich ein Bruch in der Verwaltungsdiskussion angekündigt: die Aufmerksamkeit für das Thema Altenhilfe halbierte sich, ein Indiz dafür, daß die bisherigen Problemsichten und Konzepte an ihre Grenzen gestoßen waren. Diese Interpretation konnte anhand der qualitativen Ergebnisse untermauert werden, die nur bis in die siebziger Jahre eine größere Begeisterung für die offene Altenhilfe nach dem §75 BSHG ergaben.
Die beiden Grundrichtungen der vorherrschenden Altersbilder, die deren Weiterentwicklung bestimmten, ließen sich schon in den fünfziger Jahren feststellen, in denen ein idealistisches Altersbild, das Alter als individuelle Aufgabe sieht und die Möglichkeit einer Weiterentwicklung zur Reife und Weisheit betont, dominierte, während daneben die Sichtweise von Alter als einem sozialen Phänomen, das vorrangig durch sozio-ökonomische Rahmenbedingungen und Bildungsstand bestimmt wird, aufkam. Gerade das idealistische Altersbild sah die Möglichkeit der 'Erhöhung' aber nur für eine Elite gegeben, für die große Masse bedeutete Alter dagegen Defizite und Verfall.
Die vorherrschende Problemsicht in den fünfziger Jahren thematisierte Einsamkeit, Sinnlosigkeit und Beschäftigungslosigkeit als die hauptsächlichen Altersprobleme. Die Diskussion war ganz auf die Familie als den 'natürlichen' Platz des alten Menschen fixiert, Selbständigkeit und Alleinleben konnten in diesem Kontext - so argumentierte besonders die soziale Fachöffentlichkeit - nur als defizitär wahrgenommen werden. Der pädagogische Impetus in der Altenhilfe war in den fünfziger Jahren sehr stark, wobei 'sinnvolle' Beschäftigung und Bekämpfung der allgegenwärtigen Einsamkeit in Altentagesstätten als neue, 'offene' Altenhilfe propagiert wurde. Die Rolle der sozialen Professionellen als 'Advokaten des Alters' kam am stärksten in dieser Diskussion im Vorfeld des neuen BSHG zum Tragen.
In den sechziger Jahren wurden dann ganz vorrangig nicht mehr materielle, sondern soziale und kulturelle immaterielle Problemlagen alter Menschen betont. Die Diskussion besonders in der sozialen Fachöffentlichkeit seit den fünfziger Jahren schlug sich zu Beginn des Folgejahrzehnts im neuen Bundessozialhilfegesetz von 1961 nieder, das den einzigen wirklichen, zumindest den bei weitem

wesentlichsten Paradigmenwechsel in der Altenhilfe seit 1950 auslöste. Das daraus resultierende Leitbild 'offene vor geschlossener Altenhilfe' dominiert bis heute. Die Zielgruppe der Altenhilfe weitete sich - in der Logik der allgegenwärtigen Altersprobleme Einsamkeit, Sinnlosigkeit und Beschäftigungslosigkeit - auf alle alten Menschen aus, so daß idealtypisch betrachtet auch die 'normalen Alten' im Blickfeld der Altenhilfe standen. Durch die gesamte Altersgruppe in den Blick nehmende präventive Maßnahmen - besonders Altentagesstätten - sollte die Entstehung von Altersproblemen im Vorfeld verhindert werden. In der Folge des Bundessozialhilfegesetzes begann sich die Verwaltung - nach weitgehender Abstinenz in den fünfziger Jahren - für Altenhilfe und die Umsetzung des BSHG zu interessieren: die Aufmerksamkeit in den Verwaltungszeitschriften stieg steil an, erste Altenpläne - oft als Denkschriften tituliert - erschienen. Der neue Trend hin zur Prävention durch offene Altenhilfe wurde begeistert aufgenommen, versprach er in der Problemsicht der Verwaltung doch, schwere Altersprobleme gar nicht entstehen zu lassen und dadurch die teure Altenheimunterbringung auf ein Mindestmaß zurückzudrängen. Andererseits deutete die - von der Anzahl der Beiträge her - starke Fixierung auf Wohnen im Alter und bauliche Maßnahmen besonders in den Verwaltungszeitschriften darauf hin, daß de facto der stationäre Sektor ausgebaut wurde. Viele Maßnahmenvorschläge in der Altenhilfe, die heute als innovativ gefeiert werden, gab es in den sechziger Jahren schon unter anderer Begrifflichkeit, z.B. das Altenzentrum als Vorläufer des heutigen Dienstleistungszentrums.

Die Problemdefinition durch das BSHG in den sechziger Jahren, die allgemeinen Handlungsbedarf bezüglich des sozialen Problems Alter aufzeigte, bot die Grundlage für eine weitreichende Institutionalisierung eines neuartigen Systems offener Altenhilfe, die durch die damalige wirtschaftliche Prosperität begünstigt wurde. In den untersuchten Fachzeitschriften fand Alter eine nachher nicht mehr erreichte hohe Aufmerksamkeit. Die typischen offenen Maßnahmen wie Altentagesstätten oder Altenerholung wurde durch Imitation der Kommunen untereinander rasch zum Standard und Leitbild der Altenhilfe.

Beeinflußt durch die immer stärker aufkommenden sozialwissenschaftlichen Altersuntersuchungen, orientierten sich die Altersbilder in den sechziger Jahren mehr an der gesellschaftlichen Realität und veränderte sich die Problemsicht bis zum Ende des Jahrzehnts von der Einsamkeit zur Selbständigkeit, die alten Menschen - im Hinblick auf einen diagnostizierten Funktionsverlust der Familie - als neues Leitbild nun zugestanden wurde. Einmal etablierte Maßnahmen in der Altenhilfe zeigten aber ein beträchtliches institutionalisiertes Beharrungsvermögen: so machten die Altentagesstätten umstandslos die Veränderung der Problemsicht von der Einsamkeit, die es - negativ formuliert - zu verhindern galt, hin zur Selbständigkeit, die - positiv - gefördert werden mußte, mit und galten in den siebziger Jahren dann zudem als Hort der Altenbildung. Der stark christlich und moralisch geprägte pädagogische Impetus in der Altenhilfe war jedoch insgesamt im Rückgang begriffen.

In den ersten Altenplänen der sechziger Jahre wurde aber zumeist nur eine untereinander fast austauschbare Liste von 'offenen' Maßnahmen aufgezählt und dabei nach dem schlichten Muster argumentiert, daß durch eine höhere Lebenszufriedenheit - die durch 'präventive' Altenhilfe nach dem §75 BSHG zu fördern sei - Altersprobleme und Pflegebedürftigkeit verhindert würden. Die analysierten Altenpläne, Berichte und Denkschriften aus den sechziger Jahren kamen zudem über unverbindliche Absichtserklärungen nicht hinaus, es waren weder explizite Ziele noch eine zukunftsbezogene Finanzplanung enthalten.

Zu Anfang der siebziger Jahre, des Jahrzehnts der Altenhilfe für die Verwaltung, fand als Weiterentwicklung des pädagogischen Anspruchs in der Altenhilfe eine spezielle Altersvorbereitung durch Bildung Eingang in die Diskussion.

Nachdem der Bildungsstand durch sozialwissenschaftliche Untersuchungen als ein bestimmender Faktor für die Alterssituation erkannt worden war, sollte Bildung quasi nachgeliefert werden, um dann präventiv auf Altersprobleme wirken zu können. Besonders in den Reihen der entwicklungspsychologisch orientierten Gerontologen wurde die argumentative Verbindung von Bildung mit der Durchsetzung eines positiven Altersbildes betrieben, in dem alten Menschen Kompetenz und Aktivität zugeschrieben wurden. Statt Problemen wurden nun ausschließlich die Potentiale des dritten Alters betont. Themen wie die Familie als Hilfeinstanz oder die Pflegebedürftigkeit alter Menschen wurden als Beiträge zu einem negativen Altersbild angelehnt. Eine neue Altenhilfe sollte nicht mehr nur individualisierend arbeiten, sondern zur Durchsetzung des positiven Altersbildes auf gesamtgesellschaftlicher Ebene beitragen, nicht mehr betreuen, sondern aktivieren und selbständigen Alten soziale Dienstleistungen anbieten. Zielgruppe der Altenhilfe waren idealtypisch gesehen die aktiven Senioren: durch die richtigen präventiven Maßnahmen sollten möglichst viele alte Menschen auf Seniorenniveau gehoben werden.

Die dem Anspruch nach gestaltende Sozialpolitik der siebziger Jahre versuchte sich an einer ganzheitlichen Verbesserung der Lebenssituation alter Menschen. Instrument dazu war die Altenplanung, in der als eines der wichtigsten Ziele nun eine bessere Organisation und Koordination der sozialen Dienste postuliert wurde. Altenplanung sollte in eine die gesamte Kommune umfassende Stadtentwicklungsplanung eingebunden werden, ein Anspruch, der sich aber zu keinem Zeitpunkt verwirklichen ließ. Eine Vielzahl von Altenplänen wurden als Zeugnisse moderner Altenhilfe herausgebracht, die inhaltlich untereinander jedoch immernoch fast austauschbar waren, was die Imitation der Kommunen untereinander unterstreicht. Abweichend vom wissenschaftlichen Diskurs und dem in den Fachzeitschriften herrschte in der Altenplanung aber ein defizitorientiertes Altersbild vor, obwohl vordergründig die präventiven Wirkungen der offenen Altenhilfe betont wurden. Mit der in den Altenplänen demonstrierten Aktivität in der offenen Altenhilfe wurden zwar - idealtypisch - die Senioren und die normalen Alten umworben, implizit blieb die Verwaltung aber an den hinfälligen Alten orientiert. Die Diskussion um die positiven Effekte besserer Organisation in der Altenhilfe wurde ebenfalls in den Altenplänen noch nicht aufgegriffen. Die Planungseuphorie und überschießende Hoffnungen in die Gestaltungsfähigkeit des Sozialstaats flauten gegen Ende des Jahrzehnts merklich ab. Sie wurden abgelöst durch die Diskussion um die Krise des Wohlfahrtsstaates.

In den achtziger Jahren erfolgte dann eine argumentative Kehrtwendung: Weniger Staat, mehr Selbsthilfe und die Förderung lokaler, familiärer und nachbarschaftlicher Hilfen hieß das konservative Programm auch für die Altenhilfe. Nicht mehr nur aktive, selbständige Senioren wurden in den Mittelpunkt der Diskussion gestellt, sondern die Altersphase differenzierte sich explizit aus in ein drittes, positives und ein viertes, hinfälliges Alter. Die zweite wichtige Entwicklung nach 1980 war die Rückwendung zur Familie als Problemlöser für das Alter. Das seit den sechziger Jahren wirksame Paradigma der 'offenen vor geschlossenen Altenhilfe', das in den siebziger Jahren in soziale Dienstleistungen für selbständige Senioren übersetzt worden war, entwickelte sich jetzt weiter zum Altenhilfeparadigma der ambulanten Dienste als Unterstützung primärer familiärer Hilfeleistung. Die Wirkungsmöglichkeiten ambulanter Hilfsdienste, eine stationäre Unterbringung zu verhindern, wurden in den achtziger Jahren als nahezu grenzenlos eingeschätzt. Eine zu positive Sicht des Alters wurde aber besonders von der sozialen Fachöffentlichkeit kritisiert, die sich wieder wesentlich mehr an Problemen orientierte und das dritte Alter nicht mehr als Zielgruppe der Altenhilfe sah: die Hoffnungen auf die präventiven Wirkungen der offenen Altenhilfe hatten sich zerstreut. In den achtziger Jahren hatte sich die Verwaltung endgültig des Problems Alter angenommen, Sichtweisen und Maßnahmenvorschläge aus Wissenschaft und sozialer Fachöffentlichkeit wurden in Verwaltungszeitschriften diskutiert und in der Altenplanung aufgenommen. Die Altenplanung, nun wieder überwiegend soziale Fachplanung und nicht beabsichtigter Teil der Stadtentwicklungsplanung bei einem immer weiter gesteigertem Standard, hatte sich in den achtziger Jahren endgültig durchgesetzt und legte nun zunehmend mehr Wert auf die Kooperation der Akteure im Planungsprozeß und auf Betroffenenbeteiligung im Vergleich zur eher technischen Richtwertplanung der siebziger Jahre. Gegen Ende des Jahrzehnts zeichnete sich insgesamt eine Rückwendung zu einer problemorientierteren Sichtweise des Alters ab. Die vielbeschworenen selbsthilfefähigen Senioren wurden als Zielgruppe der Altenhilfe wieder ausgeschlossen, die hinfälligen alten Menschen werden in den neunziger Jahren analog zu den fünfziger Jahren wieder die hauptsächliche Zielgruppe der Altenhilfe. Im Verlauf des Untersuchungszeitraums läßt sich, so kann zusammengefaßt werden, bei Altersbild und Zielgruppe der Altenhilfe eine von Problemen hin zu Potentialen aufsteigende und wieder abfallende Kurve beobachten.

Die aktuelle Diskussion in der Altenhilfe konzentriert sich auf das Problem der Pflegebedürftigkeit und auf Möglichkeiten, unter der zumindest programmatisch ausschließlichen Maxime 'ambulant vor stationär' verbesserte Problemlösungen anzubieten. Der markanteste Punkt dabei ist eine allgemein geforderte Vernetzung in der Altenhilfe, die zu einer ganzheitlichen Hilfeerbringung führen soll. Die angedachten Problemlösungen zeichnen sich dadurch aus, daß sie versuchen, die normativ hoch bewerteten Aspekte der Altenbetreuung in der Familie auf professionelle Dienstleistungen zu übertragen: die Grenze zwischen zwischenmenschlicher und professioneller Hilfeleistung wird unschärfer. Familiäre Integration soll quasi durch ambulante Altenhilfe in der vertrauten Umgebung simuliert werden, während z.B. in den fünfziger Jahren gerade Institutionen dem Alter Schutz geben und wie eine große Familie wirken sollten.

Auf der Ebene der Altersbilder gibt es bis zur Mitte der neunziger Jahre inhaltlich wenig Bewegung. Die Diskussion hat sich regelrecht in zwei Lager aufgespalten: besonders in der Politikberatung auf Bundesebene dominiert das Kompetenz- und Aktivitätsmodell vom Alter[2], während der andere, hier aber weniger einflußreiche Diskussionsstrang[3] eher die Probleme der Altersphase und deren Abhängigkeit von sozio-ökonomischen Rahmenbedingungen betont. Seit den fünfziger Jahren sind also die beiden grundsätzlichen Ausrichtungen der Altersbilder - idealistisches Altersbild versus Alter als soziales Phänomen - gleichgeblieben, wenn auch die konkrete Ausgestaltung sich dem sozialen und kulturellen Wandel gemäß weiterentwickelt und die Terminologie sich verändert hat.

10.2 Funktionen der einzelnen Diskursteile

Jeder der analysierten Diskursteile hat bei der Definition des sozialen Problems Alter eine spezifische Funktion.

Es kann zusammenfassend festgestellt werden, daß

---

[2] Diese Richtung wird nach wie vor von Ursula Lehr und Hans Thomae vertreten.
[3] Einflußreiche Vertreter dieser Richtung sind z.B. Hans-Peter Tews, Margret Dieck und Gerhard Naegele.

- neue Altersbilder und Problemsichten nur bis in die siebziger Jahre vom wissenschaftlichen Diskurs ausgehen, während danach die Perspektive der sozialen Professionellen sowohl in den wissenschaftlichen Diskurs als auch in die praktische Altenplanung immer stärker eindringen;

- soziale Professionelle in Problemdefinition und Vorschlägen zur Problemlösung als Advokaten des Alters wirken;

- die Problemsicht der Verwaltung differenziert werden muß in eine eher allgemeine Verwaltungsproblemsicht - wie sie sich in den Verwaltungszeitschriften manifestiert - und die viel stärker wissenschaftlich und sozialpädagogisch beeinflußte Problemsicht der Sozialverwaltung, die sich in Altenplänen zeigt. Die Tendenz zur positiven Umdefinition des Problems ist dabei typisch für eine allgemeine Verwaltungsproblemsicht, während die Sozialverwaltung zu einer differenzierteren Betrachtungsweise tendiert.

Dem wissenschaftlichen Diskurs fiel, wie vermutet worden war, bis in die siebziger Jahre die Rolle des Opinion leaders zu, der neue Altersbilder und Problemsichten in die Diskussion brachte. Allerdings verlief dieser Prozeß nicht eingleisig: Eine zunehmende Verbindung zur sozialpädagogischen Fachöffentlichkeit ist schon seit den sechziger Jahren festzustellen, seit den siebziger Jahren fand die wissenschaftliche Perspektive - z.B. über professionelle Sozialplaner - immer mehr Eingang in die Sozialverwaltung. Seither verändert sich die Rolle des wissenschaftlichen Diskurses immer mehr dahingehend, nicht mehr nur Altersbilder und Leitbilder von Altenhilfe zu propagieren, sondern diese auch grundlegend kritisch zu hinterfragen.

Die sozialpädagogische Fachöffentlichkeit zeichnete sich durch eine dezidiert problemorientierte Sichtweise des Alters aus, die These von den Advokaten des Alters hat sich nach den hier gewonnenen Ergebnissen bestätigt. Es ist typisch für den sozialpädagogischen Diskurs, daß dem sozialen Problem Alter in der Problemdefinition eine bearbeitbare Gestalt gegeben wird und daß professionelle Problemlösungen vorgeschlagen werden, ein Muster, das sich durch den ganzen Analysezeitraum beobachten läßt. Die Sozialarbeit bleibt aber immer mehr als der Verwaltungsdiskurs an 'harten' Problemlagen orientiert. Das zeigt sich z.B. in neuester Zeit besonders darin, daß unter dem dominierenden Altenhilfeparadigma 'ambulant vor stationär' ein professionell betriebenes Gesamtversorgungssystem für das Alter propagiert wird, während die Funktionen und Leistungen der Familie in der Altenbetreuung - Stichwort Qualitätssicherung in der Pflege - eher angezweifelt werden. Als Zielgruppe der Altenhilfe wird dabei besonders das hinfällige vierte Alter gesehen. Die Bearbeitung immaterieller Problemlagen in der Altenhilfe hat aber einen festen Platz in der Aufgabendefinition, hinter den man, so scheint es, auch aktuell nicht mehr zurückgehen kann, was z.B. der von seinem Inhalt her nicht neue Begriff der Ganzheitlichkeit in der aktuellen Diskussion widerspiegelt.

Im Gegensatz dazu ist in den Verwaltungszeitschriften, die für eine allgemeine Verwaltungsproblemsicht stehen, immer die Tendenz zu Problemverschiebung festzustellen, obwohl Alter als von der Verwaltung zu bearbeitendes Problem weitgehend anerkannt ist. Der Einfluß von Altersbildern auf die Diskussion und die Funktionalisierung bestimmter Altersbilder im Diskurs sind hier stärker als in der sozialpädagogischen, praktisch-problemorientierten Sichtweise, die analog zum wissenschaftlichen Diskurs zu einer differenzierteren Betrachtung neigt. Ebenso werden Leitbilder von Altenhilfe immer auch im Sinne einer Umdefinition des sozialen Problems Alter aufgegriffen. In dieser Umdefinition wird im Verwaltungsdiskurs, so hat die Analyse der typischen Argumentationen gezeigt, regelmäßig versucht, das Problem Alter in zwei Richtungen zu verschieben: auf das selbständige Individuum und auf die Familie. So dient das positive Altersbild des aktiven, kompetenten Seniors dazu, nur offene Altenhilfe anzubieten und die Senioren nicht etwa durch zuviel Betreuung zu diskriminieren. Das Programm in den Verwaltungszeitschriften für das dritte Alter legt individuelle Problemlösung durch mittels Vorbereitung auf das Alter und andere offene Maßnahmen aktivierte und befähigte alte Menschen nahe. So soll der Einsamkeit alter Menschen in den sechziger Jahren offene Altenhilfe - besonders Altentagesstätten - und in den siebziger Jahren Bildung und Beratung als Prävention entgegengesetzt werden. Dahinter steht die Hoffnung, damit teure stationäre Unterbringung zu vermeiden. Das negative vierte Alter wird in den Verwaltungszeitschriften definitorisch unter Hinweis auf die Kompetenzen alter Menschen weitgehend auszuschalten versucht. Es besteht das Bestreben, möglichst viele positive Alterszuschreibungen anzubringen. Das Leitbild ambulant vor stationär, das im sozialpädagogischen Diskurs als Legitimation für umfangreiche professionelle Problemlösungsmaßnahmen gesehen wird, dient hier vorrangig dazu, die primäre Verpflichtung der Familie zur Altenbetreuung zu untermauern. Ambulante Dienste sollen die Familienangehörigen - oder auch sonstige freiwillige Helfer - nur entlasten und unterstützen, sie aber keinesfalls von der Altenpflege entbinden. Als aktuelles Beispiel bestätigt die eingeführte erste Stufe der Pflegeversicherung ebenfalls die Priorität der familiären Pflege. Die Propagierung von positivem Altersbild und einer optimistischen Sichtweise der Betreuungsleistungen der Familie dienen auch hier wieder zur Umdefinition des Problems, dessen Lösung die Verwaltung aus vielfältigen Gründen wie finanzielle Restriktionen und der Unmöglichkeit der befriedigenden Bearbeitung immaterieller Problemlagen durch Recht, Geld oder soziale Dienstleistungen nicht gewährleisten kann.

Eine Lücke zwischen dem Diskurs in Verwaltungszeitschriften - der allgemeinen Verwaltungsproblemsicht - und der tatsächlichen Altenplanung ist dabei nicht zu übersehen: ein großer Teil der Planungen bezieht sich nach wie vor auf die stationäre Unterbringung, so daß die oft nur vordergründige Propagierung offener und ambulanter Hilfen offensichtlich auch die vermuteten symbolischen Funktionen erfüllt. Die Altenplanung steht aufgrund zunehmenden Einflusses von wissenschaftlich vorgebildeten Sozialplanern, sozialpädagogischen Professionellen oder externen Planungsinstituten seit den siebziger Jahren immer mehr zwischen wissenschaftlichem, sozialpädagogischem und Verwaltungsdiskurs. Während in den frühen Altenplänen der sechziger Jahre noch eine verhältnismäßig typische Verwaltungsproblemsicht ausgemacht werden konnte, die aber auch schon von sozialpädagogischen Problemdefinitionen und sozialwissenschaftlichen Ergebnissen beeinflußt war, nahm die Altenplanung in der Folge insgesamt mit deutlicher Zeitverzögerung und abgeschwächt neue Altersbilder und Leitbilder der Altenhilfe auf. Die Begeisterung für offene Altenhilfe erschöpfte sich bis in die siebziger Jahre allzuoft in der Aufzählung immergleicher Maßnahmen; erst in jüngster Zeit werden hier verstärkt auch kostenintensive Maßnahmen wie stadtteilorientierte Dienstleistungszentren geplant, ein Indiz dafür, daß die Altenhilfe aktuell als wichtiges Politikfeld gesehen und nicht, wie oft behauptet, vernachlässigt wird. Die stationäre Unterbringung hat aber - trotz programmatisch anders gesetzter Schwerpunkte - in der Planung bis heute von den finanziellen Auswirkungen her das größte Gewicht.

Zentrale Punkte im Diskurs um Alter und Altenhilfe, so konnte gezeigt werden, sind die symbolischen Funktionen von positivem Altersbild und präventiver offener Altenhilfe, die im Verwaltungsdiskurs im Sinne eines Zwangs zum Positiven und einer Demonstration von Aktivität zur Problemlösung instrumentalisiert werden. Umdefinition des sozialen Problems, Problemverschiebung auf die primären Hilfeinstanzen und besonders die symbolische Funktion offener Maßnahmen sind die Mechanismen, die in der Verwaltungsdiskussion zum Tragen kommen. Das Interesse an professioneller Bearbeitung des Problems in den Reihen der sozialen Professionellen als Advokaten des Alters, so kann konstatiert werden, geht dagegen mit einer problemorientierteren, aber andererseits auch realistischeren Sichtweise der in Zusammenhang mit Alter zu bearbeitenden Aufgaben und der Reichweite sozialer Dienstleistungen einher.

10.3   Schlußfolgerungen und Ausblick

Die Diskussion um Alter und Altenhilfe hat, was die Zielgruppe betrifft, aktuell wieder den Stand der fünfziger Jahre erreicht: Altenhilfe soll sich - idealtypisch - den alten Menschen mit Problemen und ohne Potentiale zuwenden. Von den sechziger Jahren, dem Beginn des Kampfs gegen ein negatives Altersbild an, war die Zielgruppe von Altenhilfe dagegen bis in die siebziger Jahre immer mehr durch Potentiale gekennzeichnet: offene Altenhilfe für aktive Senioren stand auf dem Plan, deren präventive Wirkungen gegen Potentialverlust sehr hoch eingeschätzt wurden. Seit den achtziger Jahren ist dann wieder eine Rückbewegung zu einer problemorientierteren Zielgruppendefinition festzustellen.

Die dominierenden Altersbilder entwickelten sich erstaunlicherweise aber nur bis in die siebziger Jahre parallel zu den Zielgruppen. Danach wurde die Betonung der positiven Aspekte der Altersphase immer mehr - abgelöst von der Zielgruppe der Altenhilfe - zu einem absoluten Muß, was als ein Indiz für den erfolgreich verlaufenen Kampf gegen das negative Altersbild gewertet werden kann. Eigentlich gibt es - ein weiteres Beispiel begrifflicher Innovation - den Typ des hinfälligen Alten in der aktuellen Diskussion nicht mehr, da auch bei schwersten Problemen noch die verbliebenen Aktivierungspotentiale betont werden. So dominiert ein positives Altersbild, während daneben Altenpflege als hauptsächliches Problem auf eine defizitäre Charakterisierung der Altersphase verweist. Alter hat seine negativen Aspekte im Kampf gegen das Defizitmodell eben nicht verloren, sondern es wurden nur die privilegierten Gruppen mit positiven Eigenschaften als junge Alte oder Senioren aus dem eigentlichen Alter ausgegliedert.

Die bloße Zugehörigkeit zu einer durch ein bestimmtes Lebensalter abgegrenzten Altersgruppe als Auslöser für Interventionen der Altenhilfe ist aktuell immer mehr in den Hintergrund getreten. Eine spezielle Alterssozialpolitik, so kann im Anschluß an Neugarten[4] festgestellt werden, wird in den neunziger Jahren immer mehr obsolet. Mit der Einführung der Pflegeversicherung wurden Teile der herkömmlichen Altenhilfe von der Armen- auf die Ebene der Arbeiterpolitik gehoben, allerdings mit Bedürftigkeit als Eingangskriterium und ohne die Garantie einer umfassenden bedarfsgerechten Versorgung. Hier könnte sich ein Trend weg von der sozialen Dienstleistung und hin zur Monetarisierung in der Sozialpolitik zeigen.

Es spricht vieles dafür, daß mit diesem Prozeß die Ansprüche der Altenhilfe nach dem §75 BSHG, über die Logik der Fürsorge im Einzelfall hinaus präventiv alle alten Menschen als Zielgruppe zu sehen, an ihrem Ende angelangt sind. Es ist ausführlich dargestellt worden, daß sich die Hoffnungen auf die präventiven Wirkungen offener Altenhilfe zur Lösung immaterieller Problemlagen nicht erfüllen konnten. Das selbständige dritte Alter scheidet so vermutlich als Zielgruppe der Altenhilfe wieder aus. Der Aktionsradius der herkömmlichen Altenhilfe wird sich, so die Prognose, zukünftig nicht, wie oft behauptet wird, ausweiten, sondern im

---

[4] Neugarten 1981.

Gegenteil auf die quantitativ weiter zunehmenden Probleme der Hilfs- und Pflegebedürftigkeit einschränken. Auf diesem Hintergrund muß die Propagierung eines
positiven Altersbildes als Problembearbeitung durch normative Umdefinition der
Problemgrundlagen betrachtet werden. Besonders die fürsorgliche Überschätzung
der Wirkungsmöglichkeiten professioneller sozialer Dienstleistungen, so z.B. die
ganzheitliche Hilfeerbringung nach dem Vorbild der familiären Betreuung, hat zu
dieser Rückentwicklung in der Zielgruppe der Altenhilfe beigetragen. Unter anderer Begrifflichkeit - statt Greis nun Pflegesenior, statt Betreuer nun Kunde - stehen
aktuell ganz ähnliche Themen wie in der fünfziger Jahren in der Diskussion.

Allen Bemühungen der Humanisierung sozialer Dienstleistungen zum Trotz
kann das Versprechen des Sozialstaats auf Sinn oder psychosoziale Zufriedenheit
für seine Bürger mit dem ihm zur Verfügung stehenden Mitteln aber nicht eingelöst
werden. Die Verwaltung überfordert sich mit diesen 'weichen' Aufgaben, wenn sie
sie wirklich lösen will, selbst. Beiden Tendenzen, der Überschätzung der Wirkungsmöglichkeiten professioneller sozialer Dienstleistungen und der unrealistisch
positiven Sicht des Alters, so ist auch anhand des spezifischen Verhältnisses der
analysierten Diskurse zueinander gezeigt worden, kann zwar eine symbolische
Funktion zugeschrieben werden. Anhand der Analyse der Entwicklungen in der
Altenplanung konnte aber gezeigt werden, daß das Altenhilfeparadigma 'ambulant
vor stationär' mit seinen optimistischen Hoffnungen auf die Problemlösungsfähigkeit ambulanter Hilfsdienste sich gerade erst in jüngster Zeit auch in den Planungen voll durchgesetzt hat. Die 1995 in ihrer ersten Stufe eingeführte soziale
Pflegeversicherung bestätigt ebenfalls diesen Trend, indem sie der familiären und
ambulanten Pflege absolute Priorität einräumt. Der stationäre Bereich wurde darüber oft programmatisch vernachlässigt oder als zukünftig ganz entbehrlich angesehen. Es wird sich zeigen, ob diese Strategie bei abnehmender familiärer Pflegebereitschaft und -fähigkeit und zunehmender Anzahl der zu Pflegenden selbst bei
vorausgesetzten ausreichenden Kapazitäten professioneller Dienstleister nicht
schon bald an die Grenzen ihrer Finanzierbarkeit stößt.

Literaturverzeichnis[1]

AG Fachbericht (1982): Altwerden in der Bundesrepublik Deutschland: Geschichte, Situation, Perspektiven. Hg. v. Deutschen Zentrum für Altersfragen, 3 Bde, Berlin.

AG Interpretative Sozialforschung (Hg.) (1983): Alltag in einer Seniorenfreizeitstätte, Berlin.

Alber, Jens (1989): Der Sozialstaat in der Bundesrepublik Deutschland 1950-1983, Frankfurt a.M.

Alber, Jens (1992): Social and Economic Policies and Older People in Germany. Report for the Commission of European Communities, unter Mitarbeit von Martin Schölkopf und Matthias Geiser; Konstanz.

Alber, Jens (1992a): Ausmaß und Ursachen des Pflegenotstands in der Bundesrepublik, in: Klaus-Dirk Henke/Joachim Jens Hesse u.a. (Hg.): Die Zukunft der sozialen Sicherung in Deutschland, Sonderheft 1 der Zeitschrift Staatswissenschaft und Staatspraxis, Baden-Baden, 73-100.

Alber, Jens (1994): Soziale Integration und politische Repräsentation von Senioren, in: Günter Verheugen (Hg.): 60 plus, Köln, 145-168.

Alber, Jens (1994a): The debate over longterm care insurance in Germany. Contribution to a High-level Seminar for National and Invited Experts on Caring for trail Elderly People, Paris: OECD, 14-17.

Albrecht, Günther (1977): Vorüberlegungen zu einer Theorie sozialer Probleme, in: Soziologie und Sozialpolitik, Sonderheft 19 der KZfSS, S. 143-185.

Altschiller, Clemens/Jürgen Geisler (1983): Altenhilfe im sozial-räumlichen Zusammenhang. Ein Planungsbericht aus Wiesbaden, in: J.W. Mundt (Hg.): Grundlagen lokaler Sozialpolitik, Weinheim/Basel, 63-198.

Amman, Anton (1978): Offene Altenhilfe, Sozialarbeit, Sozialpolitik, in: Hilde Rosenmayr/Leopold Rosenmayr (Hg.), 298-334.

Amman, Anton (1994): 'Offene' Altenhilfe. Ein Politikfeld im Umbruch, in: Reimann, Helga/Horst Reimann (Hg.), 319-344.

André, Günther (1993): Die Professionalisierung in der öffentlichen Sozial- und Altenfürsorge zwischen 1933 und 1989, Dissertation, Universität Konstanz, Konstanz.

André, Günther (1994): SozialAmt: Eine historisch-systematische Einführung in seine Entwicklung, Weinheim u. Basel.

Arbeitsgruppe Sozialpolitik (1988): Alter und Sozialpolitik, in: Göckenjan, Gerd/Hans-Joachim v. Kondratowitz (Hg.), 137-156.

ARG -Alten.- und Rentnergemeinschaft (1971): Handbuch für die Altenarbeit, Köln.

Articus, Stephan (1986): Altenhilfe im Umbruch: Einleitung, in: ders./Stefan Karolus (Hg.), 1-7.

Articus, Stephan (1986): Hilfebedürftige alte Menschen in der Familie, in. ders./Stefan Karolus (Hg.), 108-119.

Articus, Stephan/Hans Braun (1986): Gesellschaftlicher Strukturwandel und Lebensbedingungen alter Menschen, in: ders./Stefan Karolus (Hg.), 9-23.

Articus, Stephan/Stefan Karolus (Hg.) (1986): Altenhilfe im Umbruch, Frankfurt a.M.,

Asam, Walter (1984): Bedürfnisorientierte Sozialplanung contra bürgerferne Parteipolitik?, in: Spiegelberg, Rüdiger/Marina Lewkowicz (Hg.), 49-78.

Asam, Walter (1992): Neue Versorgungssysteme im Alter durch kommunale Sozialplanung, in: ders. (Hg.): Neue Alten-Politik. Sicherung der Pflege durch Sozialplanung, Freiburg i.Br., 132-150.

Asam, Walter/Michael Heck/Thomas Specht (Hg.) (1988): Kommunale Sozialplanung. Report und Perspektiven für Akteure vor Ort, Bielefeld.

Attias-Donfut, Claudine (1988): Die neuen Freizeitgenerationen, in: Rosenmayr, Leopold/Franz Kolland (Hg.): Arbeit-Freizeit-Lebenszeit, Opladen, 57-73.

Bäcker, Gerhard (1978): Beschäftigungsprobleme älterer Arbeitnehmer in der Bundesrepublik Deutschland - Ausprägungen und Ursachen, in: Margret Dieck/Gerhard Naegele (Hg.), 37-64.

---

[1] In diesem Literaturverzeichnis ist die gesamte wissenschaftliche Literatur aufgeführt. Die Artikel der qualitativen Analyse der Fachzeitschriften und die untersuchten Altenpläne befinden sich in zwei nachfolgenden Verzeichnissen.

Bäcker, Gerhard/Gerhard Naegele (1992): Zur Lebenslage älterer Arbeitnehmer in der Bundesrepublik unter sich verändernden politischen Rahmenbedingungen und Umstrukturierungen der Arbeitslandschaft, in: Christa u. Hilarion Petzold (Hg.): Lebenswelten alter Menschen: Konzepte, Perspektiven. Praxisstrategien, Hannover, 66-85.

Ballusek, Hilde v. (1980): Die Pflege alter Menschen in Institutionen. Arbeitsfelder und Berufe, Berlin.

Baltes, Margret/Martin Kohli/Klaus Sames (Hg.) (1989): Erfolgreiches Altern, Bern/Stuttgart.

Baltes, Margret/P.B. Baltes (1989): Erfolgreiches Altern: mehr Jahre und mehr Leben, in: Baltes, Margret/Martin Kohli/Klaus Sames (Hg.), 5-18.

Baltes, Paul/Jürgen Mittelstraß (Hg.) (1992): Zukunft des Alterns und gesellschaftliche Entwicklung, Berlin/New York

Barkhold, Corinna/Matthias Geiser (1994): Der Sicherstellungsauftrag der Pflegekassen - Marginalisierung kommunaler Planungsverantwortung in der Alterssozialpolitik?, unveröffentlichtes Manuskript, Dortmund.

Barton, Allen H./Paul F. Lazarsfeld, (1979): Einige Funktionen von qualitativer Analyse in der Sozialforschung, in: Hopf, Christel/Elmar Weingarten (Hg.), 41-89.

Bauer, Heinrich (1978): Modell einer kommunalen Altenhilfe, in: Jürgen Hohmeier (Hg.), 157-182.

Bauer-Söllner, B. (1991): Institutionen der offenen Altenhilfe - aktueller Stand und Entwicklungstendenzen, in: Deutsches Zentrum für Altersfragen (Hg.), 57-234.

Baumgartl, Birgit/Brigitte Reiser/Günter Roth (1995): Sozialverwaltung und Altenpolitik - Ergebnisbericht eines von Thomas Ellwein geleiteten Forschungsprojektes an der Universität Konstanz, Konstanz.

Beauvoir, Simone de (1977): Das Alter. Reinbek bei Hamburg.

Becher, Berthold/Hans Nokielski/Eckart Pankoke (1981): Sozialarbeit und kommunale Sozialpolitik, in: Projektgruppe soziale Berufe (Hg.): 15-42.

Beck, Ulrich (1986): Risikogesellschaft. Auf dem Weg in eine andere Moderne, Frankfurt a.M.

Becker, Bernd (1989): Öffentliche Verwaltung. Ein Lehrbuch für Theorie und Praxis, Percha/Kempfenhausen

Becker, Howard S. (Hg.) (1966): Social Problems. A Modern Approach, New York, London, Sydney

Behrend, Christoph/Margret Dieck/Hans-Joachim v. Kondratowitz/Roland Schmidt (1987): Die ergraute Gesellschaft: Argumentationslinien in der nationalen und internationalen Diskussion, in: DZA (Hg.), 1-18.

Behrends, Hanna (1973): Die Vergessenen der Altenhilfe - Wo bleibt die Sozialpolitik für behinderte alte Menschen?, in: Konrad-Adenauer-Stiftung (Hg.), 160-162.

Beiträge zur Theorie der Verwaltungsentwicklung - vorläufiger Ergebnisbericht eines von Thomas Ellwein geleiteten Forschungsprojekts (1994), bearbeitet von Thomas Ellwein, Günther André, Sabine Bethge, Günter Roth und Roland Schmitt, Universität Konstanz, Fakultät für Verwaltungswissenschaft, Konstanz.

Berelson, Bernard (1952): Content Analysis in Communication Research, Glencoe Ill.

Bergener, M./J. Husser/H.-D. Kähler/P. Mehne (1979): Die gesundheitliche und soziale Situation älterer Menschen in der Großstadt, Schriftenreihe des Bundesministers für Jugend, Familie und Gesundheit Band 74, Stuttgart/Berlin/Köln/Mainz.

Berger, Peter L./Thomas Luckmann (1992): Die gesellschaftliche Konstruktion der Wirklichkeit. Eine Theorie der Wissenssoziologie, Frankfurt a.M.

Bergler, Reinhold (1968): Selbstbild und Alter. in: Schubert, R. (Hg.): Herz und Atmungsorgane im Alter, Darmstadt, 156-169.

Bergler, Reinhold/Bernd Six (1972): Stereotypen und Vorurteile, in: C. Graumann (Hg.): Sozialpsychologie, 2. Halbband, Göttingen.

Bericht der Kommission Altern als Chance und Herausforderung, erstellt im Auftrag der Landesregierung von Baden-Württemberg, Stuttgart 1988.

Berthold, Martin (1988): Sozialplanung und Wohlfahrtsverbände: Zuarbeiter oder Letztentscheider?, in: Asam, Walter, u.a. (Hg.): 94-112.

Beske, Fritz: (1960): Das Gemeinschaftleben in Altersheimen. Sozialhygienische Analyse der Existenzbedingungen von Altersheim- und Pflegeheimbewohnern. Schriftenreihe aus dem Gebiet des öffentlichen Gesundheitswesens Heft 12, Stuttgart, 14-25.

Beuys, Barbara (1984): Familienleben in Deutschland, Reinbek b. Hamburg.

Bittner, Wilhelm (Hg.) (1974). Alter und Tod - annehmen oder verdrängen?, Stuttgart.

Blaschke, Dieter/Joachim Franke (Hg.) (1982): Freizeitverhalten älterer Menschen, Stuttgart.

Bleuel, Hans-Peter (1972): Alte Menschen in Deutschland, München.

Blume, Otto (1962): Alte Menschen in einer Großstadt. Ergebnisse einer empirischen Untersuchung in Köln, Veröffentlichungen des Instituts für Selbsthilfe und Sozialforschung e.V. Band 6, Göttingen.

Blume, Otto (1968): Möglichkeiten und Grenzen der Altenhilfe, Tübingen.

Blumer, Herbert (1975): Soziale Probleme als kollektives Verhalten, in: K.O. Hondrich (Hg.): Menschliche Bedürfnisse und soziale Steuerung, Reinbek, (org. Social Problems as Collective Behavior, in: Social Problems 18/1971).

Böck, K. (1953): Das Bauernleben in den Werken bayrischer Barockprediger München.

Boetticher, Karl W. (1972): Aktives Altern statt Rentnermentalität, in: Schulz, Ursula (Hg.), 147-154.

Böhm, Erwin (1988): Vom Segen der Pflege, in: Dörner, Klaus (Hg.), 193-200.

Bolte, K. M./R. Tartler (Hg.) (1958): Die Altersfrage. Soziale Aufgabe der Gegenwart. Bad Homburg, Berlin, Bonn, Zürich.

Borscheid, Peter (1992): Der alte Mensch in der Vergangenheit, in: Paul Baltes/Jürgen Mittelstraß: Zukunft des Alterns und gesellschaftliche Entwicklung. Berlin, New York, 35-61.

Bourbeck, Christine/Alfred Depuhl/Walter Meis (1956): Das Lebensrecht des alten Menschen. Heft 20 der Schriftenreihe 'Kirche im Volk', Stuttgart.

Brandt, Franz u.a. (1992): Ambulante Dienste für Pflegebedürftige, Schriftenreihe des Bundesministeriums für Familie und Senioren Bd. 6.1, Stuttgart, Berlin, Köln.

Braun, Hans (1984). Helfen im Sozialstaat. Zum Verhältnis von 'gemeinschaftlichen' Handlungsmustern und 'gesellschaftlichen' Problemlösungen, in: ders./Alois Hahn (Hg.): Kultur im Zeitalter der Sozialwissenschaften, Berlin, 93-109.

Braun, Hans (1986): Der Beitrag organisierter Nachbarschaftshilfe zur häuslichen Versorgung pflegebedürftiger alter Menschen, in: Articus, Stephan/Stefan Karolus (Hg.), 120-132.

Braun, Hans (1992): Alter als gesellschaftliche Herausforderung, Regensburg.

Braun, Helmut (1992): Spannungsfeld Vernetzung: Altenarbeit zwischen Egoismen und Kooperation, in: ders., Jens Bruder, Reinhard Dierl u.a. (Hg.), 9-20.

Braun, Helmut/Jens Bruder/Reinhard Dierl u.a. (Hg.) (1992): Vernetzung in der Altenarbeit und Altenpolitik. Probleme und Perspektiven in der neuen Bundesrepublik, Dortmund.

Brechmann, Theresia/Helmut Wallrafen-Dreisow (1988): Ambulante Hilfsdienste. Ein Praxishandbuch zur Arbeit ambulanter Dienste, Hannover.

Brög, Werner/Günther-Fritz Häberle u.a. (1980): Anzahl und Situation zu Hause lebender Pflegebürftiger, Schriftenreihe des Bundesministers für Jugend, Familie und Gesundheit Bd. 80. Stuttgart, Berlin, Köln, Mainz.

Bruder, Wolfgang/Roland Czada (1993): Planung/Planungspolitik, in: Dieter Nohlen (Hg.): Wörterbuch Staat und Politik, München, 2. Aufl., 476-483.

Bujard, Otker/Ulrich Lange (1978): Armut im Alter: Ursachen, Erscheinungsformen, politisch-administrative Reaktionen, Weinheim/Basel.

Bundesminister für Jugend, Familie und Gesundheit (Hg.) (1985): Altentreff Ulm/Neu-Ulm. Dienstleistungszentrum für Ältere, Stuttgart.

Bundesministerium für Arbeit und Sozialordnung (1991): Übersicht über die soziale Sicherheit, Bonn

Bundesministerium für Forschung und Technologie (1989): Förderkonzept 'Forschung und Entwicklung für ein aktives Alter', Bonn.

Bundesministerium für Jugend, Familie, Frauen und Gesundheit (1986): Vierter Familienbericht. Die Situation der älteren Menschen in der Familie, Bonn.

Bundessozialhilfegesetz (1963), Text mit Erläuterungen, bearbeitet v. Walter Schellhorn, Hans Jirasek, Paul Seipp, 4. ergänzte Auflage, Juli 1963, Köln.

Bundessozialhilfegesetz BSHG (1992), in der Fassung der Bekanntmachung v. 10.1.1991, Textausgabe, München, Textausgabe mit Verweisungen und Sachverzeichnis, 26. völlig neubearb. Aufl., Stand 1.8.1992, München.

Burgess, E. W. (1960): Aging in Western Societies, Chicago.

Burgess, Ernest W. (1962): Western European Experience in Aging as Viewed by an American, in: Jerome Kaplan /J. Gordon Aldrige (Ed.): Social Welfare of the Aging, New York, London, 349-357.

Cohen M. D./J. G. March/J. P. Olsen (1972): A Garbage Can Modell of Organizational Choice, in: Administrative Science Quaterly 17, 1-25.

Cole, Thomas R./Mary G. Winkler (1988): Unsere Tage zählen. Ein historischer Überblick über Konzepte des Alterns in der westlichen Kultur, in: Göckenjan, Gerd/Hans-Joachim v. Kondratowitz (Hg.), 35-66.

Conrad, Christoph (1982): Altwerden und Altsein in historischer Perspektive, in: Zeitschrift für Sozialisationsforschung und Erziehungssoziologie (2), H. 1. 73-90.

Cumming, E./W.E: Henry (1961): Growing Old. A View in the Depth of the Social and Psychological Processes in Aging, New York.

Cumming, Elaine /W.E. Henry (1961): Growing old, the process of disengagement, New York.

Das Altern. Fakten und Probleme (1966): Vorträge gehalten auf der Tagung der Joachim Jungius-Gesellschaft der Wissenschaften Hamburg am 28 und 19. Oktober 1965, Göttingen.

Der alte Mensch in unserer Zeit (1966): Vortragsreihe des Süddeutschen Rundfunks, Stuttgart.

Deutsche Gesellschaft für Gerontologie (1969): Flexibilität der Altersgrenze, Symposium der Deutschen Gesellschaft für Gerontologie 1968, Veröffentlichungen der Deutschen Gesellschaft für Gerontologie, Bd. 2, Darmstadt.

Deutscher Bundestag, 12. Wahlperiode (1994): Zwischenbericht der Enquete-Kommission Demographischer Wandel - Herausforderungen unserer älter werdenden Gesellschaft an den einzelnen und die Politik, Drucksache 12/7876.

Deutscher Städtetag (Hg.) (1965): Hinweise zur Altenhilfe, Köln.

Die Älteren. Zur Lebenssituation der 55-70jährigen(1991), Eine Studie der Institute Infratest Sozialforschung, Sinus und Horst Becker, Bonn.

Die Kunst alt zu werden (1962), Elf Beiträge, Vortragsreihe des Süddeutschen Rundfunks (Das Heidelberger Studio), München;

Dieck, Margret/Gerhard Naegele (1993): 'Neue Alte' und alte soziale Ungleichheiten, in: Naegele, Gerhard/Hans Peter Tews (Hg.), 42-60.

Dieck, Margret (1993): Entwicklungslinien der Altenpolitik in der Bundesrepublik Deutschland, in: Hans-Ulrich Klose (Hg.) (1993a): Altern der Gesellschaft. Antworten auf den demographischen Wandel, Köln, 187-212.

Dieck, Margret/Gerhard Naegele (1978): Erkenntnisinteresse und Forschungsprogramm einer wissenschaftlichen Sozialpolitik für ältere Menschen, in: dies. (Hg.), 13-36.

Dieck, Margret/Gerhard Naegele (1989): Die 'neuen' Alten - Soziale Ungleichheiten vertiefen sich! Ein Thesenpapier, in: Tokarski, W./Fred Karl (Hg.), 167-181.

Dieck, Margret/Gerhard Naegele (Hg.) (1978): Sozialpolitik für ältere Menschen, Heidelberg.

Donzelot, Jacques (1980): Die Ordnung der Familie, Frankfurt a. M.

Dorenburg, Hermann/Claus Reis/Heinz Steinert (1987): Grenzen der Verrechtlichung sozialer Beziehungen - Sozialpolitik, Sozialarbeit und gesellschaftliche Alternativen, in: Olk, Thomas/Hans-Uwe Otto (Hg.), 199-229.

Dörner, Klaus (Hg.) (1988): Die unwürdigen Alten - zwischen Familienidyll und geschlossener Gesellschaft, Gütersloh.

Dornicht-Fluck, Brigitte (1984): Runzlige Radikale. Graue Panther in den USA und in der Bundesrepublik Deutschland, Hannover.

Dowd, J.J. (1974): Aging as Exchange: A Preface to Theory. Mimeogr., Andrus Gerontology Center, Los Angeles.

Dürscheid, Heinrich (1984): Zwischen 'Grauen Panthern' und Ballsaal: eine sozialpsychologische Studie einer 'Subkultur' älterer Menschen am Beispiel selbstorganisierter Altengruppen, München.

DZA - Deutsches Zentrum für Altersfragen (1978/1991): Zeitschriftenbibliographie Gerontologie, 14 Bände für die Jahre 1977 bis 1991, bearbeitet v. Michael Flaschka u. Kari Thürkow, Berlin.

DZA - Deutsches Zentrum für Altersfragen (1991): Verzeichnis der Altenpläne, bearbeitet von Brigitte Wimalasurya, Berlin.

DZA - Deutsches Zentrum für Altersfragen (Hg.) (1987): Die ergraute Gesellschaft, 1. Aufl., Berlin.

DZA - Deutsches Zentrum für Altersfragen (Hg.) (1991): Expertisen zum ersten Teilbericht der Sachverständigenkommission zur Erstellung des ersten Altenberichts der Bundesregierung, Berlin.

Ebel, Thomas (1987): Der alte Mensch und sein Bild in der Gesellschaft, Frankfurt a.M.

Edelmann, Murray (1990). Politik als Ritual: die symbolischen Funktionen staatlicher Institutionen und politischen Handelns, Frankfurt a.M./New York.

Ehmer, Josef (1990): Sozialgeschichte des Alters, Frankfurt a. M.

Eichenbrunner, Ilse (1989): Muß denn immer erst was passieren, in: Zeman, Peter (Hg.) Berlin, 2.unveränd. Aufl.,45-56.

Eierdanz, Jürgen (1992): Bildung für das Alter oder gegen das Altern? - Zum aktuellen Stand und zu den Perspektiven einer Altenbildung, in: Glaser, Hermann/Thomas Röbke (Hg.), 167-197.

Ekerdt, D. J. (1986): The Busy Ethik: Moral Continuity between Work and Retirement, in: The Gerontologist, Vol. 26, 239-344.

Ellwein, Thomas (1971): Planen und Entscheiden, in: Ronge, Volker/Günter Schmieg (Hg.), 26-34.

Ellwein, Thomas (1989): Krisen und Reformen: Die Bundesrepublik seit den sechziger Jahren, München.

Ellwein, Thomas (1993): Der Staat als Zufall und Notwendigkeit, Opladen.

Ellwein, Thomas (1994): Bemerkungen zu den Fragestellungen, zum Ablauf und zu einigen Ergebnissen des Projekts 'Verwaltungsentwicklung', in: Beiträge zur Theorie der Verwaltungsentwicklung, Konstanz, 1-18.

Engel, Dr. (1913): Der Fluch des Alters, in: Soziale Praxis, 22, 1066-1069.

Etzioni, Amitai (1976): Social Problems, Englewood Cliffs.

Fischer, Lorenz (1976): Die Wirkungen der Institutionalisierung auf das Selbstbild alter Menschen, Köln.

Fischer, Wolfram (1982): Armut in der Geschichte, Göttingen.

Flexibilität der Altersgrenze (1969) - siehe Deutsche Gesellschaft für Gerontologie (1969).

Franke, H. (1990): Lehrreiches aus dem bewegten Leben westdeutscher Hundertjähriger, in: Schmitz-Scherzer, R./A. Kruse/E. Olbrich (Hg.), 127-137.

Freesemann, Peter (1977): Alte Menschen in einer ostfriesischen Kleinstadt, Emden.

Freier, Dieter (1986): Zwischen Selbsthilfe und Altenhilfe, in: Articus, Stephan/Stefan Karolus (Hg.), 78-86.

Frerich, Johannes/Martin Frey (1993): Handbuch der Geschichte der Sozialpolitik, Bd.3: Sozialpolitik in der BRD bis zur Herstellung der deutschen Einheit, München/Wien.

Friedeburg, Ludwig von/Friedrich Weltz (1958): Altersbild und Altersvorsorge der Arbeiter und Angestellten Frankfurt a.M.

Friedrich-Wussow, Monika (1978): Altenhilfepolitik in der Bundesrepublik Deutschland aus der Sicht von Altenplänen, in: Dieck, Margret/Gerhard Naegele (Hg.), 267-282.

Friedrichs, Karl (1959): Lebensdauer, Altern und Tod in der Natur und im Menschenleben. Frankfurt a.M.

Fuller, Richard/Richard R. Myers (1941): The Natural History of a Social Problem, in: American Sociological Review 6 (1941), 320-328.

Garms-Homolová, Vjeka/Doris Schaeffer (1992): Versorgung alter Menschen: Sozialstationen zwischen wachsendem Bedarf und Restriktionen, Freiburg.

Geißler, Heiner (1976): Die neue soziale Frage: Armut im Wohlfahrtsstaat, Freiburg.

Geißler, Heinrich (1973): Altenpolitik in Rheinland-Pfalz, in: Konrad-Adenauer-Stiftung (Hg.), 122-128.

Gesellschaft für Sozialen Fortschritt (1964): Die Situation der alten Menschen, (Bericht eines Ausschusses der Gesellschaft für sozialen Fortschritt über die Situation in der Bundesrepublik Deutschland erstellt für den Kongress der Internationalen Vereinigung für Sozialen Fortschritt 1964 in Bordeaux), Berlin.

Giesen, Bernd (1983): Moralische Unternehmer und öffentliche Diskussion. Überlegungen zur gesellschaftlichen Thematisierung sozialer Probleme, in: Kölner Zeitschrift für Soziologie und Sozialpolitik 35, 230-254.

Gitschmann, Peter (1985): Alterssozialpolitik auf kommunaler Ebene zwischen Sparzwang und Handlungsbedarf, in: Bullmann, Udo/Peter Gitschmann (Hg.): Kommune als Gegenmacht. Alternative Politik in Städten und Gemeinden, Hamburg, 86-101.

Gitschmann, Peter (1989): Alterssozialpolitik auf kommunaler Ebene - Rahmenbedingungen und Strukturen, Hg. vom Deutschen Zentrum für Altersfragen, Beiträge zur Gerontologie und Altenarbeit Bd. 72, Berlin, 2., unveränderte Auflage.

Gitschmann, Peter (1992): Altenplanung per Gesetz, in: Blätter der Wohlfahrtspflege 11/12, 297-301.

Glaser, Hermann/Thomas Röbke (1992): Alt werden - jung bleiben. Kultur als Herausforderung, in: dies. (Hg.), 11-28.

Glaser, Hermann/Thomas Röbke (Hg.) (1992): Dem Alter einen Sinn geben. Wie Senioren kulturell aktiv sein können, Heidelberg.

Göckenjan, Gerd (1988): Solange uns die Sonne leuchtet, ist Zeit des Wirkens. Zum Wandel des Motivs: Leistung im Alter, in: ders./Hans-Joachim v. Kondratowitz (Hg.), 67-99.

Göckenjan, Gerd/Hans-Joachim v. Kondratowitz (1988) (Hg.): Alter und Alltag, Frankfurt a.M.

Göckenjan, Gerd/Hans-Joachim v. Kondratowitz (1988): Altern - Kampf um Deutungen und um Lebensformen, in: dies. (Hg.), 7-31.

Gößling, Siegfried (1986): Tagespflegeheime - Alternative zur Heimversorgung?, in: Articus, Stephan/Stefan Karolus (Hg.), 133-143.

Gottschalch, Wilfried (1991): Stereotyp, in: Kerber, Harald/Arnold Schmieder (Hg.): Handbuch Soziologie. Zur Theorie und Praxis sozialer Beziehungen, 580-58.

Grimm, Jakob (1863): Rede auf Wilhelm Grimm und Rede über das Alter Berlin.

Gronemeyer, Reimer (1989): Die Entfernung vom Wolfsrudel. Über den drohenden Krieg der Jungen gegen die Alten, Düsseldorf.

Gronemeyer, Reimer (1989): Integration und Segregation - Spezielle oder altersübergreifende Maßnahmen in Einrichtungen für alte Menschen, in: Baltes, Margret/Martin Kohli/Klaus Sames (Hg.), 113-117.

Gronemeyer, Reimer/Hans-Eckehard Bahr (Hg.) (1979): Niemand ist zu alt, Frankfurt a.M.

Gross, Peter/Bernhard Badura (1977): Sozialpolitik und soziale Dienste: Entwurf einer Theorie personenbezogener Dienstleistungen, in: Soziologie und Sozialpolitik, Sonderheft 19 der KZfSS, 361-385.

Groth, S. (1958): Das Dasein im Alter, in: Bolte, K.M./R. Tartler (Hg.), 24-39.

Groth, Sepp (1954): Das Alter im Aufbruch des Daseins. Frankfurt a.M.

Grunow, Dieter (1977): Problemsyndrome älterer Menschen und die Selektivität organisierter Hilfe, in: AWP, 165-195.

Grunow, Dieter (1977): Rehabilitation und Administration. Probleme organisierter Hilfe für alte Menschen, in: Soziologie und Sozialpolitik, Hg. v. Christian v. Ferber u. F.-X. Kaufmann, Sonderheft 19 der KZfSS, 386-423.

Grunow, Dieter (1978): Problemsyndrome ältere Menschen und die Selektivität organisierter Hilfe der örtlichen Sozialverwaltung, in: Dieck, Margret/Gerhard Naegele (Hg.), 244-266.

Grunow, Dieter (1991): Sozialverwaltung als Typus kommunaler Verwaltung, in: Hubert Heinelt/Helmut Wollmann (Hg.): Brennpunkt Stadt. Stadtpolitik und lokale Politikforschung in den achtziger und neunziger Jahren, Basel, Boston, Berlin, 128-148.

Guardini, Romano (1959): Die Lebensalter und ihre ethische und pädagogische Bedeutung, Würzburg.

Halfar, Bernd (1985): Kommunale Altenpläne in der Bundesrepublik Deutschland, in: AWP 1/1985, 32-47.

Hartmann, Helmut (1985): Bürgernähe der Sozialhilfeverwaltung, in: NDV, 257-263.

Havinghurst, R.J./R. Albrecht (1953): Older people, New York.

Hedtke-Becker, Astrid (1991): Vernetzung in der Altenhilfe, in: Deutscher Verein (Hg.): Fachliche Beratung, Planung, Vernetzung. Zur Entwicklung eines neuen Aufgabenfelds in der Altenhilfe, Frankfurt, 49-55.

Hellstern, Gerd-Michael/Helmut Wollmann (Hg.) (1984): Evaluierung und Erfolgskontrolle in Kommunalpolitik und Verwaltung, Basel.

Hergen-Lübben, Gerd (1972): Lebenslänglich. Alternsprozesse, Lernprozesse, in: Schulz, Ursula (Hg.), 53-68.

Herkner, Werner (1974): Inhaltsanalyse, in: Kodwijk, Jürgen van/Maria Wieken-Mayser (Hg.): Techniken der empirischen Sozialforschung. Band 3: Erhebungsmethoden: Beobachtung und Analyse von Kommunikation. München, 158-191.

Hesse, Joachim Jens (1976): Organisation kommunaler Entwicklungsplanung: Anspruch, Inhalte und Reichweite von Reorganisationsvorstellungen für das kommunale politisch-administrative System. Stuttgart, Berlin, Köln, Mainz.

Hildenbrand, Manfred (1973): Stadtplanung als Prozeß zur Integration verschiedener sozialer Gruppen, in: Konrad-Adenauer-Stiftung (Hg.), 136-142.

Hockerts, Hans Jürgen (1983): Sicherung im Alter. Kontinuität und Wandel der gesetzlichen Rentenversicherung 1889-1979, in: W. Conze (Hg.): Sozialgeschichte der Bundesrepublik Deutschland, Stuttgart, 296-323.

Hofmann, Klaus (1990): Planung und Finanzierung in der stationären Altenhilfe - Eine Bestandsaufnahme in den Bundesländern Bayern und Baden-Württemberg, in: Medizin, Mensch, Gesellschaft Jg. 15 (1990), 21-25.

Hofstätter, Peter R. (1960): Das Denken in Stereotypen. Göttingen.

Hohmeier, Jürgen/Hans-Joachim Pohl (Hg.) (1978): Alter als Stigma, Frankfurt a.M.

Holz, Gerda (1987): Alten(hilfe)politik in der Bundesrepublik Deutschland 1945 bis 1985. Eine politikwissenschaftliche Analyse am Beispiel des Bundesverbandes der Arbeiterwohlfahrt, Hg. v. Deutschen Zentrum für Altersfragen, Beiträge zur Gerontologie und Altenarbeit Bd. 68, Berlin

Hondrich, Karl Otto (Hg.) (1975): Menschliche Bedürfnisse und soziale Steuerung, Reinbek.

Hopf, Christel (1979): Soziologie und qualitative Sozialforschung, in: dies./Elmar Weingarten (Hg.), 11-37.

Hopf, Christel/Elmar Weingarten (Hg.) (1979): Qualitative Sozialforschung, Stuttgart.

Hörl, Josef (1992): Lebensführung im Alter, Heidelberg.

Hörl, Josef/Leopold Rosenmayr (1994): Gesellschaft, Familie, Alternsprozeß, in: Reimann, Helga/Horst Reimann (Hg.), 75-108.

Howe, Jürgen (1988): Bedingungen erfolgreichen Alterns, in: ders. (Hg.), Bd. 1, 215-227.

Hucke, Jochen/Gisela Seidel (1984): Was kommunale Praktiker lesen. Zur Aufnahme wissenschaftlicher Informationen in der Kommunalverwaltung, in: Hellstern/Wollmann (Hg.): Evaluierung und Erfolgskontrolle in Kommunalpolitik und Verwaltung, Basel, 476-480.

Hufeland, Christoph Wilhelm (1975): Die Kunst das menschliche Leben zu verlängern Stuttgart

Hummel, Konrad (1982): Öffnet die Altersheime, Weinheim/Basel.

Hummel, Konrad (1985). Gemeinwesenorientierte Altenarbeit - eine berufliche Herausforderung, in: Wolf Rainer Wendt (Hg.): Studium und Praxis der Sozialarbeit, Stuttgart, 168-178.

Hummel, Konrad (1988): Gemeinwesenorientierte Altenarbeit und die alterspsychiatrische Problemstellung, in: Dörner, Klaus (Hg.), 109-121.

Hummel, Konrad (1991): Freiheit statt Fürsorge: Vernetzung als Instrument zur Reform kommunaler Altenhilfe, Hannnover.

Hummel, Konrad (1992): Netzwerke in der Altenarbeit, in: Braun, Helmut/Jens Bruder/Reinhard Dierl u.a. (Hg.), 66-73.

Hummel, Konrad (1992): Neue Akzente in der Senioren-Kulturpolitik, in: Glaser, Hermann/Thomas Röbke (Hg.), 68-78.

Hummel, Konrad (1993): Öffnet die Altenarbeit. Zur sozialen Infrastruktur gemeinwesenorientierter Altenarbeit, in: Klose, Hans-Ulrich (1993a.), 213-227.

Hummel, Konrad/Irene Steiner-Hummel (1986): Gemeinwesenorientierte Konzepte in der Altenpflege: Wege aus der Zitadelle, Hannover.

Huster, Ernst-Ulrich (1985): Struktur und Krise kommunaler Sozialfinanzen, in : Leibfried, Stephan/Florian Tennstedt (Hg.), 190-209.

Igl, G. (1991): Recht und Alter - eine Problemskizze (unveröffentlichtes Manuskript), Hamburg.

Imhof, Arthur E. (1981): Die gewonnenen Jahre. Von der Zunahme unserer Lebensspanne seit dreihundert Jahren oder von der Notwendigkeit einer neuen Einstellung zu Leben und Sterben. München.

Imhof, Arthur E. (1988): Die verlängerte Lebenszeit - Auswirkungen auf unsere Zusammenleben. in: ders: Von der unsicheren zur sicheren Lebenszeit. Fünf historisch-demographische Studien. Darmstadt, 19-51.

Inglehart, Ronald (1979): Die stille Revolution. Vom Wandel der Werte, Königstein i. Ts.

Institut für Selbsthilfe und Sozialforschung (1962) - siehe Blume (1962).

Jantke, Carl/Dietrich Hilger (Hg.) (1965): Die Eigentumslosen, Freiburg.

Japp, Klaus Peter/Thomas Olk (1981): Zur Neuorganisation sozialer Dienste, in: Projektgruppe soziale Berufe (Hg.), 82-115.

Jens, Bruder (1988): Besondere Belastungen pflegender Familienangehöriger bei desorientierten Menschen ..., in: Dörner, Klaus (Hg.), 48-60.

Kaplan, Jerome (1956): Das Alter als soziales Problem. Betätigung und Zerstreuung für ältere Leute, Zürich.

Kardoff, Ernst v. (1989): Ambulante Versorgungsalternativen für hilfe- und pflegebedürftige alte Menschen, in: ders./Hubert Oppl (Hg.): Sozialarbeit für und mit alten Menschen, 113-131.

Kardoff, Ernst v./Elmar Koenen (Hg.) (1981): Psyche in schlechter Gesellschaft. Zur Krise klinischpsychologischer Tätigkeit, München, Wien, Baltimore.

Karl, Fred (1993): Strukturwandel des Alters und Handlungspotentiale, in: Naegele, Gerhard/Hans-Peter Tews (Hg.), 259-270.

Karolus, Stefan/Ingolf Letsche (1986): Der Beitrag sozialer und ambulanter Dienste und Hilfen zu einem selbständigen Leben im Alter, in: Articus, Stephan/ders. (Hg.), 95-106.

Kaufmann, Franz Xaver (1960): Die Überalterung. Ursachen, Verlauf, wirtschaftliche und soziale Auswirkungen des demographischen Alterungsprozesses. Veröffentlichungen der Handels-Hochschule St. Gallen, Reihe A, Heft 58, Zürich und St. Gallen.

Kiesselbach, Luise (1929): Altersnot und Altershilfe, in : Grotjan, A./L. Langstein./F. Rott: Ergebnisse der sozialen Hygiene und Gesundheitsfürsorge, Bd. 1, Leipzig, 236-263.

Klages, Helmut (1988): Wertedynamik: Über die Wandelbarkeit des Selbstverständlichen, Zürich, Osnabrück.

Klie, Thomas (1992): Rechtliche Implikationen der Altenhilfe, in: Asam, Walter (Hg.), 54-69.

Klie, Thomas/Rüdiger Spiegelberg/Uwe Lörcher (1992): Bericht der Arbeitsgruppe 9: Altenhilfeplanung im ländlichen Raum, in: Braun, Helmut/Jens Bruder/Reinhard Dierl u.a. (Hg.), 168-190.

Klimecki, Rüdiger/Hermann Laßleben/Beate Riexinger-Li (1994): Policybezogenes Lernen kommunaler Sozialverwaltungen, Zwischenbericht zur ersten Projektphase, Fakultät für Verwaltungswissenschaft, Universität Konstanz, Konstanz.

Klose, Hans Ulrich (Hg.) (1993a): Altern der Gesellschaft. Antworten auf den demographischen Wandel, Köln.

Klose, Hans-Ulrich (Hg.) (1993): Altern hat Zukunft: Bevölkerungsentwicklung und dynamische Wirtschaft, Opladen.

Knopf, D. (1983): Gesellungs- und Aktivitätsformen von Besuchern zweier Berliner Seniorenfreizeitstätten unter dem Einfluß eines 'aktivierenden Angebots', in: AG Interpretative Sozialforschung: Alltag in den Seniorenfreizeitstätten, Berlin, 79-145.

Kodwijk, Jürgen van/Maria Wieken-Mayser (Hg.) (1974): Techniken der empirischen Sozialforschung. Band 3: Erhebungsmethoden: Beobachtung und Analyse von Kommunikation. München.

Kommunale Gemeinschaftsstelle (KGST) (1994): Organisation der Leistungen für ältere Menschen, KGST-Bericht Nr. 10/94, 50.

Kondratowitz, Hans-Joachim v. (1988): Allen zur Last, niemandem zur Freude. Die institutionelle Prägung des Alterserlebens als historischer Prozeß, in: Göckenjan, Gerd/ders. (Hg.), 100-136.

Kondratowitz, Hans-Joachim v. (1988b): Das ungeliebte Heim - Historische Gründe und neue Alternativen, in : A. Kruse/ U. Lehr/F. Oswald/Chr. Rott (Hg.): Gerontologie. Wissenschaftliche Erkenntnisse und Folgen für die Praxis, München, 427-465.

Kondratowitz, Hans-Joachim v. (1990): Das Alter - eine Last. Die Geschichte einer Ausgrenzung, dargestellt an der institutionellen Versorgung des Alters 1880-1933, in: Archiv für Sozialgeschichte 1990, 105-144.

Kondratowitz, Hans-Joachim v. (1993): Verwendung gerontologischen Wissens in der Kommune, Hg. v. DZA Beiträge zur Gerontologie und Altenarbeit Bd. 89, Berlin.

Konrad-Adenauer-Stiftung (Hg.) (1973): Anpassung oder Integration? Zur gesellschaftlichen Situation älterer Menschen, Bonn.

Kronseder, Elisabeth/Eckard Rasehorn (1992): Pflege daheim oder im Heim?, in: Braun, Helmut/Jens Bruder/Reinhard Dierl u.a. (Hg.), 150- 155.

Kruse, A./U. Lehr/F. Oswald/Chr. Rott (Hg.) (1988): Gerontologie. Wissenschaftliche Erkenntnisse und Folgerungen für die Praxis, München.

Kühlewind, G. (1986): Beschäftigung und Ausgliederung älterer Arbeitnehmer, in: Mitteilungen aus der Arbeitsmarkt- und Berufsforschung (19), Heft 2, 209-232

Kühn, Dietrich (1975): Kommunale Sozialplanung, Stuttgart, Berlin, Köln, Mainz.

Kühn, Dietrich (1982): Neuere Beispiele von Sozialplanung und ihre kritische Bewertung, in: Helge Peters (Hg.): Sozialarbeit als Sozialplanung, Opladen, 7-34.

Kuß, Jürgen (1992): Entstehung und Konzeption eines Senioren-Centrums: Der Modellfall einer Tagesstätte, in: Glaser, Hermann/Thomas Röbke (Hg.), 227-246.

Lang, E./K. Arnold (Hg.) (1986): Vorbereitung auf das aktive Alter, Stuttgart.

Lang, E./K. Arnold (Hg.) (1989): Wege in den Ruhestand, Stuttgart.

Lang, E./P. Lang (1990): Die Bedeutung von körperlicher Aktivität und Sport in den verschiedenen Lebensphasen, in: Schmitz-Scherzer, R./A. Kruse/E. Olbrich (Hg.), 139-146.

Langehennig, Manfred (1987): Der lange Abschied von der Arbeitswelt - Zur falschen Alternative von Freizeit- oder Arbeitsorientierung in den sozialen Hilfsangeboten, in: Backes, G./W. Clemens (Hg.): In der Sackgasse der Arbeitsgesellschaft? Bielefeld, 204-224.

Langehenning, Manfred (1987a): Die Seniorenphase im Lebenslauf: zur sozialen Konstruktion eines neuen Lebensalters, Augsburg.

Langen, Ingeborg (1992): Wandel der Lebensorientierungen und Generationenbeziehungen älterer Menschen auf dem Lande, in: dies./Ruth Schlichting (Hg.), 57-78.

Langen, Ingeborg/Ruth Schlichting (Hg.) (1992): Altern und Altenhilfe auf dem Lande, München

Laslett, P. (1977): The History of Aging and the Aged. in: ders.: Family Life and illicit Love in earlier Generations. Cambridge, S. 174-213.

Lasslett, P. (1971): The World we have lost. London, 2. Aufl. 1971

Lau, Christoph (1975): Theorien gesellschaftlicher Planung. Eine Einführung, Stuttgart, Berlin, Köln, Mainz.

Lehr, Ursula (1970): Die Problematik des älteren Menschen - psychologisch gesehen, in: Gerhard-H. Sitzmann (Hg.), 22-40.

Lehr, Ursula (1972): Psychologie des Alterns, Heidelberg, 1. Auflage. Im Jahr 1991 erschien die 7. Auflage dieses Werks.

Lehr, Ursula (1978): Die Situation der älteren Frau - psychologische und soziale Aspekte, in: dies. (Hg.), 6-26.

Lehr, Ursula (1979): Gero-Intervention - das Insgesamt der Bemühungen, bei psycho-physischem Wohlbefinden ein hohes Lebensalter zu erreichen, in: dies. (Hg.): Interventionsgerontologie, Darmstadt, 1-49.

Lehr, Ursula (1983): Altern bis zum Jahre 2000 und danach - die Herausforderung der Zukunft, in: dies. (Hg.), 1-32.

Lehr, Ursula (1985): Auf dem Wege zur Fünf-Generationen-Gesellschaft, in: Das Alter aus wissenschaftlicher Sicht, Veröffentlichungen der Universität Innsbruck Band 154, Innsbruck, 31-52.

Lehr, Ursula (1987): Zur Situation der älterwerdenden Frau, München.

Lehr, Ursula (1988): Der Übergang in die nachberufliche Phase: neuer Start nach 60, in: Kruse, A./U. Lehr/F. Oswald/Chr. Rott (Hg.), 197-209.

Lehr, Ursula (1989): Erfolgreiches Altern - Einführung, in: Baltes, Margret/Martin Kohli/Klaus Sames (Hg.), Bern, Stuttgart, 2-4.

Lehr, Ursula (Hg.) (1978): Seniorinnen. Zur Situation der älteren Frau, Darmstadt.

Lehr, Ursula (Hg.) (1983): Altern - Tatsachen und Perspektiven, Bonn.

Lehr, Ursula/Hans Thomae (1976): Soziale Dienste für alte Menschen, Bonn.

Lehr, Ursula/Hans Thomae (1991): Psychologie des Alterns, 7. überarb. u. erg. Aufl. Heidelberg, Wiesbaden.

Lehr, Ursula/Hans Thomae (Hg.) (1968): Altern. Probleme und Tatsachen, Frankfurt a.M.

Lehr, Ursula/Konrad Repgen (Hg.) (1994): Älterwerden: Chance für Mensch und Gesellschaft, München.

Lehr, Ursula/W.F. Schneider (1984). Altersbild, in: Oswald, Wolf/Werner Hermann/Siegfried Kanowski u.a. (Hg.): Gerontologie, Stuttgart, Berlin, Köln, Mainz, 31-37.

Leibfried, Stephan /E. Hansen/M. Heisig (1984): Politik mit der Armut. Notizen zu Weimarer Perspektiven anläßlich bundesrepublikanischer Wirklichkeiten, in: Prokla, Heft 56, 105-126.

Leibfried, Stephan/Florian Tennstedt (Hg.) (1985): Armenpolitik und Arbeiterpolitik. zur Entwicklung und Krise der traditionellen Sozialpolitik der Verteilungsformen, in: dies. (Hg.), 64-93.

Leibfried, Stephan/Florian Tennstedt (Hg.) (1985): Politik der Armut und die Spaltung des Sozialstaats, Frankfurt a.M.

Leitner, Ute (1986): Entwicklungslinien in der Geschichte institutioneller Versorgung alter Menschen in Deutschland, in: Articus, Stephan/Stefan Karolus (Hg.) (1986), 24-38.

Lenhartz, Lieselotte (1958): Altersprobleme des selbständigen großstädtischen Mittelstandes, Stuttgart.

Lippmann, W. (1965). Public Opinion, New York (org. 1922).

Luhmann, Niklas (1971): Politische Planung, in: Ronge, Volker/Günter Schmieg (Hg.), 57-80.

Luhmann, Niklas (1981): Politische Theorie im Wohlfahrtsstaat, München.

Mackenroth, Gerhard (1953): Bevölkerungslehre. Theorie, Soziologie und Statistik der Bevölkerung,Berlin, Göttingen, Heidelberg.

Mackroth, Petra/Malte Ristau (1993): Die Älteren als dynamischer Faktor. Handlungspotentiale und gesellschaftliche Interessen, in: Klose, Hans-Ulrich (Hg.) (1993a), 280-307.

Majce, Gerhard (1978). Geschlossene Altenhilfe. Probleme der Heimunterbringung, in: Rosenmayr, Hilde/Leopold Rosenmayr (Hg.), 261-297.

Manz, Wolfgang (1968): Das Stereotyp. Zur Operationalisierung eines sozialwissenschaftlichen Begriffs, Kölner Beiträge zur Sozialforschung und angewandten Soziologie Bd. 8, Meisenheim.

Matthes, Joachim (Hg.) (1979): Sozialer Wandel in Westeuropa. Verhandlungen des 19. Deutschen Soziologentages Berlin, Frankfurt a.M., 480-500.

Mayer, Karl U./Paul B. Baltes u.a. (1992): Gesellschaft, Politik, Altern, in: Baltes, Paul/Jürgen Mittelstraß (Hg.), 721-757.

Mayntz, Renate (Hg.). (1980): Implementation politischer Programme. Empirische Forschungsberichte, Königstein/Ts.

Mayntz, Renate/Fritz W. Scharpf (Hg.) (1973): Planungsorganisation, München.

Mehl, Hans-Peter (1970): Aufgaben der 'sozialen Arbeit' in der kommunalen Sozialplanung, in: Die Fürsorge im sozialen Rechtsstaat. Gesamtbericht über den 66. Fürsorgetag 1969 in Essen, Frankfurt.

Merton, Robert K. (1971): Social Problems and Sociological Theory, in: ders./Robert Nisbet (Hg.): Contemporary Social Problems,New York.

Meyer, John W./Brian Rowan (1977): Institutional Organizations: Formal Structure as Myth and Ceremony, in: American Journal of Sociology 83, Nr. 2, S. 340-363.

Meyer, Thomas (1993): Eine neue Kultur für eine Gesellschaft, die älter wird, in: Klose, Hans-Ulrich (Hg.) (1993a), 228-242.

Miegel, Meinhard (1981): Sicherheit im Alter. Ein Plädoyer für die Weiterentwicklung des Rentensystems, Schriften des Instituts für Wirtschafts- und Gesellschaftspolitik IWG, Stuttgart.

Miegel, Meinhard (1993): Bevölkerungsdynamik in Europa: Trends und Konsequenzen, in: Klose, Hans-Ulrich (Hg.) (1993): Altern hat Zukunft: Bevölkerungsentwicklung und dynamische Wirtschaft, Opladen, 36-51.

Ministerium für Arbeit, Gesundheit und Soziales Nordrhein-Westfalen (1989): Ältere Menschen in Nordrhein-Westfalen. Wissenschaftliches Gutachten zur Lage der älteren Menschen und zur Altenpolitik in Nordrhein-Westfalen zur Vorbereitung des Zweiten Landesaltenplans, erarbeitet von Gerhard Bäcker, Margret Dieck, Gerhard Naegele u. Hans-Peter Tews, Düsseldorf.

251

Mitterauer, Michael (1982): Problemfelder einer Sozialgeschichte des Alters, in: Helmut Konrad (Hg.): Der alte Mensch in der Geschichte, Wien, 9- 61

Mitterauer, Michael/R. Sieder (1977): Vom Patriarchat zur Partnerschaft, München

Mittheilungen (1980). Mittheilungen des Centralvereins für das Wohl der arbeitenden Klassen 1848/49, hg. von Wolfgang Köllmann und Jürgen Reulecke, Hagen

Mohl, Hans (1993): Die Altersexplosion. Droht uns ein Krieg der Generationen?, Stuttgart.

Müller, C. Wolfgang (1987): Wie grau ist unser Bild von der ergrauten Gesellschaft, in: Arbeitsgruppe Fachbericht, 446-459.

Müller, Heinrich (1988): Stereotype über das Alter und ihre Auswirkungen, in: Howe, Jürgen (Hg.): Lehrbuch der psychologischen und sozialen Alterswissenschaft, Bd. 1, Heidelberg, 73-94.

Müller, Paul J./Wolfgang Bick (1979): Die Bedeutung des Institutionengeflechts und intermediärer Instanzen für den Alltag, in. Matthes, Joachim (Hg.): Sozialer Wandel in Westeuropa. Verhandlungen des 19. Deutschen Soziologentages Berlin, Frankfurt a.M., 480-500.

Müller, Siegfried/Thomas Olk/Hans-Uwe Otto (Hg.) (1981): Sozialarbeit als soziale Kommunalpolitik, Neue-Praxis-Sonderheft Nr. 6, Neuwied.

Naegele, Gerhard/Hans-Peter Tews (Hg.) (1993): Lebenslagen im Strukturwandel des Alters. Alternde Gesellschaft - Folgen für die Politik, Opladen.

Naegele, Gerhard/Waldemar Schmidt (1993): Zukünftige Schwerpunkte kommunalpolitischen Handelns in Altenpolitik und Altenarbeit auf dem Hintergrund des demographischen und soziostrukturellen Wandels des Alters, in: Kühnert, Sabine/Gerhard Naegele (Hg.): Perspektiven moderner Altenpolitik und Altenarbeit, Hannover, 1-26.

Narr, Hannelore (1981): Thesen zu: zur Lebenssituation alter Menschen in unserer Gesellschaft, Manuskript.

Neckel, Sighard (1993): Altenpolitischer Aktivismus, in: Leviathan 4/1993, 540-563.

Nedelmann, Birgitta (1982): Rentenpolitik in Schweden, Frankfurt a. M.

Neugarten, Bernice (1981): Auf dem Weg in eine ergraute Gesellschaft, in: Lebens-Wandel. Die Veränderungen des Alltags, hg. v. Psychologie heute, Weinheim/Basel, 156-162.

Niemeyer, Werner (1987): Strukturreform der gesetzlichen Rentenversicherung. Vorstellungen im Bundesministerium für Arbeit und Sozialordnung, in: Aus Politik und Zeitgeschichte v. 29.8.1987, Beilage zu 'Das Parlament' B 35/87, 17-27.

Nitsche, Roland (1972): Das vergessene Alter. Im Abseits der Gesellschaft, München, Wien.

Noelle-Neumannn, Elisabeth/Wolfgang Rothenberger (1993): Erfahrungen und Einstellungen zum Alter, in: Klose, Hans-Ulrich (Hg.) (1993): Altern hat Zukunft: Bevölkerungsentwicklung und dynamische Wirtschaft, Opladen, 199-221.

Nullmeier, Frank/Friedbert W. Rüb (1989): Alter im Sozialstaat. Zur Entwicklung der Alterspolitik in der Bundesrepublik Deutschland, in: Sozialwissenschaftliche Informationen für Unterricht und Studium, 18, 34-39.

Olk, Thomas/Hans-Uwe Otto (1987): Institutionalisierungsprozesse sozialer Hilfe - Kontinuitäten und Umbrüche, in: dies. (Hg.), 1-23.

Olk, Thomas/Hans-Uwe Otto (Hg.) (1987): Soziale Dienste im Wandel 1: Helfen im Sozialstaat, Neuwied, Darmstadt

Opaschowski, Horst/Ursula Neubauer (1984): Freizeit im Ruhestand: Erwartungen und Wirklichkeit von Pensionären, Hamburg.

Ortmannn, F. (1983): Bedürfnis und Planung in sozialen Bereichen, Opladen.

Petzold, Hilarion/Elisabeth Bubolz (1976a): Konzepte zu einer integrativen Bildungsarbeit mit alten Menschen, in: dies. (Hg.), 37-60.

Petzold, Hilarion/Elisabeth Bubolz (1976b): Theorien zum Prozeß des Altern und ihre Relevanz für geragogische Fragestellungen, in: dies. (Hg.), 116-144.

Petzold, Hilarion/Elisabeth Bubolz (Hg.) (1976): Bildungsarbeit mit alten Menschen, Stuttgart.

Pöggeler, Franz (1976): Bildung für das Alter, in: Petzold, Hilarion/Elisabeth Bubolz (Hg.), 89-115.

Pohlmann, Reinhard (1992): Neue Herausforderungen kommunaler Altenarbeit und -planung, in: Braun, Helmut/Jens Bruder/Reinhard Dierl u.a. (Hg.), 132-139.

Polligkeit, Wilhelm (1928): Forderungen für den systematischen Ausbau der Altersfürsorge, Veröffentlichungen des Deutschen Vereins für öffentliche und private Fürsorge, Heft 14, Frankfurt a. M.

Pollock, Friedrich (1966): Altwerden als soziologisches Problem in: Der alte Mensch in unserer Zeit, 111-128.

Projektgruppe für Regierungs- und Verwaltungsreform (1969): Erster Bericht zur Reform der Struktur von Bundesregierung und Bundesverwaltung, (unveröffentlicht), Bonn.

Projektgruppe soziale Berufe (1981) (Hg.): Sozialarbeit: Problemwandel und Institutionen. Expertisen II. München.

Pross, Helga (1978): Alter und Geschlechtsrollen, in: Lehr, Ursula (Hg.), 61-67.

Quasthoff, Uta (1973): Soziales Vorurteil und Kommunikation - Eine sprachwissenschaftliche Analyse des Stereotyps, Frankfurt a.M.

Radebold, Hartmut (1986): Dienstleistungszentrum für Ältere in Ulm, in: Articus, Stephan/Stefan Karolus (Hg.), 87-94.

Radebold, Hartmut (1989): Gibt es die neuen Alten? Eine zusammenfassende Einschätzung, in: Tokarski, W./Fred Karl (Hg.), 182-187.

Radkau, J. (1985): Die singende und dic tote Jugend. in: T. Koebner (Hg.): 'Mit uns zieht die neue Zeit'. Der Mythos Jugend. Frankfurt a.m.:97-127.

Regus, Michael/Peter Trenk-Hinterberger (1985). Armutspolitik und Krankheit im Alter: Deprofessionalisierung und Privatisierung der Pflegehilfe, in: Leibfried, Stephan/Florian Tennstedt (Hg.), 336-356.

Reimann, Helga/Horst Reimann (Hg.) (1974): Das Alter. Einführung in die Gerontologie, Stuttgart, 1. Aufl.

Reimann, Helga/Horst Reimann (Hg.) (1983): Das Alter. Einführung in die Gerontologie, 2., völlig neu bearbeitete Auflage, Stuttgart.

Reimann, Helga/Horst Reimann (Hg.) (1994): Das Alter. Einführung in die Gerontologie, 3., neu bearb. Aufl., Stuttgart.

Reis, Claus (1986): Altenselbsthilfegruppen - Strukturmerkmale eines sozialen Phänomes, in: Articus, Stephan/Stefan Karolus (Hg.), 63-77.

Reiser, Brigitte (1996): Implementation durch Politiknetzwerke. Dissertation an der Sozialwissenschaftlichen Fakultät der Universität Konstanz, Konstanz.

Reulecke, Jürgen (1983): Zur Entdeckung des Alters als eines sozialen Problems in der ersten Hälfte des 19. Jahrhunderts, in: Christoph Conrad (Hg.): Gerontologie und Sozialgeschichte, Berlin, 413-423.

Ritter, Gerhard A. (1983): Sozialversicherung in Deutschland und England: Entstehung und Grundzüge im Vergleich, München.

Roegele, Otto B. (1974): Das Dritte Alter. Abgeschrieben oder aufgewertet?, Osnabrück.

Ronge, Volker/Günter Schmieg (1973): Restriktionen politischer Planung, Frankfurt.

Ronge, Volker/Günter Schmieg (Hg.) (1971): Politische Planung in Theorie und Praxis, München.

Rosenbaum, Heidi (1982): Formen der Familie. Frankfurt a.M. 1982.

Rosenmayr, Leopold (1974): Elements of an Assimilation-Field-Theory. An Exchange Model for Gerosociology. Bericht an den Achten Weltkongreß für Soziologie, Toronto.

Rosenmayr, Leopold (1978): Elemente einer allgemeinen Alter(n)stheorie, in: Rosenmayr, Hilde/ders. (Hg.), 46-70.

Rosenmayr, Leopold (1978a): Die soziale Bewertung der alten Menschen, in: Rosenmayr, Hilde/ders. (Hg.), 110-130.

Rosenmayr, Leopold (1978b). Die menschlichen Lebensalter in Deutungsversuchen der europäischen Kulturgeschichte. in: Leopold Rosenmayr (Hg.): Die menschlichen Lebensalter. Kontinuität und Krisen. München, 23-79.

Rosenmayr, Leopold (1990): Die Kräfte des Alters, Wien.

Rosenmayr, Leopold /Hilde Rosenmayr (Hg.) (1978): Der alte Mensch in der Gesellschaft, Reinbek.

Rosenmayr, Leopold/Eva Köckeis (1965): Umwelt und Familie alter Menschen, Neuwied, Berlin.

Rosenmayr, Leopold/Franz Kolland (Hg.) (1988): Arbeit-Freizeit-Lebenszeit, Opladen.

Rosenmayr, Leopold/Gerhard Majce (1978): Die soziale Benachteiligung, in: Rosenmayr, Hilde/ Leopold Rosenmayr (Hg.), 230-260.

Rosenmayr, Leopold/Hilde Rosenmayr (1978a): Die Familie, in: dies. (Hg.): Der alte Mensch in der Gesellschaft, Reinbek, 159-230.

Rosow, I. (1963): Adjustment of the normal aged, in: Williams (Hg.): Process of aging, Bd. 2, New York, 195-223.

Roth, Günter (1994): Theorien zur Verwaltungsentwicklung - ein Überblick, in: Beiträge zur Theorie der Verwaltungsentwicklung, Konstanz, 111-155.

Roth, Günter (1996): Die Entwicklung kommunaler Sozialverwaltung von 1920 bis heute: Aufgaben, institutionelle Umwelt und Organisation (Arbeitstitel), Dissertation an der Sozialwissenschaftlichen Fakultät der Universität Konstanz, Konstanz.

Roth, Günter/Günther André (1994): Professionalisierung in der öffentlichen Sozial- und Altenfürsorge zwischen 1933 und 1989, in: Beiträge zur Theorie der Verwaltungsentwicklung, Konstanz, 37-44.

Rowan, Brian (1984): Environmental Expectations and Structural Changes in the California Public School, in: Westrum, Ron/Samaha, Khali (Hg.): Complex Organizations: Growth, Struggle, and Change, Prentice Hall/Englewood Cliffs, 319-338.

Rudinger, Georg (1983): Altern und Leistung, in: Lehr, Ursula (Hg.), 103-121.

Sachße, Christopf/Florian Tennstedt (1992): Geschichte der Armenfürsorge in Deutschland, Band 3: Der Wohlfahrtsstaat im Nationalsozialismus, Stuttgart, Berlin, Köln, Mainz.

Sachße, Christoph/Florian Tennstedt (1980): Geschichte der Armenfürsorge in Deutschland, Band 1: Vom Spätmittelalter bis zum 1. Weltkrieg, Stuttgart, Berlin, Köln, Mainz.

Sachße, Christoph/Florian Tennstedt (1988): Geschichte der Armenfürsorge in Deutschland, Band 2: Fürsorge und Wohlfahrtspflege 1871 bis 1929', Stuttgart, Berlin, Köln, Mainz.

Schäuble, Gerhard (1989): Die schönsten Jahre des Lebens?, Stuttgart.

Schick, Ingrid (1978): Alte Menschen in Heimen, Köln.

Schmelzer, Horst/Walter Tebert (1969): Alter und Gesellschaft. Eine soziologische Untersuchung der sozialen Voraussetzungen von Maßnahmen der Altenhilfe, Studie im Auftrag des Sozialministeriums Rheinland-Pfalz, Bonn.

Schmid-Urban, Petra/Josef Tress (1984): Sozialplanung in der Großstadt. Das Beispiel Planung für ältere Menschen in München, in: Spiegelberg, Rüdiger/Marina Lexkowicz (Hg.), 79-106.

Schmidt, Roland (1989): Die schlaue Altenhilfe. Zur Entwicklung des Fort- und Weiterbildungsmarktes in den achtziger Jahren, Berlin.

Schmidt, Roland/Peter Zeman (1988): Die Alterskultur der Altenhilfe: Rückzugnische, Aktivprogramm, neues Alter? in:Göckenjan, Gerd/Hans-Joachim v. Kondratowitz (Hg.), 270-295.

Schmidtchen, Gerhard (1968): Die Lage der Selbständigen im Alter, Ergebnisse repräsentativer Sozialenquêten des Instituts für Demoskopie Allensbach, Schriftenreihe des Bundesministers für Arbeit und Sozialordnung Heft 13, Stuttgart.

Schmitt, Roland (1994): Kooperation öffentlicher und freier Träger der Wohlfahrtspflege auf kommunaler Ebene, in: Ellwein u.a. Beiträge zur Theorie der Verwaltungsentwicklung, 85-109.

Schmitz-Scherzer, R./A. Kruse/E. Olbrich (Hg.) (1990): Altern - ein lebenslanger Prozeß der sozialen Interaktion, Darmstadt.

Schmitz-Scherzer, Reinhard (1975): Alter und Freizeit, Stuttgart, Berlin, Köln, Mainz.

Schmitz-Scherzer, Reinhard/I. Schick/D. Kühn u.a. (1977): Vorbereitung auf das Alter? Eine sozialempirische Untersuchung zur Lebenssituaion 50- 65jähriger Braunschweiger Bürger, Schriftenreihe des Bundesministers für Jugend, Familie und Gesundheit Bd. 51, Stuttgart/Berlin/Köln/Mainz.

Schneekloth, Ulrich/Peter Potthoff (1993): Hilfe- und Pflegebedürftige in privaten Haushalten, Schriftenreihe des Bundesministeriums für Familie und Senioren Band 20.2, Stuttgart, Berlin, Köln.

Schneider, Hans-Dieter (1974): Aspekte des Alterns. Ergebnisse sozialpsychologischer Forschung, Frankfurt a.M.

Schubert, R. (1969): Verschiedene Formen des Alterns, in: Flexibilität der Altersgrenze, 1-3.

Schuleri-Hartje, Ulla-Kristina (1992): Anforderungen an die offene Altenhilfe, Difu-Beiträge zur Stadtforschung Band 5, Berlin.

Schüller, Simone (1989): Hilfe zur Selbsthilfe oder betreuter Mensch? - Zur Diskussion um die Pflegesicherung in der Bundesrepublik, in: Stefan Hradil (Hg.): Der betreute Mensch?, München, 24-50.

Schulz zur Wiesch, Jochen (1988): Wandlungen der Sozialplanung auf kommunaler Ebene, in: Asam, Walter/Michael Heck/Thomas Specht (Hg.), 24-41.

Schulz, Heike (1979): Soziale Beziehungen im Alter: Integration durch 'Insulation', Frankfurt a.M., New York.

Schulz, Ursula (Hg.) (1972): Die abgeschobene Generation, Wuppertal.

Schwabedissen, Otto Meyer zu (1986): Zur Notwendigkeit einer praktischen Geriatrie, in: Articus, Stephan/Stefan Karolus (Hg.), 157-176.

Scott, Richard W. (1992): Reform Movement and Organizations. The Case of Aging, in: Meyer, John W./Scott, Richard W. (Hg.): Organizational Environments: Ritual and Rationality, Newbury Park, 115-127.

Seibel, Wolfgang (1992): Das Mülleimermodell in der Verwaltungspraxis - oder: wie sich Lösungen ihre Probleme suchen, in: Benz, Arthur/Wolfgang Seibel (Hg.): Zwischen Kooperation und Korruption. Abweichendes Verhalten in der Verwaltung, Baden-Baden, 135-151.

Seidel, Eva (1986): Bildung im Alter und Vorbereitung auf das Alter. Bestandsaufnahme, Einschätzungen und Ausblick, in: Articus, Stephan/Stefan Karolus (Hg.), 52-62.

Sidler, Nikolaus (1989): Am Rande leben - abweichen - arm sein. Konzepte und Theorien zu sozialen Problemen, Freiburg i. Br.

Silbermann, Alphons (1974). Systematische Inhaltsanalyse in: König, René (Hg.): Handbuch der empirischen Sozialforschung Bd. 4: Komplexe Forschungsansätze. 3., umgearb. u. erw. Aufl., Stuttgart, 253-339.

Sitzmann, Gerhard-H. (1970): Zur Didaktik des Lernens für das Alter, in: ders. (Hg.), 5-7.

Sitzmann, Gerhard-H. (Hg.) (1970): Lernen für das Alter, Diessen.

Soule, George (1959): Das längere Leben. Frankfurt a. M. (org. Longer Life, New York 1958)

Specht, K. G. (1976): Einrichtungen und Programmme der Altenbildung in der BRD, in: Petzold, Hilarion/Elisabeth Bubolz (Hg.), 211-221.

Spector, Malcom/John. E. Kituse (1973): Social Problems: A Re-Formulation, in: Social Problems 21, 145-159.

Spiegelberg, Rüdiger (1984): Entwicklungsstand der Sozialplanung in Theorie und Praxis, in: ders./Marina Lewkowicz (Hg.), 9-35.

Spiegelberg, Rüdiger/Maria Lewckowicz (Hg.) (1984): Sozialplanung in der Praxis. Fallstudien und Analysen, Opladen.

Stadt Köln (1959): Denkschrift über das Altenproblem im Stadtgebiet Köln, Köln.

Stadt Köln (Hg.) (1961): Alte Menschen in einer Großstadt, Teil II und III, Untersuchung des Instituts für Selbsthilfe und Sozialforschung, Köln.

Stadt Neuß (1963): Altersuntersuchung Neuß, Neuß.

Statistisches Bundesamt (1993): Statistisches Jahrbuch 1992, Wiesbaden.

Statistisches Jahrbuch deutscher Gemeinden (1960): Alteneinrichtungen 1960, Jg. 48, 494ff.

Statistisches Jahrbuch deutscher Gemeinden (1970): Alteneinrichtungen 1969, Jg. 57, 158ff.

Statistisches Jahrbuch deutscher Gemeinden (1972): Ausgewählte Strukturdaten der Gemeinden mit 10000 und mehr Einwohnern, Jg. 59, 8ff.

Statistisches Jahrbuch deutscher Gemeinden (1980): Ausgewählte Strukturdaten der Gemeinden mit 10000 und mehr Einwohnern, Jg. 67, 24ff.

Statistisches Jahrbuch deutscher Gemeinden (1990): Ausgewählte Strukturdaten der Gemeinden mit 10000 und mehr Einwohnern, Jg. 77, 28ff.

Steiger, Emma (1954): Altersprobleme. Wesen und Stellung des alten Menschen mit Beispielen aus der Altershilfe in zahlreichen Ländern, Schriften der Arbeiterwohlfahrt Bd. 7, Bonn.

Stenger, Hans-Joachim (1977): Gerontagogische Arbeit mit Senioren, Inaugural-Dissertation an der Johannes-Gutenberg-Universität zu Mainz.

Strang, Heinz (1984): Altenhilfeplanung Wilhelmshaven: Expertenplanung mit Empathie, in: Spiegelberg, Rüdiger/Marina Lewkowicz (Hg.), 106-119.

Strasser, Gregor (1932): Macht Platz, ihr Alten, in: ders: Kampf um Deutschland, München, 171ff.

Strohmeier, K.P. (1981): Sozialökologie, in: S. Müller u.a. (Hg.).

Tartler, Rudolf (1958): Gesellschaft und Alter, in: Bolte, K.M./ders. (Hg.), 9-23.

Tartler, Rudolf (1961): Das Alter in der modernen Gesellschaft. Stuttgart.

Tartler, Rudolf (1964): Die Freizeit im Alter, in: Gesellschaft für Sozialen Fortschritt, 175-195.

Tegethoff, Ulrike(1989): Frauen in Pflegesituationen - ein (Er-)Leben im ständigen Widerspruch, in: Articus, Stephan/Stefan Karolus (Hg.), 209-217.

Tews, Hans Peter (1971): Soziologie des Alterns, 2 Bände, Heidelberg.

Tews, Hans Peter (1978): Weiterbildung oder Lebenshilfe? Institutionalisierte Formen des Lernens im und für das Alter, in: Dieck, Margret/Gerhard Naegele (Hg.), 221-243.

Tews, Hans Peter (1991): Altersbilder. Über Wandel und Beeinflussung von Vorstellungen vom und Einstellungen zum Alter, KDA-Forum Band 16, Köln.

Tews, Hans Peter (1992): Strukturwandel des Alters - Veränderungen des Landes, in: Langen, Ingeborg/Ruth Schlichting (Hg.), 29-56.

Tews, Hans Peter (1993): Bildung im Strukturwandel des Alters, in: Naegele, Gerhard/ders. (Hg.), 235-247.

Tews, Hans Peter (1993): Neue und alte Aspekte des Strukturwandels des Alters. in: Naegele, Gerhard/ders. (Hg.), 15-42.

Thieding, Friedrich (1965): Der alte Mensch und die Gesellschaft. Eine sozialmedizinische Studie, Schriftenreihe aus dem Gebiete des öffentlichen Gesundheitswesens Heft 20, Stuttgart.

Thoma, E. (1894): Die Kreis-Pflegeanstalten in Baden, in: Soziale Praxis, 4 (1894), 576-577.

Thomae, Hans (1983a): Alternsstile oder Altersschicksale: ein Beitrag zur differentiellen Gerontologie, Bern;

Thomae, Hans (1983b): Alternsstile oder Altersschicksale, in: Lehr, Ursula (Hg.), 147-160.

Thürkow, Kari (1985): Altersbilder in massenmedialen, massenkulturellen und künstlerischen Werken. Eine Literaturübersicht, Berlin.

Tismer, Karl-Georg/Ulrich Lange/Norbert Erlemeier/Ingrid Tismer-Puschner (1975): Psychosoziale Aspekte der Situation älterer Menschen, Schriftenreihe des Bundesministers für Jugend, Familie und Gesundheit Band 28, Stuttgart, Berlin, Köln, Mainz.

Tokarski, W./Fred Karl (1989): Die neuen Alten. Zur Einordnung eines ambivalenten Begriffs, in: dies. (Hg.), 9-12.

Tokarski, W./Fred Karl (Hg.) (1989): Die neuen Alten, Beiträge der XVII. Jahrestagung der Deutschen Gesellschaft für Gerontologie, Kassel.

Trilling, A. (1992): Gemeinwesenorientierung in der Altenarbeit - Zauberformel gegen die Hilflosigkeit?, in: Langen, Ingeborg/Ruth Schlichting (Hg.), 179-193.

Vath, Reingard (1973): Das Altern lernen. Die soziale Dimension des Alterns, Hannover, Berlin, Darmstadt, Dortmund.

Veelken, Ludger (1992): Theoretische Aspekte der Vernetzung in der Bildungs-, Kultur-, Freizeit- und Altenarbeit, in: Braun, Helmut/Jens Bruder/Reinhard Dierl u.a. (Hg.), 74-82.

Vischer, Adolf L. (1955): Das Alter als Schicksal und Erfüllung, 3. Aufl., Basel.

Vobruba, Georg (1985): Arbeiten und essen: Die Logik im Wandel des Verhältnisses von gesellschaftlicher Arbeit und existenzieller Sicherung im Kapitalismus, in: Stephan Leibfried/Florian Tennstedt (Hg.), 41-63.

Wagner, Elsbeth (1973): Öffentlichkeit in der Altenhilfe, in: Konrad-Adenauer-Stiftung (Hg.), 169-172.

Weisser, Gerhard (1962): Vorwort, in: Blume, Otto, 9-10.

Wendt, Wolf Rainer (Hg.) (1993): Ambulante sozialpflegerische Dienste in Kooperation, Freiburg.

Weyer, Adam (1972): Ergebnisse einer Umfrage über die Konzeptionen deutscher Städte zur Lösung des Altenproblems, in: Schulz, Ursula (Hg.), 107-145.

Wilcke, F. W. (1792): Über Entstehung, Behandlung und Erwehrung der Armut. Eine Preisschrift, Hamburg.

Windhoff-Héritier, Adrienne (1983). Bedürfnisgerechtigkeit und Verteilungswirkungen kommunaler Sozialpolitik, in: Hesse, H. J./H. Wollmann (Hg.): Probleme der Stadtpolitik in den 80er Jahren, Frankfurt a.M./New York, 358-375.

Windhoff-Héritier, Adrienne (1987): Policy-Analyse: Eine Einführung, Frankfurt a. M./New York.

Wirtschafts- und sozialwissenschaftliches Institut des Deutschen Gewerkschaftsbundes (WSI) (1976): Die Lebenslage älterer Menschen in der Bundesrepublik Deutschland, Köln.

Wolff, Stephan (1981): Grenzen der helfenden Beziehung. Zur Entmythologisierung des Helfens, in: Ernst v. Kardoff/Elmar Koenen (Hg.): Psyche in schlechter Gesellschaft. Zur Krise klinisch-psychologischer Tätigkeit, München, Wien, Baltimore, 211-238.

Wollschläger, Gunter (1972): Das Altenproblem und die Erziehung, in: Ursula Schulz (Hg.), 33-52.

Wölz, Otto/Fritz Ruppert/Lothar Richter (1925): Die Fürsorgepflicht. Leitfaden zur Durchführung der Verordnung vom 13. Februar 1924, Berlin, 2. Aufl.

Zarncke, Lilly (1957): Das Alter als Aufgabe. Alterspsychologie als Grundlage der Altersfürsorge, Freiburg i. Br.

Zeman, Peter (1985): Gemeinschaftliche Altenselbsthilfe: Prozesse sozialer Integration im Alter, Berlin.

Zeman, Peter (1988): Einleitung und Überblick, in: ders. (Hg.), 1-10.

Zeman, Peter (1992): Innovative Seniorenkulturarbeit - Grundlagen und Ziele, in: Glaser, Hermann/Thomas Röbke (Hg.), 30-41.

Zeman, Peter (Hg.) (1988): Hilfebedürftigkeit und Autonomie - zur Flankierung von Altersproblemen durch kooperationsorientierte Hilfen, Berlin. 1.Aufl.

Verzeichnis der analysierten Zeitschriftenartikel

o.V.: Alte leben zusammen, in: DG 1992, 28-29.

o.V.: Altenbegegnung als soziale Lebenshilfe, in: NDV 1992, 290-295.

o.V.: Altenhilfe - Altenpläne, in: DG 1973, 20.

o.V.: Altenhilfe auf der Suche nach Visionen, in: NDV 1990, 423-429.

o.V.: Altenhilfe in der Gemeinde, in: KpBl 19/1964, 977.

o.V.: Altenhilfe in: Stg 1/1971, 23.

o.V.: Altenhilfe, in: DG 15/1963, 92-93.

o.V.: Altenpflege in Familien, in: DG 7/1987, 77.

o.V.: Altenpolitik aus einem Guß, in. KpBl 15/1970, 959-960.

o.V.: Alter ohne Schrecken. Neue Wege der Altersbetreuung in den USA, in: NB 1953, Nr. 4, 13.

Altersprobleme in wissenschaftlicher Sicht VII. Kongress der 'Internationalen Vereinigung für Gerontologie' , in: NDV 1966, 310-312.

o.V.: Ambulante Dienste für Pflegebedürftige: Modellprogramm des Bundesministeriums für Jugend, Familie und Gesundheit, in: Städte- und Gemeindebund 10/1983, 375-376.

Anthes, Jochen (1976): Hausordnung in deutschen Altenheimen, in: SA 1976, 491-498.

o.V.: Arbeitskreis III 'Altenhilfe', in: KpBl 19/1964, 983.

o.V.: Auf das Miteinander kommt es an, in: DG 5/1994, 35-36.

Bäcker, Gerhard (1991): Soziale Absicherung bei Pflegebedürftigkeit, in: SS 3/1991, 69-80.

Backes, Gertrud/Wolfgang Clemens (1994): Überlegungen zum Ersten Altenbericht der Bundesregierung, in: ThuP 1994, 411-418.

Beckmann, Ruth (1970): Altenhilfe muß verbessert werden, in: KpBl 8/1970, 461-463.

Behrend, Christoph/Margret Dieck/H.-J. v. Kondratowitz/Roland Schmidt (1988): Expansion oder Bedeutungsverlust, in: BldW 7-8 1988, 161-164.

Behrends, Hanna (1962): Der Wille zum Altern, in: NB 1962, 183-184.

Berg, Hans-Ulrich (1983): Kommunale Altenhilfe, in: BldW 5/1983, 120-123.

o.V.: Bericht über den Altenplan Augsburg: Auch im Alter Kontakte mit allen Generationen, in: DG 1/1987, 15-17.

o.V.: Bericht zum Deutschen Fürsorgetag 1961, in: BldW 1961, 389-391.

o.V.: Besseres Leben für alte Menschen, in: KpBl 6/1979, 493-494.

o.V.: Besuchsdienst gegen Einsamkeit im Alter, in: DG 6/1985, 35.

Blüm, Norbert (1988): Selbstbestimmung bis zum letzten Tag: Voraussetzung für eine neue Altenkultur, in: LK 4/1988, 150-151.

Boeckh, R. (1955): Das Altern als psychiatrisches, soziales und allgemein menschliches Problem, in: BldW, 428-429.

Bornemann, Anne (1955): Reifes Alter - aber wie?, in: BldW, 428-429.

Bortfeld, Hermann (1956): Alterssicherung für Selbständige, in: NB Nr. 12, 177-180.

Brand, Ruth (1983): Mehr Mütterlichkeit - Patentrezept für die Familie, in: ThuP, 252ff.

o.V.: Bremer Altenplan, in: Stg 3/1974, 135-136.

Brisch, Ulrich (1962): Freie und öffentliche Altenhilfe, insbesondere ihre Zusammenarbeit nach Altenplänen, in: NDV 1962, 195-200.

Brisch, Ulrich (1965): Der alte Mensch in der modernen Gesellschaft, in: KpBl 14/1965, 677-678.

Brocher, Tobias (1967): Über die Beratung alter Menschen, in: BldW 1967, 417-421.

Brück, Gerhard (1968): Aspekte sozialer Planung, in: NB 1968, 135-143.

Brückel, Kurt W. (1970): Probleme der Altenhilfe heute, in: BldW, 12/1970, 377-380.

Burgdörfer, Friedrich (1952): Altern, Altersgrenze, Altersfürsorge, in: BldW, 341-346.

Bürgerschaft muß mehr an der Planung beteiligt werden, in: KpBl 24/1971, 1656.

o.V.: Bürokratie unbürokratisch, in: DG 1970, 656.

Buttler, G. (1985): Vorschläge für die Umgestaltung der Alterssicherung, in: SF 1/1985, 11-14.

Carls, Christian (1994): Altenhilfe als Begegnungsraum: passé?, in: ThuP 1994, 73-79.

o.V.: Chancen für alte Menschen, in: KpBl 4/1977, 317-318.

Chory, Werner (1989): Veränderungen im Altersaufbau - herausragende gesellschaftspolitische Aufgabe, in: LK 12/1989, 574-576.

Dahlem, Otto (1978): Über das Problem der Pflegebedürftigkeit älterer Menschen und über Vorschläge zur Sicherung der Pflegekosten, in: NDV 2/1978, 53-60.

Dangl-Kreyenbühl, Christa (1985): Organisierte Nachbarschaftshilfe im Großraum München, in: BldW 1985, 68-72.

o.V.: Das ist die rechte Therapie: Singend gegen die Einsamkeit, in: KpBl 3/1972, 122.

o.V.: Den Seniorenbeiräten fehlt es an Ausstattung und Kompetenz, in: DG 11/1981, 1005.

Depuhl, Alfred (1952): Altersfürsorge mit und ohne 'Arbeit', in: BldW, 346-347.

Depuhl, Alfred (1954): Möglichkeiten der Stärkung der mitmenschlichen Verantwortung, in: NDV, 37-41.

o.V.: Der alte Mensch in der gegenwärtigen Gesellschaft, in: NDV 1955, 2-8.

o.V.: Der alte Mensch in der modernen Gesellschaft, in: KpBl 14/1965, 682-684.

o.V.: Der Altenplan für den Landkreis Mainz-Bingen, in: LK 12/1988, 553-554.

o.V.: Der Hessische Sozialplan für alte Menschen, in: BldW 1963, 384-388.

o.V.: Die Altenpläne der CDU/CSU, der SPD und der FDP, in: BldW 1969, 362-363.

Dieck, Margret (1977): Vorbereitung auf den Ruhestand - Eine neue Initiative des Europarats auf dem Gebiet der Politik für ältere Menschen, in: SA 1977, 178-183.

Dieck, Margret (1984): Die Bedeutung stationärer Einrichtungen der Altenhilfe - für und in der ambulanten Arbeit, in: BldW 10/1984, 227-210.

Dieck, Margret (1985): Zur Priorität häuslicher Pflege, in: BldW 12/1985, 278-281.

Dieck, Margret (1987): Planung der stationären Altenhilfe, in: BldW 1/1987, 19-21.

Diedrich, Karl-Theodor (1994): Seniorenbeiräte in den Gemeinden, in: StGr 1994, 207-208.

Dullenkopf, Otto (1962): Der alte Mensch in Karlsruhe, in: BldW 1962, 370-375.

Durth, Rüdiger (1991): Deutschland wird nicht zum Altenheim, in: LK 1991, 641.

Eastwood, Tristam (1992): Kooperative und genossenschaftliche Altenhilfe, in: BldW 1992, 24-26.

Ebeling, Friedrich (1958): Der Lebensstandard der Rentner, in: AuS Nr. 12, 322-324.

o.V.: Eigenständiges Leben im Alter, in: NDV 1/1977, 27-29.

o.V.: Ein Altenplan der Trierer SPD-Ratsfraktion für die Stadt Trier, in: DG 15/1963, 89-90.

o.V.: Eine 'Senioren-Union als neues Glied der CDU, in: KpBl 4/1986, 270-271.

o.V.: Einheitliche Nomenklatur in der Altenhilfe, in: DG 1970, 931-932.

258

o.V.: Einrichtung eines Haushilfsdienstes für Betagte in Karlsruhe, in. KpBl 7/1965, 271.

Elsner, Willi (1954): Auswirkung der wirtschaftlichen Momente, in: NDV Nr. 1, 33-37.

Engbersen, Radboud (1994): Die Zukunft des Versorgungsstaates, in: NDV 1994, 25-27.

o.V.: Etikettenschwindel?, in: DG 1977, 398.

o.V.: Europäisches Seminar über die individuelle und soziale Bedeutung einer Tätigkeit für alte Menschen, in: BldW 1958, 403-404.

o.V.: Fabriken für alte Menschen, in: BldW 1958, 405.

o.V.: FDP-Thesen zur Alterssicherung, in: AuS 1/1979, 9.

Ferber, Christian von (1983): Pflege in der Familie, in: BldW 6/1983, 142-143.

Fisseni, H.-J./H. Radebold/R. Schmitz-Scherzer (1978): Die Berliner Seniorenbriefe: ein neuer Versuch der Vorbereitung auf das Alter, in: SA 1/1978, 1-8.

Fisseni, Hermann-Josef (1977): Das Altersheim: Ein Zuhause oder ein Notquartier, in: AWP 8/1977, 196-221.

Flamm, Franz (1958): Die Alterssituation der Stadt Freiburg in der Sicht einer planmäßigen Altenhilfe, in: NDV, 319-323.

o.V.: Förderung älterer Mitbürger, in: KpBl 2/1969, 73-74.

o.V.: Förderungsvoraussetzungen für Modelle von Sozialstationen, in: SA 1973, 307

o.V.: Forschung für ein aktives Alter, in: LK 3/1991, 125.

o.V.: Forschung und Bestandsaufnahme als Voraussetzung für Planungen in der Altenhilfe, in: NDV 1964, 66-67.

Franck, Werner (1988): Altenhilfe - soziale Schwerpunktaufgabe der 90er Jahre, in: LK 4/1988, 154-157.

Freier, Dietmar (1984): Das Altenheim päckchenweise, in: BldW 10/1984, 236-237.

Frenz, Ursula (1994): Freiwilliges Bürgerengagement muß politisch ermöglicht werden, in: BldW 1994, 124-126.

Fröhlich, Edmund (1991): Warum werden alte Menschen verplant?, in: SS 3/1991, 81-87.

o.V.: Für alle Fälle vorgesorgt, in: DG 9/1982, 636.

Fürer, Hermann (1958): Neue Wege der offenen und halboffenen Altenfürsorge, Teil I, in: BldW, 384-385.

o.V.: Fürsorge für die Alten - Möglichkeiten einer zusätzlichen Betreuung durch die Wirtschaft (1953), in: NDV, 199-200.

Gerhardt, Ernst (1972): Plädoyer für die offene Altenhilfe, in: KpBl 12/1972: 725-726.

Gerngroß-Haas, Gabriele (1986): Altengerechtes Wohnen aus sozialplanerischer Perspektive, in: SA 3/1986, 88-97.

o.V.: Gesellschaftliche Handlungsfelder für ältere Bürgerinnen und Bürger, in: NDV 9/1992, 295-300.

Giese, Dieter (1977): Aktuelle Fragen zum Heimgesetz, in: BldW 3/1977, 62-63.

Gitschmann, Peter (1990): Kommunale Altenhilfeplanung, in: BldW 1990, 177-179.

Goldacker, Elfriede(1952): Hauspflege, in: NB Nr. 1, 3.

Görres, Stefan (1988): Die Rolle des Sozialarbeiters in der Rehabilitation und Nachsorge älterer Menschen, in: SA 5/1988, 184-189.

Graf, Berthold (1957): Das gehobene Altenheim, in: BldW, 399-401.

Gramke, Jürgen (1978): Ein hoffnungsvoller Weg: Senioren aktiver Teil und nicht Randgruppe der Bürgerschaft, in: StGr 11/1978, 343-345.

Groot, Gerhard (1986): Kommunale Seniorenvertretungen - mehr als bloße Beiräte -, in: StGr 4/1986, 120-123.

Groot, Gerhard (1986): Die bundesdeutschen Seniorenvertretungen formieren sich, in: Stg, 279-281.

Groth, Sepp (1954). Die Familie und die Alten, in: NDV Nr. 1, 26-33.

Gröttrup, Bernd (1972): Seniorenpässe und Seniorenbeiräte: Neue Formen der Altenhilfe, in: Stg 11/1972, 613-615.

Grunow, Dieter (1977): Problemsyndrome älterer Menschen und die Selektivität organisierter Hilfe, in: AWP 8/1977, 165-195.

259

Haag, Anna (1958): Vom Alt-Sein, in: BldW, 381-384.

Haag, Gerhard (1969): Altenhilfe zwischen Tradition und Zukunft, in: BldW 1969, 364-373.

Haag, Gerhard (1972): Zur Bedeutung ambulanter Dienste in der Altenhilfe, in: BldW 6/1972, 132-133.

Haag, Gerhard (1973): Altenhilfe - entspricht das Angebot dem Bedarf, in: NDV 12/1973, 345-351.

Haag, Gerhard (1978): Aktivierende Hilfen für ältere Menschen im stationären Raum, in: ThuP 1978, 303-315.

o.V.: Hannover wählt Seniorenbeirat, in: DG 1975, 216.

Happe, Bernhard (1971): Kommunale Altenpläne, in: Stg 9/1971, 496-499.

o.V.: Hauspflegedienste und Altenpflege, in: NDV 4/1972, 101-103.

Hedtke-Becker, Astrid (1991): Vernetzung in der Altenhilfe - oder: Wer kein Ziel hat, dem ist jeder Weg recht ..., in: NDV 1991, 162-166.

Heinrichs, Josefine (1963): Anregungen für die Durchführung des BSHG § 75 (2) in Altenheimen, in: Das Altenheim 8/1963, 2-6.

Helfer, Inge (1968): Neue Wege in der Hilfe für alte Menschen, in: DG 1968, 890.

Henke-Berndt, Helga (1976): Das dritte Alter, in: ThuP 1976, 57-75.

Hermann, Christopher (1989): Zur Zukunft der Alterssicherung - Hat die Politik noch eine Chance?, in: AuS 4/1989, 84-89.

Hesse-Schiller, Werner (1994): Ergänzungsfunktion der Sozialhilfe bei Leistungen der Pflegeversicherung zur häuslichen Pflege, in: NDV 1994, 449-454.

Hils, Karl (1962): Geistig-seelische Betreuung der Alten durch musisches Tun, in: BldW 1962, 382-384.

Hodapp, Alexander (1975): Die Vorbereitung auf das Alter - eine neue Aufgabe der Sozialhilfe, in: NDV 10/1975, 284-288.

Hofmeister, Gerhard (1977): Zeit für Entdeckungen. Die Seniorenakademie auf dem Sandkrughof bei Lauenburg/Elbe, in: BldW 3/1977, 54-55.

Hummel, Hans (1978): Alten- und Altenpflegeheime in der Krise, in: BldW 2/1978, 40-43.

Hummel, Konrad (1984): Öffnung oder Ausgrenzung. Zur Zukunft der Alten- und Pflegeheime, in: AWP, 22-44.

Hummel, Konrad (1985): Artisten in der Altenhilfepolitik - ratlos, in: BldW 12/1985, 269.

Hummel, Konrad (1989): Zusammenarbeit oder Chaos in der kommunalen Altenarbeit, in: Das Altenheim 1/1989, 12-16.

Hummel, Konrad (1990): Auf dem Weg zum Altenhilfenetzwerk: Freiheit statt Fürsorge, in: AWP 21/1990, 19-51.

Hummel, Konrad (1990): Zwischen Fürsorge und Rehabilitation, in: BldW 1990, 171-173.

Hummel, Ortwin (1971): Altenplan Rheinland-Pfalz, in: LK 4/1971, 123-124.

Jandl, Oskar (1961): Vor greisem Haupte sollst Du Dich verneigen, in: Caritasdienst 4/1961, 25.

Jost, Paul (1965): Der alte Mensch in unserer Gesellschaft, Teil 1, in: DG 1965, 563-567.

Jost, Paul (1965): Der alte Mensch in unserer Gesellschaft, Teil 2, in: DG 1965, 772-776.

Kalinke, Margot (1967): Rentner sind keine homogene Schicht, in: AuS 1967, 82-89.

Kaltenbach, Helmut (1985): Altersgrenzen und Alterslast - Möglichkeiten einer Strukturreform, in: AuS 9/10/1985, 322-326.

Kappes, Peter (1991): Neue Wege in der Altenhilfe, in: Gem 1991, 108-113.

Karolus, Stefan (1992): Altenhilfe als gemeinwesenorientierter Ansatz - ein kleiner hoffnungsvoller Versuch im Ortenaukreis, in: NDV 1992, 53-56.

Kauermann, Günter (1973): Bauliche Vorsorge für alte Mitbürger, in: DG 1973, 1397-1398.

Kehrer, Ferdinand (1957): Grunderkenntnisse der menschlichen Alterskunde und der Alternskunst, in: BldW 387-391.

Kirchner, Wolfgang (1980): Mehr Selbstverwaltung in Senioren-Einrichtungen, in: DG 4/1980, 314-315.

Kleemann, Ulla (1989): Altwerden im Stadtteil, in: BldW 7-8/1989, 191-192.

Klein, Peter (1991): Neukonzeption der Altenpolitik erforderlich, in: LK 1991, 20.

Klose, Hans-Ulrich (1993): Ein Zukunftsbündnis mit den Älteren, in: LK 1993, 345-347.

Klumker, Franz (1955): Die künftigen Renten der sozialen Rentenversicherung, in: AuS Nr. 9, 122-125.

Knopf, Detlef (1981): Animatorische Altenbildung - Erfahrungen aus der Arbeit mit sozial- und bildungsbenachteiligten Gruppen im Modellprogramm 'Weiterbildung alter Menschen', in: ThuP, 97-102.

Köhrer, Helmuth (1972): Altenwohnplätze - die soziale Lücke. in: AuS 3/1972, 75-78.

Kondratowitz, Hans-Joachim v. (1985): Gerontologisches Wissen in Ämtern und Verbänden, in: BldW 12/1985, 276-279.

o.V.: Konzept für die dritte Lebensphase, in: DG 1977, 1093-1094.

Koolmann, Günther (1993): Alte Menschen und Familie: Einbezogen oder ausgegrenzt, in: LK 1993, 365-366.

Kopp, Hans (1994): Beratungsstellen für pflegende Angehörige alter Menschen, in: ThuP 1/1994, 33-35.

Kosmale, Ursula (1976): Altenbildung als Lebenshilfe, in: SA 1976, 315-321.

Koßmann, Thomas (1990): Sozialarbeiterische und sozialpädagogische Intervention im Altenheim und Altenpflegeheim, in: SA 3/1990, 87-90.

Kramer, Utz (1994): Die Folgen der Pflegeversicherung für die Sozialhilfe, in: NDV 1994, 413-418.

o.V.: Kritik an der Rentenreform, in: AuS Nr. 11/1957, 266.

Kröger, Maria (1982): Bedeutung intergenerativer Familienbeziehungen älterer Menschen, in: BldW 7/1982, 159-160.

Kröner, Philipp (1964): Denkschrift zur Altenheimplanung in Bayern, in: NDV 1964, 123-125.

Krumm, Arthur (1961): Gedanken über einen Altenplan in Bayern und Vorschläge zu seiner Durchführung, in: Bayrischer Wohlfahrtsdienst 2-3/1961, 13-20.

Laberke, J. A. (1956): Probleme des Alterns und der Leistung, in: BldW, 390-391.

Lampe Albrecht/Hansgünter Matuschak (1984): Stationäre Altenarbeit im Verbund mit Dienstleistungszentren, in: BldW 10/1984, 237-239.

Lange, Kurt (1966): Aufgabe und Entwicklung eines Kreisaltenplanes, in: LK 8-9/1966, 296-297.

Laskowski, Gerhard (1957): Fehlschlüsse aus der sozialpolitischen Zielsetzung der Rentenreform, in: AuS Nr. 11, 48-51.

o.V.: Leben im Alter - zu Hause oder im Heim? Aussagen des Deutschen Landkreistages zu einer zukunftsorientierten Altenpolitik über das Jahr 2000 hinaus, in: LK 12/1989, 572-574.

o.V.: Leben und Lieben, in: DG 1968, 603.

Lehr, Ursula (1964): Der Mensch in der zweiten Lebenshälfte, in: Caritas 1964, 126-135.

Lehr, Ursula(1987): Alternde Kinder und ihre alten Eltern, in: BldW 1/1987, 10-13.

Lehr, Ursula (1990): Alter als Gewinn erleben lassen, in: LK 1990, 147-149.

Lepinski, Franz (1967): Der alte Mensch in der industriellen Gesellschaft, in: BldW 1967, 421-423.

Lepinski, Franz (1956): Sozialkabinett und Sozialreform, in: NB Nr. 4, 49-51.

Liebald, Christiane (1990): Seniorenkulturarbeit - entwicklungsorientierte Ansätze Kultureller Bildung im Alter, in: LK 1990, 155-157.

Lind, Sven (1990): Koordination und Kooperation in der Vesorgung alter Menschen, in: LK 1990, 153-154.

Lind, Sven (1991): Angehörige arbeiten im Altenpflegeheim mit, in: LK 1991, 343-345.

Löhr, Regina/Marion Roemer (1993): Auf zu neuen Wegen, in: LK 1993, 421-423.

Lüders, Inge (1981): Altenhilfe und Familie, in: ThuP, 124-127.

Mailänder, Karl (1955): Der alte Mensch in der Sozialen Neuordnung, in: BldW, 430-431.

Mailänder, Karl (1956): Der Bedarf an Altersheimen, in: BldW, 397-398.

Matuschak, Hans Günter (1961): Ferien von der Einsamkeit, in: NB 1961, 22-23.

Mayer, Felix: Hilfe für ältere Menschen als Aufgabe der Sozialarbeit, in: BldW 12/1972, 297-298.

o.V.: Mehr Altenwohnheime und Altenpflegeheime schaffen, in. KpBl 16/1962, 769-770.

Mencke, Helmut/Michael Wissert (1988): Soziale Reintegration alter Menschen in der ambulanten Versorgung, in: SA 3/1988, 104-108.

o.V.: Mißverstandene Rentenautomatik, in: AuS Nr. 10/1959, 281.

o.V.: Mitwirkung und Aktivierung alter Menschen in Heimen, in: NDV 1/1977, 29-31

o.V.: Möglichkeiten der offenen und der geschlossenen Altenhilfe, in: KpBl 7/1965, 270.

Molitor, Bruno (1977): Der Weg aus der Misere, in: AuS 1/1977, 4-6.

o.V.: München geht neue Wege in der Sozialarbeit, in: DG 1973, 151-152.

Munzert, Eberhard (1972): Das Altenheim und die Menschenwürde, in: DG 1972, 401-403.

o.V.: Nachholbedarf bei Alteneinrichtungen, in: Stg 1976, 84-85.

Naegele, Gerhard (1987): Zukünftige Anforderungen der Altenhilfe an die Kommunalpolitik, in: SA 12/1987, 450-459.

Naegele, Gerhard (1992): Aspekte einer präventiven Alterspolitik, in: SA 7/1992, 222-230.

Naegele, Gerhard (1994): Zur Forderung nach Beteiligung älterer Menschen am öffentlichen und politischen Leben - zwischen Fiktion und Realität, in: SF 1994, 232-238.

Neff, Dorothee (1966): Sorge für alte Menschen in den Landkreisen, in: LK 8-9/1966, 270-271.

Neubelt, Wolfgang/Klaus Hunek (1962): Entwurf eines Landesaltenplans, in: BldW 1962, 214-230.

o.V.: Neue Tendenzen in der Altenhilfe, in. KpBl 1/1970, 18-19.

o.V.: Neue Wege in der Altenhilfe, in: SA 1972, 461.

Neukum, Otto/Hans-Henning Becker-Birck (1993): Eine Politik mit und nicht für alte Menschen betreiben, in: LK 1993, 341-342.

Nothofer, Sigrid (1990): Warum aktivierende Pflege und Rehabilitation im Heim nicht möglich sind, in: BldW 1990, 186-187.

o.V.: Notstand in der Altenpflege, in: DG 1/1989, 5.

Oesterreich, K./H.G. Wöhrl/H.P. Tews (1976): Altenbildung und Altenberatung als Prävention, in: AWP 7/1976, 243-267.

o.V.: Offene Altenbegegnungsstätte in Hannover, in: Stg 11/1971, 621.

Ohl, Otto (1957): Aufgaben der Altersfürsorge auch noch nach der Rentenreform?, in: BldW, 391-394.

Ohl, Otto (1962): Die Altenhilfe in der Arbeit des Deutschen Vereins, in: NDV 1962, 97-99.

Olk, Thomas (1990): Neue Fragen - alte Probleme, in: BldW 1990, 174-176.

Ortleb, Rainer (1993): Weiterbildungsangebote für ältere Menschen aufrechterhalten und verstärken, in: LK 1993, 424-426.

Paazig, Margot (1958): Neue Wege der offenen und halboffenen Altenfürsorge, Teil II, in: BldW, 385-387.

Paazig, Margot (1961): Ferien für alte Menschen, in: NB 1961, 21-22.

Paazig, Margot (1966): Bildungsarbeit mit alten Menschen - Möglichkeiten - Grenzen, in: NB 1966, 149-154.

Paul, Karlhorst (1977): Entspricht das Heimgesetz der Verfassung?, in: BldW 3/1977, 51-53.

o.V.: Pflege im Alter mitversichern, in: DG 7/1984, 41.

o.V.: Pflege und Heim, Themenheft der BldW 10/1984.

o.V.: Pflege verlangt Solidarität, in: BldW 3/1980, 75.

Pilz, Eberhard (1983): No future - Altenhilfe 2000, in: BldW 5/1983, 114-115.

o.V.: Plädoyer für einen Lebensabend ohne Lethargie und Isolierung, in: BldW 12/1975, 305.

o.V.: Programm der KPV/NW für eine gezielte Altenhilfe, in: KpBl 11/1969, 624-627.

Rasch-Bauer, Hermine (1957): Gruppenarbeit mit alten Menschen, in: BldW, 394-397.

o.V.: Rechtzeitige Vorsorge für ein gesundes Alter, in: BldW 1966, 393-394.

Reck, Hans-Joachim (1984): Pflegebedürftigkeit im Alter, in: Städte- und Gemeindebund 10/1984, 487-492.

o.V.: Repräsentativumfrage zur Alten-Situation in Köln, in: KpBl 9/1960, 405-406.

Rieger, Franz (1971): Der ältere Mensch als Lernender, in: BldW 6/1971, 172-175.

Rieker, Karlheinrich (1957): Die finanziellen Auswirkungen der Rentenreform, in: AuS 11/1957, 252-253.

Rilling, Dieter (1970): Jedem Stadtteil sein Altenzentrum, in: BldW 12/1970, 377f.

Rilling, Dieter (1972): Dienstleistungszentrum für Ältere, in: BldW 6/1972, 142-145.

Rische, Günter (1967): Kommunale Verantwortung für die älteren Mitbürger, in: KpBl 24/1967, 1085-1086.

Roesch, Josef (1964): Der Landkreis und der Landschaftsverband aus der Sicht der CDU, in: KpBl 18/1964, 928.

Rönsch, Hannelore (1993): Seniorenpolitik der Bundesregierung zielt auf die gesamte Vielfalt der Bedürfnisse älterer Menschen, in: LK 1993, 343-344.

Rosenmayr, Leopold (1970): Altersprobleme in der ländlichen Region, in: BldW, 12/1970, 381-384.

Rückert, Willi (1987): Die Personalentwicklung in der stationären Altenhilfe, in: BldW 1/1987, 15-16.

Ruf, Thomas (1978): Hält der Generationenvertrag?, in: AuS 5/1978, 188-191.

Ruf, Thomas (1990): Absicherung des Pflegefallrisikos - nach wie vor kontroverse Vorstellungen, in: AuS 11-12/1990, 368-371.

o.V.: Schaffung von Alterswohnheimen und Kleinstwohnungen als sinnvolle Ergänzung der Altersheime, in: NDV 1954, 189-192.

Schenk, Heinrich (1980): Beratung für alte Menschen, in: AWP 11/1980, 53-57.

Schewe, E. (1985): Private Vorsorge gegen Pflegebedürftigkeit?, in: SF 2/1985, 41-42.

Schewe, Dieter (1994): Pflegeversicherung. Ein Ausbau des Sozialstaats, in: SF 4/1994, 1.

Schmalstieg, Herbert (1978): Neue Wege in der Altenhilfe, in: DG 5/1978, 406-407.

Schmidt, Horst (1974): Neue Politik für ältere Menschen, in: DG 1974, 547.

Schmidt, Roland (1985): Gibt es 'neue Alte'?, in: BldW 12/1985, 275-276.

Schmidt, Roland (1994): Wissenschaft und Praxis in der Altenhilfe - ein Symposium für Fachhochschullehrerinnen und -lehrer, in: NDV 1994, 103-105.

Schmiese, Norbert (1972): Der individuell gestaltete Lebensabend in der Gemeinschaft, in: KpBl 19/1972, 1202-1203.

Schmitt, Heike (1969): Programm zur Förderung gesellschaftspolitischer Maßnahmen für die ältere Generation, in: BldW 1969, 371-373.

Schmücker, Gerhard (1978): Von der Betreuung zur aktivierenden Pflege, in: BldW 2/1978, 44-46.

Schneider, Bernd (1972): Perspektiven zum Altenproblem, in: BldW 12/1972, 287-288.

Schneider, Hans-Dieter (1977): Vorbereitung auf das Alter: Begründung, Ziele, Methoden, in: AWP 8/1977, 127-146.

Schneider, Hans-Dieter (1978): Der Ort der älteren Menschen in unserer Gesellschaft, in: BldW 2/1978, 27-39.

Scholl, Albert (1957): Auf dem Weg zum Landesaltenplan, in: BldW, 401-404.

Scholl, Albert (1974): Wieviel Zeit zur Hilfe haben wir für unsere alten Mitbürger?, in: BldW 12/1974, 306-310.

Schönbach, Karl Heinz (1985): Haben ordnungspolitische Reformkonzepte eine Chance? Beispiel Pflegesicherung alter Menschen, in: SF 2/1985, 40-41.

Schönbach, Karl Heinz/Jürgen Wasem (1985): Reformbedürftigkeit und Alternativen der Pflegesicherung, in: SF 9/1985, 197-204.

Schulte, Caspar (1965): Das Alter soll nicht abseits stehen, in: KpBl 9/1965, 414-415.

Schulze, Oskar (1959): Goldenes Alter, in: NB 10/1959, 119-121.

Schütz, Rudolf-M. (1983): Tagesheim und Tagesklinik, in: BldW 5/1983, 123-127.

Schützendorf, Erich (1984): Lernen in Altentagesstätten, in: SA 1/1984, 1-7.

o.V.: Senioren-Union startet Aktion 'Gute Nachbarschaft', in: KpBl 9/1986, 722.

o.V.: Seniorengesellschaft fordert Kommunen und Parteien heraus, in: DG 12/1989, 9-11.

o.V.: Sorgen wegen der steigenden Pflegesätze, in: BldW 3/1977, 58-60.

Steiner, Irene/Konrad Hummel (1978): Zur Diskussion um die Leitbilder in der Pflege-Organisation, in: BldW 2/1978, 46-48.

Steiger, Emma (1953): Ein Einblick in die englische Altershilfe, in: NB 4/1953, 2-4.

Steiger, Emma (1953): Lebenswertes Alter, in: NB 4/1953, 4-6.

Steiner-Hummel, Irene (1994): Familienpflege im Aufbruch, in: BldW 1994, 231-234.

o.V.: Stellungnahme des Deutschen Vereins: Erste Schritte zur Umsetzung des Pflege-Versicherungsgesetzes - SGB XI, in: NDV 1994, 402-405.

Stempell, Heiner (1961): Alte wider jung - jung wider alt?, in: SS 1961, 357-363.

Sterzenbach, Alice (1962): Erfahrungen bei der Harmonisierung der Persönlichkeit alter Menschen, in: BldW 1962, 384-385.

Sterzenbach, Alice (1971): Geistige Arbeit mit alten Menschen, in: BldW 6/1971, 169-171.

Störmer, A. (1966): Prävention und Behandlung alter Menschen, in: BldW 1966, 383-387.

Strang, Heinz (1987): Das dritte Alter - Altenpolitik als Teil der Gesellschaftspolitik, in: Städte- und Gemeindebund 7/1987, 356-359.

Strang, Heinz (1987): Das dritte Alter - Altenpolitik als Teil der Gesellschaftspolitik, in: Städte- und Gemeindebund 7/1987, 356-359.

Strohmeier, Klaus Peter/Volker Kersting (1994): Auswirkungen des demographischen Wandels auf die örtliche Sozialpolitik, in: StGr, 2/1994, 39-44.

Tews, Hans-Peter (1987): Gibt es neue Alte?, in: Städte- und Gemeindebund 7/1987, 351-355.

Textor, Martin (1994): Zusammenbruch des Sozialstaats? Krieg der Generationen?, in: NDV 1994, 58-63.

Tietgens, Hans(1966): Bildungsarbeit für ältere Menschen, in: LK 8-9/1966, 282-284.

o.V.: Trotz finanzieller Enge baut Köln die offene Altenhilfe aus, in: DG 1976, 224-225.

o.V.: Verdreifachung der kranken Alten, in: AuS 1961, 282.

o.V.: Versuche und Erfahrungen in der Akademie der Diözese Rottenburg, in: BldW 12/1975, 310-311.

Vischer, A. L. (1956): Zur Psychologie des Altersheims, in: BldW 1956, 391-395.

o.V.: Vom Häusle bis zum Pflegezentrum, in: KpBl 1962, 679-680.

Wagner, Doris (1973): Neue Wege praktischer Altenhilfe, in: DG 1973, 17-20.

Wallrafen-Dreisow, Helmut (1990): Ambulante Rehabilitation, in: BldW 1990, 183-185.

Weber, Anneliese (1978): Aktives Altern - Möglichkeiten und Grenzen, in: NDV 6/1978, 178-184.

Weber, Anneliese (1987). Emanzipation im Alter - eine Utopie?, in: ThuP 10/1987, 352-356.

Wehlitz, Kurt (1958): Altenberatung und Altentagesstätten in Berlin, in: BldW 1958, 394-395.

Weller, Arnold (1961): Die Altenhilfe und das Bundessozialhilfegesetz, in: BldW 1961, 264-267.

Weller, Arnold (1963): Sozialhilfe für alte Menschen, in: BldW 1963, 378-382.

Weller, Arnold (1966): Hilfe für alte Menschen nach dem Bundessozialhilfegesetz, in: LK 8-9/1966, 285-286.

Wendt, Wolf Rainer (1992): Wie läßt sich Selbsttätigkeit fördern?, in: BldW 1992, 19-21.

Wetzel, Ursula (1994): Umsetzung der Pflegeversicherung aus der Sicht der freien Träger, in: NDV 1994, 446-449.

Wienand, Manfred (1994): Pflegeversicherung - die fünfte Säule der Sozialversicherung, in: NDV 1994, 121-124.

Willms (1963):Altenhilfe drängt immer mehr, in: KpBl 8/1963, 343-345.

Wingen, Max (1993): Entwicklung der Altersstruktur und ihre sozialpolitischen Konsequenzen, in: LK 1993, 369-372.

Winkler, Peter (1994): Kurzzeit- und Tagespflege im Landkreis Saarlouis, in: LK 1991, 504-505.

o.V.: Wir pflegen sie nur satt und sauber, in: DG 12/1989, 12-13.

Witthenius, Ulrich (1994): Pflegeversicherung - Ein neues Zeitalter?, in: ThuP 6/1994, 202-206.

Wohnen im Alter, in: BldW 5/1983, 125.

Zeman, Peter (1982): Selbsthilfe: Sozialpolitische Diskussion und die Wirklichkeit von Altenselbsthilfegruppen, in: BldW 1982, 169-171.

Ziller, Hannes (1991): Altenhilfe als System, in: NDV 1991, 160-166.

Zur Situation der alten Menschen in der Bundesrepublik Deutschland, in: NDV 1963, 466-474.

o.V.: Zweiter bayrischer Altenplan, in: KpBl 22/1972, 1422.

Verzeichnis der analysierten Altenpläne

FOGS Forschungsgruppe Gesundheit und Soziales (1991): Älter werden in Herne. Planungs- und Entscheidungsgrundlage für den Altenhilfeplan der Stadt Herne, im Auftrag der Stadt Herne, Herne.

Stadt Aachen (1969): Die Altenhilfe außerhalb von Anstalten und Heimen (Offene Altenhilfe), Aachen.

Stadt Aachen (1991a): Erster Bericht zur Altenplanung. Gesamtkonzept Altenarbeit in Aachen.

Stadt Aachen (1991b): Zweiter Bericht zur Altenplanung. Grundlagen und Planungskonzepte für den Bereich Liebigstraße - Haaren - Verlautenheide.

Stadt Augsburg (1984): Kommunaler Altenplan der Stadt Augsburg, Augsburg.

Stadt Augsburg (1987): Älter werden in Augsburg. Neue Wege in der Altenhilfe. Dokumentation, Augsburg.

Stadt Bielefeld (1979): Altenplan, Bielefeld.

Stadt Bielefeld, Sozialamt (1989): Altenhilfeplan der Stadt Bielefeld, Bielefeld.

Stadt Bonn (1969): Zwei Jahre Altenplan 1967-1969, Bonn.

Stadt Bottrop (1990): Einrichtungen und Leistungen für ältere Menschen in Bottrop. Bestandsanalyse zur Altenplanung, Bottrop.

Stadt Bottrop (1992): Grundlagen und Ziele zukünftiger Altenpolitik in Bottrop. Bedarfsanalyse zur Altenplanung, Bottrop.

Stadt Braunschweig (1985): Bürger über 64 - Ergebnisse einer Befragung, Planung für die ältere Generation Teil 1, Braunschweig.

Stadt Braunschweig (1986): Altenhilfe in Braunschweig - Bestandsaufnahme, Planung für die ältere Generation Teil 2, Braunschweig.

Stadt Braunschweig (1989): Planung für die ältere Generation Teil 3 - Ziele und Maßnahmen, Braunschweig.

Stadt Braunschweig (1991): Planung für die ältere Generation Teil 4 - Ein Zwischenbericht, Braunschweig.

Stadt Darmstadt, Sozialdezernat (1989): Altenplan der Stadt Darmstadt, Darmstadt.

Stadt Dortmund (1970): Altenplan, Dortmund.

Stadt Dortmund (1991): Älterwerden in Dortmund. Kommunaler Altenplan der Stadt Dortmund; Teil I, II und III, Dortmund.

Stadt Duisburg (1979): Teilplan für Begegnungsstätten, Duisburg.

Stadt Duisburg (1983): Teilplan für Altenwohnungen, Duisburg.

Stadt Duisburg (1990): Teilplan für die stationäre Altenhilfe, Duisburg.

Stadt Düsseldorf (1974): Altenhilfe - Situationsbericht, Düsseldorf.

Stadt Essen (1972): Einrichtungen der offenen Altenhilfe: Altentagesstätten. Beiträge zum Altenhilfeplan der Stadt Essen, 1. Bericht, Essen.

Stadt Essen (1991): Handlungsprogramm zur Verbesserung der Lebenssituation älterer Menschen, 7. Bericht der Beiträge zum Altenhilfeplan der Stadt Essen, Essen.

Stadt Frankfurt a.M. (1960): Protokoll-Auszug der Stadverordneten-Versammlung Frankfurt a.M. vom 19.5.1960, Betr. Kommunaler Altenplan., Frankfurt a.M.

Stadt Frankfurt a.M. (1970): Zweiter kommunaler Altenplan, Frankfurt a.M.

Stadt Frankfurt a.M. (1981): Dritter kommunaler Altenplan, Reihe Soziales, Jugend und Wohnungswesen Band 6, Frankfurt a.M.

Stadt Frankfurt a.M. (1986): Zwischenbilanz Dritter Kommunaler Altenplan 1980 bis 1985/1986, Reihe Soziales, Jugend und Wohnungswesen Band 11, Frankfurt.

Stadt Freiburg i. Br. (1969): Altenplan, Freiburg.

Stadt Freiburg, Amt für Statistik und Einwohnerwesen (1992): Ältere Menschen in Freiburg i.br., Freiburg.

Stadt Freiburg, Sozial- und Jugendamt (1990): Ältere Menschen in Freiburg. Ergebnisse einer Befragung, Freiburg.

Stadt Freiburg, Sozial- und Jugendamt (1992): Alten- und Pflegeheime in Freiburg i.Br., Freiburg.

Stadt Freiburg, Sozial- und Jugendamt (1992): Altenbegegnungsstätten in Freiburg, Freiburg.

Stadt Hagen (1977): Bedarfsplan für Altenbegegnungsstätten, Hagen.

Stadt Hamm (1984): Stadtentwicklungsplanung - Altenhilfeplan, Hamm.

Stadt Hannover, Gesundheits-, Jugend- und Sozialdezernat (1988): Altenhilfe in Hannover. 20 Jahre Altenplan - Fortschreibung 1988, Hannover.

Stadt Heidelberg (1988): Altenstrukturkonzept der Stadt Heidelberg, Heidelberg.

Stadt Heilbronn (1965): Probleme der Altenhilfe und Altenplanung in Heilbronn, Heilbronn.

Stadt Karlsruhe (1962): Der alte Mensch in Karlsruhe, Karlsruhe.

Stadt Karlsruhe (1987): Sozialentwicklungsplan Altenhilfe, Karlsruhe.

Stadt Karlsruhe (1990): Senioren '90 - zur Lebenssituation älterer Menschen in Karlsruhe, Karlsruhe.

Stadt Kassel (1990): Ältere Menschen in Kassel. Einzelkonzeptionen zur kommunalen Altenhilfeplanung, Kassel.

Stadt Kiel (1962): Plan der Altenhilfe in Kiel, Kiel.

Stadt Kiel (1965-70): Berichte über die Ausführung des Plans der Altenhilfe in Kiel von 1965, 1968, 1969, 1970, Kiel.

Stadt Kiel (1970-72): Bericht über die Ausführung des Plans der Altenhilfe in Kiel, Kiel, vorliegende Berichtsjahre 1970, 1971, 1972.

Stadt Kiel (1990): Erstes Aktionsprogramm: Älter werden, Kiel.

Stadt Köln (1985): Altenplan der Stadt Köln. Erste Fortschreibung, Köln.

Stadt Köln (1987): Maßnahmenprogramm zum Altenplan der Stadt Köln 1985 (1. Fortschreibung), Vorlage zur Stadtratssitzung vom 7.5.87, Ds-Nr. 2050/086, Köln.

Stadt Köln (1959): Denkschrift über das Altenproblem im Stadtgebiet Köln. Eine Diskussionsgrundlage, Köln.

Stadt Krefeld (1974). Rahmenplan für die Altenhilfe in Krefeld. Fortschreibung für die Zeit von 1974 - 1985, Krefeld.

Stadt Leverkusen (1971): Altenhilfeplan, Leverkusen.

Stadt Leverkusen (1989): Altenpflegeplan 1990-1995, Leverkusen.

Stadt Lübeck (1973): Altenplan. Erster Bericht zur Lage der älteren Mitbürger in der Hansestadt Lübeck, Lübeck.

Stadt Lübeck (1977): Altenplan. Zweite Fortschreibung des Berichts zur Lage der älteren Mitbürger in der Hansestadt Lübeck, Lübeck.

Stadt Mainz (1986): Altenplan, Altenplan von 1984 mit einigen Ergänzungen, Mainz.

Stadt Mainz (1991/92): Bedarfsorientiertes Angebot und Neuorganisation der ambulanten Altenhilfe. Zwischenbericht 1991/92, Mainz.

Stadt Mönchengladbach (1970): Altenplan, Mönchengladbach.

Stadt München (1970): Bekanntgabe in der Sitzung des Sozialausschusses vom 2.12.1970, München.

Stadt München, Sozialreferat (1988): Wohnen im Alter. Teilbereich Kurzzeitpflege, München.

Stadt München, Sozialreferat (1989): Betreute Wohngemeinschaften. Konzeption, Beiträge zur Sozialplanung 113, München.

Stadt München, Sozialreferat (1989): Die ambulanten pflegerischen und häuslichen Dienste, München.

Stadt München, Sozialreferat (1991): Alten- und Service-Zentren in München. Die Wirkungsweise eines neuen Konzepts der offenen Altenhilfe, Münchener Altenplanung 104, München.

Stadt München, Sozialreferat (1991): Modellprojekt 'Betreute Altenwohnungen mit integriertem Wohnen'; Beiträge zru Sozialplanung 120, München.

Stadt München, Sozialreferat (1991): Örtliche Sozialplanung. Aufgaben, Arbeitsweise, Strategien, bearbeitet von Petra Schmid-Urban, Beiträge zur Sozialplanung 005, München.

Stadt Münster (1990): Weiterentwicklung der Altenhilfe in Münster. Zwischenbilanz und sozialpolitische Perspektiven, Vorlage an den Rat Nr. 281/90 Soz., Münster.

Stadt Nürnberg, Arbeitsgruppe Nürnberg-Plan (1983): Rahmenplan Sozialwesen, Teil: Altenplan - Fortschreibung 1983 -, Beiträge zum Nürnberg-Plan, Reihe F, Heft 14, Nürnberg 1983.

Stadt Oberhausen (1963): Sorge für unsere älteren Mitbürger, Oberhausen.

Stadt Oberhausen (1992): Altenplan 1992. Entwurf, Oberhausen.

Stadt Saarbrücken (1967): Altenplan 1967-1977, Saarbrücken.

Stadt Stuttgart (1961): Die Probleme der Altenhilfe und der Versuch ihrer Lösung in Stuttgart, Stuttgart.

Stadt Stuttgart (1986): Altenhilfe in Stuttgart, Gemeinderatsdrucksache Nr. 610 , Stuttgart.

Stadt Ulm (1981): Altenhilfeplan der Stadt Ulm 1981, Ulm.

Stadt Ulm (1987): Altenhilfeplan. Fortschreibung 1987, Ulm.

Stadt Wiesbaden (1988): Aktuelle Fragen und Perspektiven der Altenhilfe in Wiesbaden, Berichte an die Stadtverordnetenversammlung. Wiesbaden.

Stadt Wiesbaden (1990): Pflegeheimplanung (Standort-Synopse), Wiesbaden.

Stadt Wiesbaden (1991): Beratungsstelle für ein selbstständiges Leben im Alter.

Stadt Wiesbaden, Amt für Jugend, Soziales und Wohnen (1991): Bericht zur aktuellen Situation der mobilen Altenhilfe-Dienste in Wiesbaden, Wiesbaden.

Stadt Wiesbaden, Referat Frauenbeauftragte (1991): 60 Jahre...und kein bißchen leise. Ratgeber für Seniorinnen, Wiesbaden;

Stadt Wiesbaden, Sozialdezernat (1979/1982): Altenplan, Wiesbaden.

Stadt Wiesbaden, Sozialdezernat (1990): Offene Altenarbeit im Bürgerzentrum Adlerstraße 1976-1990, Beiträge zur Sozialplanung Nr. 15, Wiesbaden.

Stadt Würzburg (1987): Altenhilfeplan, Würzburg.

Strang, Heinz (1990): Altenhilfe in Salzgitter - Bestandsaufnahme und Perspektiven. Gutachten, Salzgitter.

Strang, Heinz (1992): Altenhilfe in Wolfsburg - Bestandsaufnahme und Perspektiven. Gutachten, Hg. von der Stadt Wolfsburg, Wolfsburg.

Verzeichnis der Abbildungen